# 目　录

## 引论：百年统一战线与现代中国



## 第一编　统一战线理论研究

## 第三编 统一战线实践研究

# 从联合走向胜利:纪念中共二大提出统一战线政策百年

学术研讨会观点纪要

欧阳淞　周汉民　熊月之　忻　平　苏智良

## 一、党克敌制胜、执政兴国的重要法宝

**欧阳淞**:《中共中央关于党的百年奋斗重大成就和历史经验的决议》起草组成员,现任中央马克思主义理论研究和建设工程咨询委员,中央党史和文献研究院研究员,曾任中央党史研究室主任,中国中共党史学会会长。

上海是一座具有光荣革命传统的英雄城市,在中国共产党的创建史上具有无可替代的重要地位,中共一大、二大、四大都在上海召开。其中,中共二大通过对当时中国经济政治状况的分析,第一次提

出了明确的反帝反封建的民主革命纲领，并提出组成“民主主义的联合战线”的任务，开启了党的统一战线的先河。

坚持统一战线，是中国共产党对百年历史的深刻总结。人心向背、力量对比，是决定党和人民事业成败的关键。建立最广泛的统一战线，团结一切可以团结的力量，是实现中华民族伟大复兴的重要保证。习近平总书记在庆祝中国共产党成立100周年大会上指出：“在百年奋斗历程中，中国共产党始终把统一战线摆在重要位置，不断巩固和发展最广泛的统一战线，团结一切可以团结的力量、调动一切可以调动的积极因素，最大限度凝聚起共同奋斗的力量。爱国统一战线是中国共产党团结海内外全体中华儿女实现中华民族伟大复兴的重要法宝。”

中国共产党百年奋斗历程，就是中国共产党团结和带领一切可以团结的力量共同奋斗、不断取得胜利的历史。为了说明《中共中央关于党的百年奋斗重大成就和历史经验的决议》所总结的十条历史经验中“坚持统一战线”这条历史经验，这里从四个历史时期中分别选取一个历史过程加以简要叙述和适当点评，以说明“中国共产党是善于团结一切力量，调动一切积极因素共同奋斗的党”这样一个主题。

### （一）新民主主义革命时期红军、新四军的改编

1937年7月7日，日本侵略军向北平西南的卢沟桥发动进攻，制造了震惊中外的七七事变。中国军队奋起抵抗，抗日战争全面爆发。8月，中共中央在陕北洛川召开政治局扩大会议，通过了《抗日救国十

大纲领》,提出了争取抗战胜利的全面抗战路线。在中国共产党的催促下,9 月 22 日,国民党中央通讯社发表了《中共中央为公布国共合作宣言》。23 日,蒋介石发表谈话,实际上承认了中国共产党的合法地位。至此,抗日民族统一战线正式形成,第二次国共合作开始。

中国工农红军改编为国民革命军,意味着红军要脱下象征革命的红五星八角帽,改穿国民党军服、戴上国民党青天白日帽徽。这在刚刚经历长征九死一生的红军队伍中引起很大震动,许多干部、战士想不通,对改编不理解,过去我们戴着红帽徽为穷人闹翻身,国民党军队打了我们多少年,如今却要摘下红五星,换上他们的帽徽,这是要干什么?有的还说:我们打了十年,牺牲了成千上万战友,打来打去却向国民党"投降"了,能说得过去吗?……

9 月 6 日,一二九师在陕西省三原县石桥镇冒雨举行抗日誓师大会,师长刘伯承针对红军战士中存在的思想问题,特意启发大家:经过我们共产党的努力,抗日民族统一战线终于建立起来了,过去国民党是镇压和屠杀我们的敌人,今天成了我们的友军了,这怎么理解呢?我们共产党人要把祖国和人民的利益看成是最高的利益,现在大敌当前,国家民族危在旦夕,我们要把斗争的矛头指向日本帝国主义。为了抗日救国,挽救国家民族的危亡,我们要把阶级的仇恨埋在心里和国民党合作抗日。刘伯承将头上的红军帽摘了下来,缓缓地抚摸了一下红五星,说道:不管戴什么帽子,不管穿什么衣服,我们的心永远是鲜红的。我们永远是共产党领导的人民军队!同志们,为了救中国,暂时和红军帽告别吧!说罢,他将缀有国民党党徽的军帽迅速戴在头上,然后发出命令:"下面,我宣布:换帽子!"随着刘伯承一声令下,全师指战员一起戴上了准备好的灰色军帽。誓师大会总指挥、三八六旅旅长陈赓在当天的日记中激动地写道：……此时大雨如倾，但人人精神焕发，口号震天，没有畏雨者。我们红军永远是红军，是中国共产党领导的队伍，任凭换个什么名义，戴上什么帽子，我们始终为了共产党的光荣而奋斗！

为了民族的利益，能够同曾经殊死搏斗的敌人合作，这就是中国共产党人的胸怀！

### （二）社会主义革命和建设时期的“要有两个万岁”

1950年3月，第一次全国统战工作会议在北京召开。会议主题是研究新中国成立初期统战工作的方针任务和各方面统战政策。争论最多的问题之一就是关于民主党派的性质及其存在的必要性：有的认为，对民主党派不应在政治上去抬高他们、在组织上去扩大他们，给我们找麻烦；有的认为，民主党派是为争取民主而成立的，现在有了民主，其任务已尽；有的认为，民主党派只不过“一根头发的功劳”。

毛泽东了解了会议情况后，专门同中央有关部门负责同志谈话，指出：从长远和整体看，必须要民主党派。民主党派和民主人士是联系资产阶级、小资产阶级的，政权中要有他们的代表才行。有人认为民主党派只是“一根头发的功劳”，“一根头发拔去不拔去都一样”的说法是不对的。从他们背后联系的人们看，就不是一根头发，而是一把头发，不可藐视。要团结他们，使他们进步，帮助他们解决问题。要给事做，尊重他们，当作自己的干部一样，手掌手背都是肉，不能有厚薄。对他们要平等，不能莲花出水有高低。

于是，在新的历史条件下，如何坚持、发展和完善多党合作就摆上了议事日程。从中国革命的实践来看,中国革命的实际情况同苏联不一样:在民主革命时期,各民主党派同中国共产党紧密合作,共同为推翻帝国主义、官僚资本主义和封建主义,打倒国民党反动统治,作出了巨大贡献。新中国的成立,也是中国共产党、各民主党派共同参加筹建的结果;中国对资本主义工商业的改造,也是不同于苏联的没收政策,而是采取和平赎买的政策。凡此种种,中国的多党合作,无论历史沿革还是合作基础,都不同于苏联而有中国自己的特点。

毛泽东在1956年4月听完汇报后说,我们的方针就是要把民主党派、资产阶级都调动起来。要有两个万岁,一个是共产党万岁,另一个是民主党派万岁。他说,在我们国家,民主党派联系资产阶级和上层知识分子,能听到共产党听不到的意见,求大同,存小异,保持这个作用,对共产党、对社会主义都有利。

“两个万岁”是中国共产党从中国实际出发,对社会主义政治制度的新发展。

6月25日,李维汉在第一届全国人大三次会议上作《巩固和扩大人民民主统一战线》的发言。这篇发言稿原来引用了毛泽东“两个万岁”的提法,送请胡乔木帮助修改后,正式表述为“长期共存、互相监督”,并经毛泽东、邓小平审阅同意。李维汉在发言中指出:“共产党和各民主党派长期共同存在,互相监督,首先是对共产党起监督作用的方针。”并指出:“这个方针的提出,同时就再一次地宣告,同党外人士实行民主合作,是共产党的一条‘固定不移’和‘永远不变’的原则。”“我们应当宣传长期共存和互相监督的方针。”发言结束后,李维汉走过毛泽东身边时,毛泽东对他鼓掌称赞。

中国共产党提出的“长期共存、互相监督”方针,使各民主党派和无党派民主人士欢欣鼓舞,他们感到是“思想上的解放”,赋予民主党派更重大的政治责任,是“民主党派新生命的开始”。

### (三)改革开放和社会主义现代化建设新时期的“五老火锅宴”

1978年12月,中共十一届三中全会作出把党的工作重心转移到经济建设上来的重大决策,邓小平在思考如何拨乱反正、调动各方面积极性的战略谋划中,把统一战线工作作为一个重要的方面来考量。

巧设“五老火锅宴”,就是其中一个真实的故事。

1979年1月,邓小平得知中央统战部邀请各民主党派、工商联代表人士聚集北京开会后,提出要见一见工商界的老朋友。他提了一个名单,共有五人,84岁的胡厥文、82岁的胡子昂、63岁的荣毅仁、88岁的周叔弢和74岁的古耕虞。这五个人物,都是在国内工商界有广泛影响的代表人物。

1979年1月17日上午,五位老人早早来到会见地点人民大会堂福建厅。邓小平笑着说:“今天,我先向老同志们介绍一下20多天前刚结束的十一届三中全会的情况。”邓小平简明扼要、铿锵有力,开口就称五位老人为“老同志”,使他们感到由衷的信任。

在两个多小时的交谈中,邓小平坦诚地说:“听说你们对如何搞好经济建设有很好的意见和建议,我很高兴。我们搞经济建设,不能关门。对外开放和吸收外资,这是一个新问题,你们要发挥原工商业者的作用。”

在听完五人关于落实政策的各项建议后,邓小平干脆地说:“要落实对原工商业者的政策,这也包括他们的子女后辈。他们早已不拿定息了，只要没有继续剥削，资本家的帽子为什么不摘掉？落实政策以后，工商界还有钱，有的人可以搞一两个工厂，也可以投资到旅游业赚取外汇，手里的钱闲起来不好。你们可以有选择地搞。总之，钱要用起来，人要用起来。”

谈话接近中午时，邓小平特意设了火锅，请五位老人一起用餐，这就是有名的“五老火锅宴”。五位老人中的古耕虞，事后回忆起这顿意义不同寻常的“五老火锅宴”，形象地称之为“一只火锅，一台大戏”。“五老火锅宴”意味深长，它最大的意义在于，标志着中国共产党统一战线政策的拨乱反正的新开始。

不久，邓小平在同各民主党派和全国工商联代表座谈时又强调，在我国新的历史时期，我们的革命的爱国的统一战线也进入了一个新的历史发展阶段。统一战线仍然是一个重要法宝，不是可以削弱，而是应该加强，不是可以缩小，而是应该扩大。它已经发展成为全体社会主义劳动者、拥护社会主义的爱国者和拥护祖国统一的爱国者的最广泛的联盟。

“不是可以削弱，而是应该加强，不是可以缩小，而是应该扩大。”邓小平一锤定音，为新时期统一战线定下了基调。

### （四）新时代的“画出最大同心圆”

中国特色社会主义进入新时代。习近平总书记高度重视新时代统一战线工作。2017 年 11 月，在中共十九大上，习近平总书记强调，要高举爱国主义、社会主义旗帜，牢牢把握大团结大联合的主题，坚持一致性和多样性统一，找到最大公约数，画出最大同心圆。习近平总书记还用了一句生动的话来概括:“我们搞统一战线,从来不是为了好看、为了好听,而是因为有用、有大用、有不可或缺的作用。”

在新的历史条件下,如何提高社会整合能力,不断扩大和巩固党的执政基础和群众基础,成为党面临的新考验。习近平总书记强调,要高度重视和做好新经济组织、新社会组织中的知识分子工作;留学人员是人才队伍的重要组成部分,也是统战工作新的着力点;要加强和改善对新媒体中的代表性人士的工作;要引导非公有制经济人士特别是年轻一代致富思源、富而思进;要大力发展网络统战,加强线上互动和线下沟通,净化网络空间、弘扬主旋律;对党外知识分子中有影响、有个性的人,不能轻率定性、轻言放弃。习近平总书记这些重要论述,是“画出最大的同心圆”的具体体现,为党在新时代如何更好地做统一战线工作提供了新遵循,提供了新方法。

为了画出最大同心圆,以习近平同志为核心的党中央还十分注意搞好协商民主。中共十九大以来,党中央召开或委托有关部门召开政党协商会议 67 次,其中习近平总书记亲自主持和出席的达 21 次,就中国共产党全国代表大会和中央全会报告、修改宪法部分内容的建议、制定国民经济和社会发展中长期规划的建议、国家领导人建议人选等一些全局性战略性问题充分听取党外人士意见,真诚协商、听取意见,确保重大问题决策更加科学、民主。各民主党派中央、无党派人士围绕“一带一路”建设、京津冀协同发展、长江经济带发展、粤港澳大湾区建设、长三角一体化发展、创新驱动引领高质量发展、推进供给侧结构性改革等关系国计民生的重大问题深入考察调研,向中共中央、国务院提出意见建议数百条,许多转化为国家重大决策,为促进科学决策、民主决策发挥了重要作用。

"坚持统一战线"的生动事例,在党的百年历史上数不胜数。中共十九届六中全会《决议》深刻总结了党的百年奋斗的十条经验,指出团结就是力量,建立最广泛的统一战线,是党克敌制胜的重要法宝,也是党执政兴国的重要法宝。我们一定要认真贯彻落实习近平总书记关于做好新时代党的统一战线工作的重要思想,坚持团结一切可以团结的力量,调动一切可以调动的积极因素,促进政党关系、民族关系、宗教关系、阶层关系、海内外同胞关系和谐,最大限度凝聚起共同奋斗的力量,为汇聚起实现中华民族伟大复兴的磅礴伟力而不断奋斗!

## 二、百年光辉历程　汇聚统战浩荡大军

**周汉民**:法学教授、博士生导师,全国政协常委、民建中央副主席,上海市政协副主席,上海市社会主义学院院长。

1922 年 7 月,中国共产党第二次全国代表大会作出了建立"民主的联合战线"的决议,此后,统一战线在我国新民主主义革命、社会主义革命和建设时期,改革开放和社会主义现代化建设新时期,中国特色社会主义新时代的各个阶段都发挥了独特、独到、独有的作用。往前走,要实现中华民族伟大复兴,离不开无数仁人志士的接续奋斗,这些奋斗,也包括了统一战线的浩荡大军。

以史为鉴,开创未来。《中共中央关于党的百年奋斗重大成就和历史经验的决议》全面回顾党领导人民进行的伟大奋斗以及积累的宝贵历史经验,在"十个坚持"中,就有一条:"坚持统一战线"。中共

二大出台了党关于统一战线的第一个专门文件，统一了全党在统一战线问题上的战略策略思想，为建立民主联合战线、推动国共合作奠定了思想理论基础。1939 年 10 月，毛泽东在《〈共产党人〉发刊词》中指出，统一战线、武装斗争、党的建设，是中国共产党在中国革命中战胜敌人的三个法宝，三个主要的法宝。1948 年，各民主党派中央相继接受中共“五一口号”，可谓一个伟大的历史转折。从此，民主党派成员就成了中国共产党领导的统一战线浩荡大军的组成部分，在我国统一战线发展史上具有里程碑意义。2021 年，习近平总书记在“七一”重要讲话中指出，爱国统一战线是中国共产党团结海内外全体中华儿女实现中华民族伟大复兴的重要法宝。历史和现实充分证明，统一战线有用、有大用、有不可或缺的作用。

以民建为例，从民建创始人黄炎培到访延安与毛泽东的“窑洞对”，彰显“国士”风采，到民建中央第二任主席胡厥文以及胡子昂、荣毅仁、古耕虞等四位民建先贤在 1979 年邓小平召集的“五老火锅宴”上为改革开放事业献计出力，再到民建中央第三任主席孙起孟在 1993 年向中共中央提出的建议被采纳，将“中国共产党领导的多党合作和政治协商制度将长期存在和发展”载入宪法，再到民建中央第四任主席成思危以“大合唱”来生动比喻中国共产党领导的多党合作的特质，民建与其他民主党派共同为中国新型政党制度的确立和发展写下浓墨重彩的一笔，这些正是统一战线这一重要法宝作用的生动体现。

中共十八大以来，社会主义协商民主不断推进，《中国共产党统一战线工作条例（试行）》《中国共产党统一战线工作条例》先后发布，2022 年 6 月 13 日，中共中央发布《中国共产党政治协商工作条例》，许多前无古人、卓有成效的探索——创新尝试，营造了有事多商量、有事好商量、有事会商量的良好氛围。对于由中国共产党创造和领导的统一战线不断发展、巩固壮大的历史，我感同身受，也为能不断参与这样伟大的实践深感欣慰、倍感自豪。

铭记历史，是为了更好地前行。今天，我们在此重温统一战线的壮阔之路，更加感受到心灵的震撼和精神的鼓舞，更加认识到当下欣欣向荣局面的来之不易，更加体会到在长期实践中形成的优良传统弥足珍贵，更加领会到我们肩负的使命重大而神圣，也更加增添了埋头苦干、勇毅前行，不断把统战事业发扬光大的信心和动力。百年统战，熠熠生辉，回首过往，我也有三点体会：

### （一）坚持中国共产党的领导，是根本准则

1955年，民建中央领导人之一的李烛尘与毛泽东主席交谈后，特别献给主席一面锦旗，上面用金线绣着“听您话跟党走”。这是民建同仁的共识，也是所有统战人士的共识，坚持中国共产党的领导，是我们的政治选择和一生的操守，必须牢牢记在心中、勉励自己、影响别人。民建有很多原工商业者，作为民建上海市委主委，每年我都会去拜访他们。他们有的参与公私合营，有的捐献飞机大炮支援抗美援朝，有的尽管生活困难但从不抱怨，还要捐款帮助更困难的人，他们将人生的足迹与国家的足迹融合，为了统战事业奋斗终生。到访之际，这些耄耋老人还要与我认真讨论学习中共历次重要会议以及对统一战线的体会，坚定的政治信念和赤诚的爱国情怀，真的让我无比动容。

我们学习传承前辈先贤的精神，就是要不断增进对中国共产党和中国特色社会主义的政治认同、思想认同、理论认同和情感认同，

立大志、明大德，做到信念坚定、志存高远，加强政治意识和政党意识，夯实团结奋斗的共同思想政治基础。

因而，要以统一战线政策提出100周年为契机，开展一系列纪念活动，重温“四史”和统一战线史以及统战优秀代表人士事迹，结合“矢志不渝跟党走、携手奋进新时代”政治交接主题教育活动，研究新时代统战工作的新特点、新规律、新要求，更加注重制度建设，更加注重统战理论的学习和践行，用共识凝聚智慧和力量，用共识更好发挥特色和优势，用共识多交挚友和诤友，增进对这项事业的认同感和自豪感，形成最大公约数、画出最大同心圆。我们要时刻牢记：我们身处同一艘船上，这艘船的名字叫“中国号”，在中国共产党的领导下，巍巍“中国号”必将行稳致远。

### （二）加强履职能力建设，是基础底板

面对中华民族伟大复兴战略全局和世界百年未有之大变局，统一战线要勇于担当，勇于作为，激发起昂扬斗志。打铁还需自身硬，将参政议政、民主监督和政治协商的职能发挥好，我们不仅要继续做下去，而且力求做得更好，久久为功，持之以恒。

我们当下所处的阶段，正是到了“船到中流浪更急、人到半山路更陡”的时候。挑战和困难前所未有，但统战人的凝聚力、向心力和战斗力更要前所未有。因而，首先就是锤炼主动学习、自我革新的品格。作为统一战线成员，要崇尚学习，加强学习，不断推陈出新，通过坚持不懈的学习来弥补知识弱项、能力短板、经验盲区，既要政治过硬，又要本领高强，胸怀“国之大者”和“责之重者”，深刻理解我国进

入新发展阶段的重要特征,贯彻践行新发展理念,牢牢把握新发展格局的丰富内涵。

其次,永葆开拓进取、奋发有为的激情。永葆开拓进取的事业心和干事创业的激情,在本职岗位建功立业,同时积极投身统一战线履职,主动融入服务国家和上海改革发展大局。应对重大挑战、面对重重阻力,我们当有"先天下之忧而忧,后天下之乐而乐"的凌云壮志,当有"位卑未敢忘忧国""苟利国家生死以,岂因祸福避趋之"的报国情怀,当有"朝受命、夕饮冰,昼无为、夜难寐"的责任意识,当有"鞠躬尽瘁,死而后已"的献身精神,以最大的努力,为党分忧、为国尽责、为民奉献,将统战事业进一步推向前进。

第三,增强加倍努力、全力以赴的意识。过去三个多月,上海人民经历了极为严峻的疫情冲击和考验,广大统一战线成员深入学习贯彻习近平总书记重要指示精神,坚决贯彻党中央、国务院决策部署,胸怀家国,众志成城,克难前行,以善行义举默默表达着对上海这座城市的深沉热爱,以实际行动生动诠释了统战成员的初心和使命。随着大上海保卫战取得重大阶段性成果,我们还根据"疫情要防住、经济要稳住、发展要安全"的要求,加倍努力、不懈不怠、勇毅前行,为上海经济恢复和重振建言献策,贡献力量。

### (三)深入基层持续调研,是重要方法

调查研究是做好工作的基本功。回顾多年来的实践,感受至深的一点就是,没有调研,就没有发言基础;没有调研,就无法把握事物发展的本质规律。民建作为统一战线的重要力量,在全国拥有 20 余

万名会员,上海民建拥有近 17 000 名会员,要继续保持特色、发挥优势,要做得更好,就要坚持毛泽东的名言——从群众中来,到群众中去,深入基层、深入实践、深入调研并解决问题,使大调研真正成为一种工作作风、工作习惯和行为自觉。例如,民建上海市委从 2017 年开始在全市范围内持续开展大调研工作,做到调研主体、调研对象"全覆盖"。我本人的调研涵盖了本市全部 16 个区委、6 个工委、20 个专委会以及其他直属基层组织和会员企业,仅 2017 年当年就召开座谈会数十次,与千余名会员面对面交流,做到真诚向基层问需、向会员问计。通过大调研分析现状、梳理问题、汇总建议,推动基层组织建设与自我完善。又如,当下,为了贯彻落实市委、市政府关于开展"防疫情、稳经济、保安全"大走访、大排查工作决策部署,我们正全面开展线上线下相结合的企业大调研,每到一处,我都会了解企业复工复产复市中面临的问题,能够解决的,当场予以回应并协调处理,暂时无法解决的,我在会后继续了解情况,并及时报送市委、市政府有关领导,帮助企业解决急、难、愁、盼问题。

百年统战,同心奋斗。踏上新的赶考之路,我们要更加紧密地团结在以习近平同志为核心的党中央周围,汇聚起统一战线的浩荡大军,把爱国情、强国志、报国行自觉融入实现中华民族伟大复兴的征程中,书写对得起历史、对得起人民的新的篇章!

## 三、民主革命时期上海在党的统一战线中的独特作用

**熊月之:**享受国务院有突出贡献专家津贴,曾任上海社会科学院

副院长、历史研究所所长、复旦大学及华东师范大学博士生导师、中国城市史研究会会长、中国孙中山研究会会长、中国史学会副会长、上海市历史学会会长等。

上海是党的统一战线理论建构地，也是党的统一战线理论重要实践地。民主革命时期，上海在党的统一战线工作中，有四个鲜明的特点，即统战资源丰沛性、统战气度恢宏性、统战工作创新性与统战成效全局性。

## （一）统战资源丰沛性

上海在1843年开埠以后，由于多种因素错综复杂的影响，很快由一个人口20来万的普通海滨城市，跃升为全国最大城市。1935年，上海人口超过370万，为远东第一大城市，世界第五大城市。

由于城市特大、人口众多、来源广泛、存在租界、国际联系便捷等因素，上海成为全国统战资源最为丰沛的地方。

这里是近代中国国际移民最多的城市。来自英、美、德、法、日等国的移民，最多时超过15万。这里是全国民族资本最发达、民族资产阶级最集中的地方，全国工业产值通常有三分之一出自这里，众多著名工商企业家在这里成长，在这里活动。上海是全国文化中心，众多文化名人、社会贤达，涉及科学、文化、教育、新闻、出版、文化、文艺、戏剧、电影、美术、音乐、游艺等领域，长期工作、生活在这里。

这些因素，使得上海的国内、国际、各阶级、各党派、各宗教的统战资源都极其丰沛，为党的统战工作提供了极大的方便。

受这些因素的综合影响，近代上海成为党外民主人士最为集中的地方，也是一些民主党派的发祥地。中国八个民主党派中，有两个诞生在上海，即中国农工民主党、中国民主促进会。有的党派中央总部机关一度在上海，有的以上海为重要活动中心，如中国民主建国会总会、中国民主同盟等。民国时期，上海共有各种类型的党外著名代表人士1 000余人，人数之多，界别之全，为全国之最。

## （二）统战气度恢宏性

中国共产党人充分注意到上海统战资源的丰沛性，联合一切可以联合的力量，包括联合那些以前反对过我们、后来有所变化的力量。这方面，中国共产党人表现出比大海还要辽阔的恢宏气度。

且以团结利用杨登瀛为例。

杨登瀛是广东香山人，毕业于日本早稻田大学，1919年回国，后来加入国民党，担任中统驻上海特派员。他交游广泛、人脉丰厚，具有多方面信息来源。这是一个关键位置上的特殊人物。中共地下党感到这样的人，是可以团结的对象，因此让陈赓与他建立了比较稳定的联络关系，并付给他可观的经费。

正是通过杨登瀛，地下党获得了很多重要情报，处理了很多棘手问题。

比如，1928年8月，通过杨登瀛的努力，中共地下党查实，中共党员戴冰石已叛变，很可能对我党地下组织造成严重破坏。于是，在杨登瀛的巧妙协助下，中共特科将叛徒戴冰石及时击毙。

又如，经杨登瀛牵线，中共特工宋再生，成功打入国民党淞沪警备司令部,担任政治密查员。1928 年,宋在这个位置上,获悉中共中央政治局委员李立三已被叛徒出卖的信息,李立三危在旦夕。中央特科马上通知李立三转移,随后秘密处死了叛徒。

再如,由于中央军委秘书白鑫叛投国民党,1929 年 8 月 24 日,在沪西新闸路举行的中央军委会议遭到破坏,彭湃、杨殷等一批高级干部被捕。事发后,经杨登瀛协助,中共特科查清白鑫行止,并成功地将白鑫击毙。

还如,1931 年 4 月,中共党员关向应在上海被捕,并被引渡给国民党政府,关押到国民党淞沪警备司令部看守所。地下党通过杨登瀛,打探到关向应身份没有暴露,进而辗转将关向应安全营救出来。

再以杜月笙为例。

杜月笙作为上海著名青帮大亨,1927 年四一二反革命政变事件中,他投靠蒋介石,残忍杀害上海工人运动领袖汪寿华,指使流氓袭击工人纠察队,大肆屠杀共产党人和工人群众。他是对共产党欠下累累血债之人,但他又不是政治上极端僵化之人。中共地下党有效地利用了这一特点。

杜月笙以礼遇一批文化名人著称于时,杨度便是其中一名。杨度在清末是有名的立宪派人物,袁世凯称帝时为“筹安会六君子”之一,但晚年能明大义,于 1929 年加入共产党。杜月笙慕杨之名,聘其为顾问,每月送银五百元,赠以洋房。上海地下党利用这层关系,获取了不少很有价值的情报。

抗日战争全面爆发以后,八路军与日军血战,但因为经费限制,缺乏防毒装备。党组织派潘汉年与杜月笙联系,希望他捐赠防毒面具,结果,他捐赠了 1 000 具从荷兰进口的防毒面具,运送给八路军将士。1939 年，他资助 1 000 元钱，解决了《西行漫记》的出版经费难题。

### （三）统战工作创新性与统战成效全局性

从 1921 年到 1949 年的 28 年中，有首尾 12 年的时间中共中央机关设在上海，我党在这里所做的统战工作，本身具有创新性与全局性。即使自 1933 年中央机关迁离上海以后，上海仍然是中国工人运动、革命文化运动和各民主阶层爱国民主运动的主要堡垒之一，我党在这里所进行的很多统战工作，依然具有创新性与全局意义。

先以创办上海大学为例。

创办上海大学，本身就是统一战线的结果，也是中共二大以后，党的第一个富有成效的统战创新实践。上海大学创办于 1922 年 10 月，校长是国民党元老于右任，但大学的骨干力量是邓中夏、瞿秋白等共产党员，大学的办学宗旨、系科设置、教员聘请，也主要由共产党人决定。请于右任当校长，在学校立案、争取经费、扩大社会影响等方面，都有很大的积极意义。

上海大学仅存在五年（1922—1927），但成就斐然。这里凝聚了一批中共早期领导人和理论家，造就了一支精良的教师队伍，培养了一批卓越的学生。1924 年 10 月，上大青年团员数量，几乎占上海团员的一半；1926 年，中共上大特别支部的党员有 130 人，是全上海党员最多的支部。上大学生李硕勋、刘华、杨之华等，迅速成长为学生运动、工人运动、妇女运动的领导人。到 1927 年北伐前后，上大已成为中共领导下的一所培养全方位人才的大学，涌现了一批职业革命家、理论家和文学家、史学家，当时社会上有“文有上大，武有黄埔”的说法。

再以策划、邀请斯诺访问延安为例。

1936年，美国记者埃德加·斯诺访问延安，发表《西行漫记》，使得中国共产党和红军的形象在全世界一下子正面起来，鲜活起来。这对于向西方世界介绍中国共产党，起到了难以估量的作用。正因如此，毛泽东高度评价斯诺的功绩，说是"斯诺著作的功劳可与大禹治水相比"。

斯诺访问延安，《西行漫记》出版，背后有一连串的统战实践。

红军经过长征，到达陕北以后，毛泽东很希望能通过西方记者之口，向世界介绍中国共产党和红军。他通过上海地下党，请宋庆龄帮助物色一位合适的西方记者。与此同时，源于一个新闻记者的职业需求，斯诺很想亲身到陕北进行实地考察，报道实际信息。他到上海找到宋庆龄，希望得到访问红色根据地的机会。

毛泽东和斯诺，都把目光投向了宋庆龄，投向了上海。正是得益于上海城市高度的国际性，得益于宋庆龄中西文化兼通、中西人脉俱广的特点。于是，宋庆龄向毛泽东推荐了斯诺，并让美国人马海德医生与斯诺同行。通过一番周密的安排，斯诺终于完成了其具有历史意义的延安之行。

创办上海大学是我党与国民党结成统一战线，是团结、联合不同政治党派的统战实践；推动斯诺访问延安，是我党联络、利用国际相关人士，这些都是具有广泛而深远影响的全局性事件。

上面所述的上海统战资源的丰沛性，是与上海城市的高度开放性联系在一起的；上海统战工作气度的恢宏性，是与上海城市无比宽广的包容性联系在一起的；上海统战工作的创新性、统战成效的全局性，则是与上海城市的创新性联系在一起的。诚如毛泽东所说："中国新民主主义的革命要胜利，没有一个包括全民族绝大多数人口的最广泛的统一战线，是不可能的。”上海在统战方面的独特作用，既是以开放、创新、包容为核心的上海城市精神和城市品格的生动体现，也极大地丰富了上海城市精神和城市品格的内涵。

## 四、国共合作统一战线与老上海大学

**忻　平**：博士生导师，曾任上海大学党委副书记，上海市社会科学联合会副主席、上海市中共党史学会会长。长期从事中国近现代史、中共党史等领域的教学和研究。

《中共中央关于党的百年奋斗重大成就和历史经验的决议》指出，“坚持统一战线”是中国共产党经过长期实践积累的十条宝贵经验之一。1922年正式成立的上海大学（以下简称上大），是中共建立统一战线的产物。

### （一）老上大是中国共产党建立民主革命统一战线的成果

1922年7月，中共二大在上海召开。会议提出的“民主的联合战线”是中共中央首次提出的政治主张，是中国共产党统一战线百年历程上第一座丰碑，构成统一战线理论和实践的重要开端。

1. 国共合作统一战线的国际和国内思想背景

国际上，列宁于1920年在共产国际二大提出《民族和殖民地问题提纲》,为东方受压迫民族的革命指明了方向。1922年初,远东劳动人民大会召开,列宁在会议期间接见了国共两党代表,表达了两党合作、共同革命的希望。参加远东大会的张国焘将大会精神与列宁的指示带回国内并"报告中共中央","为中共中央欣然接纳"①。中共中央根据大会的决议精神拟就《中国共产党对于时局的主张》和《中共第二次全国代表大会宣言》两份纲领性文件,提出"建立一个民主主义的联合战线"的主张。

在国内,早在1919年,宣中华、俞秀松、施存统等人创办的《浙江新潮》就提出,改造中国的方法在于知识阶级、工农劳动群众的自觉联合。同年,毛泽东在《民众的大联合》中也指出,"民众的大联合"是改造社会的根本方法。②建党先驱们的理论文章奠定了中共制定统一战线的思想基础。

2. 中共正式建立国共合作统一战线

1922年6月15日,《中国共产党对于时局的主张》对国内的政治势力作出新的研判,改变了中共一大决议"不同其他党派建立任何联系"的"关门政策"③。中共认为,"中国现存的各政党,只有国民党比较是革命的民主派,比较是真的民主派"④,可以与国民党建立联合战线。中共提出,"要邀请国民党等革命的民主派及革命的社会主义各团体开一个联席会议,在上列原则的基础上共同建立一个民主主义

---

① 张国焘:《我的回忆:第一册》,东方出版社2004年版,第209页。

② 杨跃进:《党对建立统一战线的探索》,《团结报》2004年6月23日,第8版。

③ 杨阳、忻平:《中国共产党早期组织与国民党关系之研究(1920—1921)》,《历史教学问题》2021年第5期,第17—25页。

④ 《中国共产党对于时局的主张(一九二二年六月十五日)》,《建党以来重要文献选编(1921—1949)》第1册,中央文献出版社2011年版,第91页。

的联合战线，向封建式的军阀继续战争”①。

同年7月，中共二大正式提出了《关于“民主的联合战线”的议决案》，明确“民主的联合战线”的斗争目标是反帝反封建。为此，革命需要建立民主联合战线，“共产党应该出来联合全国革新党派，组织民主的联合战线，以扫清封建军阀推翻帝国主义的压迫，建设真正民主政治的独立国家为职志”②。

3. 国共两党在高等学校和学生运动中建立统一战线

五四运动充分显示了学生运动的革命性和深刻的社会影响力。国内各政治势力开始了对“学权”的争夺。上海大学就是在争夺“学权”的时代背景下诞生的。孙中山说：“吾党自问若不与此项学生联络，必不能达到吾党之目的。”国民党提出，“由设立学校入手，把势力引入教育界，藉此也可以训练政治干部”，于是，“在上海改东南高等专科师范学校为上海大学”③。1922年10月23日，国民党在机关报《民国日报》上刊载《上海大学启事》：“兹从改组会议议决变更学制，定名上海大学。”宣告了上海大学的正式成立。

上海大学是国共合办的新型高校，是国共合作统一战线的产物。孙中山、蔡元培、章太炎、马君武任校董，于右任任校长、邵力子任副校长，中共领导干部邓中夏、瞿秋白、陈望道、蔡和森、张太雷等人在上大任教。国共高层都关注上大的兴办，陈独秀亲自参与学校筹建

① 《中国共产党对于时局的主张（一九二二年六月十五日）》，《建党以来重要文献选编（1921—1949）》第1册，中央文献出版社2011年版，第97—98页。

② 《关于“民主的联合战线”的议决案（一九二二年七月）》，《建党以来重要文献选编（1921—1949）》第1册，中央文献出版社2011年版，第139页。

③ 吕芳上：《从学生运动到运动学生》，台湾“中央研究院”近代史研究所1994年版，第263—267页。

工作，陈望道说是陈独秀指示他来上海大学任教的。1923年春天，于右任、邵力子诚邀李大钊来主持上大工作，李大钊推荐了邓中夏、瞿秋白任教，并为上大制定了全面、系统的办学方针和教学规划。一批年轻的中共党员成为学校的中高层领导，对学校的发展发挥着主导作用。陈望道在回忆中指出，国民党人在办学过程中已经起不了什么作用，实际办事全靠共产党。同时，国共合作时期的名人陈独秀、李大钊、章太炎、胡适、郭沫若、胡汉民等人都来校演讲，给上大师生带来了全新的思想见解，促使学生将理论结合实际，积极参与社会变革。很快，原本被称为弄堂大学的上大声名鹊起，成为进步青年心向往之的高等学府。

上大的教学特点是在课堂上学习马克思主义理论，在课外的革命中进行实践。其中，以五卅运动最为典型。经过五卅运动，任弼时说党"看出中国学生运动有极重大的政治作用，而且这种作用将随着民族革命运动而继续扩大"①。1926年，中共中央要求建立"学生的联合战线，以集中学生群众的势力"②。上大便是在中共中央直接领导下、"集中学生群众的势力"的一个桥头堡。

### （二）老上海大学的创办及办学过程始终体现统一战线

一方面，老上大的办学宗旨体现了统一战线。校董孙中山提出，

---

① 任弼时：《怎样使团的工作青年化群众化（1926年1月）》，中共中央文献研究室中央档案馆：《建党以来重要文献选编（一九二一——一九四九）》第3册，中央文献出版社2011年版，第91页。

② 《学生运动议决案（1926年7月）》，中共中央文献研究室中央档案馆：《建党以来重要文献选编（一九二一——一九四九）》第2册，中央文献出版社2011年版，第313页。

希望上大办成“以贯彻吾党之主张，而尽言论之职责”的革命学校，邓中夏出任上大总务长后，拟定的《上海大学章程》提出“养成建国人才，促进文化事业”，反映了国共两党对上大的共同期望。上大在办学过程中的使命是为革命培育人才，两个着眼点是“国家独立”和“民族自由”，目标指向国民革命。

另一方面，学校机构设置、教师与学生构成体现统一战线。上大实行“一会、三长、四系”制度。所谓“一会”，评议会是学校最高会议，在 1923 年 12 月改称行政委员会，于右任为行政委员会委员长，评议员有邵力子、叶楚伧、邓中夏、瞿秋白等 10 人，包括国共两党主要干部。所谓“三长”，即校务长（总务长）、教务长、学务长，总务长先后为邓中夏（刘含初、韩觉民）等；教务长先后为瞿秋白、叶楚伧；学务长先后为何世桢、陈望道，也由国共两党成员共同构成。所谓“四系”，即美术科、中国文学系、英国文学系、社会学系，系主任也多由共产党员和国民党左派担任。教师和学生群体中既有中共党员、青年团员和国民党员，也有一些无党派人士；就社会成分而论，既有工人阶级和农民阶级，也有小资产阶级、民族资产阶级出身的师生群体，充分体现了学校的统一战线性质。

### （三）老上海大学关闭后的余波与师生去向

老上大存在的五年几乎涉及在上海发生的所有政治大事。日本驻上海秘密警察留存的档案提到，上大是共产党在上海的一个据点。四一二事件发生后，国民党认定“上海大学是赤色大本营”。1927 年 5 月 3 日，淞沪警备司令杨虎和淞沪警备司令部军法处处长陈群查封上大,构成国民党背叛革命后的第一个重要案件。在校学生被带至龙华淞沪卫戍司令部受审,许多优秀师生被迫害致死,其余一部分师生转入国立武昌中山大学。

老上大仅办学五年,但为中国革命培养了一大批革命家、理论家、文学家、史学家等优秀人才,如王稼祥、秦邦宪、杨尚昆、李伯钊、李硕勋、关向应、杨之华、阳翰笙、沈雁冰、戴望舒、谭其骧、匡亚明、丁玲等。可见,上大是名副其实的"红色学府"和"革命熔炉"。

上大师生已经开始将革命火种播撒全国各地,大概有六个方向:

一是邓中夏、瞿秋白、张太雷、恽代英等从上大出发,帮助各地方建立基层党组织,如安徽的第一个党组织就是上大师生建立的;又如1925年底,交通大学学生张永和经贺昌介绍"去上海大学听党课",后经贺昌介绍入党,建立交大第一个党支部,成为第一任党支部书记。

二是在城市开展平民教育、组织工农运动。1925年,上大学生薛卓汉到中央广州农民运动讲习所学习;1926年,学生邓果白到武汉的中央农民运动讲习所学习,后来均投入农民运动,成为工农运动著名领袖。

三是投身南昌起义、秋收起义、广州起义。初步统计,三大起义中的上大师生达到30多人。后来,很多人成为红军各级政委和政治部主任。如教师邓中夏担任红军第二、第三军团政委,学生王稼祥担任红军总政治部主任,贺昌任红五军政委、红军总政治部代主任、北方局书记等职。1925年入上大社会学系的何挺颖后来参加秋收起义,随毛泽东上井冈山,任红一师一团党代表。许继慎从上大毕业后投考黄埔军校,后任红军第一军军长、鄂豫皖特委委员等。

四是上大师生成为黄埔军校的一个源头，如恽代英、阳翰笙、肖楚女、施存统和张治中等人。1926 年 5 月，恽代英任黄埔军校政治主任教官。张治中曾带一批上大学生去黄埔军校，由于张治中在上大的红色经历，他被称为“红色教官”。学生许继慎、曹渊等人进入黄埔军校后成为叶挺独立团一、二营营长。

五是多批上大学生赴苏俄留学，归国后投身革命。莫斯科的俄罗斯国家社会政治历史档案馆留存大量中共领导人物的档案，其中一批档案中有九张表格的来源填写“上海大学”。杨尚昆、王稼祥、秦邦宪（博古）等人从上大到莫斯科留学，他们经过再次锻造，回国后成为中国革命的重要骨干。①

六是上大被解散后，一些留在上海的上大教师成为中共领导左翼文艺团体的重要力量，如“左联”等团体。值得一提的是，“左联”本身也是统一战线的组织。“左联”的骨干瞿秋白、田汉、蒋光慈等人都曾经在上大担任教职。

1927 年老上大被封闭，师生群体投身不同地区继续斗争。他们在后来土地革命战争至新中国成立后不同历史时期的工农民主统一战线、抗日民族统一战线、人民民主统一战线、爱国统一战线等领域发挥积极作用。

正如《中共中央关于党的百年奋斗重大成就和历史经验的决议》指出：“建立最广泛的统一战线，是党克敌制胜的重要法宝，也是党执政兴国的重要法宝。”老上大是党领导和坚持统一战线的一个典型案例，为之提供了重要的历史经验。

---

① 张元隆：《中共早期领导人与上海大学》，《中国浦东干部学院学报》2011 年第 6 期，第 31—37 页。

# 五、必须继续坚持统一战线法宝

**苏智良**:上海师范大学博士生导师、享受国务院有突出贡献专家津贴,中国社会史学会常务理事、中国城市史学会副会长。研究方向有社会史、上海城市史、抗战与中日关系等。

2022年是中共二大召开100周年,是中国共产党统一战线政策提出100周年。统一战线被称为中国革命达成胜利的三大法宝之一。

## (一)统一战线思想的提出,助力中共从幼年走向成熟

中国共产党成立后,在敌强我弱的大背景下,逐渐形成统一战线战略,目的就是扩大同盟军,削弱敌方阵营,这体现了中共政治上的成熟。

1922年5月23日,陈独秀到广州参加第一次全国劳动大会后,便在《广东群报》上发表《共产党在目前劳动运动中应取的态度》一文,第一次使用联合战线概念,文章指出:"共产党、无政府党、国民党及其他党派在劳动运动的工作上,应该互相提携,结成一个联合战线(UNITED FRONT),才免得互相冲突,才能够指导劳动界作有力的战斗。"①

中共二大围绕建立"革命统一战线"等一系列讨论的背景,就是关涉到与国民党的合作问题。在共产国际看来,当时成立不久的中

① 《陈独秀著作选》第2卷,上海人民出版社1993年版,第366页。

国共产党力量单薄，尚不足以引导和单独发动中国革命，因此需要寻找同盟者。1922 年 7 月 16 日至 23 日在上海辅德里举行的中共二大，通过了《关于"民主的联合战线"的议决案》，这成为中国共产党历史上第一个关于统一战线的专门文件。正如《中国共产党第二次全国大会宣言》中所表述的那样，"无产阶级帮助民主主义革命，不是无产阶级降服资产阶级的意义，这是不使封建制度延长生命和养成无产阶级真实力量的必要步骤"。

不久后的 1922 年 8 月 29 日至 30 日，中共中央在杭州西湖召开特别会议，讨论并通过了国共合作问题。"西湖会议"是中共历史上召开的一次特别会议，也是党在共产国际的帮助下，政治主张和策略方针实行重要转折点的历史关头。这次会议为中共三大确定全体党员加入国民党、建立国共合作统一战线的策略奠定了基础。

自从中共二大有关统战工作的决议之后，统一战线也就成为中国革命的长期指导方针，并为马克思主义中国化和真正开辟中国特色的革命道路，构筑了坚实的理论根基。

此后随即迎来第一次国共合作，尤其是 1925 年的五卅运动，与国民党、资产阶级的合作，与帝国主义展开斗争，共产党开始具有全国影响力。在 1926 年开始的北伐战争中，共产党人积极投身斗争，中共队伍迅速壮大，这些都与正确的统一战线战略密不可分。

### （二）坚持统一战线战略，夺取抗战、解放战争的胜利

1937 年秋，在日军大举入侵，面临亡国危险的时刻，第二次国共合作正式确立，抗日民族统一战线形成，这确保团结一切可以团结的

力量进行抗战。第二次国共合作并没有形成一种党的合作形式，尽管有波澜、有摩擦，但国共两党还是把合作坚持到了抗战胜利。

抗战胜利后，蒋介石国民党坚持一党独裁，悍然发动内战。于是，共产党与各民主党派、民主人士精诚合作，互相支持，反美反蒋。

1947年10月，国民党反动派彻底撕下了民主的虚伪面具，悍然宣称民盟为非法团体，强迫民盟解散，同时大肆拘捕和杀害各民主党派成员及无党派民主人士。面对这种险恶形势，1948年1月，民盟一届三中全会在香港召开。全会以后，民盟总部发出《通告》，要求各级组织必须坚决地反对南京独裁政府，反对美国援蒋侵华政策，反对封建剥削制度，并与中共及其他民主党派加强合作，以壮大民主统一战线。

1948年4月30日，中共中央发布纪念五一劳动节口号，号召“各民主党派，各人民团体，各社会贤达，迅速召开政治协商会议，讨论并实现召集人民代表大会，成立民主联合政府”。这一号召得到了各民主党派的热烈拥护和积极响应。他们认为，“五一”号召“适合人民时势之要求，尤符合同人等之本旨”，并表示要以实际行动参加革命斗争，争取人民的全面胜利。到1949年1月，各民主党派领导人和著名无党派人士联合发表《我们对于时局的意见》，公开表示：“愿在中共领导下，献其绵薄，共策进行，以期中国人民民主革命之迅速成功，独立、自由、和平、幸福的新中国之早日实现。”

为了彻底打败国民党反动派，解放全中国，1949年4月21日，毛泽东主席、朱德总司令对人民解放军发布向全国进军的命令。4月23日，李济深、谭平山、蔡廷锴等代表各民主党派发表了联合声明，完全赞同并竭诚拥护这项命令，并郑重宣告：“在解放军作战之区域及将进攻之区域，所有各民主党派及各界人民，必须努力动员，迎接解放大军，协助杀敌，并保护一切重要物资，免受破坏。”同时，期望国民党爱国人士“依照毛主席朱总司令所发布命令第三第四两项原则，进行局部和平解放之方法，以减少人民之灾难”。

上海作为中国首位城市和经济中心，也成为民主党派集中地和活动地。

1945年12月30日，马叙伦、王绍鏊分别联系的上海文化、教育、出版与工商、金融界的进步人士，在上海爱麦虞限路（今绍兴路）中国科学社举行中国民主促进会第一次会员大会。马叙伦、王绍鏊、林汉达、周建人（1948年参加中共）、徐伯昕、赵朴初、陈巳生、梅达君、严景耀、雷洁琼、谢仁冰、冯少山、万景光、曹梁厦、张纪元、柯灵、李平心、陈慧、宓逸群、刘大杰、李玄伯、马木轩、徐彻、徐相任、章惟华、胡月城等26人签到参会。会议主席马叙伦首先向大会报告了发起民进的原因和经过。大会作出了一致通过本会简章等四项决议。《中国民主促进会简章》规定：“本会以发扬民主精神推进中国民主政治之实践为宗旨。”

1946年1月2日，民进召开第二次会议，通过了《对于时局的宣言》，全面阐明民进对时局的基本看法与态度，提出“立即无条件停止内战，全国军队，各驻现地，听候调整”等八项主张。

农工民主党上海市组织在解放战争时期积极参加各种和平反独裁的重要活动。在中共地下党的合作下，参加策反国民党守军将领，护送文化界进步人士和青年学生去解放区，保护工厂、物资、档案等工作。

1948年初，民盟上海地下支部即以三中全会文件为基础编印了《上海市盟员手册》，分发各位盟员学习贯彻，并恢复《沪盟通讯》秘密发行，以统一指导思想，加强组织联系，鼓舞盟员斗志，坚定必胜信心。

共产党与各民主党派、民主人士休戚与共，精诚团结，共同奋斗，建立了新中国。

## （三）当下必须毫不动摇地坚持统一战线

如今，建党百年的中国共产党已是拥有 9 600 万党员的世界第一大党。在建设现代化社会主义强国、实现中华民族伟大复兴的征途上，也要坚持统一战线，因为我们建设和谐社会、实现民族复兴、世界命运共同体的目标，需要全民共同努力。

我认为，统一战线战略的实施需要制度保证。真正的统一战线，需要有更多的社会精英共同治国。

新中国成立初期充分贯彻党的统一战线方针。我们不妨回顾新中国诞生时的中央人民政府主要成员，其中有不少是民主人士。1949 年 10 月 1 日下午，中央人民政府委员会第一次会议任命周恩来为中央人民政府政务院总理，并责成他从速组成政务院。到 10 月 19 日中央人民政府委员会举行第三次会议，任命董必武、陈云、郭沫若、黄炎培为政务院副总理；谭平山、谢觉哉、罗瑞卿、薄一波、曾山、滕代远、章伯钧、李立三、马叙伦、陈劭先、王昆仑、罗隆基、章乃器、邵力子、黄绍竑为政务委员；李维汉为政务院秘书长。沈钧儒为最高人民法院院长，马叙伦为教育部部长（1949—1952 年），章伯钧为交通部部长，罗隆基为森林工业部部长，谭平山为人民监察委员会主任，史良为司法部部长，李德全为卫生部部长，傅作义为水利部部长，沈雁冰为文化部部长，张奚若为教育部部长（1952—1954 年），蒋光鼐为纺织工业部部长，叶季壮为商务部部长，李书城为农业部部长，朱学范为邮电部部长，何香凝为华侨事务委员会主任，南汉宸为央行行长。

“文化大革命”时期统一战线政策遭到严重破坏。1981 年党的《关于建国以来党的若干历史问题的决议》明确指出：“文化大革命”是一场由领导者错误发动、被反革命集团利用，给党、国家和各族人民带来严重灾难的内乱。

1978 年中国进入改革开放时代，也是统一战线落实比较好的时期。邓小平曾深刻地指出，统一战线的本质就是团结大多数，孤立敌人。如今，我们面临“百年未有之大变局”，需要认真贯彻统一战线原则，提倡鼓励民主党派和人民群众畅所欲言。我还认为，应该努力营造和谐、共商国是的氛围。要有渠道路径，保证各方人士畅所欲言，敢讲话，讲真话，善于听取不同意见。毛泽东曾指出：“让人讲话，天不会塌下来，自己也不会垮台。”习近平总书记曾明确讲过：重大决策都要严格按照程序办事，充分发扬民主，广泛听取意见和建议，做到兼听则明、防止偏听则暗，做到科学决策、民主决策、依法决策。党员干部要具备“虚心公听，言无逆逊，唯是之从”的胸襟和智慧，努力广开言路，多纳谏言，多交诤友。

2020 年 12 月，中共中央印发《中国共产党统一战线工作条例》。该条例希望着力提高统一战线工作科学化、规范化、制度化水平，是新时代统一战线工作的基本遵循。《条例》要求各级党委（党组）要充分认识做好新时代统一战线工作的重要性，全面准确学习领会党的统战理论方针政策，切实履行做好统一战线工作的主体责任，把统一战线发展好，把统一战线工作开展好，为党和人民事业发展营造有利条件。所以说，统一战线仍然是中国共产党的总路线、总政策的重要组成部分，仍然是我们排除万难、夺取胜利的一大法宝。

# 大团结大联合，创造统战新业绩

冉小毅

统一战线是中国共产党凝聚人心、汇聚力量的政治优势，是党克敌制胜、执政兴国的重要法宝，是全面建设社会主义现代化国家、实现中华民族伟大复兴的重要法宝。中共十九届六中全会通过的历史决议，把“坚持统一战线”作为党百年奋斗十条历史经验之一。《决议》指出，“党始终坚持大团结大联合，团结一切可以团结的力量，调动一切可以调动的积极因素，促进政党关系、民族关系、宗教关系、阶层关系、海内外同胞关系和谐，最大限度凝聚起共同奋斗的力量”。中国共产党为了实现初心使命，在不同的历史阶段，联合一切可能联合的阶级、阶层，团结一切可以团结的力量，调动一切积极因素，化消极因素为积极因素，结成最广泛的统一战线，增强自己力量，削弱敌人力量，推动革命、建设和改革事业不断取得胜利。

上海是中国共产党统战理论建构地，统战资源繁盛地，统战实践先行地。我们要认真学习党的统一战线理论，弘扬上海统战优良传统，创造上海统战新的业绩。

## 一、上海是党的统战理论建构地

上海是中国共产党诞生地，也是党的统战理论建构地。1922年7月，即中国共产党诞生的第二年，在上海举行的中共二大上，党首次提出统一战线思想。大会通过的《关于“民主的联合战线”的议决案》指出，“我们共产党应该出来联合全国革新党派，组织民主的联合战线，以扫清封建军阀推翻帝国主义的压迫，建设真正民主政治的独立国家为职志”。这是中国共产党关于统一战线的第一个专门文件，在党的统一战线发展史上具有开创性意义。正是在这次会议上，党提出了与国民党建立统一战线的思想。同年，党确立了与国民党合作的具体方式，即中共党员以个人身份加入国民党，进而建立民主联合战线。同年，陈独秀、蔡和森、张太雷等人相继在上海以个人身份加入国民党，并参加孙中山举行的关于国共合作的会议，推动国民党的改组工作。

1923年11月24日至25日，中共中央执行委员会在上海召开全体会议，决定在全国凡是有国民党组织的地方，中国共产党党员与青年团团员，一并以个人身份加入。1924年1月，中国国民党一大在广州召开，标志着第一次国共合作的正式建立。这是包括工人阶级、农民阶级、小资产阶级、民族资产阶级等在内的广泛的国民革命统一战线，对于北伐战争的胜利具有至关重要的意义。从1922年中共二大以后，到1927年国民党右派发动四一二政变以前，上海一直是中国共产党建构、实施统一战线理论的重要基地。

自1921年7月中国共产党成立以后，到1933年1月，中共中央机关累计有126个月的时间设在上海，只有断续零星的时间迁往广州、北京与武汉。这段时间，是党的统一战线理论从无到有、从创立到实践到走向完善的过程。大革命失败后，党在白色恐怖中，继续开展统战工作。鲁迅、郭沫若等一大批文化工作者聚集到上海，他们有的是中共党员，有的是受党影响的进步文化人士。他们利用租界的有利条件，团结各种可以团结的力量，开展左翼文化运动。1931年九一八事变后，上海成为中国共产党领导的抗战文化的中心，也是党领导全民抗战的重镇。在统一战线旗帜下，党领导上海各界人士掀起了波澜壮阔的抗日救亡运动，并为促进国共合作抗日作出了特殊贡献。

## 二、上海是党的统战资源繁盛地

上海在1843年开埠以后，经过多种因素错综复杂的影响，很快由一个人口20多万的普通海滨城市，跃升为中国最大城市。1900年，上海人口超过100万，已是中国最大城市。1919年，上海城市人口245万，是其时北京（85万）人口的近三倍，比杭州（65万）、苏州（60万）、南京（40万）、镇江（26万）、无锡（15万）与常州（12.5万）城市人口总和还要多，1935年，上海人口超过370万，为远东第一大城市，世界第五大城市。①由于存在租界、城市特大、人口众多、国际联系便捷等因素，上海成为全国统战资源最为繁盛的地方。这里聚集了众

① 熊月之：《海派映照下的江南人物》，上海书店出版社2019年版，第3页。

多的民主党派人士、爱国工商界人士、爱国知识分子、爱国宗教人士，以及对中国友好的国际友人。1927年大革命失败后，国民党左派领导人邓演达在上海创建中国国民党临时行动委员会，开展反蒋宣传和军事活动，后更名为中华民族解放行动委员会。这个组织日后定名为中国农工民主党，成为诞生在上海的民主党派之一。1936年，宋庆龄、马相伯、沈钧儒等在上海成立“全国各界救国联合会”，成为国统区抗日运动的一面旗帜。这个组织后来改名为“中国人民救国会”，成为参加第一届全国政协会议的14个党派单位之一。1945年抗战胜利后，在中国共产党领导下，国统区爱国民主运动蓬勃开展，上海文化教育界、出版界进步知识分子和工商界爱国人士，发起成立中国民主促进会。原先设在重庆的一些民主党派机关，也纷纷迁移上海，中国民主同盟总部名义上迁到南京，而张澜、黄炎培等总部领导人则集中于上海，上海成为民盟政治活动中枢。1949年，台湾民主自治同盟也将总部迁至上海，到1955年才迁回北京。

上海是民族资本最发达、民族资产阶级最集中的地方，中华人民共和国成立初有16.3万户工商企业。①1956年，社会主义改造进入高潮，上海的所有工商业私营企业全部接受了公私合营。全国公私合营企业私股投资总额为24.2亿元，其中上海约为12亿元，几乎占全国资本主义工商业的一半。②上海民族资产阶级的支持，对全国资本主义工商业社会主义改造的胜利完成具有重要的推动作用。荣毅

① 上海市现代上海研究中心：《一寸丹心图报国》，上海教育出版社2012年版，第242页。

② 肖存良：《近百年上海统战：地位、特点与作用》，《上海市社会主义学院学报》2019年第5期。

仁、刘靖基、盛丕华等工商界著名人士，都衷心拥护中国共产党的领导，热情投身到社会主义建设事业中。

中华人民共和国成立初期，上海共有各种类型的党外代表人士一千余人，人数之多，界别之全，为全国之最。工商界有盛丕华、胡厥文、荣毅仁、郭棣活、刘靖基等；文化、教育、文艺等界（包括科学、文化、教育、新闻、出版、文艺、戏剧、电影、美术、音乐、游艺等）有张元济、周谷城等。

近代上海宗教组织相当繁盛。佛教、道教、伊斯兰教、天主教、基督新教、东正教都很发达。到1949年，上海地区已有各种佛教寺院近2 000处，有道院、道房100余所，有清真寺20座，有19个天主教修会，427座天主教堂，有基督新教教堂280处。[①]此外，犹太教、东正教、袄教也都有一定发展。民国时期的上海是名副其实的全国基督教的中心、中国天主教活动中心、佛教与道教重镇。中国共产党高度重视宗教工作，解放初期，上海产生了吴耀宗、邓裕志、刘良模、赵朴初等著名的宗教界爱国人士。

1949年前后，上海有10万余人转赴香港或澳门。[②]经过多年发展，很多由上海去的工商业者取得了相当可观的成就，成为"棉纱大王"、"地产大王"、世界"船王"，或执香港影视娱乐业之牛耳。改革开放以后，这些人成为上海重要的统战资源。

---

① 熊月之：《异质文化交织下的上海都市生活》，上海辞书出版社2008年版，第85—87页。

② 肖存良：《近百年上海统战：地位、特点与作用》，《上海市社会主义学院学报》2019年第5期。

## 三、上海是党的统战实践先行地

民主革命时期，中国共产党的统一战线的实践，很多是在上海先行的。

中共二大作出建立“民主的联合战线”决议以后，中国共产党人即在上海，与国民党有关人士合作，进行建立民主革命统一战线的实际努力。其中最突出的有两项：一是创办上海大学。上海大学创办于1922年，校长是国民党元老于右任，但大学的骨干力量是邓中夏、瞿秋白等共产党员，大学的办学宗旨、系科设置、教员聘请，也主要由共产党人决定。在1925年爆发的波澜壮阔的五卅运动中，上海大学师生不但起了骨干作用，而且他们发动群众的实践，带有一定的统一战线特点。据回忆，“在五卅运动中，上海大学的学生不仅在学生运动这一条战线起了带头作用，而且在整个运动中都起了骨干作用。上海大学的学生深入总工会、工商学联合会等团体，把党的意图贯彻到这些团体的工作中去。党通过上海大学的这批人和其他各个区的骨干，掌握情况，领导着这次运动”①。党组织在总工会、工商学联合会等团体中开展工作，为日后在工商界人士中开展统一战线工作，积累了经验，培养了人才。正因为这点，当时社会上有“文有上大，武有黄埔”的说法。二是毛泽东等人作为国民党执行部的领导来上海工作。中共三大确定中共党员以个人身份加入国民党以后，1924年，毛

① 《周文在同志的回忆》，《20世纪20年代的上海大学》，上海大学出版社2014年版，第1144页。

泽东、罗章龙等人作为国民党执行部的领导，来到上海，领导、实施了国共合作的具体事宜。那时，毛泽东等人住在三曾里，那是位于公兴路与临山路（原香山路，后改名为象山路）交叉处的一幢房子。毛泽东等人一面从事中共组织活动，一面到位于环龙路 44 号的中国国民党驻沪执行部上班，一同工作的有胡汉民等人。

这两项活动，都是中国共产党最早将统一战线理论付诸实践的典型，为日后活动范围更大、接触面更广、内涵更丰富的统战工作积累了宝贵的经验，打下了良好的基础。

1927 年大革命失败以后，党在上海努力团结众多进步文化人，成立包括鲁迅等人在内的“左联”组织，在文化战线进行反“围剿”斗争。1931 年至 1933 年，在上海养病的瞿秋白，实际领导了“左联”的工作。此后，上海文化界、社会科学界的统一战线活动，一直积极有序地进行。这是中国共产党在知识分子中进行统一战线的宝贵实践。

1932 年 12 月，宋庆龄发起成立中国民权保障同盟，主要成员有宋庆龄、蔡元培、杨杏佛、鲁迅等知名进步人士，总部设立在上海，任务是废除国民党法西斯统治，争取释放政治犯；争取公民有出版、言论、集会、结社自由等。这是中国共产党和爱国民主人士发起建立的争取民权为主旨的进步组织。这个组织虽然仅仅存在了六七个月时间，但它在接待著名作家萧伯纳来华访问，声援共产国际派驻中国的牛兰夫妇，设法营救被捕的廖承志、罗登贤、陈赓等共产党人，营救作家丁玲、潘梓年，抗议德国法西斯暴行，为遇难的杨杏佛举行送殓仪式等活动中，发挥了重大的社会影响和作用。这个组织发布的宣言与相关活动信息，有时不能在国内发表，就通过史沫莱特、伊罗生等外国记者，用电报发到国外，或刊登在美国人办的英文报刊《中国论坛》上，这对国际舆论产生很大影响。这其实是在国际范围内开展统战工作的滥觞。1933年9月30日,宋庆龄等人领导或参与的远东反战会议,冲破中外反动派的阻挠,在上海秘密举行,获得共产国际、中共中央的高度评价。这是上海在国际范围内进行统一战线活动的一个成功典范。

1936年11月23日,国民党当局会同租界巡捕房,逮捕了全国各界救国联合会领袖沈钧儒、章乃器、王造时等七人,史称"七君子事件"。这一事件激起全国人民公愤。中国共产党和各界进步人士开展了广泛营救运动。宋庆龄等人发起"救国入狱运动",请求与爱国领袖一同羁押,向国民党当局施压。1937年七七事变爆发后,南京国民政府迫于各方压力,不得不将沈钧儒等七人释放。这是中国共产党进行统一战线实践的一个成功范例。

解放战争时期,中国共产党在团结各界进步人士,开展以"反饥饿、反内战、反迫害"为主要内容的"三反运动"中,高度重视统一战线工作。1947年发生的著名的"五二〇运动"中,上海爱国师生是其中坚力量,上海市人民团体联合会等68个团体代表40万市民发表宣言,声援学生,影响极大。1947年,毛泽东在《蒋介石政府已处在全民的包围中》一文中指出:"中国境内已有了两条战线。蒋介石进犯军和人民解放军的战争,这是第一条战线。现在又出现了第二条战线,这就是伟大的正义的学生运动和蒋介石反动政府之间的尖锐斗争。"①1949年前后,党在上海高度重视团结工商界、知识界、宗教界人士,成效显著,其中不少人日后在社会主义建设事业中发挥了重要作用,荣毅仁任上海市副市长,后来任国家副主席;黄炎培先后任政务院副总理兼轻工业部部长、全国人大副委员长、全国政协副主席,

① 《毛泽东选集》第4卷,人民出版社1991年版,第1224—1225页。

沈钧儒、陈叔通、刘靖基任全国政协副主席，赵朴初任全国政协副主席、中国民主促进会中央名誉主席、中国佛教协会会长，吴耀宗任全国政协常委、中国基督教“三自”爱国运动委员会主席，邓裕志任中国基督教“三自”爱国运动委员会副主席、全国妇联常委，刘良模任中国基督教“三自”爱国运动委员会副主席、全国青联副主席、上海市政协副主席和市侨联副主席，赵祖康、盛丕华均担任上海市副市长。

改革开放以后，上海在统战实践方面，又有新的气象。

改革开放之初，针对海外对于中国改革开放尚未理解，仍旧迟疑观望，上海市委组建以统战部部长张承宗为团长的工商界经济代表团访问香港，起到释疑增信的功能，促使香港成为上海改革开放最大的投资者和参与者。这是上海的创举。

以统战促进改革开放，是上海在统战方面所作出的新的贡献。1987 年，上海设立“开发浦东联合咨询研究小组”，聘请美籍华人林同炎院士为高级顾问，成员包括美国加州大学伯克利分校、新加坡 OCBC 银行的专家、学者，上海市领导多次听取这些专家的意见。1989 年，上海建立“上海市长国际企业家咨询会议”制度，邀请来自美国、意大利、英国、瑞士、法国、日本、荷兰等 7 个国家 12 家大公司的董事长、总裁，作为市长咨询会议的成员，就上海经济发展中的突出问题进行讨论，每年一次。这是将统战工作扩展到海外华人与全球广大范围。

针对国内外人员来往众多、互动频繁的情况，上海于 1984 年恢复了欧美同学会，1985 年在全国首创上海海外联谊会，1990 年成立上海市海外交流协会，1996 年成立上海市留学人员联谊会。为加强与香港的联系，于 1984 年建立沪港经济发展协会。为加强与台湾的联系，于 1981 年成立上海市台湾同胞联谊会，1985 年成立上海市黄埔军校同学会。为加强孙中山研究，通过孙中山研究进一步扩展与港澳台及海外同行联系，上海于1986年协助民革和民盟上海市委建立中山学社。针对新的社会阶层日益凸显的现象，为加强新的社会阶层人士统战工作，上海于2007年建立新的社会阶层人士统战工作联席会议，2013年全国首创新的社会阶层代表人士奉贤实践锻炼基地。为加强党外代表人士队伍建设，于2008年开始在宝山区、浦东新区建立党外代表人士挂职锻炼基地。这些，都是上海统战工作新实践、新创造，是对上海优良统战传统的创新发展，也对全国统战工作起到示范引领作用。

习近平总书记在上海工作时，曾指出上海统战工作的特殊性与重要性："作为我国对外开放的重要窗口，包括宗教在内的某些复杂、敏感问题往往要比其他省市来得早、更受关注。"[①]进入中国特色社会主义新时代，习近平总书记谆谆告诫全党，统一战线"有用、有大用、有不可或缺的作用"。我们要以习近平新时代中国特色社会主义思想为指导，深入学习贯彻习近平总书记关于做好新时代党的统一战线工作的重要思想，弘扬上海统战优良传统，利用上海统战丰富资源，创造上海统战新的业绩。

**论文出处：**《解放日报》2022年3月22日，理论版。

**作者简介：**冉小毅，女，上海市社会主义学院党组成员、副院长、博士。

① 沙海林、马俊生：《光荣的城市，统战的摇篮，统一战线"法宝"在上海熠熠生辉》，《上海党史与党建》2020年第8期。

# 第一编　统一战线理论研究

# 第一章　中国共产党百年统一战线思想研究

蒋连华　肖存良　闻　丽

习近平总书记在庆祝中国共产党成立100周年大会上指出："在百年奋斗历程中，中国共产党始终把统一战线摆在重要位置，不断巩固和发展最广泛的统一战线，团结一切可以团结的力量、调动一切可以调动的积极因素，最大限度凝聚起共同奋斗的力量。爱国统一战线是中国共产党团结海内外全体中华儿女实现中华民族伟大复兴的重要法宝。"[①]中国共产党百年统一战线思想，是中国共产党把马克思主义统一战线理论同中国具体实际相结合，与中华优秀传统文化相结合，围绕中国共产党在不同历史时期的中心工作和任务，团结一切可以团结的力量，调动一切可以调动的积极因素，最大限度凝聚起共同奋斗力量的思想理论成果，构成了一幅马克思主义统一战线理论中国化的思想图卷。

① 习近平：《在庆祝中国共产党成立100周年大会上的讲话》，人民出版社2021年版。

## 一、新民主主义革命、社会主义革命和建设时期的统一战线思想

中国共产党肩负着领导革命、推翻专制、创建共和的历史使命而成立。中国共产党成立后,统一战线就与中国革命的使命、任务与进程紧密相关联。中国社会性质与社会结构决定了作为核心力量的任何政党要支撑起中国革命和现代化的发展,都必须广泛联合各种积极的社会和政治力量,建立广泛的同盟,从而在巩固领导的基础上充分发挥核心力量的作用。

革命实际上是以革命的政治力量打倒反对革命的政治力量。肩负着带领中华民族实现伟大复兴的历史使命登上历史舞台的中国共产党,首先要回答谁是革命的"敌人"、谁是革命的"朋友"问题。在反对革命的政治力量异常强大的情况下,通过什么样的方式来打倒反对革命的政治力量,推动革命前进,实现革命目标呢?在革命斗争实践中,毛泽东把反对革命的政治力量概括为帝国主义、封建主义和资产阶级反动派(后又称之为官僚资本主义),简称为"三座大山",并在领导中国革命队伍经过长征到达陕北后,在总结中国过往革命经验时指出,"统一战线,武装斗争,党的建设,是中国共产党在中国革命中战胜敌人的三个法宝,三个主要的法宝"①。毛泽东认为,中国共产党主要通过这三种方式来积聚革命力量,战胜反革命力量,并称之为"三个法宝"。在这三个法宝中,党的建设主要是加强革命者自身的

① 《毛泽东选集》第2卷,人民出版社1991年版,第606页。

政治力量，武装斗争是通过消灭敌人武装力量的方式来削弱敌人的政治力量，统一战线则是通过化敌为友的方式来削弱敌人，增强自身力量的法宝。因而，在中国共产党领导中国革命以及后来的社会主义革命与建设的历史进程中，服务于革命逻辑的中国共产党统一战线思想，随着中国革命与建设的历史进程和现实使命的变化而变化，在各个历史时期改变着中国社会的政治力量结构。

1. 第一次国内革命战争时期，基于列宁关于民族殖民地问题的理论，中国共产党形成了与资产阶级联盟的思想，建立了以国共合作为基础的“民主联合战线”，即国民革命统一战线。因而，如何正确认识和处理同资产阶级及其党派的关系，是建立和巩固以国共两党合作为基础的统一战线必须解决的重大问题。这一时期，党的统一战线思想，有相当多的内容是在如何认识和处理同资产阶级及其党派关系问题的过程中产生的。

2. 第二次国内革命战争时期，以毛泽东为代表的中国共产党人根据马列主义原理和中国的特点，提出了建立与巩固工农联盟的基本原则，即在中国新民主主义革命的统一战线中包括两个联盟：一个是工人阶级同农民阶级的联盟；一个是工人阶级同资产阶级和小资产阶级的联盟。在革命斗争中践行着“农民是无产阶级广大的可靠的同盟军”思想，在凝聚城市群众、工人阶级、文化精英、国民党中积极力量的同时，巩固工农联盟，结成工农联盟统一战线。

3. 抗日战争时期，为凝聚千百万群众和全民族的力量，以毛泽东为代表的中国共产党人既尊重共产国际的指导，又不迷信共产国际的权威，最终确立了独立自主原则，创造形成了抗日民族统一战线思想及新民主主义国家理论。

4. 第三次国内革命战争时期,为了联合社会各界进步力量,推翻国民党的"一党专制",建立新中国,中国共产党发展完善了人民民主统一战线的理论与思想,结成人民民主统一战线,团结各民主党派,为建设新中国而努力。在这一时期,中国共产党不仅实现了对农民和小资产阶级的领导,而且实现了对民族资产阶级的领导;不仅有政治思想上的领导,而且有组织上的领导,使统一战线得到不断巩固与发展壮大。

5. 中华人民共和国成立后,中国进入了社会主义革命与建设时期。中国共产党对新中国政权建设的构想从一开始就主张新政府应该以各党联合的方式组织政府,即人民民主专政思想,由进步阶级组成的"人民"共同掌握国家政权。伴随着社会主义革命的过程,对民族资产阶级和民主党派的社会地位和界定有了明确的认识,提出了多党合作的思想。同时,中国共产党坚持民族平等原则和宗教信仰自由,加强民族团结,引导我国宗教与社会主义社会相适应,提出国际统一战线的重要思想,团结国内外一切可以团结的力量,扩大人民民主统一战线,共建新中国。

纵观新民主主义革命以及社会主义革命与建设时期的统一战线思想,中国革命的艰巨性以及革命进程的曲折性使中国共产党认识到,无产阶级及其政党在统一战线中的领导权问题是中国共产党统一战线理论的根本问题。只有坚持无产阶级领导权,统一战线才得以建立、巩固与发展,才能保持统一战线的革命性质与正确方向,使之为党的总任务和总路线服务。基于中国共产党对中国革命的深刻把握和对统一战线领导权问题的根本认识,中国共产党准确地定位自己的责任与使命、战略与策略、价值与目标、根基与空间，并在中国革命与建设进程中通过统一战线的广泛联合，推动中国共产党从边缘到中心的位移，最终成为全社会、全民族的领导核心力量。

革命的成功之路和国家的诞生形态，都是建立在中国共产党统一战线的战略、思想以及中国共产党领导各革命力量联合掌握国家政权的基础上，这决定了在这一政治基础上产生和发展起来的多党合作思想是内生于中国的革命与国家建设的，符合中国国家建设发展的内在要求，并得到了坚持与发展。

## 二、改革开放和社会主义现代化建设新时期的统一战线思想

党的十一届三中全会以后，中国共产党摒弃阶级斗争思路，实现了党和国家工作重心的转移，由以阶级斗争为纲转变为以经济建设为中心，一心一意搞社会主义现代化建设。统一战线在服务社会主义现代化建设的过程中，展现出了崭新的发展形态，形成了中国共产党不同于新民主主义革命、社会主义革命和建设时期的崭新的统一战线思想，主要体现为：

1. 新时期统一战线思想。改革开放初期，邓小平指出，“搞现代化建设，最重要的是知识和人才。我们最大的弱点恰恰在这里，知识不足，人才不足”①。要完成社会主义现代化的艰巨任务则需要团结各方社会政治力量，所以，邓小平在改革开放初期反复强调的主要是两个方面：一是解放思想，实现思想意识上的民主，由民主解放思想，

① 《邓小平思想年谱》，中央文献出版社 1998 年版，第 319 页。

推动改革开放；二是统一战线。首先是如何把各民主党派等政治力量团结在中国共产党周围。统一战线中的民主党派以知识分子为主，与国外联系广泛，在引进资金、技术和人才方面都有自己的特殊优势，中国共产党启动现代化需要民主党派在吸引资金、技术和人才方面发挥自身作用。这就涉及如何看待民主党派的性质。1979 年 6 月 15 日，邓小平在全国政协五届二次会议开幕词中阐述了民主党派性质发生的重大变化，指出由于社会主义改造完成后我国阶级状况发生了根本变化，民主党派性质已由阶级联盟发展为政治联盟，指出我国各民主党派在民主革命中有过光荣的历史，在社会主义改造中也作出了重要的贡献。这些都是中国人民所不会忘记的。现在它们都已经成为各自所联系的一部分社会主义劳动者和一部分拥护社会主义的爱国者的政治联盟，都是在中国共产党领导下为社会主义服务的政治力量。这就为民主党派成为现代化建设的依靠力量铺平了道路。这一时期，以邓小平为核心的第二代中央领导集体，积极推动统一战线在现代化这一政治空间中获得了大发展：统一战线的性质改变了，从革命统一战线转变为爱国统一战线；统一战线的范围扩大了，从内地党外人士扩大到港澳台和海外华侨华人；民主党派的性质改变了，从资产阶级政党转变为社会主义性质的政党；对台政策变了，从“和平解放台湾”转变为“和平统一、一国两制”，并在香港和澳门率先实现“一国两制”；宗教政策改变了，从“宗教与社会主义社会相敌对”转变为“引导宗教与社会主义社会相适应”。现代化推动统一战线大转型，促使新时期统一战线获得巨大发展，党的统一战线思想也获得巨大发展。当然，党的统一战线思想发展的最终目标还是要为社会主义现代化服务，这也是这一时期统一战线的基本特征。

2. 新阶段统一战线思想。20 世纪 90 年代的市场化改革，推动了我国的社会分化，产生了一批新的社会阶层和社会群体，改变了我国传统的所有制形式和社会阶层结构。中国共产党要实现有效执政，扩大党的执政基础、社会基础和群众基础，就需要把新生的社会阶层和社会群体团结在自身周围。因而，充分发挥统一战线的社会整合功能、以统一战线的社会整合来促进中国的现代化建设就显得特别重要。统一战线也在因应社会分化的过程中产生了新的工作对象，获得了新的发展，并推动了统一战线思想的发展。这一阶段，以江泽民为核心的第三代中央领导集体，面对市场化改革促进大量知识分子由体制内进入体制外和党外知识分子的迅速增加，明确提出党外知识分子工作是统一战线的基础性工作，凸显了党外知识分子统战工作在全部统战工作中的基础性地位；面对市场化推动非公有制经济迅速发展和非公有制经济人士队伍的迅速扩大，明确提出非公有制经济人士是中国特色社会主义事业建设者，给予他们明确的社会和政治定位，同时提出要推动非公有制经济健康发展，非公有制经济人士健康成长的“两个健康”思想，对引导非公有制经济和非公有制经济人士健康成长发挥了积极作用；面对市场化带来利益分化和利益冲突，高扬团结主题，强调统一战线的主题是大团结大联合，充分发挥人民政协的团结功能，确定团结与民主为人民政协的两大主题，促使统一战线把分化的社会团结凝聚起来。

3. 新世纪新阶段统一战线思想。新世纪之后至党的十八大之前这段时期，中国共产党把工作重心转向社会建设领域，大力加强社会整合，化解市场化所内生的分化因素，以社会整合推动国家现代化建设。在统一战线领域，中国共产党围绕社会整合把更多的统战人士和统战要素整合到中国共产党的周围来，并不断推进理论创新。以胡锦涛为总书记的党中央，面对中国特色社会主义事业建设者队伍的迅速扩大，把统一战线联盟范围由“三者联盟”发展成为“四者联盟”，并对联盟范围持开放态度，依据社会结构变化而不断扩大联盟范围；随着市场化推动国家—社会关系变化，中国共产党迅速通过统一战线调整国家—社会关系，提出“五大关系”的基本内容，指出统一战线要推动“五大关系”和谐，为整个国家和谐稳定作贡献；随着社会阶层结构变化，产生了不同于传统“两阶级一阶层”的新的社会阶层，中国共产党从自身政治需要出发，迅速划定新的社会阶层人士范围，指出新的社会阶层人士是统一战线工作新的着力点，并根据社会结构变化调整新的社会阶层人士的组成群体；随着统一战线的发展孕育和我国协商民主的发展，中国共产党在推动协商民主发展的过程中形成了“两种民主形式”，选举民主与协商民主的共同发展展现了社会主义民主政治的优越性。在民族关系领域，中国共产党根据社会主义民族关系的基本特点，相继提出了“两个共同”作为解决中国民族问题的战略和“三个离不开”思想，把民族关系与国家—社会关系整合紧密联系起来。总之，进入新世纪之后，“两个共同”“两种民主形式”“三个离不开”“四者联盟”“五大关系和谐”等战略思想都具有强烈的社会整合色彩。

## 三、中国特色社会主义新时代的统一战线思想

党的十八大以来，中国特色社会主义进入新时代，中华民族进入

了由站起来、富起来到强起来的历史时期。以习近平同志为核心的党中央，团结带领中国人民，自信自强、守正创新，统揽伟大斗争、伟大工程、伟大事业、伟大梦想，在推进国家治理体系和治理能力现代化进程中，深刻把握中华民族伟大复兴战略全局、世界百年未有之大变局和统一战线发展规律，高度重视统一战线工作，科学回答了新时代要不要统一战线、要什么样的统一战线、怎样建设统一战线等重大问题，形成了习近平总书记关于做好新时代党的统一战线工作的重要思想，并集中体现于《中国共产党统一战线工作条例》（以下简称《条例》），为新时代统一战线事业健康发展提供了科学的思想指引和行动指南，主要体现为三个显著特征：

1. 战略性。所谓战略性就在于能够紧扣时代脉搏，体现时代特征，回应时代需求。2012 年 11 月 29 日习近平总书记在参观《复兴之路》展览时提出，实现中华民族伟大复兴，就是中华民族近代以来最伟大的梦想。这个梦想，凝聚了几代中国人的夙愿，体现了中华民族和中国人民的整体利益，是每一个中华儿女的共同期盼。我们这一代共产党人一定要承前启后、继往开来，把我们的党建设好，团结全体中华儿女把我们国家建设好，把我们民族发展好，继续朝着中华民族伟大复兴的目标奋勇前进。所以，以习近平同志为核心的党中央，立足中华民族伟大复兴的战略全局和世界百年未有之大变局，心怀“国之大者”，团结一切可以团结的力量，调动一切可以调动的积极因素，统筹协调国际国内两个大局、两种资源，在团结带领全党全军全国各族人民推进党和国家各项事业发展的伟大实践中：一是深刻回答了新时代要不要统一战线的问题。明确指出人心向背、力量对比是决定党和人民事业成败的关键，是最大的政治。统战工作的本质要求是大团结大联合,解决的就是人心和力量的问题,这是党治国理政必须花大心思、下大力气解决好的重大战略问题;二是提出了铸牢中华民族共同体意识的创新性论断。面对我国是一个统一多民族国家的历史国情,深刻把握铸牢中华民族共同体意识与实现中华民族伟大复兴的内在逻辑以及对维护和促进民族团结、社会稳定、祖国统一的重要作用,明确提出铸牢中华民族共同体意识是新时代党的民族工作的"纲",所有工作要向此聚焦。可见,新时代的统一战线思想是以马克思主义世界观和方法论为指导,观照人类相处之道和发展愿景,建基于中国共产党百年统一战线实践之上的具有原则性、系统性、预见性和创造性的战略思考,充分说明了中国共产党不仅是为中国人民谋幸福的政党,也是为促进人类进步事业而奋斗的政党。

2. 科学性。科学性在于能够把握事物发展的规律,主要体现在:一是明确统一战线的地位作用。统一战线是中国共产党凝聚人心、汇集力量的政治优势和战略方针,是夺取革命、建设、改革事业胜利的重要法宝,是增强党的阶级基础、扩大党的群众基础、巩固党的执政地位的重要法宝,是全面建设社会主义现代化国家、实现中华民族伟大复兴的重要法宝。"三个重要法宝"的阐述,是从政治的核心、政治的本质和政治的基础支撑三个层面,阐明了统一战线与政权建立和巩固的辩证关系、统一战线与阶层关系和谐与否的辩证关系、统一战线与经济发展的辩证关系。这种对统一战线与权力获得、政权巩固,以何支撑内在关系的规律性把握,亦是对统一战线内在本质与事物之间关系的规律性把握。二是明确坚持正确处理一致性和多样性关系的工作原则。现代社会是一个利益多元的社会,社会治理的核心是利益关系的协调。新时代的中国共产党,在推进国家治理体系和治理能力现代化进程中，坚持正确处理一致性和多样性关系的工作原则，充分发挥统一战线利益协调的功能，尊重和维护不同阶层和利益群体的合法权益，关注他们的利益诉求，引导他们正确处理个人利益和集体利益、局部利益和整体利益、当前利益和长远利益的关系，在尊重差异中扩大认同，在包容多样中增进共识，在整合引导中兼容并蓄，在社会利益最大化的基础上，兼顾不同群体利益，凝心聚力去解决社会治理中的一些突出问题，不断增进广大统一战线成员对中国共产党的政治认同、思想认同、理论认同、情感认同，为化解新的社会矛盾提供广泛的社会支持和共识基础，充分体现了中国共产党对社会政治发展规律的认识和把握。三是提出推动建立各民族相互嵌入式的社会结构和社区环境的理念，体现以习近平同志为核心的党中央，在推进国家治理体系和治理能力现代化进程中对我国多民族社会发展规律的把握。四是提出推动构建积极健康的宗教关系，正确把握我国宗教关系包括党和政府与宗教、社会与宗教、国内不同宗教、我国宗教与外国宗教、信教群众与不信教群众之间的关系，全面贯彻党的宗教工作基本方针、坚持我国宗教的中国化方向、积极引导宗教与社会主义社会相适应的工作要求，丰富了中国特色社会主义宗教理论。五是面对我国所有制形式、社会治理方式、社会分工和产业结构的深刻变化以及新的社会阶层人士的出现，提出把新的社会阶层人士组织起来的思想，团结引导他们做合格的中国特色社会主义事业的建设者。六是坚持中国共产党为人民服务的一贯宗旨，把握中国特色社会主义市场经济体制的发展逻辑，提出了构建亲清政商关系的思想。

3. 实践性。实践性是马克思主义哲学最显著的特点和理论品质，习近平总书记关于做好新时代党的统一战线工作的重要思想，作为马克思主义统一战线理论中国化的最新成果，继承了这一理论品质，进一步明确了新时代统一战线工作“怎么做”的问题，为推动新时代统一战线工作实践指明了原则方向，这在《条例》中得到充分体现：一是加强党对统一战线工作的集中统一领导。推动构建党委统一领导、统战部牵头协调、有关方面各负其责的大统战工作格局，进一步明确了各级党委和统战部门的主体责任和工作职责，确保党在统一战线工作中总揽全局、协调各方，保证统一战线工作始终沿着正确政治方向前进，使党的领导这一中国特色社会主义最本质的特征和制度最大优势在统战工作中得到了充分的体现。二是明确把服务坚持和完善中国特色社会主义制度、推进国家治理体系和治理能力现代化纳入统一战线工作的主要任务，提出了中国共产党领导的多党合作和政治协商制度是中国特色社会主义新型政党制度，进一步明确了民主党派是接受中国共产党领导、同中国共产党通力合作的亲密友党，是中国共产党的好参谋、好帮手、好同事，是中国特色社会主义参政党的政治定位，进一步规范了民主党派和无党派人士民主监督的主要形式。《条例》对中国特色社会主义新型政党制度的阐述，是进一步提高这项制度效能的具体体现，有助于坚持和完善中国特色社会主义制度，提高统一战线工作科学化规范化制度化水平。三是加强统战干部和人才队伍建设。正如毛泽东所言：政治路线确定之后，干部就是决定因素。习近平总书记也一再强调，改革开放任务越重，越要加强和改进党的自身建设，越要不断提高领导和推动改革的能力，不断提高党的领导水平和执政水平。明确要求要落实党中央关于统一战线工作部门和统战干部队伍建设的要求，选优配强统战系统领导班子和主要负责人，加强统战干部、人才队伍建设，并从党的政治建设、思想建设、组织建设、作风建设和纪律建设，及对统战部门自身建设提出了具体要求。同时，加强党外代表人士队伍建设，把党外代表人士队伍建设纳入干部和人才队伍建设总体规划，强调要在优秀年轻干部队伍中统筹考虑党外干部，对党外干部发现、培养、选拔、使用、管理都作了具体规定和安排，为新时代统一战线事业发展提供了政治保障和组织保障。

总之，实践没有止境，理论创新也没有止境。中国共产党统一战线思想也将随着中国特色社会主义事业的伟大实践，在全面建设社会主义现代化国家新征程中不断推进和创新发展。

**说明：**本文系上海市哲学社会科学规划专项课题(著作)《中国共产党百年统一战线思想研究》(2019WDJ015)的论文版。

**论文出处：**《上海市社会主义学院学报》2022年第3期。

**作者简介：**蒋连华，上海市社会主义学院教授(三级)、城市民族和宗教研究中心主任、博士。

肖存良，复旦大学马克思主义学院教授、博士。

闻　丽，上海市社会主义学院副教授、新型政党制度研究中心研究员、博士。

# 第二章 习近平总书记关于统一战线法宝地位重要思想的三个维度

蒋连华

新时代我国发展的内外环境发生了深刻的变化,面对新情况新问题新挑战,如何看待新时代的统一战线?统战工作在党和国家的工作大局中居于什么地位?这是中国共产党领导社会主义建设必须回答的时代之问。习近平总书记关于做好新时代党的统一战线工作的重要论述以及中共中央颁布修订的《中国共产党统一战线工作条例》,都明确指出统一战线的法宝地位。新时代统一战线的法宝地位是从历史逻辑、现实选择和内在要求三个维度,阐明统一战线与实现中华民族伟大复兴中国梦的内在关联,体现以习近平同志为核心的党中央对马克思主义政治理论的科学把握。具体体现在:

## 一、统一战线法宝地位的历史逻辑

实现中华民族伟大复兴“凝聚了几代中国人的夙愿，体现了中华民族和中国人民的整体利益，是每一个中华儿女的共同期盼”①。纵观近代中国，中华民族备受欺凌，一步一步被推入半殖民地深渊。同时，自鸦片战争起，一批先进的中国人向西方国家寻求中国富强的道路。从太平天国运动的“天国梦”、洋务运动的“自强求富梦”、戊戌维新派的“改良梦”，到资产阶级革命派的“共和梦”都失败了。究其原因，其中重要的一点就是没有形成由坚强有力的政党团结带领的统一战线。邓小平曾经指出：“过去帝国主义欺侮我们，还不是因为我们是一盘散沙。”②因而，当“十月革命一声炮响，给中国送来了马克思主义”，建立一个领导中国革命的全国统一的无产阶级政党，已成为当时中国革命者的共同愿望。所以，中国共产党自诞生起就是一个肩负组织和领导使命的政党，是以满怀信心改造中国为己任、以坚定的信念组织带领中国人民走向复兴为目标的政党。随着中国革命实践不断深入，中国共产党对党的统一战线的认识不断深化，1939 年 10 月，毛泽东在《〈共产党人〉发刊词》一文中指出，“十八年的经验，已使我们懂得：统一战线、武装斗争、党的建设是中国共产党在中国革命中战胜敌人的三个法宝，三个主要的法宝。这是中国共产党的伟

---

① 中共中央文献研究室：《十八大以来重要文件选编（上）》，中央文献出版社 2018 年版，第 84 页。

② 《邓小平文选》第 3 卷，人民出版社 1993 年版，第 197 页。

大成绩，也是中国革命的伟大成绩”，“统一战线问题，武装斗争问题，党的建设问题，是我们党在中国革命中的三个基本问题。正确地理解了这三个问题及其相互关系，就等于正确领导了全部中国革命”①。这是毛泽东第一次论述中国革命胜利的“三大法宝”，这既是对中国共产党成立18年来领导中国革命经验的总结，也为党今后领导中国革命、建设和改革实践指明了方向。众所周知，1939年前后是中国共产党新民主主义理论形成的重要时期，这一时期，毛泽东先后发表了《〈共产党人〉发刊词》《中国革命和中国共产党》《新民主主义论》等重要著作，毛泽东通过对中国国情的科学分析，提出了中国革命分两步走的论断：第一步改变半殖民地、半封建的社会形态，使之成为一个独立的民主主义社会；第二步使革命向前发展，建立一个社会主义社会。毛泽东新民主主义论断的核心，一方面强调新民主主义革命区别于旧民主主义革命的主要标志是无产阶级的领导权；另一方面把中国新民主主义革命与社会主义和世界无产阶级联系起来，为全世界无产者联合起来，夺取新民主主义革命的胜利和建立新中国，奠定了理论基础。

新中国成立后，在社会主义建设特别是改革开放和社会主义现代化建设的各个历史时期，党始终能够把统一战线摆在全党工作的重要位置，将统一战线放到改革开放和社会主义现代化大局中来审视，努力团结一切可以团结的力量、调动一切可以调动的积极因素，为党和人民事业的不断发展营造了有利条件。邓小平指出：新时期统一战线的任务，就是要调动一切积极因素，团结一切可以团结的力量，为在21世纪内把我国建设成为现代化的社会主义强国而共同奋

① 《毛泽东选集》第2卷，人民出版社1991年版，第605—606页。

斗，还要为促进两岸统一，完成祖国统一大业而共同努力。江泽民指出：统一战线历来是我们党团结最广大群众发展事业、战胜困难的重要法宝。在实现社会主义现代化、实现中华民族振兴、实现祖国完全统一的伟大事业中，党的统一战线工作是大有作为的。胡锦涛指出：必须充分发挥统一战线凝聚人心、汇聚力量的重要作用，调动一切有利于科学发展的积极因素，坚定不移抓好发展这个执政兴国的第一要务，坚定不移推进改革开放，坚定不移地促进社会和谐，为全面建成小康社会提供广泛而强大的力量支持。新时代，习近平总书记继承发展了中国共产党关于统一战线法宝地位的思想，在中央统战工作会议上回答了新时代统一战线和统战工作在党和国家的工作大局中居于什么地位，再一次指出："我一直在思考这个问题，并想到了毛泽东同志讲过的三句话。第一句是：统一战线，武装斗争，党的建设，是中国共产党在中国革命中战胜敌人的三个法宝。……第二句是：所谓政治就是把我们的人搞得多多的，把敌人搞得少少的。……第三句是：统战工作是最大的工作。……这三句话给我们提出一个什么问题呢？"他说："概括起来说，就是人心向背、力量对比是决定党和人民事业成败的关键，是最大的政治。统战工作的本质要求是大团结大联合，解决的就是人心和力量的问题。这是我们党治国理政必须花大心思、下大力气解决好的重大战略问题。"习近平总书记从抗日民族统一战线形成、延安时期党的建设和新中国成立初期这三个党发展的关键时期，毛泽东对统一战线地位作用如何认识的回答，充分揭示了统一战线是夺取革命、建设和改革事业胜利的重要法宝的历史逻辑。

对这一历史逻辑，习近平总书记曾总结道："近代以来，我们的民族历经磨难,中华民族到了最危险的时候。自那时以来,为了实现中华民族伟大复兴,无数仁人志士奋起抗争,但一次一次失败了。中国共产党成立后,团结带领人民前仆后继、顽强奋斗,把贫穷落后的旧中国变成日益走向繁荣富强的新中国,中华民族伟大复兴展现出前所未有的光明前景。”①统一战线是经过历史见证的、有着特殊历史作用的重要法宝,其建立、发展和完善与当时的历史条件密切相关。历史发展到中国特色社会主义新时代,仍需要统一战线发挥凝心聚力的作用,为完成时代任务奠定良好力量和智慧基础。

## 二、统一战线法宝地位的现实选择

习近平总书记指出,改革开放是当代中国最鲜明的特色,是我们党在新的历史时期最鲜明的旗帜。改革开放是决定中国命运的关键抉择,是党和人民事业大踏步赶上时代的重要抉择。正是改革开放极大改变了中国历史发展的进程,中国共产党逐步确立了市场在社会主义国家宏观经济调控下对资源配置起决定性作用的经济体制。与此同时,也为中国共产党执政奠定了更坚实的现实基础。特别是中共十八大以来,中国特色社会主义进入新时代,新时代的变化是一个整体性的变化,不仅包括经济、社会、文化生活的变化,也包括政治生活的变化。统一战线作为中国共产党的一种政治社会整合机制,是增强党的阶级基础、扩大党的群众基础、巩固党的执政地位的重要

---

① 中共中央文献研究室:《十八大以来重要文件选编(上)》,中央文献出版社2018年版,第69页。

法宝。

第一，改革开放改变了我国过去城乡二元差别的社会结构，新型城镇化的发展促进了社会分工日益细化，所有制形态更加多样，新产业、新业态、新商业模式不断涌现。据国家统计局2019年8月15日发布的《新中国成立70周年经济社会发展成就系列报告之十七》显示：新中国成立70年来，我国经历了世界历史上规模最大、速度最快的城镇化进程。[①]截至2019年末，我国常住人口城镇化率已达到60.6%。[②]从所有制类型来看，仅2016年，私有、港澳台商、外商及其他单位职工总数为32 435.6万人，占职工总数82.9%；国有和集体单位职工总数为6 689万人，占职工总数17.1%。[③]新产业、新业态、新商业模式为核心内容的经济活动的“三新”经济创造的经济增加值占GDP的比重越来越高。据国家统计局2020年7月7日发布的数据显示：2019年我国“三新”经济增加值为161 927亿元，相当于GDP的比重为16.3%。[④]到2019年底，我国已有市场主体1.23亿户，其中企业3 858万户，个体工商户8 261万户。[⑤]随着时代的发展，社会的进步，我国工人阶级高度同质化的传统状态已经改变，其内在结构或内部

---

① 国家统计局：《城镇化水平不断提升　城市发展阔步前进——新中国成立70周年经济社会发展成就系列报告之十七》，2019-8-15，http://www.chinanews.com/gn/2019/08-15/8927976.shtml。

② 林火灿：《我国常住人口城镇化率逾60%：仍有巨大潜力》，http://finance.china.com.cn/news/20200618/5298695.shtml。

③ 屈增国、杨冬梅、赵健杰：《新时代工人阶级地位和作用现状及发展趋势》，《中国劳动关系学院学报》2018年第12期。

④ 《2019年我国“三新”经济增加值相当于GDP比重16.3%》，http://finance.people.com.cn/n1/2020/0707/c1004-31774124.html。

⑤ 习近平：《在企业家座谈会上的讲话》，http://www.xinhuanet.com/politics/2020-07/21/c_1126267575.htm。

关系发生了变化。面对这些变化,需要党发挥统一战线协调关系、化解矛盾的作用,在新时代的创新实践中,辩证把握工人阶级地位的本质特征,坚持充分发挥工人阶级主力军地位和作用,发展工人阶级的先进性,不断巩固党的阶级基础。

第二,改革开放不断深入促进了我国阶层结构的深刻变化,统一战线呈现空前广泛性,统战工作范围和对象也在不断扩大。改革开放初期,统战工作对象主要包括10个方面,即民主党派、无党派知名人士、党外知识分子干部、起义和投诚的原国民党军政人员、原工商业者、少数民族上层人物、爱国宗教领袖人物、去台人员的家属和亲友、台湾同胞和港澳同胞、归侨侨胞和海外侨胞。2000年召开的第19次全国统战工作会议,把统战工作范围概括为12个方面,增加了非公有制经济人士、出国和归国留学人员。2006年召开的第20次全国统战工作会议,又增加了私营企业和外资企业的管理技术人员、中介组织从业人员、自由职业人员,统战工作的范围进一步扩大到15个方面。进入新时代,随着我国社会阶层更加多样,情况更加复杂。2015年中央统战工作会议及中共中央颁布的《中国共产党统一战线工作条例(试行)》明确指出,统一战线工作范围和对象已由第20次全国统战工作会议时的15个方面,调整为12个方面,即民主党派成员,无党派人士,党外知识分子,少数民族人士,宗教界人士,非公有制经济人士,新的社会阶层人士,出国和归国留学人员,香港同胞、澳门同胞,台湾同胞及其在大陆的亲属,华侨、归侨及侨眷,其他需要联系和团结的人员。统战工作对象的扩大和调整,充分体现了我国阶层分化的日益明显和社会利益多元化格局的形成,也不可避免地带来了多元主体和利益群体诉求的多样化以及认同建构的障碍。中国共产党领导国家建设，需要统一战线发挥整合社会、凝聚人心的功能作用，来不断扩大党的群众基础。

第三，改革开放促进了我国社会转型，社会转型是一个生活方式、行为方式和价值观念转变的过程，也是一个社会治理体制机制和社会形态转变的过程。从国家治理的视角来看，进入新时代，中国共产党的执政追求已经由改革开放之初的以经济绩效为主向以满足人民对美好生活的新期待为主转变。以人民为中心的执政理念、创新协调绿色开放共享的新发展观，提高了国家治理体系和治理能力现代化的发展要求，促进了我国国家制度由封闭到开放转型以来的再一次转型。在坚持和完善中国特色社会主义制度和推进国家治理体系和治理能力现代化进程中，如何厚植党的执政基础，如何巩固党的执政地位，是执政党中国共产党必须解答好的永恒课题。在具体实践中，发挥统一战线作为中国共产党的政治社会整合机制，坚持和完善人民代表大会制度、中国共产党领导的多党合作和政治协商制度、民族区域自治制度和基层群众自治制度，推进社会主义协商民主广泛多层制度化发展，是巩固党的执政地位的制度化选择。

新时代社会分工细化、所有制形态多样性需要统一战线协调关系、化解矛盾，社会阶层结构的变化需要统一战线不断扩大统战工作范围和对象，社会转型带来的行为方式和价值观念的转变需要统一战线发挥好政治社会整合功能。

## 三、统一战线法宝地位的内在要求

中共十八大以来，我国已经进入了一个比历史上任何时期都更接近中华民族伟大复兴的目标，比历史上任何时代都更有信心、更有能力实现这个目标的新时代。习近平总书记明确指出，统一战线是全面建成小康社会、加快推进社会主义现代化、实现中华民族伟大复兴中国梦的重要法宝。具体体现在：

第一，实现中华民族伟大复兴的中国梦是统一战线性质的内在要求。党的统一战线，就其广义而言是指不同社会政治力量在一定历史条件下，为实现一定的共同目标，在某些共同利益基础上结成的政治联盟。统一战线由党派、阶层、民族、宗教、人民团体、港澳台同胞、海外侨胞等组成，它通过建立共同思想政治基础，把社会各阶级阶层群体凝聚为一个坚强的整体，这个共同思想政治基础就是共同追求的目标和方向。实现中华民族伟大复兴中国梦，就是中华民族近代以来最伟大的梦想和共同目标。这个梦想凝聚了几代中国人的夙愿，体现了中华民族和中国人民的整体利益，是每一个中华儿女的共同期盼。因而，每一个统一战线成员都是实现中华民族伟大复兴的力量源泉，中国共产党通过不断巩固和壮大统一战线，把全体人民的智慧和力量都凝聚到实现中华民族伟大复兴的宏伟目标和具体任务上来。

第二，人民对美好生活的追求是统一战线的内在价值。中共十九大明确提出，我国社会主要矛盾已经转化为人民日益增长的美好生活需要和不平衡不充分的发展之间的矛盾。统一战线的主要任务也随着时代发展、时代任务变化而不断完善。从社会需求看，中国共产党团结带领人民完成了社会主义革命，确立了社会主义制度，推进社会主义建设，完成了中华民族有史以来最为广泛而深刻的社会变革，实现了中华民族由近代不断衰落到根本扭转命运、持续走向繁荣富强的伟大飞跃。中华民族迎来了从站起来、富起来到强起来的伟大飞跃，迎来了实现中华民族伟大复兴的光明前景。随着社会生产力的不断提高，人民的需要不再仅限于物质文化生活需要，而建立在政治、经济、文化、社会、生态文明建设发展基础上的人的全面发展要求也不断增长。“人民期盼有更好的教育、更稳定的收入、更可靠的社会保障、更高水平的医疗卫生服务、更舒适的居住条件、更优美的环境，期盼孩子们能成长得更好、工作得更好、生活得更好。”①人民对美好生活的追求，具有强大的感召力和凝聚力，是中国梦在民生领域的具体体现，也是统一战线的内在价值。统一战线作为党治国理政的重要组成部分，应围绕主要矛盾的变化更加体现人民的中心地位，这是统一战线法宝作用的内在要求。

第三，统一战线是国家建设的内在要素。中华人民共和国是协商建国，统一战线是实现国家内部结构协调和利益平衡的运行机制，自然是我国国家建设的内在要素。我国的国家建设最高目标是随着我们对社会主义建设规律认识的深化、社会主义现代化建设的展开而逐步丰富和完善的。人民日益增长的美好生活需要和不平衡不充分的发展之间的矛盾中，“不平衡不充分的发展”主要体现为“六个不平衡”和“六个不充分”，即实体经济和虚拟经济不平衡，区域发展不平衡，城乡发展不平衡，收入分配不平衡，经济和社会发展不平衡，经济和生态发展不平衡和市场竞争不充分，效率发挥不充分，潜力释放不充分，有效供给不充分，动力互换不充分，制度创新不充分。②这说

① 中共中央文献研究室：《十八大以来重要文件选编（上）》，中央文献出版社 2018 年版，第 70 页。

② 习近平：《在民营企业座谈会上的讲话》，http://cpc.people.com.cn/n1/2018/1102/c64094-30377329.html。

明，在我国国家建设中，要实现经济、政治、文化、社会、生态文明建设“五位一体”的有机统一，协调发展，需要充分发挥统一战线的作用。

总之，统一战线法宝地位在中国革命、建设和改革事业胜利中得到了历史见证，党的历代领导人认识到统一战线的重要作用，从历史逻辑角度回答了统一战线的法宝地位。社会结构多元化、社会分工精细化、新产业新业态新商业模式不断涌现、阶层结构的深刻变化等社会转型，从内部要求统一战线发挥法宝作用。中华民族伟大复兴的中国梦，人民对美好生活的追求不能忽视统一战线作为国家建设内在要素的重要作用。

**论文出处：**《山东省社会主义学院学报》2020年第5期

**作者简介：**蒋连华，上海市社会主义学院城市民族和宗教研究中心主任，教授，上海市政协民族宗教委员会专家组成员，徐汇区政协常委，区民族团结进步协会副会长，上海市统一战线理论研究会理事，上海市党史学习教育专家宣讲团成员，中央社院与地方社院“习近平总书记关于做好新时代党的统一战线工作的重要思想”研究组合院内首席专家，主要研究方向为中国共产党统一战线理论政策、城市民族关系和中国现代思想文化。

# 第三章　中国新型政党制度的治理优势

闻　丽　刘　晖

中国新型政党制度是中国特色社会主义制度体系的重要组成部分。在制度体系内，其政治定位为国家基本政治制度。与西方政党制度相比，作为一种独特的政党制度类型，中国新型政党制度与国家治理现代化具有特殊而重要的关联，这种制度契合性和治理的比较优势体现在目标、结构、民主、绩效等方面，彰显了中国政治文明和治理方案在全球治理中的有效性。

## 一、治理的目标优势

治理理论的创始人之一詹姆斯·N.罗西瑙将治理定义为一系列管理互动过程。[①]全球治理委员会将治理定义为协调不同利益和采取

① ［美］詹姆斯·N.罗西瑙主编：《没有政府的治理：世界政治中的秩序与变革》，张胜军、刘小林等译，江西人民出版社2001年版，第7页。

联合行动的持续进程。政府的目的是利用权力指导、控制和组织公民在不同机构关系中的各种活动，以最大限度地促进公共利益。①从这些概念的解释中可以看出，治理需要目标支持，而目标指向是在公众与个人、政府和市民之间的持续交流中调整利益关系，寻求公共利益的最大化。当前，在中国共产党的治国理政方略中，治理一词已成为中国政治生活中的一个热词和关键词。中国共产党是推动国家治理体系和治理能力现代化的核心力量，带领全国人民制定国家近期发展目标，规划未来发展方向，是中国政治发展的重要特征。中国共产党是一个特殊型的政党，诞生于风雨飘摇的国家危局之中，具备理想型和使命担当型政党组织的特性，肩负着实现中华民族复兴、国家繁荣昌盛、人民生活幸福的历史使命，成为中国现代化进程的政治主导者。在推动国家治理的过程中，中国新型政党制度能科学规范政党关系，保持政党关系和谐，凝聚中华民族的整体力量，助力国家治理目标的实现。这是西方国家政党制度所无法企及的。

在西方政体下，选举是竞争型政党政治的核心，政党为了赢取政权必然重视选举，并将其看作第一要务。选举政治和票决民主在走向成熟和稳定状态的同时，还面临新的局势、新的问题和矛盾甚至严峻的挑战。比如，在选举过程中，政客提出的很多政策主张大多是为了迎合公众的短期需求和局部利益，甚至存在哗众取宠的倾向，选择立竿见影的政策效果。而投票的选民更关心或更愿意选择和自己当前利益密切相关的政策，大部分民众对国家的长期发展规划不太感兴趣。为了追求短期见效的利益，候选人的政治观点和选民的政治

① The Commission on Global Governance, *Our Global Neighborhood: The Report of the Commission on Global Governance*, New York: Oxford University Press, 1995, p.23.

倾向已不再是选民投票的唯一基础。可能代表绝大多数人长期利益的科学议程往往不能为所有人所接受。然而，候选人和选民的外表、行为甚至相似性已成为赢得选民支持的重要因素。选民和政治人物目光短浅的结果是政治短视和治理短视，这是票决民主的缺陷，也是“短视政治”的弊端。①政党政客在选举中做出的许诺多为权宜之计，其目的是讨好选民，借以笼络人心。因此，他们不可能作出具有前瞻性的决策。由政党竞争产生的政客与选民的双重短视性，必然会对国家或地区的长远发展构成极大危害。因此，西方国家政党所提出的选举纲领和许诺是从属于选举的治标策略。

相较之下，中国新型政党制度是一种使命型、目标驱动型、任务型政党制度。②它强调为完成某些历史任务而把各个政党团结起来合作共事。中国共产党是一个追求理想、肩负使命、坚决执行政治任务的马克思主义政党。作为执政党，中国共产党在治理国家的过程中，设定的国家治理目标与政党承担的使命任务不可分割。新型政党制度是国家治理体系的重要组成部分，是在中国共产党领导下，通过多党合作和政治协商，更好地为国家治理目标服务，在这样的政治逻辑中得以形成一个使命型和目标驱动型政党制度。在新型政党制度框架中，中国共产党是执政党和领导党，指引整个国家的前进方向；各民主党派是参政党，与中国共产党一起，团结合作，共同担负起历史使命。执政党与参政党凝聚社会各方力量同向发力，在共同目标和共同思想基础上推动国家和社会的发展进步。这种政党制度模式排

① 赵忆宁：《探访美国政党政治：美国两党精英访谈》，中国人民大学出版社2014年版，第10页。

② 许忠明：《政治共同体视野下中国新型政党制度的机理分析》，《统一战线学研究》2019年第4期。

除了政党竞争性选举诱发的周期性动荡，形成平稳运行的政治定力，在政治稳定和社会秩序良好的氛围中，有序有效分阶段地推进国家政策和国家治理目标的实现。在国家治理中，执政党与参政党通过一种新的民主形式——“商量民主”来避免政党间的无谓内耗，遇事多商量、好商量、会商量，通过协商对待差异、处理分歧、凝聚共识。执政党充分听取参政党的意见建议并共同制定出务实而长远的国家发展规划和战略，实现执政党与参政党的同心协力，在民主协商的基础上有效融合国家治理的各方力量，聚合实现国家发展目标的持久合力。

中国新型政党制度强调维护政党稳定，但把维持政党稳定的目的指向国家更好的发展。中国共产党执政以来，连续制定了决定国家未来发展目标的十四个五年规划，不断提升国家治理能力现代化水平。各民主党派也在政党制度框架内，与中国共产党倾力合作，聚焦“两个一百年”的宏伟蓝图，和全国人民一起为推进国家治理现代化、实现民族复兴的中国梦贡献智慧。

## 二、治理的结构优势

就西方政党制度中的两党制或多党制而言，各政党的法律地位是平等的，领导人之间也没有政治隶属关系。中国新型政党制度的形成有其历史原因和现实基础。中国共产党是领导党，各民主党派接受中国共产党的领导，处于被领导的参政党地位，双方在国家政权多层级中合作共事，具有主次之分。其优势是制度结构的平衡和稳定、制度结构的合法性和制度结构的高效性。在这种复合制度结构中,作为执政党,中国共产党致力于实现国家治理的目标,所有政党和各阶层人民的意见和建议都得到充分体现。这种通过功能性组织所形成的多党合作、政治协商不仅畅通了民意表达渠道,并且有效吸纳融合社会多元化带来的政治诉求和政治参与的愿望,更好地统合多方力量、协调各方利益和保持国家与民众的持续互动,将治理过程推向良政与善治。

中国新型政党制度在国家运行的结构关系中体现的独特政治逻辑和治理优势,可以从政党与政权、政党与政党、政党与社会的多重关系中来考察。

其一,政党与政权关系方面。政党与国家政权的关系是一个复杂的政治过程。在中国,主要体现在政党与人大、政府、政协和其他政治机构及社会活动之间的相互关系。其具体运作机制体现在:第一,中国共产党和各民主党派分别作为执政党和参政党,直接参加或参与国家政权机构,参与国家大政方针的管理和决策以及政策和法令的制定与实施;第二,中国共产党在作出国家治理的重要决策时,会与各民主党派进行政治协商;第三,执政党与参政党奉行互相监督的原则,其中最重要的是参政党对执政党、国家机构及各级官员的民主监督;第四,中国共产党和各民主党派在政党制度结构中的关系是领导与被领导、团结与合作以及追求共同目标的党际关系。民主党派作为政党组织参与国家政权和国家治理,其作用的发挥表现为积极有效性和多层次展开,如:通过在各级政府的治理过程中发挥参政议政作用;通过与执政党的政治协商发挥协商治理的作用;通过中国人民政治协商会议的平台参与人民民主;通过人大议案、政协提案、社情民意等方式参与国家治理、区域治理和社会治理,发挥民主监督的作用。执政党和参政党在国家政权内和推动国家治理方面进行沟通、平等协商与讨论，聚集各方意见和智慧，促进相互理解和认同，最后达成政治共识，依照法定程序和依法治国的步骤形成决策并付诸实施。由此，执政党意志和人民意志得到了有机统一，特点和优势是鲜明的。

其二，政党与政党关系方面。关于政党间的关系，外国学者一般将其分为一党专政、两党竞争或多党竞争。当然，在多党联盟中也存在着合作关系。根据政党间的关系，萨托利将政党制度分为竞争性政党制和非竞争性政党制两类。但是，中国的新型政党制度并不符合萨托利所谓的非竞争性政党制度的特征。中国的政党关系呈现出自身鲜明的特性，主要表现在：一是“平等但不对等”①。执政党和参政党的法律地位是平等的，但是在中国政治生活和国家治理中的政治地位是不对等的，是领导与被领导的关系。中国共产党是执政党，也是领导党；各民主党派是参政党，接受中国共产党的领导。二是“参政但不分权”。各民主党派通过各种制度、途径和方式参与国家政权，但不是西方意义上的权力分割。三是“监督但不制衡”。各民主党派作为参政党，依法行使对执政党的民主监督职能，但民主监督不是权力制衡，只是对国家治理过程中的相关问题进行质询、发表意见和建议。四是“合作但不同一”。执政党和参政党之间通力合作，共同推进国家治理，但并非完全同一，“清一色”不是新型政党制度追求的价值，求同存异，实现一致性和多样性的辩证统一，恰恰更有利于国家实现良政与善治。因此，新型政党制度的政党关系具有与其他政党制度不同的优势和功能特征。这种政党关系在中国得到长期

① 黄天柱：《参政党视角下中国新型政党制度的主要特征》，《中央社会主义学院学报》2018 年第 5 期。

稳定发展，并写入宪法，这也意味着，这项政治制度成为人民合法愿望的一部分，具有稳定性、均衡性和合法性的制度特征。从政党间关系的角度来看，新型政党制度建立了一种新的合作型或协商型的政党制度，这种制度完全不同于西方竞争性政党制度或其他社会主义国家的政党制度。在社会生活中，人们之间的关系不仅是竞争性的，而且是合作性的。但是，由于信息的不对称和人的有限理性，人们往往无法处理好竞争与合作之间的关系。从这个意义上来说，新型政党制度不是西方政党制度在政治生活中开展竞争的基本框架，而是在广泛的政治生活中为人们提供合作的基本框架。所以，中国共产党和各民主党派之间的合作协商关系开创和丰富了世界党际关系模式，有利于世界政党制度的多样化。

其三，政党与社会关系方面。政党组织的一个显著功能就是社会整合，整合各种社会利益，协调各种社会关系。对立竞争的西方政党需要适应不断变化的情况，协调整个社会的利益，不断扩大其社会基础。而在当今时代，这样的理想状态却很难达成和实现。阶层或阶级之间长期存在的社会分化导致了新的政治力量和政党组织的出现，极易致使当前的政党制度格局出现政治不平衡。随着社会利益多样化的发展，各种不同的利益集团变得更加有秩序和有组织，出现了许多与政党有关但不同的利益集团。这些利益集团经常绕过现有政党或政党体系，通过其他政治途径直接诉求他们的集体利益，对议会、公众代表甚至政府施加压力，要求接纳自己的意见和建议，并捍卫自身的相应利益。这在某种程度上削弱了政党在社会整合中的关键作用。而中国新型政党制度为社会成员的政治参与提供了一个正常的、合法的体制渠道，有助于在“公众投入”和“政治产出”之间形成积极的互动，并增强公民的自主意识和政治认同。与此同时，它还为所有社会阶层或群体提供了自由、平等和竞争性的活动空间，使每个阶层或群体都有机会实现和充分争取自己的利益，最大限度地调动各种社会资源，激发社会潜力，合理和最佳地分配社会资源。

## 三、治理的民主优势

政党政治的一个核心命题就是国家政权如何行使及国家民主怎样实现的问题，也即国家权力“由谁行使”以及“如何行使”的问题。对于政党政治这一核心命题，中国共产党领导的多党合作和政治协商制度给出了富有说服力的回应。毫无疑问，中国新型政党制度从不同维度回应了国家政权行使和国家治理的民主命题。①

在西方政党体制中，政党轮流执政被视为现代民主的精髓，两党轮流执政更是被看作一种非常巧妙的制度安排。从民主的角度来看，西方的政党制度的确是实现民主的重要制度安排，也是聚集民意和整合社会的桥梁与纽带，这是竞争型政党制度的价值意蕴使然。然而，当前西方政党的做法也反映了另一种情况，即西方政体中的许多政党在金钱政治、精英政治的影响下，已经失去了往日的民主精髓和色彩，大多数普通民众被排斥在政局之外，权力为少数人所操纵，导致少数人统治加剧，政党政客化，与选民分离，一定程度上丧失了代表利益群体的政党功能。在这种状况下，即使是拥有同阶层利益

① 高立伟:《中国新型政党制度对政党政治三大命题的回应》,《马克思主义理论学科研究》2019 年第 3 期。

的追随者，亦会对政党失去信任，对政治失去热情，政党组织日益松散，人数下降，投票率自然也随之下降。这是西方政党政治面临的现实挑战，这些新的社会状况和新的问题使他们陷入了价值和运作的双重困境。例如，对选票的神圣化导致对国家决策的短视，一味地强调人权反而导致了对公民权利的滥用。竞争型民主和对人权的异化扩大了个人、群体的短期利益，损害了国家的公共利益和长期利益。众所周知，西方民主竞争型政党制度发展至今，已遭遇到严峻的民主困境。比如，美国总统大选投票率长期下滑，到 20 世纪 80、90 年代降到了 50%。[①]进入 21 世纪，低投票率的颓势未见明显好转，反而进一步恶化。究其缘由，在于美国的政党体制和选举法对民众投票率造成的压制，两党依靠的社会力量和争取的利益群体早已将普通民众排斥在外，金权政治和政党以权谋私则是其中最普遍、最基本的因素。从本质上看，美国的选举制度早已偏离民主精髓，致使选民对政党竞选的冷漠态度日趋增长。与西方政党制度陷入民主困境不同的是，中国新型政党制度在转化为国家治理效能过程中，追求人民民主，不断创新和发展民主形式和民主实践。

其一，中国新型政党制度在保障人民民主方面的优势体现在追求社会主义民主，实现最广大人民的根本利益，更好地诠释了政治制度的利益代表功能。在新型政党制度的运行框架中，民主党派依据自身依靠的群体、党派特色和专业强项，从不同的角度反映问题并表达不同的观点，这样不仅充分发扬了民主，反映了民意，而且促使各项决策更加科学。在目前中国利益格局日益多样化的情况下，为了顺利推行国家治理政策，执政党必须着眼于追求最大限度的公共利

---

① 王绍光：《民主四讲》，上海三联书店 2008 年版，第 210 页。

益,即寻求利益诉求的“最大公约数”。中国新型政党制度是一项中国式的社会主义民主制度,其核心在于多党合作和政治协商,实现社会主义民主,在复杂多变中找到“最大公约数”。因此,中国新型政党制度承认差异、正视差别,主张通过有效的合作与充分的协商去对待处理各社会群体和社会阶层之间多元化的利益诉求。它不仅保护大部分人的利益,而且考虑到少数人的合理要求,进而构筑代表和维护不同方面广泛利益的最大同心圆。

其二,中国新型政党制度在保障人民民主方面的优势还体现在追求民主形式的多样化,更好地保障实质民主的实现。民主形式的多样化表现为国家范畴内的政治民主、社会民主、选举民主和协商民主等民主形式广泛交融发展,它们既相得益彰又相辅相成。新型政党制度服务于国家治理价值与目标,在实现社会主义民主和追求民主内涵的道路上,不断创新和完善民主形式,使政治民主、社会民主、选举民主和协商民主在制度范围内融会贯通。首先,在新型政党制度的框架下,通过各种渠道和方式,民主党派履行参政党职能,实现民主政治诉求,贯彻民主集中制原则,践行多党合作要义,为国家的政治民主提供了一个新的模式。同时,社会各利益群体已经通过各自所联系的民主党派和无党派人士间接进入国家的治理渠道,参与中国共产党治国理政的实践,参与国家政权机关和社会管理各方面、各层级的工作,从而充分实现政治民主和社会民主的最广泛和最大限度的结合。其次,中国新型政党制度发展创造了新的民主形式——协商民主。协商民主是在中国的土壤内产生的,是中国特有的民主形式,开创了新的民主内涵实现路径。协商民主的实质在于通过广泛的讨论和对话,形成广泛共识,寻找共同的最佳利益。这种形式的民主是对选举民主不足的补偿，在选举民主制度所倡导的决策中，多数人的原则并没有得到充分尊重，仅仅是保护了少数人的利益。中国新型政党制度创设了选举民主和协商民主的共存机制，将人民代表大会制度和人民政治协商会议相结合，实现了制度功能上的有机融合，使合理有效的协商成为选举得以有效运行的重要保障，从而在领导人选、立法和政策制定等方面更加充分地反映社会各方面成员的真实意愿，让人民群众充分履行国家主人的权利和义务，构建了一个科学完整的社会主义民主体系。

## 四、治理的绩效优势

判断一个政党制度优劣的关键在于看其治理绩效的好坏。与西方政党制度相比，中国新型政党制度在这方面具有显著的优势。“履不必同，期于适足；治不必同，期于利民。”[①]在今天的西方政权中，许多国家存在多种不同的政治力量和不同的政党，在政治斗争和政党竞争中带来不同程度的各种形式的纷争和内斗，政党之间经常出现相互攻讦和彼此否决现象。这种政党间的内耗现象在美国表现得尤甚。在美国，民主党和共和党“以卑鄙对卑鄙”的政党极化镜像时有出现，两党制也由此演变成了“否决制”。这种相互掣肘现象在很多时候造成国会分裂，府院对立，以至于重要的社会政治改革推动迟缓，国家治理能力低下，最终损害普通民众的利益和国家的整体利益。与西方政党制度通过竞争性选举和选票来获得其合

① (清)魏源:《魏源集》,辽宁人民出版社 1994 年版,第 55—56 页。

法性和有效性不同的是，中国新型政党制度的合法性和有效性是通过制度绩效来证明的。一个廉洁、勤政、务实、高效的政府是人民的期盼、国家的大幸。事实上，中国共产党领导的多党合作和协商制度的体制运作是对国家行政运作的有力补充，促进了国家治理目标的高效完成。

新中国成立以来，各民主党派和中国共产党携手巩固了新政权，为推动国家治理作出了积极贡献，并为随后的社会主义革命、社会主义制度的确立作出了应有支持。在社会主义建设过程中，各民主党派一直秉承合作初心，在中国共产党的领导下合力治国，并在国家治理现代化和社会主义建设方面贡献了智慧和真知。新中国成立以来中国走过的历程，充满着曲折和坎坷。在各种风险和困难面前，中国这艘巨轮能够破浪前进，新型政党制度表现出斐然的制度效能。历史和现实表明，中国共产党领导的多党合作和政治协商制度是占有制度高地的，不断释放高效的制度效能。新时代，中国新型政党制度正聚集新的制度能量，以包容的方式建设一个更加充满活力的社会，为实现中国梦凝聚永久动力。总之，新中国 70 余年的发展创新和实践运行表明，中国新型政党制度效能不断彰显，治理绩效日益提高，已成为中国实现从站起来、富起来走向强起来的一个重要“政治制度密码”。

据此，我们有充分的理由相信，这一“政治制度密码”和治理绩效来源于新型政党制度在国家治理进程中发挥着其特有的政治功能和治理效能。新型政党制度不仅符合中国国家治理需要，同时也可以为破解竞争性政党政治顽疾，践行“政党的责任”提供一种全新的选择。诚如一些国家智囊团的专家所言，中国在改革开放方面取得了巨大成功，保持了高经济增长率，使数亿人摆脱了贫困，并证明了其政党制度的合法性和优越性。①

## 五、为全球治理提供中国智慧

中国新型政党制度在国家治理中显现出独特的比较优势，这种治理优势不仅对中国具有重要意义，而且对全球治理具有一定意义，可以为全球治理提供中国道路的范式、中国制度的智慧、中国文化的力量。这是中国特色社会主义政党制度的理论创造和话语创新，也是"四个自信"的一个关键组成部分，对于建构国际话语权至关重要。

其一，治理优势显现新型政党制度模式的优越性。中国新型政党制度作为一种新型的政党制度模式，是在马克思主义理论指导下结合中国国情而形成发展起来的，在国家治理中展现了强大的制度优势，为世界各国探索建立政党制度提供了全新的选择。长期以来，西方政党制度类型学对中国共产党领导的多党合作和政治协商制度一直存有偏见，或归于一党独裁制、一党独大制，或归于非竞争型政党制，或者完全排斥在外，归类时概不论及。中国学者在运用西方理论解读中国政党制度时，也往往牵强附会，生搬硬套，无法做出令人信服的逻辑分析和政治结论。中国新型政党制度概念的提出，显现了中国制度自信的力量，也为昭示中国的制度逻辑、制度结构、制度绩效和制度优势提供了理论依据和世界舞台，宣告西方制度偏见的

① 《中国新型政党制度是一项伟大的政治创造——国际社会热议中国新型政党制度》，《光明日报》2018 年 10 月 19 日。

破产。这种新型的政党制度模式独树一帜，完全不同于西方政党类型学中任何一种类别。其释放的制度效能和治理优势已经有目共睹，在推动中国的治理现代化和政治发展方面意义非凡，也为全球治理贡献了中国方案。

其二，治理优势展现中国特色政治制度的优越性。新型政党制度是中国政治制度体系的重要组成部分，包含了中国特色政治制度共通的一些目标指向、政治逻辑、制度结构、价值追求、运行机制等特征。实际上，中国新型政党制度所展示的目标、结构、民主、绩效方面的治理优势在其他政治制度中都有体现。比如，党的领导、人民当家做主和依法治国有机统一的内在逻辑，创新、协调、绿色、开放、共享的发展理念，政治稳定、经济发展、社会和谐、文化自信、生态文明五位一体的治国方略，目标明确、结构合理、人民民主、制度高效的理政实践等，都是中国政治制度的基本遵循。这些制度的内在机理展现了中国特色的政治制度的优越性，了解分析新型政党制度的治理优势，为理解中国特色的政治发展道路提供了窗口与路径，也为全球治理提供了中国制度的范式。

其三，治理优势彰显中国特色政治文明的优越性。当今世界，西方的"普世价值"和制度文明已随着全球化浪潮在世界渲染，但是并未给世界带来和谐与安宁，许多后发国家的动荡不安都有移植西方文明水土不服的因子，文明的冲突屡见不鲜。而西方国家本身在新时期面临着种种困境和挑战，也使很多人对信奉的"普世价值"心存疑虑。新型政党制度治理优势中体现的和合、合作、和谐、时中、中庸、协商、共识、共赢等文化特质来源于源远流长的中华几千年文明，这种文化机理和文明基因深刻影响了制度设计和制度运行，形成了制度的政治文化根基，彰显了中国特色政治文明的优越性。这是新型政党制度之所以独特的文明因素，不同的民族文化和政治文明塑造不同的制度品质，中华文明的“大一统”“共同体”“以天下国家为己任”“家国本位”“责任伦理”等文化传统已深深注入整个制度的机理，使整个制度的运作体现民族文化气息和色彩。因此，在文化多元的世界文明之中，中国不仅展现了强大的经济实力和综合国力，文明的优越性也开始在世界文明中日益凸显，这种文明的优越性伴随着制度的稳固和高效不断释放出强大的生命力，为世人所关注，在全球治理中彰显中国力量。

据此，我们可以得出结论，新型政党制度的成就与价值不应局限于一国政治制度发展的范围之内，它还蕴含着对普遍规律层面的政党制度规则的探索。新型政党制度作为一种独特的中国治理方案、治理范式，为世界政党政治和全球治理的发展贡献了中国智慧和中国方案。

**说明**：本文系中共中央宣传部马克思主义理论研究和建设工程特别委托项目、国家社会科学基金特别委托项目“中国特色社会主义政党制度研究”（2020MYB017）。

**论文出处**：《中州学刊》2021 年第 1 期。

**作者简介**：闻丽，上海市社会主义学院教研部副教授，新型政党制度研究中心研究员。

刘晖，上海市社会主义学院教研部主任，教授，新型政党制度研究中心主任。

# 第四章 中国新型政党制度对西方政党制度的双重超越及其类型学意义

龚少情

习近平总书记明确指出，中国共产党领导的多党合作和政治协商制度是一种新型政党制度，“说它是新型政党制度，新就新在它是马克思主义政党理论同中国实际相结合的产物，能够真实、广泛、持久代表和实现最广大人民根本利益、全国各族各界根本利益，有效避免了旧式政党制度代表少数人、少数利益集团的弊端；新就新在它把各个政党和无党派人士紧密团结起来、为着共同目标而奋斗，有效避免了一党缺乏监督或者多党轮流坐庄、恶性竞争的弊端；新就新在它通过制度化、程序化、规范化的安排集中各种意见和建议、推动决策科学化民主化，有效避免了旧式政党制度囿于党派利益、阶级利益、区域和集团利益决策施政导致社会撕裂的弊端……是对人类政治文明的重大贡献”①。习

① 《坚持多党合作发展社会主义民主政治　为决胜全面建成小康社会而团结奋斗》，《中国政协》2018 年第 5 期。

近平总书记在这里明确提出“中国新型政党制度”的科学论断，并用三个“有效避免”深刻地阐明了中国新型政党制度对于西方政党制度的超越价值，对于我们认识、坚持并完善中国新型政党制度具有非常重要的指导意义。在已有的研究中，人们往往侧重于从政党制度结构关系的比较角度和政治生活的经验层面来对习近平总书记的这一重要论断进行诠释，而从政党制度的理论基础与实践效能相结合的维度，特别是从类型学分析的维度来进行论证的并不多见。因此，深入分析中国新型政党制度之所以超越西方政党制度的深层次的理论根源和实践基础，揭示中国新型政党制度对于西方政党制度的超越价值和类型学意义，从而使我们真正认识中国新型政党制度的理论合理性和实践正当性，进一步增强“四个自信”，具有重要的意义。

## 一、西方在中国新型政党制度研究中存在的偏见

随着中国的发展，西方学者对中国的研究逐渐成为显学，正如费正清等指出的，“中国革命者的马克思—列宁主义促使西方大力进行分析的活动”[①]。郑永年进一步指出，“研究中国模式，核心就是要研究中国共产党”[②]。但是，由于西方学者研究方法上的局限以及学术立场等方面的原因，他们对于中国新型政党制度的研究常常显示某种偏见，主要体现在以下几个方面：

① [美]R.麦克法夸尔、费正清编：《剑桥中华人民共和国史(1949—1985)》，谢亮生等译，中国社会科学出版社1990年版，第4页。

② 郑永年：《中国模式——经验与困局》，浙江人民出版社2010年版，第58页。

首先,从政党之间的关系角度,将中国新型政党制度概括为非竞争性的一党制。法国政治学家迪韦尔热较早地将政党体制分为一党制、两党制和多党制三种类型,逐渐为学者所接受,成为一种传统的政党制度分类方法。萨托利作为政党制度的现代理论的创立者①,在此基础上引入相关政党的概念,进一步考虑到了政党的碎片化和意识形态距离两个变量,将政党体制分为一党制等七大类。②无论是迪韦尔热还是萨托利的分类法,都是一种基于政党间关系上的阐释。在他们看来,一党制不仅意味着政党的数量关系,也意味着政党间竞争与否的互动关系,是与非竞争性政党体制联系在一起的。事实上,西方的学者也确实是在非竞争性和一党制的意义上来指称中国共产党领导的多党合作与政治协商制度的。萨托利在《政党与政党体制》一书中,就明确地将中国列入当时的 33 个一党制国家名单之中。前不久,法国学者菲利普·德拉朗德专门撰文探讨中国共产党在社会结构发生巨大变化的情况下,政治合法性建设的问题,其文章的题目便是"中国共产党能否坚持一党制",明确地将中国的政党制度称作"一党制"。③如此等等,看来将中国的政党制度视为一党制,是这些学者的共识。

其次,从政党与国家的关系角度,认定中国新型政党制度体现的是一种党国体制。西方世界对中国共产党领导的多党合作与政治协商制度给予的另一个标签是党国体制。党国体制,实质上反映的是

---

① 参见[英]韦农·波格丹诺主编:《布莱克维尔政治制度百科全书》,邓正来译,中国政法大学出版社 2011 年版,第 132 页。

② 参见[意]G.萨托利:《政党与政党体制》,王明进译,商务印书馆 2006 年版,第 178 页。

③ [法]菲利普·德拉朗德:《中国共产党能否坚持一党制?》,赵超译,转引自吕增奎主编:《执政的转型:海外学者论中国共产党的建设》,中央编译出版社 2011 年版,第 273 页。

政党与国家的关系，萨托利认为，党国体制意味着作为整体的政党从概念上讲只能把自己等同于国家。因此，党国体制是一元系统，“党国体制的鲜明特点是它不允许次体系的自治”。在萨托利看来，中国共产党领导的多党合作制体现的正是这样一种党国体制，“这个标签通常被贴在共产主义国家的身上”①。福山也将中国新型政党制度贴上了党国体制的标签：“如果说有一种特殊性，把中国的党国体制与其他发展中国家区别开来，那就是自主程度。”②这里，福山非常明确地将中国共产党领导的政党制度看作具有巨大自由裁量权的党国体制。可以说，把中国新型政党制度贴上党国体制，也已成为西方学者自觉不自觉的潜在意识。

再次，从政党、国家与社会关系角度，将中国新型政党制度归结为威权体制的范畴。西方政治学理论认为：“威权主义是一种几乎没有给自由留下余地的政治制度，这一主张点明了威权主义的要害。”③它也是一定政党、国家与社会关系的体现。自从西方民主制度戴上“普世价值”的光环以后，威权主义体制便一度成为颇为流行的分析框架，正如胡安·J.林茨等人所说：“在过去 25 年多的时间里，有兴趣对世界上不同政治制度进行分类的分析家所运用的主流概念框架一直存在着三种区分，即民主政体、威权主义政体和全能主义政体。”④对于中国新型政党制度的研究又何尝不是如此！亨廷顿在《第

① [意]G.萨托利：《政党与政党体制》，王明进译，商务印书馆 2006 年版，第 72、70 页。

② [美]弗朗西斯·福山：《政治秩序与政治衰败：从工业革命到民主全球化》，毛俊杰译，广西师范大学出版社 2015 年版，第 341 页。

③ [意]乔万尼·萨托利：《民主新论》(上)，冯克利、阎克文译，上海人民出版社 2015 年版，第 287 页。

④ [美]胡安·J.林茨、阿尔弗莱德·斯泰潘：《民主转型与巩固的问题：南欧、南美和后共产主义欧洲》，孙龙等译，浙江人民出版社 2008 年版，第 40 页。

三波——20 世纪末的民主化浪潮》一书中明确地将中国共产党的领导归入他所谓的威权体制之中。福山毫不含糊地用威权体制的概念对中国政治形式进行界定:“中华人民共和国是威权国家,它的宪法赋予共产党领导地位。共产党无意搞多党选举。”“中国的威权政府在体系的持续上面临多种挑战。”①诸如此类的表达,还有很多。总的来说,西方研究者对于中国新型政党制度的看法,本质上是将其归入威权体制之中的。

西方的一些学者对中国政党制度的这些认识误区,无论哪一种都程度不等地带有一种贬斥、批判的意味。与此同时,他们对西方国家的政党制度特别是英美的两党制却常常自觉不自觉地流露出某种溢美之感,认为其政党制度才真正维护了公平和民主,建构了负责任的体制,是属于主流的政党制度。那么,西方学者的这些看法是否有道理?中国新型政党制度正当性何在?是否真正实现了对西方政党制度的超越?西方政党制度的类型学分析为何不适用于中国?这些问题,无疑是值得我们深入分析的。

## 二、中国新型政党制度对西方政党制度的理论超越

为什么我们这样一个新型政党制度,西方国家还会一再固执地贴上诸如“一党制”之类的带有贬义的标签?对此,我们有必要揭示它的理论根源,明白中国新型政党制度真正超越于西方政党制度的

① [美]弗朗西斯·福山:《政治秩序与政治衰败:从工业革命到民主全球化》,毛俊杰译,广西师范大学出版社 2015 年版,第 345、347 页。

理论依据，进一步透过现象看本质，认识西方政党制度的理论错谬和中国新型政党制度的理论合理性。

1. 西方政党制度赖以确立的理论基础

任何政党制度赖以存在的理论基础至少有三：政党制度必然要体现国家本质、满足国家建设的需要，其国家观如何？政党制度必然反映一定政党的使命价值，其政党观如何？政党制度还体现了政党之间的关系内含着关于反对党的认识，其政治反对观念如何？如此看来，可以从以下几个方面对西方政党制度的理论基础予以考察。

第一，以个人权利为基础的国家观。“马克思主义首先认为，国家类型对政治形式具有决定作用。”①“政党是基于社会的转型与分化而诞生，而政党制度则是基于国家建设和发展而确立。”②因而一定的政党制度，其形成发展的理论依据首先可以在其所依赖的国家学说中得到说明。就西方国家来说，无论是启蒙学者对于自由民主国家的论证，还是西方国家在宪法中对于现代国家民主框架的诠释，都无不认为个人权利是国家的基础，主张每个人都具有平等的权利，是个人而非集体具有优先的地位，任何关于政治社会的论断都应该以组成社会的个人为依据。在这种以抽象的个人权利为基础的国家观看来，国家权威的来源必然是公民的认同，否则就失去其政治合法性；国家的根本目的是保护个人的安全与自由，实现个人追求其利益的自由和权利；国家权力的边界以不侵害公民权利为限，必须实行有限政府。因此，公民是委托者，政党必须通过竞争成为代理者组织政府以保障公民的权利。显然，这种国家学说指导的政党政治，其政党制

① 王沪宁主编：《政治的逻辑》，上海人民出版社 1994 年版，第 270 页。
② 林尚立等：《新中国政党制度研究》，上海人民出版社 2009 年版，第 8 页。

度必定是竞争性政党制度。

第二，作为民主工具的政党观。政党制度构成的组织要素是政党，一定的政党制度必然是一定的政党观的体现。西方社会的主流思想是把政党作为民主的工具来理解的，詹姆斯·麦格雷戈·伯恩斯等在其印行达20版之多的《民治政府》一书中就直截了当地说："政党既是民主的结果，又是民主的工具。"①西方政党的这种民主选举的工具定位可以从西方学者的有关界说中得到清楚的说明。

一是从西方政党源起的角度，把政党当作民主选举的工具。艾伦·韦尔谈到英国政党的起源和发展时，认为选举制度的确立为英国政党的成长提供了动力并由此催生了政党制度："在自由的、竞争性的选举环境下，选举规则奖励那些能比竞争对手更有效动员大众选民的政党，这些政党通过在选举中脱颖而出控制政府，围绕这些选举规则，一种政党制度得以发展起来。"②谢茨施耐德在谈论美国政党的起源时说："联邦的制宪者拒绝以摧毁基本自由的形式来压制政党，而自由恰恰是政党的起源。"③民主的拓展直接导致了现代政党的成长，这正是西方学者对于现代政党的基本认识。

二是从政党概念的角度，直接把政党定义为民主选举的工具。马克斯·韦伯认为政党可以分成两类，一类是"官职荫护型政党"，另一类是"世界观政党"。④而西方研究者对于西方政党的理解绝大多数

---

① ［美］詹姆斯·麦格雷戈·伯恩斯等：《民治政府》，吴爱明等译，中国人民大学出版社2007年版，第174页。

② ［英］艾伦·韦尔：《政党与政党制度》，谢峰译，北京大学出版社2011年版，第232页。

③ ［美］谢茨施耐德：《政党政府》，姚尚建、沈洁莹译，天津人民出版社2016年版，第48页。

④ 参见［德］马克斯·韦伯：《经济与社会》（下），林荣远译，商务印书馆1997年版，第760、761页。

是从“官职荫护型政党”来界定的，也就是将政党视为通过选举获得政府公职机会的政治组织，是一种选举的工具。美国研究政党问题的学者爱泼斯坦在《西方民主国家的政党》一书中从选举公职的角度给政党下定义：“任何群体，无论它的组织多么松散，只要它在一个特定的标签下参加竞选政府公职，就可以被称作政党。”①《布莱克维尔政治制度百科全书》对于政党是这样诠释的：“政党在最低限度上应当定义为一种工具，通过这一工具，至少一些公职人员可以获得其职位。”②

三是从政党功能的角度，把政党视为民主选举的工具。政治过程研究的开拓者之一杜鲁门断言：“不管如何，美国政党在通常情况下是一种动员投票（最好的情况下也不过是多数选票）的工具。”③亨廷顿也持同样的观点：“民主的第一个标准是两个政党之间公平而公开地竞争选票。”④可以认为，将政党定位于民主选举的工具，是这些政治学者带有普遍性的看法。

由此可知，在西方学者看来，政党是民主选举的工具，中国共产党所主张的党的先进性以及实现民族伟大复兴和共产主义理想的使命价值，对于西方政党来说都是不存在的。既然政党是选举的工具，而选举又是竞争的，那么由此而构建的政党制度除了竞争性政党制度之外还能有什么呢？

① ［美］利昂·D.爱泼斯坦：《西方民主国家的政党》，何文辉译，商务印书馆 2014 年版，第 15 页。

② ［英］韦农·波格丹诺主编：《布莱克维尔政治制度百科全书》，邓正来译，中国政法大学出版社 2011 年版，第 441 页。

③ ［美］戴维·杜鲁门：《政治过程》，陈尧译，天津人民出版社 2005 年版，第 294 页。

④ ［美］塞缪尔·亨廷顿：《第三波——20 世纪末的民主化浪潮》，刘军宁译，上海三联书店 1998 年版，第 369 页。

第三,结构理性主义的政治反对理论。这种政治反对理论的要点有二:(1)结构性的反对机制是维持政治体系的有效运作所必需的。它认为,同体不能实现有效监督,有效监督必须建立在异体性的结构之上,民主政治必须要有结构上的替代性力量。"'自由主义的'制度不能不听取'反对派'的意见,没有反对派的存在会导致专制主义,因此单单接受宪法还是不够的,还必须允许成立反对派。"①(2)政治反对又是在理性主义的口号下进行的。这里所谓的理性主义,顾肃称之为自由民主的首要理论基础,是与非理性主义相对的一种广义的理性主义,"要求认识、立论都建立在可质疑和探究、逻辑思维、可推导或论证的基础上,而不是诉诸无法论证的、因人而异的直觉或非理性的体验"②。也就是说,结构理性主义的政治反对理论,也不是动不动就诉诸狂躁,求之于拳头,乃至煽动极端情绪化的民粹主义运动以达到自己的政治目的,而是一种建基于理性主义的政治反对主张。这样,结构理性主义的政治反对理论,主张对于共同规则下的政治反对力量的包容乃至鼓励,这种观念似乎支撑了反对党的合理性,为多党竞争提供了理论支持,是竞争型政党制度得以成长的重要思想基础。

由此看来,以个人权利为基础的资产阶级国家观、作为民主工具的政党观、结构理性主义的政治反对理论,为西方政党制度的正当性提供了理论支撑,体现了西方政党制度的理论逻辑。在这种理论指导下,西方政党制度理论一般持有以下两个基本主张。

---

① [意]萨尔沃·马斯泰罗内:《欧洲政治思想史》,黄华光译,社会科学文献出版社1992年版,第156页。

② 顾肃:《自由主义基本理念》,中央编译出版社2003年版,第14页。

其一，政党制度必须体现竞争性。在他们看来，没有竞争，就没有民主，个人权利必须由两党制或多党制来保证，否则就是没有现代性的现代政治。艾伦·韦尔说："在自由民主国家，影响政党发展的一个极为重要的因素是，政党为获得大众选民的选票彼此之间必须定期展开竞争。"①莱斯利·里普森甚至认为由于政党竞争，西方国家找到了保障个人自由权利的康庄大道，"在民主国家人们深信两个或两个以上政党的存在是区分自由政体和独裁政体的本质标准……判定一个国家的性质最重要的标准就是看它能否容忍多个政党的存在"②。

其二，政党政治具有一种不确定性。普沃斯基深入地论述了这种不确定性，"在选举中政党会遭受失败，民主就是这样一种制度"。不仅如此，西方政党制度还是一种不能让一个政党长期执政的制度，因为"只有当政党会遭受失败，而且失败既不是一种社会耻辱也不是一种罪过(Kishlansky, 1986)时，民主才会兴旺发达"③。普沃斯基进而认为恰恰是这种不确定性，显示了民主的生命力。

完全可以说，在西方这种政党制度理论的视野下，中国共产党领导的多党合作与政治协商制度，如果不被他们贴上"一党制"之类的标签，那将是咄咄怪事！

2. 中国新型政党制度的理论超越

放眼世界丰富多样的政党发展实践，西方政党制度理论并不具

---

① [英]艾伦·韦尔：《政党与政党制度》，谢峰译，北京大学出版社 2011 年版，第 112 页。

② [美]莱斯利·里普森：《政治学的重大问题》，刘晓等译，华夏出版社 2001 年版，第 209 页。

③ [美]亚当·普沃斯基：《民主与市场》，包雅钧等译，北京大学出版社 2005 年版，第 1 页。

有普遍适用性。中国共产党以马克思主义理论为指导并依据中国实际予以创新发展,实现了对西方政党所信奉的一套国家理论、政党政治理论的超越。

第一,中国新型政党制度以马克思主义国家观为重要的理论支撑。与西方所谓个人权利为基础的资产阶级国家观不同的是,马克思主义国家观不是从所谓的抽象的人性假设出发来阐释国家问题,而是从物质资料生产方式的矛盾运动中得出国家起源和国家本质的结论,这就将国家建立在历史的、客观的基础上,成为一种科学的国家理论。马克思主义国家观有三个理论问题值得重视:一是在国家起源上,认为国家的产生不是诉诸所谓的社会契约、自然法和天赋人权,而是社会生产发展到一定阶段的历史现象。国家源于社会、高居于社会,最后又必然回归于社会,并不是什么从来就有、永远存在的现象。二是在国家本质上,认为在阶级社会中,国家是阶级统治的工具,必定反映占统治地位的阶级阶层的利益,不存在所谓普遍人权、永恒正义的千年王国。三是在国家权威构建上,不是像西方学者那样基于一种形式正当性的分析,而是基于一种实质正当性的分析,强调社会主义的国家政权必须体现工人阶级和广大人民群众的利益。

由此可说,在中国共产党带领人民群众推翻旧政权成立的新中国,是实行人民民主专政的国家,真正体现人民当家作主,必然是中国共产党领导人民执掌国家政权,不可能再与其他政党来搞竞争选举,推行所谓的政党竞争制度,这是马克思主义国家观的必然逻辑。

第二,中国新型政党制度体现了马克思主义政党观的基本思想。马克思主义政党观是建立在历史唯物主义基础上的,强调直面政党的本质。如前所述，西方主流的政党理论根本点在于把政党当作民主的工具，远离、回避党的本质。这种认识，主要是基于功能分析的角度来对政党的角色和定位进行界定。马克思主义政党观与此不同，它首先关注的是政党的本质，强调在物质生产方式的考察中分析一定政党的阶级性质、阶级立场和利益取向，这与西方国家所主张的作为民主工具的政党的分析方法，是完全不同的。从历史唯物主义出发，马克思主义对政党的许多重大问题进行了探讨，其中包括：提出马克思主义政党是先进性政党，以科学理论为指导，没有任何自己的特殊利益，回答了马克思主义政党的本质问题；提出了马克思主义使命性政党的有关思想，强调必须推翻剥削阶级的统治，最终实现人的自由全面的发展，回答了马克思主义政党的任务和目标问题；提出马克思主义政党是领导党的理论，党是最高的政治力量，发挥先锋模范作用，回答了马克思主义政党的地位和角色问题。

在马克思主义看来，无产阶级政党是先锋队组织，中国共产党负有为民族谋复兴、为人民谋幸福和实现人的自由全面发展的重要使命，并在民族革命和国家建设中居于领导地位。显然，马克思主义政党在革命成功之后，政党自身的性质、使命和角色地位，决定了它不可能再搞多党竞争选举。

第三，中国新型政党制度实现了中国共产党的自我完善。马克思主义不否认西方政党理论中的异体监督的合理之处，但是从本质上是不赞成这种以反对党为核心的异体监督理论的。在这个问题上，马克思主义基本主张有三：一是在政治监督的主体上，认为人民是政府监督的根本主体，把人民动员起来，接受人民的监督，才能够真正实现监督。同时，中国共产党作为始终代表人民利益的先锋队组织,既是权力监督的关键对象,又是权力监督的建构主体。①二是政治监督的形式不仅有异体监督也有同体监督,是与国家本质和政党本质相关的。中国共产党的党内监督和人民的监督是统一的。中国特色社会主义国家的广大人民的根本利益是一致的,不需要有反对党代表不同群体的利益以对执政党实行监督。中国共产党的性质、使命和角色决定它具有高度的政治认同、思想认同和组织认同,不存在结构性的反对力量。三是对于执政党来说,政治监督的有效性固然与监督的结构有关,也与政党自身的性质和政党治理水平有关,而不能单纯地看是否有反对党结构。中国共产党是工人阶级的先锋队组织,具有自我革新、自我净化和自我完善的能力,可以通过彻底的自我革命不断推进政党自身的建设和发展。

作为先锋队的共产党,是社会主义国家的构建者,国家建设体现人民的意志也反映了党的意志,党的领导是社会主义的本质特征,是人民利益的保证。因而,在社会主义国家中,在共产党之外,不存在另一个政党能在政治生活中发挥政治反对和政治替代的功能。

从以上分析可以看出,西方国家将中国新型政党制度贴上“一党制”“党国体制”等之类的标签,这正是他们把西方政党理论作为观察问题的工具对中国共产党领导的多党合作与政治协商制度予以考察评判的结果。从错误的理论出发来观察中国的政党制度,必然得出错误的结论。某些别有用心的人对于中国政党制度持有偏见,核心在于企图将中国新型政党制度打入“不民主”之列,从而质疑、否定中国共产党的全面领导。然而,只要深入把握马克思主义的国家观、政

① 参见林尚立:《政治建设应着力建立有效权力监督体系》,《中国社会科学报》2011年5月31日。

党观，西方这些充满表面上的诱惑力的偏见就会在科学理论面前无所遁其形，最终是站不住脚的。

## 三、中国新型政党制度对西方政党制度的实践超越

中国新型政党制度以马克思主义为指导，没有陷入西方政党制度以普世价值自居的理论窠臼之中，实现了对西方政党制度的理论超越。不仅如此，中国新型政党制度在长期的治国理政实践中，还显示出高水平的政治整合能力、政治决策能力和政治执行能力，成为推动国家建设的重要制度保障，彰显出有目共睹的制度优势，实现了对西方政党制度的实践超越。

### 1. 西方政党制度的实践困境

早在20世纪70年代西方学者就断言，西方国家“政党体制一直经受着一种缓慢的、现在又加速的分崩离析过程”①。这是非常有见地的。一般说来，判断一个政党制度，有三个核心问题是必须考虑的，即政党制度的组织基础、政党制度的价值取向、政党制度的运作效能，从这三个方面来看，可以发现西方政党制度程度不等地陷于组织困境、价值困境以及运作困境之中。

其一，西方政党制度的组织困境。政党竞争的一个理念是在竞争中政党才不至于麻痹，才能够保持活力，然而事与愿违，西方国家一再出现政党衰朽的趋势。对于西方政党的衰朽趋势，拉里·戴蒙

① ［法］米歇尔·克罗齐、［美］塞缪尔·P.亨廷顿、［日］绵贯让治：《民主的危机》，马殿军等译，求实出版社1989年版，第81页。

德等学者在《政党与民主》一书中有一段很好的概括:“在许多民主国家中,无论是在发达国家还是在欠发达国家,不断增加的证据表明,政党中成员数量正在不断减少,政党和其他联盟的辅助组织的关系在衰减甚或崩溃;政党作为社会特别群体的代表的连续性也在减弱;公众舆论对于政党的承诺和信任也日趋虚弱。”[①]英国政治学家比尔·考克瑟等指出:“不论采取何种解释,毋庸置疑的是,英国政治制度在一定程度上依赖于群众性政党间的竞争,但群众性政党目前几乎已经不复存在。不仅英国如此,在现代西方民主政治中,党员人数的下降似乎是一个世界性的难题,这一难题影响到遍布政治光谱各个角落的所有政党。”[②]亨廷顿等学者从三个方面概括了西方政党的衰败:党派认同突然中断、政党投票表决衰落和投票中党派一致性降低。[③]如此看来,政党衰弱乃是西方国家面临的一个不争的事实,而政党组织的凝聚力、影响力是政党制度有效运作的基础,试想一下,作为政党制度基础的各个政党组织在走向结构萎缩和功能退化,政党认同不断下降,政党制度又如何能够发挥应有的作用?答案是不言而明的。

其二,西方政党制度的价值困境。从理论上来说,西方政党制度是民主的工具,体现民意和人民的利益是其应有的价值。然而政党政治的实践却一再表明,西方政党制度在实践中日益沦为少数政治

---

① [美]拉里·戴蒙德、理查德·冈瑟等:《政党与民主》,徐琳译,上海人民出版社2017年版,第3页。

② [英]比尔·考克瑟、林顿·罗宾斯、罗伯特·里奇:《当代英国政治》,孔新峰、蒋鲲译,北京大学出版社2009年版,第212页。

③ 参见[法]米歇尔·克罗齐、[美]塞缪尔·P.亨廷顿、[日]绵贯让治:《民主的危机》,马殿军等译,求实出版社1989年版,第76—77页。

精英和利益集团的游戏工具，代表的是少数人的利益，越来越陷入价值困境之中。美国政治学界的一项研究，希望从政府过程来验证美国的政治性质究竟是精英主义的、大众主义的，还是利益集团的，于是研究者找出来 1 779 项政策议案，结论表明，美国不是一个民主国家，而是一个寡头政治国家。①这的确发人深省。正如卢梭讲过的："英国人民自以为是自由的，他们是大错特错了。他们只有在选举国会议员的期间，才是自由的；议员一旦选出之后，他们就是奴隶，他们就等于零了。"②要而言之，西方政党制度在实践中的价值困境有二：一是西方政党本身只是工具，不是国家价值的载体和象征，无法对多元化、碎片化、民粹化社会中的诉求进行有效的价值整合。二是西方政党制度下的政策过程更多的是利益博弈的过程，政策制定反映的是资本寡头的利益，无法反映人民的长远利益。

其三，西方政党制度的运作困境。西方政党制度理论一方面主张政党是民主的运作的工具，另一方面又主张政党是部分利益的代表，正如萨托利所说的："政党从根本上讲所含的意思是'部分'，而就其本身而言，部分并不是一个贬义词。"③这使西方政党理论不可避免地陷入实践运作的困境之中。可以认为，美国政治文化无论在过去有多么发达，现在都出现了问题，归结起来就是政治制度走向衰败。大致说来，西方政党制度的运作困境集中表现有三：一是民主不负责制的出现，出于政党竞争中的经济理性的考虑，面对明显不合理的事情不去解决，不去禁止，结果是问题积重难返，听任国家和人民群众

① 参见杨光斌：《福山政治观点的转变说明了什么》，《北京日报》2014 年 10 月 27 日。
② ［法］卢梭：《社会契约论》，何兆武译，商务印书馆 1980 年版，第 125 页。
③ ［意］G.萨托利：《政党与政党体制》，王明进译，商务印书馆 2006 年版，第 13 页。

的利益受到损害。二是否决意识的形成,政治过程中反对党一味地拆台,甚至为反对而反对,什么事情也办不成,政治陷于僵局。对此,福山一语中的:“但是自 20 世纪 80 年代以来,随着更加平衡更多竞争的政党体系出现,美国体制变成了通往僵局的灵丹妙药。”①三是撕裂社会的加剧,面对新的族群矛盾、社会利益的进一步分化以及中产阶级的失落,竞争中的政党为了争取选票,竟然无视国家利益,或空喊人权,或横加指责,结果是激起更为尖锐的社会对立,社会的分裂不断加深。

2. 中国新型政党制度的实践超越

与西方政党制度日益严峻的组织困境、价值困境和运作困境形成鲜明对比的是,中国新型政党制度却在实践中显示出强大的生命力,有效避免了西方政党制度的现实困境,这可以从以下三个方面来理解。

首先,与西方政党制度陷于组织困境不同的是,中国新型政党制度的组织体系在自我革新中不断健全发展,显示出强大的组织力。中国共产党的发展与中国经济社会的发展存在互动关系,因此,世界在见证中国走向第二大世界经济体的同时,也看到中国共产党的组织队伍、组织制度以及组织权威等都得到了明显的加强,集中统一、纪律严明正在成为党的鲜明特征,党的组织力呈现不断发展的趋势,与西方政党的衰朽形成鲜明的对比。

其次,与西方政党制度陷入价值困境不同的是,中国新型政党制度坚持把人民利益放在最高的位置,显示出广泛的利益代表功能。

① [美]弗朗西斯·福山:《政治秩序与政治衰败:从工业革命到民主全球化》,毛俊杰译,广西师范大学出版社 2015 年版,第 450 页。

西方学者总是以是否民主来判断一个政党制度,实际上不管什么政党制度,首要的问题是利益问题:一个政党代表谁的利益?多大程度上实现了人民的利益?对此,西方学者以为竞争性政党制度通过选举,政治决策能够更好地体现人民的利益。事实未必如此。萨托利就说:"选举不制定政策,选举只决定由谁来制定政策。选举不能解决争端,它只决定由谁来解决争端。"①价值困境是西方政党制度无法避免的。选举出的执政党为族群利益、集团利益、眼前利益而坐视人民利益遭到损害的事实,一直在西方政党制度运作中显露出来。中国共产党领导的多党合作与政治协商制度构建了以共产党为核心的高度一体化执政共同体,政治过程中不存在利益集团的博弈和党派利益的掺和,因而其政治决策和政治行为就能够真正出于人民长远利益和国家总体利益的考虑,成为广大人民利益的代表,这样一种利益代表功能是西方政党制度所不可望其项背的。

再次,与西方政党制度深陷运作困境之中不同的是,中国新型政党制度展示出强大的制度效能。中国新型政党制度既有政治监督的功能,又有政治协商的功能,能够调动各方面的积极性,形成政治发展中的合力。中国新型政党制度在政治过程中不存在反对党的掣肘和利益集团的游说,有效避免了西方多党竞争中纯粹为争夺选民无休无止地进行较量的对手政治(adversary politics)和为反对而反对的斗嘴政治(yah-boo politics)②,从而防止政治效能低下。中国新型政党制度还能够最大限度地汇聚各方面意见,避免公共政策的价值偏

① [意]乔万尼·萨托利:《民主新论》(上),冯克利、阎克文译,上海人民出版社 2015 年版,第 175 页。

② 参见[英]安德鲁·海伍德:《政治的密码》,吴勇译,中国人民大学出版社 2016 年版,第 201 页。

离和社会撕裂，有效进行社会整合。凡此种种，都是西方政党制度所无法比拟的。这与西方政党制度运作中不断出现的否决意识、社会撕裂、民主不负责任等现象同样形成了鲜明的对比，显示出中国新型政党制度的独特优势。

## 四、中国新型政党制度的类型学意义

无论是在理论上，还是在实践上，中国共产党领导的多党合作与政治协商制度都已经实现对西方政党制度的超越。这也意味着中国新型政党制度走出了一条独特的政党政治发展的道路，从世界范围来说，对于政党制度的发展具有类型学意义。

第一，中国新型政党制度突破了西方政党制度基于结构关系的类型区分框架。如前所述，长期以来，西方国家谈到中国共产党，总是自觉不自觉地将中国政党制度划入"一党制"等范畴之列，这实际上是根据西方政党制度的理论来对中国的政党制度进行分类的结果。这种类型区分主要基于政党之间的关系，政党与国家的关系，政党、国家与社会的关系的一种分类方法，是一种立于结构关系基础上的政党制度类型分析框架。其局限性有二：一是没有考虑到作为基础性要素的政党本质上的差异，"我们不能忘记我们衡量政党体系的全部方法的基础是政党，或者说政党是基本的衡量单位"①。二是没有考虑到政党在实践中的功能上的差异，政党在具体国家的政治运作中所发挥的功能、承担的使命和价值是有着巨大差异的。因而西

① ［意］G.萨托利：《政党与政党体制》，王明进译，商务印书馆2006年版，第170页。

方对于中国政党制度的类型区分没有将本质与形式结合起来，没有将结构与功能综合起来考察，只是一种形式上的简单归类，其结果必然具有很大的片面性。提出中国新型政党制度这个概念，实际上就克服了西方政党制度类型区分的理论局限，从综合和本质的角度表明中国共产党领导的多党合作与政治协商制度，是一种不同于西方政党制度类型的政党制度，从而使得政党制度的区分建立在更加科学的方法论基础上。这再清楚不过地告诉我们，西方国家长期以来所认为的具有普适性的政党制度分类框架并不适用于中国，中国新型政党制度不属于这些有关政党制度范畴中的任何一种，西方政党制度理论中任何一种类型都不足以说明中国新型政党制度的本质特征。

第二，中国新型政党制度突破了西方以“竞选—民主”为核心内容的政党制度评判标准。考察西方政党理论，可以看出，贯穿其中的一个主线是“竞选—民主”，把是否“竞选—民主”作为考量一切政党制度正当性程度的基本准则。其要点有二：政党是民主的工具，民主最主要的体现在于竞争性选举。在这种观点指导下，“竞选—民主”成为西方世界挥舞着的大棒，对各国的政党政治和政党制度进行评判，不符合这个要求的就说是“政党独裁”“一党专政”，而不问政党制度的本质和实际治理情况。实际上，在马克思主义看来，民主只是政党制度诸多价值中的一种，政党制度根本的任务是服务于国家建设的需要，体现在国家治理和国家发展之中，因此，西方国家拘泥于“竞选—民主”的标准来评判政党制度，显然是站不住脚的。根据马克思主义政党制度理论，中国新型政党制度体现的不仅止于民主的价值，更不仅止于“竞选—民主”的价值，尤其负有国家建设和民族复兴的使命。因而,对于中国新型政党制度来说,已经超越了西方政党制度所谓的“竞选—民主”的评判准则,打破了西方国家的政党民主的话语体系,在更高的层次上体现了不同于西方政党制度的崇高使命和价值。

第三,中国新型政党制度突破了西方政党制度所主张的异体监督原则。异体监督原则是西方政治文化的重要内容,它认为同体是不能实施有效监督的,必须有反对党,只有在执政党之外存在独立的政党组织才能够有效监督政府。中国新型政党制度对这种西方政党制度中所谓的异体监督原则的突破在于:一是中国共产党与其他民主党派互相监督,但彼此之间在组织、制度和价值等方面呈现高度一体化的特征,共产党是执政党,其他民主党派是参政党,没有所谓的反对党的结构和机制。二是西方所谓的异体监督原则主要是一种侧重于横向关系的监督,而中国新型政党制度在实践中也创立了严格的政治监督,但着重于一种纵向关系的监督,是作为最高政治权威的中国共产党的中央率先垂范,自上而下实施的严格的监督,属于体系内的纵向监督,当然这种纵向的监督与社会监督是结合在一起的。实践证明,在全面从严背景下这种体系内的纵向监督取得了显著的成效。完全可以说,中国新型政党制度实现了对西方政党制度中异体监督原则的质的跨越,是一种新型的政党制度的模式,具有开拓性意义。

概而言之,中国新型政党制度以马克思主义为理论指导,在国家建设中显示了强大的制度优势,实现了对西方政党制度的理论超越和实践超越,是对西方政党制度的双重超越,因而长期以来中国新型政党制度研究中的各种西方偏见事实上也告破产。中国新型政党制度完全能够以十分自信的姿态屹立于世界政党制度之林，它开辟了一条独特的政党制度之路，不属于西方政党类型理论所指称的任何一种，在世界政党制度发展史上具有重要的类型学意义。

**说明**：本文系国家社科规划基金课题“新时代城市社区党的群众组织力提升策略研究”(18BDJ030)的阶段性成果。

**论文出处**：《马克思主义研究》2019 年第 7 期。

**作者简介**：龚少情，上海市社会主义学院新的社会阶层研究中心主任、教授，长期从事中国政党与政治的研究。

# 第五章　中国特色协商民主的维度及其工作机制创新

刘　晖

党的十八大报告提出,“社会主义协商民主是我国人民民主的重要形式”。这是中国共产党首次在党的政治报告中提出协商民主的概念,第一次将协商民主提升到制度层面,并致力于在实践层面从各层次各领域扩大公民有序政治参与,推进协商民主的广泛、多层次、制度化发展。党的十八届三中全会进一步强调,协商民主改革的方向是构建程序合理、环节完整的协商民主体系,拓宽国家政权机关、政协组织、党派团体、基层组织、社会组织的协商渠道。推进协商民主广泛、多层次、制度化发展,实现中国特色选举民主与社会主义协商民主的有机结合,必将有利于健全民主制度、丰富民主形式,进一步扩大社会主义民主,发展社会主义政治文明,为实现最广泛的人民民主确立正确方向。

当前,中国正处在激烈的社会转型与经济转轨的关键时期,经济社会结构变动迅速，社会利益诉求日趋多元，社会矛盾与冲突趋于激化。而现行政治制度为公民提供的参与渠道有待于进一步拓展，制度供给不充分的现象时有发生，加之中国协商民主发展的相关要素还不够完善，成为当前协商民主发展的瓶颈。为寻求不同利益群体之间的利益协调，通过协商民主进行民主对话或民主恳谈，拓展公民政治参与的渠道，扩大民主沟通，在现有的政治体制框架内将协商的领域、规模与层次调适于一个理性的区间，以保证协商民主的秩序性和有效性，从而实现民众平等而高效地参与决策，提升决策的科学化、民主化水平，是新形势下化解社会矛盾与冲突、推动中国特色社会主义民主政治发展的一条有效路径。

## 一、协商民主的理论缘起和现实追溯

20 世纪后期，西方学术界开始关注协商民主，并形成了具有重要影响的政治理论和政治实践。协商民主是指公民通过对话、讨论、协商、审议等方式，自由平等地表达诉求，达成共识并按照共识行事，由此实现参与公共决策和政治生活的管理活动。协商民主理论超越了自由民主理论，强调在多元社会的现实背景下，通过普通公民的广泛参与，就决策和立法达成共识，其核心要素是平等、对话、协商和共识。在协商民主论者看来，选举民主存在一定的功能缺陷，特别是在多元文化时代，代议民主与现代公民的要求及社会的发展不相适应之处逐步显现，不同层面政治共同体的政治追求或利益诉求难以得到充分实现或表达，而协商民主和公民对话能够弥补选举民主的这些缺陷，有助于拓展多元政治共同体的政治实践。

当代世界各国通行的民主主要有三种形式：选举民主、协商民主和谈判民主。选举民主亦称竞争民主、票决民主，外在表现是非此即彼、势不两立，其结果是“一方有得，另一方必有舍”；谈判民主是各方主体根据自身利益的需要，以和平方式解决矛盾与冲突的手段或方式，谈判各方既有矛盾又有合作，外在表现是彼此退让、相互妥协，达成利益均衡，其结果是“你我各有所得，亦各有所失”；协商民主主张通过公民参与，就共同关心的问题对话沟通，达成共识，其结果是“双赢或共赢，利益最大化”①。协商民主的价值追求之一，是公民与官员之间就共同相关的政策问题进行直接面对面的对话和讨论，这是政治民主最基本的要素之一，也是任何其他方式所无法取代的。在协商民主论者的视野下，公共政策必须经由公共协商的过程，通过自由、平等的公民之间的协商、审议、讨论、对话和争辩，然后作出理性的判断和决定。西方政治思想界的一些领军人物，纷纷表明对协商民主的支持态度，如英国社会学家安东尼·吉登斯、美国政治哲学家约翰·罗尔斯、德国思想领袖于根·哈贝马斯等，他们认为协商民主是民主政治的发展方向，是当代政治民主的核心所在，倡导公民通过协商民主的方式实现直接政治参与。

从严格意义上来讲，西方国家对协商民主的探讨主要表现在理论层面，协商民主的载体是分散化、碎片化的，实践层面的协商固然不少，但是缺乏独立的制度化支撑。其把协商纳入政治中最为常规

① 许耀桐：《政治发展和政治体制改革十大新论解说》，《人民论坛》2012年第33期。

的做法，就是试图把协商因素吸纳到某些国家制度中。[①]而中国的协商民主虽然正式提出的时间较晚，但在实践层面已经历了数十年的探索。早在新民主主义革命时期，中国共产党人就根据当时的国情与环境，提出“几个革命阶级联合专政”的政治主张和长期与党外人士协商合作的理念，并致力于“三三制”民主政权建设，这是我国协商民主思想的早期萌芽。在根据地民主政权建设过程中，中国共产党所采用的民主样式主要是选举民主，而在统一战线建设过程中则主要采用协商民主，并在即将夺取全国政权前夕，号召各民主党派、各人民团体、社会贤达召开政治协商会议，成立民主联合政府。1949 年 9 月 21 日，肩负建立新中国使命的中国人民政治协商会议第一届全体会议在北平举行，中国共产党同社会各界代表坦诚相待，充分协商，酝酿创建新中国，这标志着协商民主开始在中国全面实施，协商民主制度得以快速发展。在全国人民代表大会召开之前，由人民政协代行其职权。中国人民政治协商会议的召开及其民主协商功能的确立，意味着人民政协成为统一战线的组织形式，成为协商民主的重要渠道。1954 年 9 月，第一届全国人民代表大会召开之后，人民政协作为人民民主统一战线组织和政治协商机构，继续在国家政治生活中发挥重要作用，其所体现的就是协商民主，这就为选举民主和协商民主两种民主形式的并立初步奠定了制度基础。

改革开放以来，中国共产党在中国特色社会主义道路的探索过程中，逐步认识到人民通过投票选举行使权利和在重大决策之前在人民内部进行充分协商，尽可能就共同性问题取得一致意见，均是实

① ［澳］约翰·S.德雷泽克：《不同领域的协商民主》，王大林译，《浙江大学学报》（人文社会科学版）2005 年第 3 期。

现中国社会主义民主的重要形式，后者即为协商民主。随着协商民主实践的演进和理论探索的深入，中国共产党愈发自觉地重视协商民主在发展社会主义民主政治中的重要作用。2006 年 2 月 8 日，《中共中央关于加强人民政协工作的意见》出台。它第一次明确指出，“人民通过选举、投票行使权利和人民内部各方面在重大决策之前进行充分协商，尽可能就共同性问题取得一致意见，是我国社会主义民主的两种重要形式”，强调“人民政协是我国政治体制的重要组成部分，在我国政治生活中具有不可替代的作用”①，这就从国家政治体制的角度明确了人民政协在我国社会主义民主政治建设中的地位。2012 年 8 月 20 日，中共中央办公厅转发《中共政协全国委员会党组关于〈中共中央关于加强人民政协工作的意见〉贯彻落实情况的报告》，正式使用“协商民主”这一概念，强调要把选举民主与协商民主这两种民主形式结合起来推动中国民主政治发展。这两个文件，标志着中国共产党开始自觉地把协商民主作为推进社会主义民主政治建设的重要手段。

2012 年 11 月，党的十八大提出要“健全社会主义协商民主制度”，并对协商的渠道、内容、形式等作出具体规定，强调要完善协商民主制度和工作机制，推进协商民主广泛、多层、制度化发展。党的十八大报告中关于协商民主的内容，与中国共产党历来对协商民主的理论与实践探索是一脉相承的，是党和人民在社会主义民主形式方面的伟大创造，是对马克思主义民主政治理论的丰富和发展。健全社会主义协商民主制度，并把它与选举民主密切结合起来，正是中

① 《中共中央关于加强人民政协工作的意见(摘要)》，http://www.chinanews.com/news/2006/2006-03-01/8/697236.shtml。

国特色社会主义民主的鲜明特点和优势所在。

## 二、中国特色协商民主的两个维度

党的十八大报告指出，“通过国家政权机关、政协组织、党派团体等渠道，就经济社会发展重大问题和涉及群众切身利益的实际问题广泛协商，广纳群言、广集民智，增进共识、增强合力。坚持和完善中国共产党领导的多党合作和政治协商制度，充分发挥人民政协作为协商民主重要渠道作用，围绕团结和民主两大主题，推进政治协商、民主监督、参政议政制度建设，更好协调关系、汇聚力量、建言献策、服务大局”，强调“加强同民主党派的政治协商”，并要求“积极开展基层民主协商”①。这种新的“协商民主”的理论概括，明确指出了我国协商民主的渠道主要是国家政权机关、政协组织、党派团体；协商的内容既包括事关经济社会发展的重大问题，也包括涉及群众切身利益的实际问题；协商的范围既包括同民主党派的政治协商，也包括基层民主协商。这表明中国特色协商民主具有两个维度：一是涵盖了政治协商思想与中国共产党领导的多党合作和政治协商制度，它是以精英协商为主体的政治协商；二是涵盖了社会协商思想与社会协商对话制度，是以公民协商为主体的社会协商。

由此可见，社会主义协商民主的理论内涵包括两个方面：政治协商和社会协商。在政治协商方面，党的十八大报告进一步指出，“坚

① 胡锦涛：《坚定不移沿着中国特色社会主义道路前进　为全面建成小康社会而奋斗——在中国共产党第十八次全国代表大会上的报告》，《人民日报》2012 年 11 月 18 日。

持和完善中国共产党领导的多党合作和政治协商制度,充分发挥人民政协作为协商民主重要渠道作用”,“把政治协商纳入决策程序,坚持协商于决策之前和决策之中,增强民主协商的实效性”。在社会协商方面,党的十八大明确提出“推进协商民主广泛、多层、制度化发展”的新观点和新思考。在此基础上,党的十八大报告还特别强调“积极开展基层民主协商”,在完善基层群众自治中“加强议事协商”。所有这些,已经大大超出了传统政治协商的内涵与范围,强调培养更加广泛的协商民主意识,形成更加广泛的协商民主渠道,构建更加完善的协商民主机制。通过这两个维度协商的制度演进,逐步扩大以公民为主体的社会协商范围,进而从整体上扩大协商民主的社会覆盖面,使协商更加民主、更加广泛、更加实效、更具活力。

### (一)以精英协商为主体的政治协商

中华人民共和国成立以来,中国协商民主制度的实践主要表现为以精英协商为主体的政治协商。中国共产党领导的多党合作和政治协商制度作为具有中国特色的政治制度,在我国政治生活中发挥着重要作用。人民政协是我国实行协商民主的最主要也是最重要的渠道。中国人民政治协商会议成立以来,各民主党派、无党派人士、各人民团体、各界爱国人士积极履行政治协商、民主监督、参政议政的职能,为国家的建设和发展献计献策,在社会主义民主政治建设过程中发挥着积极作用。

我国的协商民主主要通过两条渠道来进行:一是政党之间的协商。共产党作为执政党,经常就国家重大问题直接与参政的民主党派协商对话，充分听取他们的意见，这些协商意见被吸收到执政党提交给全国人民代表大会(以下简称全国人大)的建议中，作为决策和立法的基础。二是政协会议的协商。政协是历史上形成的专门进行政治协商的组织，共产党和各民主党派、各人民团体、无党派人士及社会各界的代表人士，通过政治协商会议这一平台，就关乎国家发展的重大问题进行协商讨论。这些协商成果作为政协的决议或议案直接提交给全国人民代表大会，作为其制定法律和进行决策的重要依据。此外，我国每年同时举行一次的全国人大会议与全国政协会议，政协委员就人大会议讨论的问题充分发表意见，为人大会议的最后决策提供直接参考。党的十七大和十八大均明确要求把政治协商纳入决策程序，这进一步推进了我国两种民主形式的结合，使党和国家的重大决策建立在充分政治协商的基础上，从程序上实现了中国根本政治制度与基本政治制度的成功对接，不但扩大了公民的政治参与，拓展了民主的社会基础，而且增强了决策的科学性，提升了决策的科学化水平，在一定程度上克服了单纯实行选举民主所难以避免的缺陷。

从中国代议制度的角度来看，基于选民选举产生的代表所组成的人民代表大会履行代议功能，而在现实政治生活中，基于遴选机制产生的社会精英所组成的人民政治协商会议亦具有一定的“代议”功能色彩。尽管长期以来，我们从革命的意义上将政治协商会议定义为统一战线组织，认为它不具有国家机构的性质，但政协组织参政议政功能的充分发挥，对现实政治的影响力日益彰显，社会各界精英组成的政治协商会议对国家和区域公共事务的讨论、提案客观上影响着现实政治的实际状态。

中国人民政治协商会议制度经过60余年的发展,上承传统的协商智慧,下启现代政治文明,其重要功能在于把社会精英整合到同一个政治体系中,形成了一个创造和谐政治的现代化制度框架,亦成为国家层面发展协商民主政治的重要舞台。但客观地说,其发展的空间还很大,尤其是在制度设计层面,政治协商制度主要是中国共产党与其他政党及党外代表人士的协商,其协商层面主要停留在中央与地方,协商制度的终端设计延伸到区县为止,县以下的协商缺乏制度设计。以广大基层民众为主体的基层民主协商形式与制度虽然在各地已展开探索,诸如浙江温岭的恳谈会制度、河北邯郸的社会各界人士恳谈会制度等,但迄今为止,还缺乏以广大基层民众为主体的、多层次整体性基层协商民主制度的顶层设计。特别是区别于政治协商的社会协商范畴的工作,包括基层协商的组织、渠道、方法与制度的健全等,尚需继续加大探索创新与有效整合的力度。

### (二)以公民协商为主体的社会协商

改革开放以来,受中国经济体制发展演变的影响,在根本利益一致的大前提下,逐渐出现了利益群体多元化的新格局,社会矛盾明显增多,利益诉求也日益多样化。一方面,“社会矛盾明显增多”的相关要件内容,整体上不属于以精英协商为主体的政治协商范畴,而是属于以公民协商为主体的社会协商。中国广大基层民众及其众多的利益群体,在社会决策与社会治理层面有着较为强烈的开展社会协商对话的新期盼与新要求。另一方面,世界各国在20世纪末所倡言的协商民主,也在反思单纯精英参政并不能真正代表民众意愿的弊病,由此形成了以公民为协商主体，以平等对话、协商、审议为主要形式的协商民主新趋势。如何丰富社会主义民主形式，扩大公民有序的政治参与，有效化解“明显增多”的社会矛盾，增进社会共识，全面建成小康社会，成为摆在中国共产党面前的一项重大课题。

党的十一届三中全会以来，中国共产党在以精英协商为主体的政治协商的实践基础上，亦对构建国家与地方多层次协商民主制度不断进行理性思考。从党的十三大起，中国共产党开始倡导社会协商思想。党的十六大与十七大强调，要健全民主制度，丰富民主形式，扩大公民有序的政治参与。从 20 世纪 90 年代起，尤其是进入 21 世纪以来，中国社会协商的实践范围日益扩大，实践形式日益多样化，各种类型的协商制度，如社会听证制度、社会公示制度、专家咨询制度、恳谈会制度、工资集体协商制度，特别是协商议事制度在广大农村与城市有着广泛的探索实践，在现实层面已逐渐形成了有别于政治协商模式的、以公民参与为主体的更加广泛的协商民主形式——社会协商。

公民协商是要为普通公民代表提供一个安全的讨论空间，并就某些特定问题进行协商。一旦赋予人们在适当的场合和机会对某项论题进行讨论与思考的权利，就会最大限度地激发人们的民主意识、理性思维和行动能力的潜能，让公民协商实践的民主效应更值得期待。公民共识协商会议、协商民意测验等，都是普通公民协商理念的不同表现形式。但是社会协商理论的研究未能与社会协商实践实现同步，理论和实践缺乏有效对接，社会协商对话制度建设滞后，尚处于探索的初始阶段，缺乏系统性考量。而多元社会的形成，迫切要求建立专门表达协商意图、超越公共集会和磋商实践的新协商制度，培养社会的协商与包容精神。为此,党的十八大报告专门提出积极开展基层民主协商,这为中国社会协商的主要实践群体——村民与居民议事会及其协商议事制度的确立指明了发展方向。

从中国的现实来看,无论是在理论层面还是实践层面,社会协商的影响远不及政治协商。但是我们可以预见,以公民为主体的社会协商的覆盖范围将会进一步扩大,在未来拥有不可限量的发展空间。

## 三、中国特色协商民主的工作机制创新

社会主义协商民主是我国人民民主的重要形式。在新的历史时期,创新中国特色协商民主的工作机制,必须以提高协商的质量和水平为目标,推进协商民主广泛、多层次、制度化发展。推进协商民主广泛、多层次、制度化发展,必将对我国的社会主义民主政治建设产生重大而深远的影响。

### (一)完善协商制度,不断强化协商民主的规范性

制度机制是带有方向性、强制性的东西。推进协商民主广泛、多层次、制度化发展,就必须以制度化来加以保障,进一步加强协商民主的制度建设。其一,要完善协商民主的实体制度。从协商的内容来看,当前应对协商内容作出明确规定,到底哪些属于重大方针政策和重要事务,要出台一个衡量标准,划分一个大致的范围,将协商内容进一步细化;从协商的形式来看,有关部门应对什么情况下采取什

么样的协商形式，采取某一协商形式有什么具体要求和限制，作出详细规定；从协商的基本要求来看，协商应具体坚持哪些原则，党委、政府、政协及有关部门在协商过程中各自应肩负哪些职责等，均应有明确规定。其二，要完善协商民主的程序制度。一是要明确制定统一的协商程序制度。中央层面应对协商程序作出明确界定，最好能出台一部针对协商民主的专项规定，对协商程序加以详细说明。在此基础上，地方应结合当地实际制定既体现地方特性，同时又有统一标准的协商程序制度。二是要完善现有协商程序制度。重点完善协商议题的提出制度、确定制度、通报制度以及协商主体的知情制度、协商成果的反馈制度等。其三，要完善协商民主的评价监督制度。一是建立健全统一明确的评价监督制度。二是明确评价监督的主体和客体。应对评价监督主体作以具体规定，如评价监督主体应包括哪些机构，其主次关系如何，具体职能怎样分工等。在此基础上，还应明确界定评价监督的客体即评价监督的对象。三是建立健全评价监督指标体系，如建立健全协商制约激励制度、协商跟踪反馈制度等。四是增强评价监督制度的约束力。一方面，要求党委、政府及其有关部门在思想上要高度重视，制定明确且有操作性的评价监督制度；另一方面，对相关制度的执行环节加强监督。其四，要完善协商民主的反馈机制。一般情况下，执政党提出的协商议题在大的原则上都能达成一致，但在协商过程中协商议题不能达成一致意见的情况下，能否进入决策程序？要解决这些问题，就应建立协商的反馈机制，对不同意见和要求，无论接受与否都应给予明确回复，对于不能吸纳的意见应说明理由，对未达成协商一致的不能进入决策程序。这样才能保证执政党和政府的决策在政治协商过程中最大限度地吸纳多方意见，反映各种要求，达到民主协商的目的。

### （二）培育协商文化，不断增强协商民主的主动性

在现实生活层面，协商民主要想顺利推行并取得实效，应重视培育协商文化，逐步培养广泛的民主意识与协商作风，注重重大事项决策的公众直接参与，健全科学决策程序，拓展协商的包容性。社会主义协商民主意识和协商文化的培育，至少应包括以下三个方面：一是培育平等文化。平等是协商民主的内在要求，协商各方应是身份平等，机会对等。营造和谐共处、平等交流的宽松政治环境，便于各协商主体之间平等地沟通思想，达成共识。培育平等文化，即赋予每个公民自由、平等的政治参与机会，这对充分激发协商智慧至关重要。二是培育效率文化。协商民主既是协商各方妥协与退让的过程，又是各方达成共识的过程。由于受多重因素的影响，在协商过程中很容易出现争论不休、无法达成共识的现象，这不仅会导致协商运作效率低下，也使得协商成本增加。因此，应着力培育社会的效率文化，寻求协商过程中的理性坚持与退让，提高协商民主的效率与质量。三是培育责任文化。强烈的责任感是协商民主取得实效的伦理保障。在现实操作过程中，协商民主的失效很大程度上归责于参与主体的政治冷漠心理，责任意识缺失往往会导致协商的实效性降低。因此，要引导公民树立责任意识，增强责任心，培育责任感，提出负责任、有价值的意见与诉求，切实提高协商的质量与水平。

### （三）扩大协商范围，不断提升协商民主的包容性

在当前的协商民主实践中，协商范围狭窄是一个普遍存在的问题。这主要表现在两个方面：其一，协商的内容狭窄。目前，协商民主的议题大多涉及经济、文化、生态、社会等非政治性领域，对敏感而深刻的政治问题，一般都避而不谈。其二，协商主体的范围狭窄。目前的协商主体主要是社会知名人士和精英分子，而普通的民众特别是社会弱势群体，参与度还比较低。因此，协商民主应进一步扩大范围，不断提升其包容性。一要不断拓展协商内容的范围。协商的内容不应回避或淡化政治，对非政治性问题的讨论热热闹闹，而对政治性问题的讨论力度不足的状况若不加以改进，将会影响协商民主的地位和效果。因此，在具体的协商民主过程中，确定协商主题时应选择经济社会发展中的重大问题和人民群众普遍关心的公共问题，根据"宜大不宜小、宜具体不宜笼统和从地域实际出发"的原则，对协商内容进行界定和细化。二要不断扩大协商参与主体的范围。扩大协商主体范围是发展协商民主的重要内容，让参与制度化协商的群体延展到普通公众层面，而不再局限于各界精英。在新形势下，应适当增加基层干部、普通群众及其他弱势群体代表的数量，以便听取更加广泛和更加真实的意见建议，多层次、宽领域地扩大公民有序政治参与，充分发挥我国社会主义民主制度的优越性。

### （四）丰富协商形式，不断拓展协商民主的广泛性

创新中国特色协商民主的工作机制，要求建立健全系统、规范

的协商格局,不断丰富和创新协商的形式。一是完善政治协商制度。人民政协是协商民主的重要渠道,应进一步发挥其主渠道作用。明确和坚持“三在前”“三在先”原则,深入进行专题协商、对口协商、界别协商、提案办理协商,允许拥有广泛社会民意基础的政协代表对社会重大决策进行讨论,并将讨论结果作为决策的重要参考。二是积极开展基层民主协商。近年,我国基层民主协商实践蓬勃发展,协商形式也日益多样化,例如民主恳谈会、社区议事会、民主评议会、民主听证会等。大量的实践经验表明:基层民主协商在服务基层群众、化解社会矛盾、推进科学民主决策等方面发挥着越来越重要的作用。因此,应进一步推进基层民主协商,拓宽公众理性、合法、有序表达利益诉求的新渠道,打通基层自治民主与协商民主的通道,实现“精英民主”与“草根民主”的有效对接。三是重视网络协商。网络协商是协商民主在新时期的重要实现形式,公民可以通过网络问政“近似地”实践协商民主。鉴于网络协商民主中参与主体身份的非限定性、地位的平等性、话语权的开放性及网络本身的即时性等特征,能够在一定程度上扩大公民参政的路径,提升公众的参政热情和议政水平,这些均有助于公民参政逐步走向成熟,并最终促进社会主义民主政治的良性发展。政府决策必须顺应网络时代的发展要求,积极推动协商民主向网络民主领域延伸,合理运用网络平台,充分把握网络民意,进一步丰富协商内容,引导网民进入规范、有序的协商民主政治体系。四是积极探索其他协商形式。协商民主的实践形式应是多样的,各地亦在不断创新、不断探索,比如公共政策听证会、立法协商等。要紧密结合当前民众民主意识不断提高的新形势,积极探索和创新协商民主在各个领域的实现形式，不断推进社会主义民主政治建设，推动社会主义政治文明建设进程。

### （五）公开协商过程，不断提高协商民主的公正性

协商民主强调公开透明的运作环境，只有公开协商的过程，提升协商的透明度，才能保证协商结果的客观性与公正性，才能保证政策的合理性与合法性，才能获得民众的认同和支持。因此，提高协商民主的公正性至关重要。首先，要公开所有层次、所有形式的协商。从协商民主的内在要求来看，所有层次、所有形式的协商都应是公开透明的。但由于受各种条件的限制，当前协商民主的公开度尚显不足，而从社会主义民主政治发展的整体趋势来看，公开性必然是协商民主未来的发展方向。其次，要公开协商的全部过程。从协商议题的提出、确立，到协商议题的通报、协商活动的开展，再到协商意见的办理和协商结果的反馈，协商的全部过程、全部程序均要向社会公开，尊重民众的知情权，实现“橱窗式”协商民主，使公众不仅能够清晰地了解公共政策是什么，还能够知晓它是怎样形成的。再次，要创新协商民主的公开方式。随着现代社会的发展，协商民主的公开方式也应不断创新。既可以选择现场直接参与的方式实现公众广泛参与，也可以借助传统媒体优势，如报纸、广播、电视等，还可以利用现代新媒体，如网络、手机等，使协商民主公开而透明。

### （六）提升协商质量，不断增强协商民主的实效性

在当前的协商民主实践中，因缺乏必要的监督和问责制度，协商

结果的落实尚存在不到位的情况，协商意见与建议在实践中还体现得不够充分。因此，必须以提高协商民主的质量为目标，不断增强协商民主的实效性。一要坚持协商于决策之前和决策实施全过程。民主协商的最终目的，是为了使决策更加科学、民主，使各阶层、各方面的利益与诉求得到最大限度体现。为此，必须真正坚持协商于决策之前和决策实施全过程，使协商成为决策必不可少的重要环节。二要加大对协商民主的监督力度。协商民主没有法律效力，因此，要提高协商民主的效力，必须提高协商的社会关注度，加大群众、媒体等对协商的监督力度，把协商成果纳入决策程序，促进协商结果的落实和转化。三要推进两种民主形式的有机结合。选举民主与协商民主是我国社会主义民主的两种重要形式。在现实政治生活中，这两种民主形式包容互补，共同推动社会主义民主的发展。在未来一段历史时期，必须进一步加强这两种民主形式的有机结合，更好地发挥各自的优势，取长补短，以形成强大合力，由此推动中国特色社会主义民主政治的进一步发展。

**说明**：本文系国家哲学社会科学基金项目“中国共产党执政历程与经验研究”(08BDJ002)和河南省哲学社会科学规划项目“中国特色社会主义政治发展道路研究”(2013BZZ005)的阶段性成果。

**论文出处**：《学习论坛》2014 年第 11 期。

**作者简介**：刘晖，上海市社会主义学院教研部主任，教授，新型政党制度研究中心主任。

# 第六章　协商民主在全过程人民民主中的独特作用及其实现机制

刘　晖

## 一、问题的提出

民主是全人类共同的价值追求，也是中国共产党矢志不渝坚持的重要理念。中国共产党是为人民奋斗的使命型政党，百年来始终把实现人民当家作主作为奋斗目标，探索出协商民主这一不同于西方国家、有着鲜明中国特色的社会主义民主实现形式，深深嵌入社会主义民主政治的全过程。2019 年 11 月 2 日，习近平总书记在上海市长宁区虹桥街道古北市民中心考察时指出，"人民民主是一种全过程的民主"①，首次提出全过程民主这一新概念。在 2021 年 10 月召开

① 习近平：《中国的民主是一种全过程的民主》，http://www.xinhuanet.com/2019-11/03/c_1125186412.htm。

的中央人大工作会议上，习近平总书记对全过程人民民主进行全面阐述，强调："我国全过程人民民主不仅有完整的制度程序，而且有完整的参与实践。我国全过程人民民主实现了过程民主和成果民主、程序民主和实质民主、直接民主和间接民主、人民民主和国家意志相统一，是全链条、全方位、全覆盖的民主，是最广泛、最真实、最管用的社会主义民主。"①全过程人民民主涵盖"全过程"要素，汇集"全过程"民意，其民主决策、民主协商、民主实践的全过程性，体现了民主领域的广泛性，保障了民主权利的真实性，强化了民主运行的有效性，弥补了"非全过程民主"的某些缺陷，超越了"非全过程民主"②，这是跳出治乱兴衰历史周期律的一条新路，也是实现"中国之治"的重要密码。

全过程人民民主是中国特色社会主义民主发展的最新形态和最新实践，是人民当家作主的具体体现。它将民主的价值与形态、性质与质量、内容与形式、过程与绩效、制度与道路有机统一起来，其本质是中国共产党领导的人民当家作主，体现为公共权力的有效制约与积极行使、公民权利的有效维护与责任担当、公共利益的有效分配与社会生产、公共精神的有效提升与共同进步"四公"目标的"四位一体"过程。③从价值逻辑的角度来看，全过程人民民主是指人民在纵向时间和多维空间中享有完整行使民主的权利，以对人民多数人意志

① 习近平：《坚持和完善人民代表大会制度　不断发展全过程人民民主——在中央人大工作会议上的讲话》，《人民日报》2021年10月15日。

② 汪洋：《涵盖"全过程"要素　汇集"全过程"民意　谱写"社会主义最讲民主"新时代华章》，《中国人大》2021年第16期。

③ 唐亚林：《党的领导是全过程人民民主的根本政治保证》，《中国党政干部论坛》2021年第7期。

尊重为目的的新形态民主，是人类对民主探索的最新文明成果。[①]相对于“非全过程人民民主”，全过程人民民主实现了某种意义上的弥补和超越，改变了那种“一次性消费行为”般的民主游戏，具有时间上的连续性、内容上的整体性、党政部门的协同性、公民参与的全过程性和多环节的联系性等基本特征。[②]协商民主被视为推动中国式民主进程的重要战略途径，寻求以最小化的民主实践成本，获取最大化的民主收益，以达成民主绩效的“帕累托最优”。

社会主义协商民主作为中国社会主义民主政治的特有形式和独特优势，是全过程人民民主的重要内容和实现渠道。协商民主是贯穿全过程人民民主的一条主线，发展协商民主就是践行全过程人民民主的直接体现。作为全过程人民民主的运作形态之一，协商民主有着不同于其他类型民主方式的优势地位，最能反映和体现全过程人民民主的核心实质，是发展全过程人民民主的“定盘星”和助推器。那么，如何在全过程人民民主的视域中全面观照协商民主？协商民主对于推进全过程人民民主的独特作用何在？怎样认识其实现机制和实践路径？均需从理论和实践层面进行深入探讨。推动协商民主制度安排、议程设置等的全过程性及实际操作的全过程化，展现中国特色协商民主真实管用有效的内在优势，对于推进全过程人民民主建设，坚定制度自信，具有重要的理论意义和现实意义。

---

① 张明军：《全过程人民民主的价值、特征及实现逻辑》，《思想理论教育》2021年第9期。所谓纵向时间，是指民主选举、民主决策、民主管理、民主监督过程，人民行使当家作主的权利。所谓空间多维，是指政治民主、经济民主、社会民主和文化民主等实践，履行主体所拥有的主权功能。全过程人民民主表现出民主实践的共产党领导、行使主体的人民性、行使过程的完整性、民主形态的复合性和民主绩效的“帕累托最优”等鲜明特征。

② 桑玉成等：《全过程人民民主理论探析》，上海人民出版社2021年版，第3—5页。

## 二、协商民主对于构建全过程人民民主的独特作用

全过程人民民主是将党的价值追求转化为民主实践的过程，也是选举民主和协商民主有机统一的过程。习近平总书记指出，“有事好商量，众人的事情由众人商量，找到全社会意愿和要求的最大公约数，是人民民主的真谛”①，明晰了协商民主对人民民主的重要价值所在。选举民主作为人民代表大会制度的重要内容和政治基础，是全过程人民民主的基础性制度性安排。而协商民主作为中国特色社会主义民主政治的重要载体，拓展了人民民主的形式和渠道，彰显了人民民主的功能与价值，对于构建全过程人民民主发挥着独特作用。

### （一）体系化协商构成全过程人民民主运行基础

当今世界，由于社会性质、政治道路、文化传统和历史传承等因素的影响，不同国家的民主实现机制都有其自身特点，体现出差异性。②在中国，协商民主是在源远流长的中华优秀政治文化以及中国共产党带领人民在革命、建设、改革中长期发展、内生性演化的结果，既有完整的制度体系设计，又有实现参与实践的民主形式，是全过程人民民主的一种重要实现方式。全过程人民民主是一个完整的制度

---

① 《习近平谈治国理政》第2卷，外文出版社2017年版，第292页。

② 亓光：《全过程民主：中国共产党治国理政的思维变革与政治逻辑》，《社会科学研究》2021年第2期。

链条，包括选举民主、协商民主、社会民主、基层民主、公民民主等民主政治的全部要素，涵盖了民主选举、民主协商、民主决策、民主管理、民主监督等民主过程的一切领域，其“全过程性”不仅包括选举过程，更包括协商过程。选举民主保障和实现公民的选举权，而协商民主则是通过政党协商、人大协商、政府协商、政协协商、人民团体协商、基层协商、社会组织协商等多种渠道，实现公民的话语权和决策参与权。在制度化安排和民主实践中，协商民主与选举民主有机结合、相互补充，涵盖民主政治建设的方方面面，贯通并形成了从中央、地方到基层的民主链条，构成完整的全过程人民民主运行体系，是统一思想、凝聚共识、实践方略和优化治理的基本途径。

协商民主作为塑造维系和谐社会政治关系的重要方式，贯穿于人民民主的全过程。中共十八届三中全会指出，要“在党的领导下，以经济社会发展重大问题和涉及群众切身利益的实际问题为内容，在全社会开展广泛协商，坚持协商于决策之前和决策实施之中”①。在全过程人民民主的实际运作中，协商民主在中国共产党全面领导制度框架下有序展开：通过政党协商，中国共产党和各民主党派、无党派人士就国家经济社会发展的重大问题进行积极沟通与协商合作，达成共识；各党派、各阶层、各群体通过多种协商渠道表达其主张的利益诉求，凝聚推动国家发展的智慧和力量。协商民主由此成为一元引领和多元共存的衔接点，能够克服西方国家选举政治极化而导致社会撕裂的弊端，有效避免因利益分化，诉求表达不畅而对国家稳定和社会发展带来冲击，充分彰显中国特色社会主义民主的优越性。

① 《中共中央关于全面深化改革若干重大问题的决定》，《人民日报》2013 年 11 月 16 日。

## (二)多层次协商拓展全过程人民民主领域边界

全过程人民民主把民主的原则和精神贯穿到国家政治生活以及社会生活的全部过程、各个方面,蕴含着全覆盖的要素要求,涵盖到所有的参与主体和民主协商的全部内容。中共十八大以来,协商民主朝着内容更丰富、渠道更健全、程序更规范、机制更有效的方向不断发展完善。协商民主作为全过程人民民主的实践方式,覆盖了国家政治生活的方方面面,贯穿于基层社会事务的各个环节。多层次的协商民主已经超越了直接民主和间接民主的分野,适用于社会各个层面。上至国家层级大政方针、法律法规的谋划制定,下至地方层级公共议题、具体事务的决策考量,协商民主实践激发全过程人民民主的制度潜能充分释放。在全过程人民民主的制度安排和实践发展中,协商民主有着纵向贯通、横向协同的体系架构,不仅在国家公共权力与公民社会之间架起沟通的桥梁,而且在社会各方面、各群体间建立起具有广泛联动性的战线。

一是扩大政治参与,达成最大共识。发展全过程人民民主的核心目标,是最大限度地凝聚推进中国特色社会主义事业的共识和力量,避免各种矛盾分化导致社会撕裂或内耗。“中国的协商民主,广开言路,集思广益,促进不同思想观点的充分表达和深入交流,做到相互尊重、平等协商而不强加于人,遵循规则、有序协商而不各说各话,体谅包容、真诚协商而不偏激偏执,形成既畅所欲言、各抒己见,又理性有度、合法依章的良好协商氛围。”①公民平等参与对话,是协

---

① 《中国的民主》白皮书,《人民日报》2021年12月5日。

商民主的一个重要特征。通过协商民主的广泛多层制度化发展，更好地满足社会各方面、各阶层主体平等参与的要求，在理性表达、平等对话协商的基础上，找到全社会意愿和要求的最大公约数，促进全社会共识的达成。

二是拓展渠道边界，贯穿公共决策全过程。公共政策民主化是形成和发展全过程人民民主的重要着力点，直接体现着全过程公众民主权利的广泛性和真实性。协商民主是公民参与公共决策的重要途径，它拓宽了公民有序政治参与的渠道，能够有效弥补选举民主本身所不可避免的缺陷，最大限度把民主的精神和原则贯彻到政治的过程之中。①中共十八届三中全会明确提出，把协商民主的协商渠道由“国家政权机关、政协组织、党派团体”拓展为“国家政权机关、政协组织、党派团体、基层组织、社会组织”②。此后，中共中央印发《关于加强社会主义协商民主建设的意见》，强调要“继续重点加强政党协商、政府协商、政协协商，积极开展人大协商、人民团体协商、基层协商，逐步探索社会组织协商”③，指明了协商民主的发展方向和着力重点。就协商涵盖的范围和内容而言，《中共中央关于全面深化改革若干重大问题的决定》指出，要“深入开展立法协商、行政协商、民主协商、参政协商、社会协商”④，涉及政治经济社会生活的方方面面。各领域专门协商渠道的构建和协商内容的广泛性，能够确保民众通过协商民主的渠道和程序有序参与公共决策的全过程。协商主体通过

① 桑玉成:《协商民主彰显中国政治智慧》,《人民日报》2021 年 8 月 27 日。

②④ 《中共中央关于全面深化改革若干重大问题的决定》,《人民日报》2013 年 11 月 16 日。

③ 中共中央印发《关于加强社会主义协商民主建设的意见》,《人民日报》2015 年 2 月 10 日。

协商民主实践，实现决策前的意见表达和决策实践的民主监督，大大提升政策效能，从而使政府的决策运行更具科学性、合理性和公共性。人民群众对政府的施政满意度由此得以提升，无疑会有效降低政策运行阻力，使全过程人民民主的社会基础更加稳固。

三是提升政治包容性，释放制度潜能。协商民主是一种包容性政治，社会多元主体以平等身份参与讨论重大问题，并在广泛协商基础上形成共识。这一过程不仅能够调动实现社会发展的多方积极因素，亦可建构起决策过程中衍生问题的纠偏机制。正如习近平总书记所指出的那样："中国特色社会主义协商民主可以广泛形成发现和改正失误和错误的机制，有效克服决策中情况不明、自以为是的弊端。"①通过协商民主建立容错纠错机制，有助于形成更加积极的政治生态和政治伦理，推动全过程人民民主不断得以完善与发展。

### （三）广泛性协商彰显全过程人民民主的价值旨归

全过程人民民主的核心要义，就是保证和实现人民当家作主。在庆祝中国共产党成立 100 周年大会上，习近平总书记提出要"践行以人民为中心的发展思想，发展全过程人民民主"②。在意见多元化时代，若要最大程度地集中社会的共同意愿，实现真实有效管用的民主，必须发挥好广泛性协商的积极作用，践行全过程人民民主的人民性。

---

① 习近平：《在庆祝中国人民政治协商会议成立 65 周年大会上的讲话》，《人民日报》2014 年 9 月 22 日。

② 习近平：《在庆祝中国共产党成立 100 周年大会上的讲话》，《人民日报》2021 年 7 月 2 日。

“发展社会主义协商民主，要把民主集中制的优势运用好。”①协商民主的民主集中制优势，是党的群众路线在全过程人民民主中的重要体现，它具有鲜明的人民立场，契合人民群众对人民民主现实性和可操作性的内在要求。一方面，通过民主基础上的集中，由根据不同社会主体意志和合法程序选举出的人民代表，平等参与重大决策和治国理政实践，实现中国共产党和人民群众意志的统一；另一方面，通过集中领导下的民主，广泛参与政治事务和公共权力的运行与监督之中。在中国协商民主体系中，协商主体的多元性、协商主题的宽领域性、协商范围的全域性及协商程序的规范性，形成广泛性协商的支撑机制。每一位参与协商的主体均拥有话语权，经过广泛协商形成的共同意见，通过制度政策的酝酿并最终依据相关程序和法律得以规范化。协商民主的广泛参与性及其民主集中制优势，使国家治理的领导力量和支撑力量得以衔接，长远利益和现实需要的矛盾得到调节，从而避免因不同主体觉悟程度和利益需求的差异性而产生民主耗散，使得治理效能大大提升，全过程人民民主以人民为中心的价值旨归得以彰显。

### （四）制度化协商提升全过程人民民主的治理效能

人民政协作为新型政党制度的重要组织形式和社会主义协商民主的重要渠道，其规范的制度化安排和系统的组织化机构，能够有效践行“众人的事情由众人商量”的民主真谛，最大程度地释放全过程

① 习近平：《在中央政协工作会议暨庆祝中国人民政治协商会议成立70周年大会上的讲话》，《人民日报》2019年9月21日。

人民民主的机制效能。中共十九大对协商民主的制度安排、运作方式提出明确要求:“加强协商民主制度建设,形成完整的制度程序和参与实践,保证人民在日常生活中有广泛持续深入参与的权利”。人民政协的根本任务,是“把协商民主贯穿政治协商、民主监督、参政议政全过程,完善协商议政内容和形式,着力增进共识、促进团结”①,制度化协商的运行效率至为关键。若聚焦人民政协来观察和思考制度化协商对于提升全过程人民民主治理效能的价值,则人民政协的制度优势是政协协商制度化运作的依托,其优势集中体现在统一战线的组织功能、多党合作机构职能以及协商民主形式效能层面。

一是人民政协具有政治组织的整合、沟通和吸纳作用。人民政协作为中国特色的制度安排,是实现党的领导的重要阵地。通过政协制度的有效运行,能够把党的主张凝聚为各党派、各团体和各族各界人士的共识,团结引导其始终坚持党的领导,自觉贯彻党的路线、方针和政策。依据民主程序,不同领域、不同阶层、不同族群的优秀代表能够融入参政议政全过程,充分表达、协商交流,在共同思想政治基础上化解分歧、凝聚共识,推动决策科学化民主化。

二是人民政协能够发挥组织的团结、友好与合力作用。人民政协是中国共产党领导的多党合作和政治协商制度的重要组织形式,也是最广泛的爱国统一战线组织,具有代表性强、包容性广的优势。一方面,通过机制性安排,最大程度地包容个体的非理性情绪因素和非公共利益诉求,各党派团体、各民族界别人士以讨论、磋商等方式寻求最大公约数,绘就最大同心圆;另一方面,能够通过协商充分发

① 习近平:《在中国共产党第十九次全国代表大会上的报告》,《习近平谈治国理政》第3卷,外文出版社2020年版,第30页。

挥人民政协的“精英”智囊团优势，整合不同知识背景、社会阅历群体的智力资源，产生集合效应，更好地凝聚共识、凝聚智慧、凝聚力量。

三是人民政协具有广泛持续深入参与协商的优势。协商是人民政协的主责主业，在政治协商、民主监督、参政议政全过程，人民政协能够为广泛性持续性参与的深度提供制度保障。一方面，可通过人民政协的组织平台和严密程序，实现多层次、宽领域的协商，贯穿协商民主全链条；另一方面，可在民主协商推进过程中，围绕事关国计民生的重大问题以及关系人民群众切身利益的实际问题，在决策之前和决策实施中有序参与、广泛协商，对决策后的落实情况开展民主监督。这种制度化协商贯通协商民主全过程，将人民政协制度优势转化为治理优势，使全过程人民民主的治理效能得以显著提升。

## 三、新时代协商民主推进全过程人民民主的实现机制

全过程人民民主作为中国共产党百年民主追求和实践探索的智慧成果，已经成为中国特色社会主义民主政治发展的时代命题。在中央人大工作会议上，习近平总书记对推动全过程人民民主进程作出重大部署，明确提出：“要继续推进全过程人民民主建设，把人民当家作主具体地、现实地体现到党治国理政的政策措施上来，具体地、现实地体现到党和国家机关各个方面各个层级工作上来，具体地、现实地体现到实现人民对美好生活向往的工作上来。”①“三个体现到”

① 习近平：《坚持和完善人民代表大会制度　不断发展全过程人民民主——在中央人大工作会议上的讲话》，《人民日报》2021 年 10 月 15 日。

的重要论述，明晰了新时代协商民主推进全过程人民民主的实践基础，为践行全过程人民民主指明了实践方向。协商民主既是人民民主的一种实践形式，同时也是党的领导、国家建设和社会发展的重要平台与机制。因而，协商民主在当代中国所承载的功能必然要大大超越出协商民主本身，成为支撑党、国家与社会的制度力量。[①]中国特色协商民主作为不同政治行为者通过制度化对话和商量讨论、取得最大共识的合作式集体决策模式[②]，与中国的政治形态高度契合。充分发挥协商民主的功能和效能优势，有助于推动全过程人民民主的历史进程。

### （一）健全引领保障机制，提升协商民主制度化水平

协商民主可以运用于任何时候、任何领域以及任何环节，具有很强的通适性。但作为民主形式的协商民主，一定是作为一种制度或制度的机制嵌入在政治、经济、社会制度体系的运行之中，从而在政治、经济和社会制度体系中拥有制度性的地位。[③]其关键点在于，协商民主成为各领域制度中不可或缺的制度要素，并在制度规范的规约之下实现制度运转，实现强有力的制度保障至关重要。

第一，坚持协商民主的主导性。实践证明，协商民主的运行离不开党的坚强领导，加强党的领导是新时代发展全过程人民民主的根本保证。从某种意义上而言，中国的协商民主是一种组织化制度化

① 林尚立、赵宇峰：《中国协商民主的逻辑》，上海人民出版社 2016 年版，第 89 页。

② 张卓明：《中国特色协商民主的地位、概念与要素》，《苏州大学学报》（哲学社会科学版）2021 年第 2 期。

③ 林尚立、赵宇峰：《中国协商民主的逻辑》，上海人民出版社 2016 年版，第 62 页。

的协商，是由中国共产党领导、执政党或政府主持的主导性协商[①]，它既体现大多数人民的意愿，又遵循民主集中制。在现代中国的国家治理体系中，政党力量和国家力量无疑起到主导作用，但这种主导作用只有通过与社会力量的有机合作才能得到有效落实。巩固和优化党的领导制度的有效路径，就是发展和完善协商民主，使协商民主既成为党实现其领导的重要民主形式，同时也成为党处理好其与人民、与国家之间制度关系的重要民主机制。[②]一方面应坚持党在协商民主中的主导地位，另一方面亦要动员更多的社会力量融入协商体系，实现多元力量的合作共治，其共治水平与质量将会对国家治理和社会发展发挥重要作用。

第二，强化协商民主制度保障。完善协商民主，需要利用程序设计和技术规范推动制度实践，明确的程序设计和技术规范可以提高协商民主的参与预期和有效性。[③]中共十九大报告指出，要"加强协商民主制度建设，形成完整的制度程序和参与实践"[④]，确保协商民主的制度性地位。首先，持续完善政党协商制度。在中国共产党与各民主党派直接政治协商和通过人民政协实现政治协商两个方面下功夫，对协商的内容、程序等全过程进行细化和规范化；其次，持续完善国家权力机关、行政机关和人民政协的协商民主制度。推动全国和地方人大开门立法，深化立法论证、听证、评估机制。深化政府决策

① 张献生：《主导性协商：社会主义协商民主的特色和优势》，《中央社会主义学院学报》2021年第4期。

② 林尚立、赵宇峰：《中国协商民主的逻辑》，上海人民出版社2016年版，第106、100页。

③ 陈家刚：《协商民主：制度设计及实践探索》，《国家行政学院学报》2017年第1期。

④ 习近平：《在中国共产党第十九次全国代表大会上的报告》，《习近平谈治国理政》第3卷，外文出版社2020年版，第30页。

协商机制、扩大公民参与决策范围，增强决策的科学化民主化及实践成效。推进人民政协协商民主制度体系建设，强化协商功能，落实协商工作规则，推动完善协商于决策之前和决策实施之中的落实机制①，建立健全“协商议题提出——调研考察组织——协商活动安排——协商成果落实和反馈机制”的全过程制度安排②；再次，持续完善社会协商民主制度。积极探索基层民主协商新形式，如“协商于民”工作站、社会主义复式协商民主工作坊等，关注全媒体时代以自媒体社区、网络社团等为载体的网络协商，加强对“互联网＋”、大数据等信息技术手段的运用，规范“网上议事厅”和网络议政等民主协商常态化，推进基层民主协商制度化规范化长效化。

第三，加强协商民主的法治保障。中共十八届四中全会明确提出，要推进社会主义民主政治法治化。在顶层设计层面，应把包括协商民主在内的社会主义民主政治建设纳入法治化轨道，依法保障和推进民主政治的进程③；在实践层面，充分论证、积极探索协商民主法治化的可行性及其制度建构路径，确立协商民主的地位，明确协商民主运用范围，规范协商民主程序，实现协商民主的制度化规范化程序化，做到依法依规协商；在地方层面，各级党委、政府要依据国家的相关法规政策，结合地方具体实际，针对不同类型协商需求，补充完善相应的法规细则和规范性文件，对基层协商的内容形式、运行方式和协商成果的应用转化等方面作以规范，使基层协商民主有法可依、有规可循，朝着法治化方向健康发展。

---

① 中共政协全国委员会机关党组：《践行全过程人民民主　推进专门协商机构建设》，任仲文：《何为全过程人民民主》，人民日报出版社 2022 年版，第 64 页。

② 齐惠：《人民政协制度特征与协商民主效能优势》，《中国领导科学》2022 年第 2 期。

③ 殷啸虎：《统一战线与协商民主》，上海社会科学院出版社 2018 年版，第 141 页。

### (二) 完善联动参与机制，提高协商民主协同化水平

中共十八大以来，社会主义协商民主达到新高度，协商的社会氛围逐渐形成，民众对协商民主参与意识和需求层次日益增长。习近平总书记强调，“社会主义协商民主，应该是实实在在的、而不是做样子的，应该是全方位的、而不是局限在某个方面的，应该是全国上上下下都要做的、而不是局限在某一级的”①，对完善协商民主的联动参与机制提出新要求。

第一，培育协商主体参与意识。协商民主需要具备一定的社会政治生态环境，如宽容的心态和遵守规则的习惯，这是做到既畅所欲言、各抒己见，又理性有度、合法依章的外在条件。②在协商民主实践中不断提高民众参与协商的积极性，充分表达协商诉求、参与协商程序、监督协商结果，营造协商民主的良好社会氛围。各类协商主体，应树立正确的协商理念，提升协商意识，坚持“有事多商量，遇事多商量，做事多商量”，不断增强协商自觉。中国共产党作为执政党，在协商民主的制度实践中发挥主导作用，直接影响协商民主的质量和水平。各级党委、政府要把协商民主作为践行群众路线的重要途径，不断规范党内民主，并把协商民主开展落实情况纳入考核评价体系。各民主党派和无党派人士作为重要的协商主体，要不断增强担当意识，提升政治参与水平和协商能力，通过人民政协平台积极履职尽

① 习近平：《在庆祝中国人民政治协商会议成立65周年大会上的讲话》，《人民日报》2014年9月22日。

② 周淑真：《人民政协：全过程人民民主重要制度载体——历史逻辑、方位体现与职能机制考察》，《当代世界与社会主义》2022年第2期。

责。对政协委员而言,应加强教育培训和管理监督,不断完善政协委员遴选推荐机制和履职建言制度。

第二,加快构建协同联动的协商参与格局。当前,协商民主实践已经拓展到社会生活的各个领域,基本形成了国家制度、社会组织和基层治理三个层面相互关联的协商民主格局。中共十九大提出推进协商民主广泛多层制度化发展的宏伟目标,这就需要实现加快构建协同联动的协商参与格局,扩大协商的广度和深度。一方面要在统筹整合各场域协商资源,明确协商职责和程序要求,推进政治协商、立法协商、行政协商、社会协商等多元协商在决策全过程的相互配合;另一方面要关注不同社会阶层的参与诉求,健全完善上下联动机制,特别是要重点构建对接基层的协商机制,将协商延伸到乡村、社区、企业等基层的各个角落,构建起上下贯通、左右相连的多层次宽领域的民主协商网络。

第三,持续拓展协商民主参与渠道。人民政协是协商民主的专门机构和重要渠道,具有覆盖面广的组织架构,在推进全过程人民民主中发挥着不可或缺的重要作用。在实践层面应把握好三个着力点:一是要进一步拓展人民政协协商渠道,提升协商议政质量。增强政协委员的使命担当,提高履职积极性,夯实人民政协话语权的影响力和参与的有效性,拓展人民政协“互联网+”议事平台,丰富新时代协商议政形式①;二是要推进人民政协协商与党委及政府工作的衔接。政协作为协商载体,应积极构建党委、政府在政协协商的常态化机制,畅通各民主党派参政议政以及各界别协商的信息渠道,完善知情明政机制;三是

① 胡刚:《论新时代人民政协协商议政质量的提升》,《湖北师范大学学报》(哲学社会科学版)2021年第1期。

要推进政协协商和基层协商的有效衔接。以建立长效联系和沟通机制为目标，畅通基层协商渠道，打通协商民主的“最后一公里”。

## （三）构建创新激励机制，提高协商民主现代化水平

社会主义协商民主是内生的，它根植于中国革命、建设和改革开放的历史进程中，也必将随着新时代中国特色社会主义伟大实践不断创新发展。习近平总书记指出：“一个国家民主不民主，关键在于是不是真正做到了人民当家作主”，而且“实现民主有多种方式，不可能千篇一律”①。面对发展全过程人民民主的新形势新任务新要求，必须加快构建协商民主创新机制，推动协商民主实现方式的多样化，最大程度地释放民主政治的效能。

第一，创新协商民主思维。发展协商民主，并不是就民主说民主，而是要通过协商民主的方式满足广大人民群众对美好生活的向往和追求，推动社会发展以更好地造福人民。因此，推进协商民主创新发展，要坚持把人民的利益诉求和社会现代化发展作为根本指向。协商民主思维的创新，必须扎根于中国的历史与现实、制度与组织、文化与价值②，不仅要通过自上而下的制度安排，也要积极培育新时代中国特色社会主义协商民主文化，促进公民精神养成，引领人民群众自下而上地参与民主决策和民主管理。

第二，创新拓展协商民主的方式和范围。一是要顺应时代新变

① 习近平：《坚持和完善人民代表大会制度　不断发展全过程人民民主——在中央人大工作会议上的讲话》，《人民日报》2021 年 10 月 15 日。

② 林尚立、赵宇峰：《中国协商民主的逻辑》，上海人民出版社 2016 年版，第 29 页。

化，基于多元社会结构和群众复杂利益诉求，创新协商民主形式。在民主恳谈会等形式的基础上，探索“互联网＋”基层协商、社会公民协商、联合协商议政等多种方式，降低协商民主的参与门槛，扩大民主协商的覆盖面和影响力；二是要进一步拓展协商民主范围，延伸协商民主触角。推动协商民主的资源不断向基层延伸，构筑常态化协商的空间和程序，健全各类协商组织联系服务基层的工作网络，在新兴产业、新兴领域以及新阶层新群体中培育社会组织，增强协商民主的广泛性和包容性；三是要进一步推动协商民主向网络空间延伸，充分利用门户网站、政务微信以及自媒体等网络平台，拓展协商民主的空间和范围。

第三，创新协商民主技术手段。当前，互联网、大数据、人工智能等信息技术快速发展，为协商民主技术创新提供了新机遇。一是要把协商民主的价值理念与信息技术手段相结合，利用信息抓取、文本识别、数据分析等手段，及时了解民意诉求，降低组织者和参与者的协商成本，实现协商民主的便捷化和精准化。二是要利用高度发达的信息平台提高回应速度和办事效率，拓展公民网络参政议政的功能方式，实现协商民主的时效化。

### （四）优化责任推进机制，提高协商民主规范化水平

习近平总书记指出：“民主不是装饰品，不是用来做摆设的，而是要用来解决人民要解决的问题的。”①全过程人民民主的实现不仅体

① 习近平：《坚持和完善人民代表大会制度　不断发展全过程人民民主——在中央人大工作会议上的讲话》，《人民日报》2021年10月15日。

现在完善的制度设计层面,更要落实到人民群众对政治生活和社会生活的参与实践中。中共十九届四中全会的《中共中央关于坚持和完善中国特色社会主义制度推进国家治理体系和治理能力现代化若干重大问题的决定》,从推进国家治理体系和治理能力现代化的高度对坚持社会主义协商民主作出重要部署。协商民主优势作用的发挥,需要进一步优化责任推进机制,提高协商民主规范化水平,助推国家治理现代化。

第一,探索完善协商民主建设责任制度。将协商民主纳入各级党委工作部署和议事日程,优化完善由党组织为主导的协商平台和多方联动工作责任机制,使协商民主贯穿决策的全过程,将党的组织优势转化为协商治理优势。

第二,不断加强和改进人民政协工作。一是不断完善政协委员联系群众制度,提升政协委员的协商能力。充分发挥政协委员主体作用,建立分工联系机制,深入基层开展有针对性的调研、走访、交流活动,了解、反映他们所联系的群众的愿望和要求,提高调研质量与成效,当好反映诉求、汇集民智、凝聚共识、汇聚力量的桥梁和纽带。二是进一步规范政协协商工作程序。通过完善协商议题形成机制、协商过程互动机制、协商成果报送督办机制等方式,建立由选题、调研、协商、报送、督办、问效等环节组成的协商程序闭环,提升各级政协协商民主运行质量。三是持续完善政协协商对接机制。实现政协内部机制和外部制度间的配套、衔接,通过完善与党委、政府部门的定期联系机制、协商成果采纳机制、落实与反馈机制等,细化成果落实程序,推动协商成果的运用转化。四是创新监督评价机制。通过网络平台等多种渠道及时公开协商民主的工作进程,接受群众监督和社会监督，进一步加强政协协商的民主监督，发挥协商式监督的优势，建立监督运行合作机制、质询机制和协商结果反馈机制，将监督反馈评价作为政协机关考核的重要指标。通过政协委员和基层群众“双向参与”，实现建言资政和凝聚共识双向发力，更好地发挥人民政协协商民主的治理效能，实现全过程人民民主的创新发展。

**说明：**本文系中央社会主义学院统一战线高端智库课题《全过程民主视域中协商民主的功能、运行逻辑与实现机制研究》[批准号：ZK20210218]。

**论文出处：**《上海市社会主义学院学报》2022 年第 4 期。

**作者简介：**刘晖，上海市社会主义学院教研部主任，教授，新型政党制度研究中心主任。

# 第七章　论铸牢中华民族共同体意识的内在逻辑

蒋连华

在2021年8月27日至28日召开的中央民族工作会议上，习近平总书记强调，铸牢中华民族共同体意识是新时代党的民族工作的“纲”，所有工作要向此聚焦。这一重大原创性论断的提出，体现了中国共产党对马克思主义民族工作理论的继承和发展，对我国发展方位的正确把握，对人类文明的价值追求，标志着新时代党的民族工作全面进入新发展阶段，具体体现为三个方面的逻辑关系：

## 一、创造人和的价值目标

铸牢中华民族共同体意识，是以习近平同志为核心的党中央对创造人和的价值追求，体现在以下三个方面：

### （一）理论价值

马克思主义认为，事物是普遍联系的整体，事物内部各要素之间和事物之间是相互影响、相互作用和相互制约的关系。这就要求人们要确立整体性、系统性的观念，来辩证考察事物的普遍联系。人作为社会关系的总和以及社会实践的主体，建设什么样的社会，实现怎样的目标，关键在人。如何看待人和促进人的全面发展，在《共产党宣言》中，马克思、恩格斯提出“每个人的自由的全面发展是一切人自由全面发展的条件”，并称这是“新社会的本质”。在马克思主义看来，共同体实质是基于共同利益与共同诉求而形成的共同关系，是在追求人的自由与全人类解放的价值引领下形成的对人的自由和全面发展的价值关怀。而这只有在共产主义这个共同体中个人才能获得全面发展其才能的手段，才可能有个人自由。因而，马克思主义的理想信念，在价值实践上，就是致力于追求人的解放，为实现共产主义这个自由人的联合体而奋斗；是在正确认识和处理人与人、人与自然关系基础上推进人的自然素质、社会素质和心理素质的发展，促进在整个社会不断发展的基础上，逐步实现人的全面发展。共同体的建构与促进人的全面发展是辩证统一的。

在中国特色社会主义的当代实践中，中国共产党面对我国社会主要矛盾——人民日益增长的美好生活需要和不平衡不充分发展之间的矛盾，强调人民主体地位，坚持以人民为中心的发展理念，在党的十九大报告中明确指出，要在继续推动发展的基础上，着力解决好发展不平衡不充分问题，大力提升发展质量和效益，更好满足人民在经济、政治、文化、社会、生态等方面日益增长的需要，更好推动人的全面发展、社会全面进步。这是对马克思主义“人的全面发展”理论的继承和发展，是铸牢中华民族共同体意识的理论基石。

### （二）时代价值

当今世界，正面临贫富分化、难民潮、恐怖主义、气候变暖、生态失衡、网络安全、核威胁、重大传染病蔓延等严重问题，这些问题对世界产生了深刻影响：一方面，主权国家内部特别是西方资本主义国家内部不同人群和群体的关系不断紧张，产生逆全球化情绪和要求，新民族主义适应逆全球化要求，变成了政党博弈或意识形态斗争的工具，特别在新冠肺炎疫情的冲击下，还不时体现在对外关系之中。国际斗争日益尖锐复杂，这从特朗普政府和拜登政府的对华政策可见一斑。正如中央统战部在2021年《求是》杂志第2期发文指出的那样，从国际看，当今世界正经历百年未有之大变局，不确定不稳定因素显著增多。特别是美国视我国为战略竞争对手，不择手段对我国进行围堵打压，民族、宗教、涉疆、涉藏、涉港、涉台等统一战线相关领域已成为西方反华势力对我国进行干扰破坏的重点和焦点，统战工作越来越成为国际斗争的一个重要方面。因而，我们要深刻认识错综复杂的国际环境带来的新矛盾新挑战，深刻把握在世界百年未有之大变局加速演进，中华民族伟大复兴处在关键时期，我国民族工作呈现出新的阶段性特征，强调中华民族大家庭、中华民族共同体、铸牢中华民族共同体意识等理念，不断巩固民族工作领域的共同思想政治基础。另一方面，应对这些问题，也非一个国家一个地区所能解决。首先，必须打破原有工业文明先发的西方资本主义国家主导世界的格局以及新自由主义和根深蒂固的种族主义观念和偏见影响下的西方中心主义的藩篱，建构一个超越国家间隔和自由市场经济自利本性的全球共治精神和共同价值。也就是说，面对当今世界的冲突和挑战，构建一个和谐世界的理想维度：一方面，是在一个多民族国家共同体内部，实现各族群的平等、团结和共同奋斗、共同发展，从而促进国家的和谐发展；另一方面，是在各国家共同体之间，实现主权独立平等、互利共赢，从而形成一个和谐世界的价值追求。

### （三）文明价值

在人类社会的发展进程中，人类创造丰富的物质文明和精神文明，涵盖了人与人、人与社会、人与自然之间的关系，在不同时代和历史时期，为维护社会的共同利益和和谐的公众秩序，追求个人的道德理想发挥了积极作用。以习近平同志为核心的党中央，围绕中华民族伟大复兴的主题，从培养担当民族复兴大任的时代新人着眼，全面把握“两个大局”、两种资源，针对多民族的世界和我国多民族的历史国情，站在和谐世界建构的高度，在正确认识和处理人与人关系方面，从中华民族如何自处、与世界各国如何相处的关系结构中，提出铸牢中华民族共同体意识和构建人类命运共同体的理念；在人与自然的关系方面，正确认识和把握自然规律的客观性和人认识自然、利用和改造自然能力的有限性，提出人与自然是生命共同体、绿水青山就是金山银山的文明共生理念；在推进人的自然素质、社会素质和心理素质的发展中，提出了用社会主义核心价值观引领、中华优秀文化浸润的理想要求。反映在党的民族工作领域,就是党践行初心使命,与各族人民心连心、同呼吸、共命运,团结带领各族人民共同团结奋斗、共圆伟大梦想的生动诠释,充分体现了新时代中国共产党创造人和的理想追求。

## 二、守正创新的政策体系

推进国家治理体系和治理能力现代化的进程,是一个目标体系、制度体系和价值体系不断建立和完善的过程。政策作为理论与实践的桥梁,是制度体系的权威表达形式,是对一定历史时期内应达到的目标任务、遵守的行动原则、实行的工作方式、采取的步骤措施的标准化规定。在中国共产党带领中国人民历史性地解决了绝对贫困问题,正向着全面建成社会主义现代化强国的第二个百年奋斗目标迈进的历史时期,中国特色社会主义制度更加完善、成熟、定型,国家治理体系和治理能力现代化水平明显提高,许多领域实现了历史性变革、整体性重构和系统性重塑。在党的民族工作领域,就体现为以铸牢中华民族共同体意识为主线,推进新时代党的民族工作高质量发展政策体系的守正创新:

### (一) 总结了党的民族工作的百年成就

党的民族工作的百年,是不断推进马克思主义民族理论中国化,开辟和发展中国特色解决民族问题正确道路的百年。从新民主主义革命时期的探索实践，至1949年《中国人民政治协商会议共同纲领》以民族平等、民族团结、民族区域自治、各民族共同繁荣为主要内容的民族理论和民族政策基本框架的确立，历经我国社会主义革命和建设时期、改革开放和社会主义现代化建设时期，到中国特色社会主义新时代，中国共产党团结带领中国人民走出了一条坚持中国特色解决民族问题的正确道路，就是坚持在中国共产党领导下，坚持中国特色社会主义道路，坚持维护祖国统一，坚持各民族一律平等，坚持和完善民族区域自治制度，坚持各民族共同团结奋斗、共同繁荣发展，坚持打牢中华民族共同体的思想基础，坚持依法治国，加强各民族交往交流交融，促进各民族和睦相处、和衷共济、和谐发展，巩固和发展平等团结互助和谐的社会主义民族关系，共同实现中华民族伟大复兴。回顾党的百年历史，党的民族工作取得的最伟大成就，就是走出了一条中国特色解决民族问题的正确道路。改革开放特别是党的十八大以来，中国共产党强调中华民族大家庭、中华民族共同体、铸牢中华民族共同体意识等理念，既一脉相承又与时俱进贯彻党的民族理论和民族政策，积累了把握民族问题、做好民族工作的宝贵经验，形成了习近平总书记关于加强和改进民族工作的重要思想。

### （二）提供了新时代民族工作的根本遵循

本次中央民族工作会议，明确提出了习近平总书记关于加强和改进民族工作的重要思想，回答了新时代民族工作的目标任务、遵守的行动准则、实行的工作方式、采取的步骤措施，为做好新时代民族工作提供了根本遵循：

一是必须从中华民族伟大复兴的战略高度把握新时代民族工作的历史方位,全面推进民族工作高质量发展。二是必须把铸牢中华民族共同体意识作为新时代民族工作的主线。三是必须坚定“四个共同”的中华民族历史观。四是必须把推动各民族为实现中华民族伟大复兴共同奋斗作为新时代民族工作的重要任务。在全面建设社会主义现代化国家的新征程上,一个民族都不能少。五是必须坚持各民族一律平等。六是必须始终高举中华民族大团结的旗帜。七是必须坚持和完善民族区域自治制度。八是必须构筑中华民族共有精神家园。九是必须促进各民族广泛交往、全面交流、深度交融。十是必须坚持运用法治思维和法治方式治理民族事务。十一是必须坚决维护祖国统一、国家安全、社会稳定。十二是必须牢牢坚持党对民族工作的领导。

这 12 个方面的做好新时代民族工作的指导思想,具有的内在逻辑是:习近平总书记关于加强和改进民族工作的重要思想是在坚持走中国特色解决民族问题的正确道路中形成的,这就说明坚持中国特色解决民族问题的正确道路,就必须坚持和贯彻习近平总书记关于加强和改进民族工作的重要思想这一党的民族工作理论和实践的智慧结晶。所以,作为新时代党的民族工作的根本遵循,全党必须完整、准确、全面把握和贯彻。除了 12 个方面的核心思想外,习近平总书记其他关于民族工作的重要论述也要深刻把握和贯彻。

### (三)抓住了铸牢中华民族共同体意识这条主线

铸牢中华民族共同体意识,是中国共产党立足当前、着眼长远,巩固和发展民族团结、实现中华民族伟大复兴的重要要求和战略部署,是习近平新时代中国特色社会主义思想的重要组成部分。具体表现为:

1. 体现了党对新时代民族工作历史方位的正确把握

新时代民族工作处于世界未有之大变局加速演进、中华民族伟大复兴处在关键时期的历史方位。正如习近平总书记在“七一”重要讲话中指出的那样,经过全党全国各族人民持续奋斗,我们实现了第一个百年奋斗目标。在中华大地上全面建成小康社会,历史性地解决了绝对贫困问题,正意气风发向着全面建成社会主义现代化强国的第二个百年奋斗目标迈进。中国人民迎来了从站起来、富起来到强起来的伟大飞跃,实现中华民族伟大复兴进入了不可逆转的历史进程!历史性解决绝对贫困问题,是包括少数民族人口在内的9 899万贫困人口的脱贫,是包括大部分在民族地区的832个贫困县的摘帽和2.8万个贫困村的出列,这是中国对世界减贫事业的贡献。所以,新时代民族工作明确,铸牢中华民族共同体意识,是以中华民族站起来、富起来、强起来的历程为基础,是伴随中华民族伟大复兴进程而作出的重大战略举措,其目的是增进各民族对中华民族思想上的自觉认同。同时阐述了新时代民族工作全面进入新发展阶段所呈现出的阶段性特征。从实现中华民族伟大复兴战略高度,深刻阐释了铸牢中华民族共同体意识的重大意义,是维护各民族根本利益的必然要求,是应对新时代民族工作风险挑战的必然要求,是巩固和发展平等团结互助和谐的社会主义民族关系的必然要求,是实现中华民族伟大复兴的必然要求。

2. 体现了铸牢中华民族共同体意识的丰富内涵

(1) 明确了什么是中华民族。中华民族历经千年发展,形成了多元一体的民族实体，是各民族你中有我、我中有你、血脉相连、不可分割的有机整体。

（2）阐明了什么是中华民族共同体意识。中华民族共同体意识，就是国家层面最高的社会归属感、面向世界的文化归属感，是国家认同、民族交融的情感纽带，是祖国统一、民族团结的思想基石，是中华民族绵延不衰、永续发展的力量源泉。铸牢中华民族共同体意识，就是要引导各族人民牢固树立休戚与共、荣辱与共、生死与共、命运与共的共同体理念，树立国土不可分、民族不可散、文明不可断的共同体理念。

（3）提出了在实际工作中铸牢中华民族共同体意识要处理好的“四个关系”：一是要准确把握共同性与差异性的关系。首先，要把握增进共同性、尊重和包容差异性是民族工作的重要原则。充分认识随着我国经济、政治、文化和社会的发展，各民族相互学习、相互影响、相互帮助，共同因素不断增多的历史事实和发展趋势。其次，要正确认识什么是增进共同性、什么是尊重差异性。明确增进共同性就是必须加强各族人民对伟大祖国、对中华民族、对中华文化、对中国共产党、对中国特色社会主义的认同，增强各民族的国家意识、公民意识、法治意识；尊重差异性，就是要注意对各民族饮食服饰、风俗习惯、文化艺术、建筑风格等方面的保护，体现共同体的包容性，增强共同体的生命力。第三是辩证把握二者的关系。强调共同性是主导、方向、前提和根本，保护差异是需要的，但固化、强化差异中落后的、影响民族进步的因素是错误的。差异性不能削弱和危害共同性，要做到共同性和差异性辩证统一。二是要正确把握中华民族共同体意识与各民族意识的关系。引导各民族始终把中华民族利益放在首位，本民族意识要服从服务于中华民族共同体意识，同时，要在实现好中华民族共同体整体利益进程中实现好各民族具体利益，大汉族主义和地方民族主义都不利于中华民族共同体建设。三是要正确把握中华文化与各民族文化的关系。各民族优秀传统文化都是中华文化的组成部分，中华文化是主干，各民族文化是枝叶，根深干壮才能枝繁叶茂。四是要把握好物质和精神的关系。要赋予所有改革发展以彰显中华民族共同体意识的意义，以及维护祖国统一、反对分裂的意义，改善民生、凝聚人心的意义，让中华民族共同体牢不可破。

3. 作出了铸牢中华民族共同体意识的战略部署

围绕铸牢中华民族共同体意识这个新时代民族工作的"纲"，重点加强以下几个方面工作的战略部署：

（1）全面推进中华民族共有精神家园建设。弘扬中华民族伟大精神，增强中华文化认同，加强现代文明教育，深入实施文明创建、公民道德建设、时代新人培育工程等，营造各民族共同走向现代化的社会氛围，引导各族群众在思想观念、精神情趣、生活方式上向现代化迈进，全面推广普及国家通用语言文字，科学保护各民族语言文字，尊重和保障少数民族语言文字的学习使用。

（2）促进各民族广泛交往交流交融。要充分考虑不同民族、不同地区的实际，统筹城乡布局规划和公共服务资源配置，完善政策措施，营造"三交"环境氛围，逐步实现各民族在空间、文化、经济、社会、心理等方面的全方位嵌入。深入开展民族团结进步创建，深化主题内涵，丰富方式载体，创新方法手段。构建铸牢中华民族共同体意识宣传教育常态化机制，纳入党员干部教育、国民教育体系、搞好社会宣传教育。

（3）推动各民族共同走向现代化。在全面现代化进程中，不同地区发展水平会存在差异，不可能齐头并进，要完善差别化区域支持政策，支持民族地区全面深化改革开放，提升自我发展能力。民族地区要立足资源禀赋、发展条件、比较优势等实际，找准融入新发展格局、实现高质量发展、促进共同富裕的切入点、结合点、发力点。要加大对民族地区基础设施建设、产业结构调整的支持力度，优化经济社会发展和生态文明建设整体格局，不断增强各族群众的获得感、幸福感、安全感。要支持民族地区实现巩固脱贫攻坚成果同乡村振兴有效衔接，促进乡村宜居宜业，农牧业富裕富足。完善兴边富民政策体系，深入推进固边兴边富民行动。

（4）提升民族事务治理体系和治理能力现代化。根据不同地区、不同民族实际，以公平公正为原则，体现政策的区域化和精准性，更多针对特定地区、特殊问题、特别事项制定差别化区域支持政策。依法保障各族群众的合法权益、依法妥善处理涉及民族因素的案件事件，依法打击各类违法犯罪行为，做到法律面前人人平等。

（5）坚决防范民族领域重大风险隐患。牢固树立总体国家安全观，守住意识形态主阵地，积极稳妥处理涉及民族因素的意识形态问题，持续肃清民族分裂、宗教极端思想的流毒。新发展阶段，要加强国际反恐合作，做好重点国家和地区、国际组织、海外少数民族华侨华人等群体的工作。

（6）加强党对民族工作的集中统一领导。这是做好新时代民族工作的重要保障，各级党委要增强"四个意识"、坚定"四个自信"、做到"两个维护"，不断提高政治判断力、政治领悟力、政治执行力。要认真履行主体责任，把党的领导贯穿民族工作全过程，形成党委统一领导，政府依法管理，统战部门牵头协调，民族工作部门履职尽责，各部门通力合作，全社会共同参与的新时代党的民族工作格局。要加强基层民族工作机制建设，民族地区基层政权建设，确保党的民族理论政策在基层有人懂，党的民族工作在基层有人抓。加强党的集中统一领导，干部队伍是关键。要强化思想武装，建设一支坚持从政治上看待民族问题、做好民族工作的干部人才队伍。

## 三、文化引领的实践路径

文化是一个国家、一个民族的灵魂，是人民的精神家园，文化的核心问题是价值观问题。习近平总书记把握文化建设的规律，在中央民族工作会议上强调，必须构筑中华民族共有精神家园，使各民族人心归聚、精神相依，形成人心凝聚、团结奋进的强大精神纽带。因而，铸牢中华民族共同体意识，必须构筑中华民族共有精神家园，在实践路径上就是文化引领中的价值实践问题：

### （一）弘扬中华民族伟大精神

新时代民族工作要求，弘扬中华民族伟大精神，在实践中：

（1）把握中华民族伟大精神的丰富内涵。一是大力弘扬以爱国主义为核心的中华民族精神，继承和传扬各族人民在历史长河中共同培育形成的辛勤劳作、发明创造的伟大创造精神，革故鼎新、自强不息的伟大奋斗精神，团结一心、同舟共济的伟大团结精神，心怀梦想、不懈追求的伟大梦想精神。二是在党史、新中国史、改革开放史、社会主义发展史学习教育中，学习传承党和人民在各个历史时期奋斗中形成的伟大建党精神等精神谱系，用共同理想信念凝心聚魂，赓续精神血脉。三是大力弘扬以改革创新为核心的时代精神，激励各族人民更有信心地共同迈向全面建设社会主义现代化国家新征程。

(2) 充分认识社会主义核心价值观体现了中华民族伟大精神。社会主义核心价值体系，是由马克思主义指导思想、中国特色社会主义共同理想、民族精神和时代精神以及社会主义荣辱观组成，决定了社会主义核心价值观的意识形态属性；社会主义核心价值观则反映了社会主义核心价值体系的价值追求和价值取向，二者是有机统一的。

(3) 明确社会文明程度提高的目标要求。“十四五”时期我国经济社会发展的六大“新”目标之一，社会文明程度得到新提高，就是指社会主义核心价值观深入人心，人民思想道德素质、科学文化素质和身心健康素质明显提高，公共文化服务体系和文化产业体系更加健全，人民精神文化生活日益丰富，中华文化影响力进一步提升，中华民族凝聚力进一步增强。

### (二) 增强中华文化认同

中华文化集中华优秀传统文化、革命文化、社会主义先进文化为一体，是各民族文化的集大成。在实践中：

1. 推动各民族文化创造性转化、创新性发展

(1) 深入实施中华优秀传统文化传承发展工程，开展中华优秀传

统文化进基层活动，在各级各类学校开设中华经典诵读、中华文明礼仪、中华传统技艺教育等活动。

(2) 深入实施红色基因传承工程，充分利用红色资源，加强革命文化研究阐释和宣传教育。例如，彝海结盟、民族团结誓盟碑等就是很典型的案例。

(3) 繁荣发展社会主义先进文化，创新实施文化惠民工程，加强民族地区公共文化服务体系建设。

2. 树立和突出各民族共享的中华文化符号，构建中华文化特征、中华民族精神、中国国家形象表达体系

例如，长城、故宫、春节、孔子等，加强传播推广，融入各民族群众日常生活。推动各民族文化互鉴交融。

3. 全面推广普及国家通用语言文字

提高思想认识，明确：

(1) 推广普及国家通用语言文字是宪法规定的责任，是做好民族地区工作的长久之策、固本之举，是铸牢中华民族共同体意识的重要举措，是构筑中华民族共有精神家园的重要途径，是各民族参与伟大复兴进程、共享伟大复兴成果的必要条件。

(2) 全面推行使用国家统编教材，积极推进“学前学会普通话”“职业技能＋普通话”等能力培训。

(3) 科学保护各民族语言文字，尊重、保障少数民族语言文字学习和使用，鼓励民族地区汉族干部学习少数民族语言，以语言相通促进心灵相通、命运相通。

### （三）培育社会主义核心价值观

在各民族群众中深入培育和践行社会主义核心价值观，培养担当中华民族伟大复兴大任的时代新人。从实践路径来看，一个人价值观的养成主要来自家庭、学校和社会的影响。因而，培育和践行社会主义核心价值观，离不开对这三个基本路径的探索实践：

1. 树立良好家风

家庭是一个人从自然人走向社会人的第一场所；家风又称门风，是一个家庭的风气、风格和风尚，是一个人基本行为准则形成和心灵成长的母体。中华民族千百年来对于家庭的价值观与道德观，承载着中华民族的传统美德，是培育和践行社会主义核心价值观的重要源泉之一。

2. 践行良好校训

学校是传授知识和价值体系的地方，是一个人价值观形成的重要场所，学生阶段是一个人价值观形成的重要时期。而校训是学校的灵魂、是学校精神的表征，体现了特定学校的特定性格和气质。我国校训，大多出自我国优秀的传统经典，其所包含的丰富文化内涵和精神要旨，集中体现了中华民族的生命禀赋和生存耐性，具有巨大的感召力。

3. 营造良好社会风气

加强基层党建，提高基层党组织的群众组织力和社会号召力，以社会主义核心价值观引领，在基层社会培养各族群众健康向上的精神风貌和我为人人、人人为我的良好社会氛围，维护基层社会稳定。

**参考文献**

① 习近平:《决胜全面建成小康社会　夺取新时代中国特色社会主义伟大胜利——在中国共产党第十九次全国代表大会上的报告》,人民出版社2017年版。

② 习近平在中央民族工作会议上强调　以铸牢中华民族共同体意识为主线　推动新时代党的民族工作高质量发展,李克强主持,栗战书、王沪宁、赵乐际、韩正出席,汪洋讲话,http://www.people.com.cn。

**说明:**本文系中央社会主义学院高端智库课题"习近平总书记关于加强和改进统一战线工作的重要思想形成的理论基础和实践逻辑研究"[项目编号:ZK20200225]阶段性成果。

**论文出处:**《上海市社会主义学院学报》2021年第6期。

**作者简介:**蒋连华,上海市社会主义学院教授、城市民族和宗教研究中心主任、博士。

# 第八章　我国宗教信仰自由理论与政策

程洪猛

宗教信仰自由既是我国对待宗教的一项基本政策，又是宪法赋予公民的一项基本权利。因此，宗教信仰自由既是宗教学（含马克思主义宗教观）的重要议题之一，也是法学关注的核心问题之一。近年来，伴随着宗教在全球范围内的复兴、我国宗教问题的凸显以及依法治国方略的全面推进，宗教信仰自由问题越来越成为一个重要的热门话题。在进一步探讨宗教信仰自由问题之前，有必要对国内现有的成果进行一下总结。本文考察了我国宗教信仰自由研究的整体状况①，重点总结了关于中国宗教信仰自由政策的"合理性"或"理论依据"方面的研究成果。

整体把握宗教信仰自由的概念，可以把它分成三种形态，即作为理论形态的宗教信仰自由、作为权利形态的宗教信仰自由和作为政策形

① 国内专门研究宗教信仰自由的论文较多，截至 2015 年，博士学位论文 3 篇，硕士学位论文 16 篇，中国期刊、杂志、报刊文章 400 余篇，普世社会科学研究网上文章 48 篇，另有宪法学领域和宗教学论文集中一些文章。

态的宗教信仰自由。关于宗教信仰自由的研究，因此可以分为三大类：宗教信仰自由理论研究，宗教信仰自由权利研究，宗教信仰自由政策研究。事实上，我国学者关于宗教信仰自由的研究恰恰是由这三部分组成的。宗教信仰自由理论主要是指某位思想家、某个文本关于宗教信仰自由的主张，或者对宗教信仰自由现象的整体研究，如托马斯·杰斐逊的宗教信仰自由理论，法国《人权宣言》的宗教信仰自由思想，中国的宗教信仰自由状况等。宗教信仰自由权利是人权或公民权的一种，是法律用语，主要是调节国家与公民的关系或权力机关与个人的关系。宗教信仰自由政策主要是指政党或国家在特定范围内实施的宗教方面的公共政策。对宗教信仰自由做这样的区分具有重要意义，特别是在当前中国语境下，这种区分有助于人们在对话时明确自己是在什么层面上使用“宗教信仰自由”这个概念的，并且促使人们思考哪个层面的“宗教信仰自由”具有长期性、根本性的意义，哪个层面只具有暂时性的意义。不过这三类不是截然分开的，它们之间总有交叉，只是侧重点不同。以下分别予以简单介绍。

## 一、宗教信仰自由理论

国内关于宗教信仰自由理论的研究主要分成三大块，一是马克思主义宗教观及其中国化成果中的宗教信仰自由主张①，二是介绍西

① 以下关于马克思主义宗教观研究的介绍主要参考了龚学增教授的《新中国马克思主义宗教观中国化研究述评》，参见《马克思主义宗教观中国化研究》，四川人民出版社 2012 年版，第 409 页。

方思想家的宗教信仰自由思想，三是学者自己的宗教信仰自由观。

以改革开放为界，新中国马克思主义宗教观的研究大致可以分成前30年和后30多年两个阶段。

前30年是正式起步、初步发展、出现曲折、完全中断的时期。论文不足10篇，专著几乎没有。新中国成立之初，报刊部门出版了《社会主义与宗教》《宗教问题选辑》。1954年，人民出版社出版了《马克思恩格斯论宗教》一书。这三本书主要介绍了马克思、恩格斯、列宁和苏联、中国早期马克思主义者的相关文章，涵盖了经典作家的政教分离和宗教信仰自由思想。1956年，唐尧在《哲学研究》上发表了《马克思列宁主义与宗教问题》，文章主要强调了宗教的消极作用，主张实行宗教信仰自由，辅以无神论宣传教育，作为克服宗教迷信的政策手段。1963年和1964年，游骧、刘俊望发表了《马克思列宁主义宗教观的几个问题》和《正确认识和处理宗教问题》，主张与宗教徒建立统一战线，实行宗教信仰自由政策，不断加强对宗教徒的思想教育，目的是逐步削弱宗教在群众中的影响，促进宗教消亡。1964年，牙含章发表了《有关宗教几个理论问题的理解》，1965年梁浩、杨真发表了《宗教从来就是人民的鸦片》，两篇文章主要是就马克思语"宗教是人民的鸦片"进行了讨论。1966年到1976年"文化大革命"期间，党和国家都遭受了劫难，宗教工作和宗教研究基本中断，《人民日报》发表了一系列批判宗教的文章，宗教信仰自由无从谈起。

改革开放以来30多年是拨乱反正、解放思想、恢复深化、创新发展的时期。仅1978年到2008年，据不完全统计，有关马克思主义宗教理论的研究论文已达160多篇，专著约15种。1979年，任继愈发表了《为发展马克思主义的宗教学而奋斗》。同年，中国社会科学出版社出版了《马克思恩格斯列宁斯大林论宗教》一书，这是一部关于马克思主义经典作家论宗教的资料性学术专著，里面收集了经典作家论无产阶级政党对待宗教问题的态度和原则，包含了各个时期对宗教信仰自由的主张。1983 年，唐尧在《中州学刊》上发表了《关于"宗教信仰自由"问题》，认为应当实行宗教信仰自由政策，目的是促进宗教的消亡。[①]1985 年和 1986 年，吕大吉发表了《马克思主义宗教观的形成和发展》和《论列宁的宗教观》，从研究角度阐述了马克思、恩格斯和列宁的宗教观的全貌。80 年代，学术界再次对宗教的鸦片论进行了讨论，被戏称为"第二次鸦片战争"。90 年代，出现了研究马克思主义宗教观的专著，主要有吕大吉《西方宗教学说史》、陈麟书《宗教观的历史理论现实》、施船升《马克思主义宗教观及其相关动向》，资料性专著《马克思恩格斯列宁宗教问题著作选编及讲解》。进入 21 世纪后，马克思主义宗教观研究出现新的繁荣。2002 年，牛苏林《马克思恩格斯的宗教理解》出版，该书着重指出宗教是人类掌握世界的一种方式，宗教信仰自由则是一项基本人权。2008 年，陈荣富《马克思主义宗教观研究》出版，该书强调马克思主义宗教观的奠基之作应是《1844 年经济学哲学书稿》，而不是《黑格尔法哲学批判》，研究了马克思晚年人类学笔记中的宗教思想。一些青年学者对马克思主义宗教观的研究脱颖而出，包括王珍《马克思恩格斯宗教思想研究》、王志军《论马克思的宗教批判》、魏琪《马克思主义宗教观的形成与变迁》、叔贵峰《马克思宗教批判的革命变革》等，史论结合地研究

---

① 这是一篇专门研究马克思主义宗教信仰自由理论的文章，这类文章有：王幼麟等：《马克思主义论宗教信仰自由》，《史学月刊》1983 年第 5 期；周静：《马克思主义论宗教信仰自由》，《太原师范学院学报》（社会科学版）2005 年第 4 卷第 3 期；王道文：《列宁关于宗教信仰自由的理论》，《齐齐哈尔大学学报》（哲学社会科学版）2013 年第 3 期，等。

了马克思主义宗教观，但宗教信仰自由不是他们关注的主要问题。吕大吉、龚学增、李士菊、卓新平等人分别对马克思主义宗教观进行了综合性研究，出版了《马克思主义宗教理论研究》《马克思主义宗教观研究》《马克思主义科学无神论的当代阐释》和《马克思主义研究论丛——宗教观研究》等。关于马克思主义中国化的研究文章，代表性的主要有 7 篇，龚学增《马克思主义宗教观的与时俱进及中国化》(2002)、《试论中国特色社会主义宗教理论体系》(2007)，叶小文《社会主义的宗教论》(2003)，朱晓明《论"中国特色社会主义宗教观"》(2005)，方立天《论中国化马克思主义宗教观》(2005)，何虎生《论马克思主义宗教观中国化的基本经验》(2006)，蒲长春《中国特色社会主义宗教理论研究》(2008)。其中叶小文教授依据宗教的长期性、群众性和特殊复杂性，论证了宗教信仰自由政策的合理性和逻辑必然性，对我国的宗教政策和学术研究产生了较大影响；龚学增教授也强调要以人为本、尊重人权，实行宗教信仰自由政策。由于马克思主义经典作家明确提出了宗教信仰自由，所以学者们对于实行宗教信仰自由政策一般没有异议。不过，近 30 年来，关于宗教信仰自由的价值取向发生了微妙的变化。大致以江泽民 2001 年发表《论宗教问题》(2001 年全国宗教工作会议上的讲话)一文为界，之前学术界强调宗教信仰自由主要是认为宗教信仰自由政策有利于团结群众、促进宗教的消亡。进入 21 世纪以后，则主要是强调宗教的长期性和群众性，宗教信仰自由政策不是以阻碍宗教为目的，而是更多以"积极引导宗教与社会主义社会相适应"，"发挥宗教的积极作用"，甚至追求"宗教关系的和谐"为目的。

中国学者介绍了西方思想家的宗教信仰自由思想。译著主要有商务印书馆出版的洛克《论宗教宽容》，密尔《论自由》，卢梭《社会契约论》，潘恩《人权论》和托克维尔《论美国的民主》等。美国神学家卡森(D.A. Carson)著《宽容的不宽容》对当前西方流行的文化相对主义的宽容观提出了质疑，可以看作是对宗教信仰自由的理论基础的反思，观点较新颖。[①]研究论文主要介绍了约翰·罗尔斯[②]、马丁·路德[③]、约翰·加尔文[④]、托克维尔[⑤]、托马斯·杰斐逊[⑥]、约翰·密尔[⑦]、谢林[⑧]等人的宗教信仰自由思想。

我国学者对宗教信仰自由进行了整体研究，也表达了自己的宗教信仰自由观，这方面成果较多，择要介绍。闫莉《宗教信仰：自由与限制》[⑨]是其博士学位论文出版成书，这是目前最新、最全面关于宗教信仰自由的整体研究专著。该书对宗教信仰自由的概念表述、内容特征进行了分析，从价值和功能角度论证了宗教信仰自由的正当性，论述了宗教信仰自由受限的正当性及类型，介绍了西方宗教信仰自由的历史，表达了如何在全球化语境下构建中国宗教信仰自由的设

---

① [美]卡森：《宽容的不宽容》，李晋、马丽译，团结出版社2012年版。

② 包大为：《政治自由主义视域下宗教宽容的必要性与可行性——以约翰·罗尔斯的政治哲学为视角》，《理论界》2013年第2期。

③ 王楠楠：《浅析马丁·路德宗教改革思想——以内心自由为基础的世界重构》，《黑河学刊》2011年第6期。

④ 刘林海：《加尔文与塞维图斯案——兼论宗教改革时期的信仰自由与宽容》，《西南师范大学学报》(人文社会科学版)2005年第4期。

⑤ 王小章：《托克维尔论民主、自由和宗教》，《浙江大学学报》(人文社会科学版)2002年第4期。

⑥ 钱家先等：《论托马斯·杰斐逊的宗教自由思想》，《云南师范大学学报》(哲学社会科学版)2000年第3期。

⑦ 李小科：《〈论自由〉中的宗教片论》，参见中华全国外国哲学史学会、中国现代外国哲学学会：《"理性、信仰与宗教"全国学术研讨会论文集》，贵阳，2006年。

⑧ 谢地坤：《自由与宗教——从谢林的自由论谈起》，同上。

⑨ 闫莉：《宗教信仰：自由与限制》，社会科学文献出版社2012年版。

想，总体上侧重于法学的角度。山东大学赵莹的博士学位论文《宗教自由研究》，从法学理论的角度研究了宗教自由的概念、宗教自由的理论基础和法律保障，对中国宗教自由的保障提出了建议。硕士学位论文如山东大学周风《宗教自由之研究》、湖南师范大学胡玲芝《论宗教信仰自由》等均进行了较好的梳理和探索。其他论文还有张子林《浅论宗教信仰自由》（认为一神论是宗教压迫的根源）、贵立义《论宗教信仰自由》、邬渭民《略论宗教信仰自由》、安希孟《宗教信仰自由：历史、理论、现实》等。这些论文主要就宗教信仰自由的历史、精神内涵以及中国的宗教信仰自由状况进行了讨论。

## 二、宗教信仰自由权利

我国学者主要从历史、理论和实践三个角度对宗教信仰自由权利进行研究，具体说来就是梳理了宗教信仰自由权在西方和我国的历史，讨论了“宗教信仰自由”的概念表述、内容特征与理论基础，从法学角度研究了中国和外国宗教信仰自由权的保障问题等。

宗教信仰自由历史研究总论性研究较多，系统性研究较少。从广义上看，宗教信仰自由是西方自由主义的重要，甚至首要的组成部分，所以基本上西方的政治学史、法律史、社会史、基督教史都会涉及。比较集中的研究有：首先是翻译了这方面外国人的代表著作——英国学者J.B.伯里的《思想自由史》①。在欧洲很长的历史时

① ［英］J.B.伯里：《思想自由史》，宋桂煌译，吉林人民出版社1999年版。另见周颖如译本，商务印书馆2012年版。

期内,人的思想往往就是指人的宗教信仰。这本薄薄的小书,以理性和(宗教)信仰的关系为主线,为人们呈现了欧洲从古希腊到 20 世纪初思想自由产生和发展的历史脉络。房龙的《宽容》①和伏尔泰的《论宽容》②也是我国学者翻译的关于西方宗教信仰自由的重要文献。另外翻译了《自由的崛起》③一书,主要介绍了 16 世纪到 18 世纪加尔文主义的宗教和政治主张,对日内瓦、法兰西、苏格兰、英格兰与北美殖民政府的影响;译著还有《良心的自由——从清教徒到美国宪法第一修正案》④,详述了良心自由即信仰自由在美国发展的历史。国内学者还没有关于宗教信仰自由历史的专著。闫莉《宗教信仰:自由与限制》⑤一书,认为西方的宗教信仰自由是从义务到权利的演变史。认为在古代希腊罗马时期和中世纪,宗教信仰是义务;16 世纪末到 19 世纪末,宗教信仰从不宽容到有限宽容;20 世纪以来,宗教信仰自由从西方国内权利发展为全球权利。中国宗教信仰自由的实现有两条路径:国民党和共产党的尝试。此外还有一些博硕士学位论文⑥和

① [美]房龙:《宽容》,刘成勇译,中华书局 2012 年版。此书版本较多,仅列此版。

② [法]伏尔泰:《论宽容》,蔡鸿滨译,花城出版社 2007 年版。

③ [美]道格拉斯·F.凯利:《自由的崛起》,王怡等译,江西人民出版社 2008 年版。

④ [美]约翰·范泰尔:《良心的自由——从清教徒到美国宪法第一修正案》,张大军译,贵州大学出版社 2011 年版。

⑤ 闫莉:《宗教信仰:自由与限制》,社会科学文献出版社 2012 年版。

⑥ 这些博硕士论文主要有:闫莉:《宗教信仰:自由与限制》,中央民族大学博士学位论文,2010 年;赵莹:《宗教自由研究》,山东大学博士学位论文,2009 年;杨合理:《论宗教自由的法律保障》,苏州大学博士学位论文,2008 年;任晓莉:《论宗教信仰自由的宪政保护》,中央民族大学硕士学位论文,2009 年;周风:《宗教自由之研究》,山东大学硕士学位论文,2009 年;陈立洋:《宗教自由法律规制研究》,西南政法大学硕士学位论文,2008 年;郭田珍:《宗教信仰自由与中国宗教立法的宪政审视》,中国政法大学硕士学位论文,2005 年;黎逸轩:《论国际人权法保护的宗教信仰自由及我国实践》,中国政法大学硕士学位论文,2003 年;胡玲芝:《论宗教信仰自由》,湖南师范大学硕士学位论文,2001 年。

期刊文章[①]探讨了宗教信仰自由的历史。宗教信仰自由在西方的历史，基本上就是以基督教的历史为主线的，且它本身就是个有着浓厚基督教色彩的概念。[②]即，从基督教被迫害到获得合法性，从基督教一统天下到人们自由地信仰基督教各教派，从自由地信仰基督教再到信仰和不信仰宗教的自由。马克思主义的诞生强调了非宗教信仰即科学世界观的重要地位，也是宗教信仰自由史上的重要事件。[③]1949年以后中国的宗教信仰自由历史，主要是马克思主义宗教信仰自由观中国化即和中国宗教具体实际相结合的历史。

学术界讨论了"宗教信仰自由"的法律语言表述问题。我国宪法和法律使用的是"宗教信仰自由"[④]，学术界则使用多种概念，如"宗教信仰自由""宗教自由""信仰自由"[⑤]"良心和宗教自由"[⑥]"心灵

---

① 这些文章主要有高宗一：《从两个和约看近代早期德国宗教的自由平等原则》，《东方论坛》2012年第3期；闫莉等：《宗教信仰自由在我国本土化的尝试和经验》，《山西社会主义学院学报》2011年第1期；刘林海：《加尔文与塞维图斯案——兼论宗教改革时期的信仰自由与宽容》，《西南师范大学学报》（人文社会科学版）2005年第4期；牛瑞华：《从自由、宽容的角度看16世纪的宗教改革运动》，《历史教学》2003年第10期；安希孟：《近代西方历史上的宗教自由》，《襄樊学院学报》1999年第4期；王孝洵：《杰斐逊与宗教自由》，《世界历史》1993年第2期；刘鸿举：《略论美国独立革命中宗教自由和政教分离的实现》，《世界历史》1993年第1期；安希孟：《宗教信仰自由：历史、理论、现实》，《上海社会科学院学术季刊》1988年第4期。

② 参见吴飞：《从宗教冲突到宗教自由——美国宗教自由政策的诞生过程》，《北京大学学报》（哲学社会科学版）2006年第5期。

③ 王作安：《中国的宗教问题和宗教政策》，宗教文化出版社2002年版，第118页。

④ 《宪法》第36条"关于我国社会主义时期宗教问题的基本观点和基本政策"等。

⑤ 迟西琴：《信仰自由与"他者"、法以及国家——解读我国的宗教信仰自由政策》，《新疆社会科学》2011年第6期；许江：《政教分离与信仰自由——读洛克〈论宗教宽容〉》，《唐山师范学院学报》2009年第4期。

⑥ 陈斯彬：《论宪法上的良心和宗教自由》，《青岛农业大学学报》（社会科学版）2007年第2期。

自由”[1]“宗教与信仰自由”[2]“信教自由”[3]“宗教或信仰自由”[4]“宗教和世界观自由”[5]“意志自由”[6]等。争论焦点是法学界多主张在宪法中使用“宗教自由”或“宗教或信仰自由”的表述，取代宪法第 36 条现行“宗教信仰自由”的表述，原因是公民的宗教信仰不仅包括精神层面的思想信仰，还包括信仰的表达即宗教的行为活动，且信仰是发生在大脑中的，本来就是自由的，法律无权也无能力干涉。宪法作为上位法，不仅应该保障信仰的自由，还应该保障行为方面的自由。也有学者认为“宗教自由”是一个假命题，是对美国宪法第一修正案的误读。[7]党和政府认为宗教信仰自由本质上是信仰的自由，不是宗教的自由，包含信仰宗教和不信仰宗教两个方面；信仰可以是绝对自由的，与之相关的行为活动则要受到政策和法律的约束。争论产生的根源有二：一是对宗教信仰自由的理解不同，如果把宗教信仰理解为信仰的种类之一的话，那么宪法第 36 条既可以理解为是对宗教的保护条款，又可以理解为是对信仰的保护条款；二是对自由的理解不同，“自由”在西方基本上是“权利”的同义语，主要是消极自由，而在

---

① 康志杰：《心灵自由——殷海光宗教信仰思想之真谛》，《湖北大学学报》(哲学社会科学版)1998 年第 2 期。

② 傅月仙：《浅谈苏联的宗教与信仰自由》，《苏联问题参考资料》1998 年第 3 期。

③ 高振农：《确认公民信教自由和宗教自主》，《社会科学》1982 年第 8 期。

④ 宋玉波：《国际人权法上的宗教或信仰自由及其在中国的实践》，《学术界》2012 年第 11 期。

⑤ 张慰等：《宗教自由基本权利的肥大症——关于宗教和世界观自由与一般权利有效性请求的关系》，《南京大学法律评论》2011 年秋季卷。

⑥ 周静：《试论宗教自由的规范构造——以联合国和我国相关文件为背景的分析》，《法律科学》(西北政法学院学报)2005 年第 5 期。宗教信仰自由在此文标题表述为“宗教自由”，但是本文的结论认为宗教自由包括意志自由和行为自由。

⑦ 谢文郁：《宗教自由是一个假命题》，《中国民族报》2013 年 3 月 5 日。

中国语境下则有“由自己”“无拘无束”的意思，是积极自由。[①]有学者认为宗教信仰自由本质上是信仰的自由，信仰可以分为宗教信仰和非宗教信仰。中国的宪法精神首先是保护人们对信仰的自由选择权，其次才是选择后的自由实践权。选择的自由权是绝对的，实践信仰的自由是相对的，要受到政策和法律的约束。[②]

宗教信仰自由的内涵和内容。宗教信仰自由作为一项权利，由权利主体、权利客体、权利内容三方面构成。[③]因为宗教信仰自由是基本人权，所以权利主体是人，包括公民和非公民。权利客体是宗教信仰，学术界认为尊重宗教信仰自由，要注意打击邪教和封建迷信。[④]我国宪法主张的宗教信仰自由，是指信仰宗教和不信仰宗教两个方面的自由选择与信仰实践上的政策法律约束相结合，且坚持中国公民宗教事务的独立自主。研究者们对宗教信仰自由的权利内容进行了细化和分类研究。有的使用两分法，认为宗教信仰自由包括内在的精神层面的信仰自由和外在的行为层面的宗教活动自由，前者是绝

---

① 英国学者以赛亚·伯林把自由分作“消极自由”和“积极自由”。消极自由的模式是“免于……的自由”，英文是“be free from”，即在没有他人干涉或群体干涉的情况下的个体自由。积极自由是“享有……的自由”，英文是“be free to”。我国官方和民众多是在积极自由的意义上使用自由概念。

② 李建生：《宗教活动与宗教信仰自由》，《实事求是》1997 年第 5 期。

③ 杨合理：《论宗教自由的内在逻辑结构》，《甘肃政法学院学报》2012 年第 7 期。

④ 学术界多数认为宗教信仰自由的客体是宗教信仰，因此要注意区分哪些是宗教，哪些不是宗教，以便从法律和社会管理上区别对待。我国承认的合法宗教有五个：天主教，基督教，佛教，道教，伊斯兰教。关公信仰在我国有较大市场，但是关公信仰是不是宗教呢？是否需要保护呢？笔者以为，宗教信仰自由的客体是信仰，没有必要辩论关公信仰是否宗教，因为不论它是不是宗教，对它的信仰都是绝对自由的，法律只需对其信仰的外在行为进行保护和约束即可。

对自由，后者是相对自由；前者不受法律约束，后者受到法律约束。①有的使用三分法，认为除了个人的信仰自由和宗教活动自由外，还有宗教团体的自由。②信仰自由可以分为信教自由和宗教选择自由；宗教活动自由可以分为宗教仪式自由、语言表达自由、宗教传播自由、宗教结社自由等；宗教团体的自由包括宗教团体事务管理的自由、接受捐赠的自由、提供宗教教育的自由等。关于宗教信仰自由的特征，多数学者承认它是一项基本人权，既是消极权利又是积极权利，既是防御性权利又是攻击性权利③；是内在自由和外在自由的结合，神圣性与脆弱性相伴生，具有无对价性，具有个人性和群体性。④

宗教信仰自由的实践研究主要是两块，一是对中国宗教信仰自由法治建设现状进行审视并针对问题提出了建议，二是介绍了外国保障宗教信仰自由的情况。中国在保障宗教信仰自由方面的成就是有目共睹的，一是宗教立法获得重大进展，主要是《宪法》第 32 条和 36 条、《宗教事务条例》和《中华人民共和国境内外国人宗教活动管

---

① 多数学者持这种观点，代表论文如：马岭：《我国公民宗教信仰自由权的行使》，《南京大学法律评论》1999 年春季号；马岭：《宗教自由内涵探析》，《法治论丛》2009 年第 2 期；李向平：《信仰自由与社会公共层面的宗教自由》，《中国民族报》2012 年 4 月 3 日；刘澎：《关于宪法第 36 条的修改意见》，http://www.pacilution.com/ShowArticle.asp?ArticleID=169。

② 许崇德：《宪法》，中国人民大学出版社 2004 年版，第 110 页。其他相关研究可参见 http://www.pacilution.com，杨凯乐：《宗教团体登记的法律分析》；陶光：《宗教团体的登记与信仰自由》；杨信之：《浅析宗教活动场所的设立与登记》；刘培峰：《宗教团体登记的几个问题》，参见刘澎主编：《国家·宗教·法律》，中国社会科学出版社 2006 年版；李向平、杨静：《宗教合法性及其获得方式——以日本〈宗教法人法〉为中心》，同上。

③ 闫莉：《宗教信仰：自由与限制》，社会科学文献出版社 2012 年版，第 81—94 页。

④ 杨合理：《论宗教自由的法律保障》，苏州大学博士学位论文，2008 年。

理规定》及其相关配套法律法规；二是宗教事务管理机构即国家宗教事务局的设立。主要有三方面的争议，一是是否制定《宗教法》或《宗教法人法》[①]，二是宗教团体的权益如何实现，三是依法管理宗教事务中政府的角色问题。[②]学术界对于是否要为宗教专门立法观点参半，党和政府采取稳重保守态度，认为时机还不够成熟。学术界主要介绍了美国在宗教信仰自由权利保护方面的做法和经验[③]，此外还有加拿大[④]、英国[⑤]、法国[⑥]、德国[⑦]、俄罗斯[⑧]、日本[⑨]、印度[⑩]、南非[⑪]、

---

① 李成：《宗教信仰自由与宗教立法》，参见刘澎主编：《国家·宗教·法律》，中国社会科学出版社 2006 年版。

② 张训谋：《中国的宗教事务管理》，马克·希尔：《管理宗教组织的国家机构》，参见刘澎主编：《国家·宗教·法律》，同上。

③ 这方面文章有很多，择要介绍：刘澎：《政教分离与依法管理——美国处理宗教问题的模式》，参见刘澎主编：《国家·宗教·法律》，同上；韦巍：《中美宪法宗教自由条款及其运作之比较》，《中南财经政法大学学报》2007 年第 2 期；周叶中、秦前红：《论宗教信仰自由的法律保护——以反对恐怖主义为时代背景》，《河南省政法管理干部学院学报》2005 年第 1 期；程乃胜：《美国宪法与美国宗教信仰自由》，《安徽师范大学学报》（人文社会科学版）2000 年第 3 期；张训谋：《美国〈1998 年国际宗教自由法案〉评述》，《中国宗教》1996 年第 6 期；乌兰那日苏：《宗教信仰自由的立法与宪法保护》，《广播电视大学学报》（哲学社会科学版）2006 年第 4 期；李世雅：《北美新大陆的移民社会与宗教自由》，《美国研究》1989 年第 3 期。

④ 张明锋：《加拿大宗教信仰自由的法律保护》，《世界宗教文化》2007 年第 1 期。

⑤ 罗同兵：《略谈英国法律对宗教平等权利的保护及其特点与问题》，《宗教学研究》1998 年第 4 期。

⑥ 刘作翔：《政教分离与宗教平等——浅析法国“头巾法案”》，参见刘澎主编：《国家·宗教·法律》，中国社会科学出版社 2006 年版。

⑦ 张慰等：《宗教自由基本权利的肥大症——关于宗教和世界观自由与一般权利有效性请求的关系》，《南京大学法律评论》2011 年秋季卷。

⑧ 洪娟媛：《俄罗斯颁布〈关于信仰自由和宗教组织法〉》，《东北亚论坛》1998 年第 2 期。

⑨ 李向平、杨静：《宗教合法性及其获得方式——以日本〈宗教法人法〉为中心》，参见刘澎主编：《国家·宗教·法律》，中国社会科学出版社 2006 年版。

⑩ 刘长跃：《印度宗教自由权研究——以宪法为中心》，华东政法学院硕士学位论文，2007 年。

⑪ 张明锋：《南非宗教自由权利的宪法保护探析》，《世界宗教文化》2010 年第 4 期。

巴基斯坦[①]、印度尼西亚[②]、南斯拉夫[③]等国家。

## 三、宗教信仰自由政策

宗教信仰自由作为政策，其主体是政治组织（含政党和国家）。这里简要介绍我国的宗教信仰自由政策研究状况。[④]我国学者主要从三个角度对宗教信仰自由政策进行了研究，一是对中国共产党的宗教信仰自由政策进行了历史梳理；二是对现行政策的阐释、宣传与评价；三是论证宗教信仰自由政策的合理性和逻辑必然性，夯实该政策的理论基础。

第一类研究成果的专著主要包括何虎生《中国共产党的宗教政策研究》[⑤]和陈金龙《中国共产党与中国的宗教问题——关于党的宗教政策的历史考察》[⑥]。何虎生教授把中国共产党的宗教政策历史分为三个阶段：1921 年到 1949 年是宗教信仰自由政策服从和服务于新

① 杨翠柏：《论巴基斯坦宗教自由权——兼与〈公民权利与政治权利国际公约〉第 18 条比较》，《南亚研究季刊》2007 年第 1 期。

② 施雪琴：《对宗教自由与多元主义的挑战：印尼反阿赫默迪亚运动浅析》，《南洋问题研究》2008 年第 4 期。

③ [南斯拉夫]R.萨马尔季奇、子华：《南斯拉夫宗教权利与自由的实现》，《国外社会科学》1985 年第 11 期。

④ 国内有两篇研究美国宗教信仰自由政策的文章，分别是吴飞：《从宗教冲突到宗教自由——美国宗教自由政策的诞生过程》，《北京大学学报》（哲学社会科学版）2006 年第 5 期；张会贞：《浅析美国宗教自由政策》，天津师范大学硕士学位论文，2008 年。

⑤ 何虎生：《中国共产党的宗教政策研究》，宗教文化出版社 2004 年版。

⑥ 陈金龙：《中国共产党与中国的宗教问题——关于党的宗教政策的历史考察》，广东人民出版社 2006 年版。

民主主义革命总路线和总政策的探索时期,1949年到改革开放是宗教信仰自由政策成为国家意志到全面左倾的时期,改革开放以来是宗教信仰自由政策得到恢复、发展和完善的时期。陈金龙教授把党的宗教政策历史分成七个阶段:萌芽时期(1921—1927),初步形成(1927—1937),走向成熟(1937—1945),继续发展(1945—1949),日渐完善(1949—1956),曲折发展(1957—1978),恢复拓展(1978—2004)。赵匡为教授和冯今源教授在其著作中也专门介绍了党的宗教政策的历史发展。[①]此外,还有一些期刊论文也从历史角度梳理了宗教信仰自由政策的概况。[②]

1982年,中共中央颁布了《关于我国社会主义时期宗教问题的基本观点和基本政策》,这是改革开放以后恢复宗教信仰自由政策的纲领性文件。同年修订的新宪法也增添了宗教信仰自曰的内容。2001年,党中央召开了全国宗教工作会议,江泽民发表了《论宗教问题》一文,专门讨论并坚定了宗教信仰自由政策。学术界对宗教信仰自由政策进行了阐释、宣传和评价,宗教信仰自由的理念逐渐深入人心。对于宗教信仰自由政策的阐释研究,专著有三作安《中国的宗教问题和宗教政策》和任杰《中国共产党的宗教政策》。前者从共产党的宗教工作的角度,全面阐释了中国的宗教问题、马克思

① 赵匡为:《我国的宗教信仰自由》,华文出版社1999年版;《现行宗教政策法规》,参见张志刚主编:《宗教研究指要》,北京大学出版社2005年版;冯今源:《积极引导宗教与社会主义社会相适应的理论与实践》,中国社会科学出版社2009年版。

② 这些论文主要有:金以枫:《中国共产党宗教政策发展述略》,《当代中国史研究》1999年第11期;沈桂萍:《中国共产党对宗教信仰自由政策的探索历程》,《中央社会主义学院学报》2005年第8期;莽萍:《简论我国宗教发展与宗教信仰自由政策》,《中央社会主义学院学报》2005年第3期;徐麟:《中国共产党"宗教信仰自由"政策的形成和发展》,《河北学刊》1992年第2期。

主义宗教观的基本精神、党的宗教信仰自由政策的内容和精神实质以及党的宗教工作各个方面要注意的问题和处理原则等，基本上呈现了观察和处理中国宗教问题的全貌。后者从八个方面系统掌握并归纳了中国共产党的宗教政策，较有新意。[①]有些宗教学原理的教材专章对宗教信仰自由政策进行了介绍，如熊坤新主编的《宗教理论与宗教政策》，陈麟书主编的《宗教学原理》等。对宗教信仰自由政策的阐释和宣传集中在以下几个问题上：第一是实行宗教信仰自由政策的依据问题[②]；第二是要强调宗教信仰自由包含信仰宗教和不信仰宗教两个方面[③]；第三是强调实行宗教信仰自由政策和依法管理宗教事务的一致性[④]；第四是强调实行宗教信仰自由政策和党

---

① 八个方面分别是：新起点：宗教制度的民主改革；新政策：尊重和保护宗教信仰自由；新方略：依法管理宗教事务；新目标：积极引导宗教与社会主义社会相适应；新原则：坚持独立自主自办；新关系：党同宗教界的爱国统一战线；新视野：与时俱进的马克思主义宗教观；新课题：21 世纪的中国共产党与宗教。

② 李瑞环：《我们实行宗教信仰自由政策是真诚的》，《中国宗教》2005 年第 10 期；叶小文：《我们为什么主张宗教信仰自由》，《中国宗教》1999 年第 1 期；叶小文：《共产党为什么要保障宗教信仰自由》，《中国统一战线》2001 年第 5 期；王作安：《宗教信仰自由在中国》，《中国宗教》2009 年第 3 期；李祥熙：《贯彻执行党的宗教信仰自由政策必须明辨的几个问题》，《山西社会主义学院学报》2002 年第 2 期；刘慧平：《浅谈我国实行宗教信仰自由政策的理论依据及现实依据》，《大众文艺》(理论版)2008 年第 11 期；李少明：《社会主义中国与宗教信仰自由》，《中共福建省委党校学报》2006 年第 7 期；解成：《坚持宗教信仰自由，最大限度团结群众推进社会进步》，《河北省社会主义学院学报》2003 年第 3 期；傅国钧：《关于全面、正确地贯彻党的宗教信仰自由政策的几点思考》，《中央社会主义学院学报》2000 年第 3 期；王康等：《解读“宗教信仰自由政策”》，《绍兴文理学院学报》(哲学社会科学版)2003 年第 5 期；龚学增：《坚持执政为民，保障公民宗教信仰自由》，《中国宗教》2002 年第 4 期；李忠平：《全面落实党的宗教信仰自由政策，构建社会主义和谐社会》，《贵州社会主义学院学报》2005 年第 4 期；布音：《党和国家为什么要实行宗教信仰自由政策》，《青海民族研究》1993 年第 3 期。

③ 陈立新：《加强宗教事务的管理，保障公民不信教的自由》，《世纪桥》2009 年第 6 期。

④ 李仁质：《必须全面正确地贯彻执行我国宗教信仰自由的政策》，《中央社会主义学院学报》1992 年第 2 期；沈桂萍：《宗教信仰自由是权利与义务的统一》，《湖北民族学院学报》(哲学社会科学版)2005 年第 6 期；杨合理：《论党的宗教信仰自由政策法律化》，(转下页)

的无神论宣传教育并不矛盾[①];第五是强调实行宗教信仰自由政策要注意防范邪教(特别是“法轮功”)和迷信泛滥[②];第六是处理党员和宗教信仰自由政策的关系[③];第七是强调宗教信仰自由政策在少数民族地区实行的重要性问题[④]。有学者认为宗教信仰自由政策是社会主义民主政治的重要内容[⑤],是我们党坚持“三个代表”重要思想

(接上页)《学习论坛》2009 年第 12 期;王冬冬:《正确认识党的宗教信仰自由政策》,《北京印刷学院学报》2012 年第 3 期;刘昌如:《论中国的宗教信仰自由》,《中国商界》2010 年第 12 期;白云清:《贯彻党的宗教信仰自由政策,依法管理宗教事务,为政治稳定社会进步做出贡献》,《内蒙古统战理论研究》2004 年第 1 期;张瑞昆:《论贯彻宗教信仰自由政策与依法管理的统一》,《中央社会主义学院学报》1998 年第 8 期;毛国庆:《论贯彻执行党的宗教信仰自由政策同坚持“四个维护”的一致性》,《内蒙古统战理论研究》1998 年第 2 期;李建生:《保护宗教信仰自由,加强依法管理与引导》,《中国宗教》1997 年第 4 期。

① 王作安:《正确处理宣传无神论与贯彻宗教信仰自由政策的关系》,《中国宗教》2002 年第 2 期;钟敏:《浅谈宣传无神论同维护宗教信仰自由的关系》,《群众》1999 年第 10 期;圣辉:《“法轮功”不但欺骗和毒害了人民群众而且破坏了公民的宗教信仰自由权利》,《法音》1999 年第 8 期;段启明:《宗教信仰自由与科学无神论教育——一个关系社会主义时期宗教问题的思考》,《科学与无神论》2002 年第 2 期;田心铭:《试论无神论研究宣传教育与宗教信仰自由的统一》,《科学与无神论》2011 年第 6 期。

② 程宗璋:《新时期全面贯彻党的宗教信仰自由政策的几个问题》,《新疆社会科学》2001 年第 2 期;李秋零:《取缔“法轮大法”及其“法轮功”组织并不侵犯宗教信仰自由》,《高校理论战线》1999 年第 10 期;丰振义:《正确贯彻党的宗教信仰自由政策,反对封建迷信活动》,《中州统战》1995 年第 5 期。

③ 木拉提·黑尼亚提:《保持共产党员先进性与全面贯彻党的宗教信仰自由政策》,《新疆师范大学学报》(哲学社会科学版)2006 年第 3 期;旦智塔:《坚持党员标准与公民宗教信仰自由》,《党建研究》1991 年第 4 期。

④ 刘慧:《论宗教信仰自由政策在民族地区实行的重要性》,《遵义师范学院学报》2013 年第 2 期;郭红军:《对宗教和党的宗教信仰自由政策的几点认识》,《牡丹江教育学院学报》2009 年第 3 期;李祥熙:《党要牢牢掌握对宗教信仰自由的领导权和主动权》,《山西社会主义学院学报》2001 年第 4 期;张杰:《在伊斯兰教中进一步贯彻执行党的宗教信仰自由政策》,《中国民族》1962 年第 4 期;杨荆楚:《坚持宗教信仰自由繁荣社会主义民族》,《青海社会科学》1988 年第 4 期;韩小兵:《从清真食品立法看宗教信仰自由及少数民族风俗习惯的法律保护》,《中国宗教》2003 年第 12 期。

⑤ 李仁质:《宗教信仰自由是社会主义民主政治的重要内容》,《中共济南市委党校学报》2004 年第 3 期。

的重要方面[①],是政治文明的体现[②],是正确处理我国宗教问题唯一正确的政策[③],是社会稳定发展的重要举措[④],是宗教工作健康发展的重要保证等。[⑤]

中国实行宗教信仰自由政策的理论依据是本文最重要的关注点。需要特别指出的是,中国共产党并没有在党章中宣称自己是一个"唯物主义"的或"无神论"的政党,但是唯物论和无神论作为党的指导思想——马克思主义——的重要原则确是事实。因此,回答共产党为什么要实行宗教信仰自由政策,论证这个政策的逻辑必然性,是理论界非常重视的问题。本文认为,理论界存在着两条进路:人权进路和统战进路。

人权进路。对于为什么要实行宗教信仰自由政策,政治学、法学的回答很简单——因为"宗教信仰自由是基本人权"。在一个现代民主国家,保障公民基本人权是国家的义务,而不在乎哪个党执政。如果执政党的作为和人权相违背,那它就会慢慢失去公民的支持,失去执政合法性和执政地位。人权是人仅凭他是人就应该享有的权利,

① 宛景森:《深入学习"三个代表"重要思想,全面贯彻执行宗教信仰自由政策》,《辽宁行政学院学报》2004年第2期。

② 吴孟庆:《政治文明与宗教信仰自由》,《上海市社会主义学院学报》2004年第1期。

③ 刘仲康:《宗教信仰自由政策是正确处理我国宗教问题唯一正确的政策》,《新疆社会经济》1998年第5期;李桂树:《宗教信仰自由与和谐社会的构建》,《呼伦贝尔学院学报》2007年第2期;刘金凌:《正确理解宗教信仰自由政策》,《辽宁师专学报》(社会科学版)2004年第4期。

④ 王岚:《认真贯彻执行党的宗教信仰自由政策与四川藏区的稳定发展》,《西南民族学院学报》(哲学社会科学版)1995年第12期。

⑤ 《正确贯彻党的宗教信仰自由政策是宗教工作健康发展的重要保证》,《柴达木开发研究》1989年第4期。

只和人的尊严有关。[①]有些法学学者从宗教对人和人类社会的正向价值角度对宗教信仰自由权利的合理性予以证成。[②]宗教学界也有持这种观点的。如吕大吉先生说，“我在理论上可能否定宗教有神论，但却在政治上可以用我的理论来维护宗教信仰者信仰宗教的权利”，与茨威格《异端的权利》中的观点如出一辙。[③]牟钟鉴先生认为宗教信仰自由是不可侵犯的基本人权，已成为现代文明的通则；宗教信仰自由是由社会主义的人权观和平等观决定的。[④]在“国家—公民”关系框架中，通过肯定人的价值、人的尊严，承认宗教信仰自由是基本人权，政党和国家必须尊重和保障这项人权，这就是论证宗教信仰自由政策的“人权进路”。人权进路有优点也有缺点，优点在于它首先看到宗教体系中人的要素、人的价值，在国家这个“强者”面前，强调保障个

---

① “信仰自由包含着深刻的价值观，它是对人的权利、人的尊严的肯定。它体现了人人平等的人道主义和博爱原则。它不承认在宗教信仰上有什么正统与异端、正确和错误，而只承认每个人有权选定自己的信仰，只要他自己感到这信仰可以给他带来愉快和满足就行。”“孟德斯鸠说，在一个自由的国家里，人们议论得对不对，这无关紧要，重要的是能够议论。自由就表现在这里。同样，信仰自由也是如此。”引自安希孟：《宗教信仰自由：历史、理论、现实》，《上海社会科学院学术季刊》1988 年第 4 期。

② 从价值角度说，宗教信仰自由体现正义、平等和宽容价值；从功能角度说，宗教信仰自由有助于个人和社会德行的培养，其伦理有助于经济发展和产生良好的社会效益。参见闫莉：《宗教信仰：自由与限制》，社会科学文献出版社 2012 年版，第 97—116 页。宗教有助于化解科学一元化的困境，也使人有着更高的精神追求；宗教满足了人的精神生活必需，使人们具有良好的心理调节功能；宗教有利于人格完善，促成社会整体的人性提升；宗教在人类社会的意义与宗教自由关系密切。参见杨合理：《宗教在人类社会中的意义与宗教自由》，《中国民族报》2012 年 8 月 28 日。“宗教的主要功能是净化、控制和约束人在平等时期对物质生活的过分和单一追求……它将永远不能成功地阻止人们热爱财富，但它将引导他们用诚实的手段致富。”（张千帆引托克维尔语）张千帆本人认为宗教信仰自由有助于解决因为宗教问题带来的社会动荡。参见张千帆：《宪法学讲义》，北京大学出版社 2011 年版，第 568、569 页。

③ 吕大吉：《宗教学通论新编》，中国社会科学出版社 2010 年版，导言第 22 页；[奥]斯蒂芬·茨威格：《异端的权利》，三联书店 1987 年版，第 12 页。

④ 牟钟鉴：《当代中国特色宗教理论探讨》，甘肃民族出版社 2013 年版，第 49、69 页。

人这个“弱者”的权利；缺点在于它容易忽略这种人权的具体内容即宗教的特征方面，不利于科学地把握宗教信仰自由的实质，在人权实践中被西方的强势人权观牵着鼻子走。

统战进路。统战进路主要是把宗教信仰问题放在“共产党—(信教)群众”关系框架中开展研究的，存在主体和客体的关系。党是主体，宗教是客体。按照唯物主义的观点，主体要实事求是地按照客体的规律办事。因此，就要深入研究宗教的规律。通过研究发现，宗教在社会主义社会仍然有产生和存在的根源，它发生、发展和消亡的客观规律不以人们的意志为转移；且宗教信仰是大量信教群众的思想信仰问题，是精神世界的问题，只能靠引导和教育的方式才能解决。简言之，宗教有长期的存在性，有内在性，有群众性。因此，按照规律，要解决宗教问题①，只能在尊重群众宗教信仰自由的前提下，坚持宣传无神论，并把信教的、不信教的群众团结在党的周围，整合成一股大团结、大联合的力量，共同致力于美好社会的建设。党的十九号文件，基本上就是统战进路的典型。②在此权威文件的影响下，国内有大量的非法学专业的学者和少许法学专业的学者接受了这一进路。我们党的宗教工作主要是放在统战部，也证明了这一进路的客观存在。这种思路把宗教信仰自由政策的统战功能作为宗

① 由于马克思主义早期宗教观的影响，仍然有很多中国人认为宗教信仰是一个阻碍人获得解放和全面自由发展的消极因素，这种观念反映到党内，就容易将宗教视为有待解决的“问题”。

② “总之，使全体信教和不信教的群众联合起来，把他们的意志和力量集中到建设现代化的社会主义强国这个共同目标上来，这是我们贯彻执行宗教信仰自由政策，处理一切宗教问题的根本出发点和落脚点。”“只有进入这样的时代，现实世界的各种宗教反映才会最终消失。我们全党要一代接着一代地，为实现这个光辉前景而努力奋斗。”引自十九号文件《关于我国社会主义时期宗教问题的基本观点和基本政策》。

教信仰自由政策合理性的逻辑前提，不免让人感觉有实用主义的因素。统战进路既有优点也有缺点，优点是有利于深入研究和准确把握宗教的本质和作用①，深刻认识马克思主义的宗教信仰自由观与资产阶级宗教信仰自由观的区别②，在国际人权斗争中掌握话语权③，用好统一战线工具进行社会整合；缺点在于没有把境内外国人的宗教信仰自由考虑在内，“统战面”较窄；且容易让人产生一种错觉，即党是宗教信仰自由权利的赋予者和保护者，党的政策凌驾于法律之上，从而不利于在立法实践和社会管理中保护个人的权利。

上述两种进路都具有一定的合理性，它们的同时存在亦有必然性，即在处理宗教问题上，究竟更多地使用党的“统战思维”，还是“把公权力用好”，这是一个历史发展过程中的“社会意识”问题。④不过近十年来，整合这两种进路的新思维正在出现。如江泽民在《论宗教问题》一文中提到，“尊重和保护公民的宗教信仰自由权利，是我们党维护人民利益、尊重和保护人权的重要体现，也是最大限度团结人民群

---

①　我们国家的宗教研究在一定程度上是党和政府主导的，这一现象在世界宗教学界极为少见，表明统战进路对于“认识宗教”的重视程度。

②　1875 年，马克思在《哥达纲领批判》中重申了他的信仰自由观，“信仰自由！如果现在，在进行文化斗争的时候，要想提醒自由主义者记住他们的旧口号，那么只有采取下面这样的形式才行：每一个人都应当有可能满足自己的宗教需要，就像满足自己的肉体需要一样，不受警察干涉。但是，工人党本来应当乘此机会说出自己的看法：资产阶级的‘信仰自由’不过是容忍各种各样的宗教信仰自由而已，工人党则力求把信仰从宗教的妖术中解放出来。”参见《马克思恩格斯选集》第 3 卷，人民出版社 1995 年版，第 317 页。

③　宗教信仰自由包含两个层面，信仰宗教和不信仰宗教的自由，而且马克思主义更加强调要保护不信仰宗教的自由。

④　统战思维把各种社会力量分成“敌我友”三方，精髓在于“拉友制敌”。宗教及其信仰者是敌，是友，还是我？往往不易回答。但是在公权力和私权利的语境下，国家是公，公民是私，解决宗教问题，用好法治工具和公权力即可。

众的需要”，把人权论和团结论放在一起强调。[①]李瑞环在《我们实行宗教信仰自由政策是真诚的》一文中给出了实行宗教信仰自由政策的四个理由：一是实行宗教信仰自由政策和党的基本观点一致；二是从公民权利的角度谈宗教信仰自由政策和党的根本宗旨完全一致；三是说宗教信仰自由政策是党引导宗教发挥积极作用所必须的；四是宗教信仰自由和我国的历史文化传统相适应。[②]叶小文教授把实行宗教信仰自由政策的理论基础高度抽象总结为“三性”：宗教的长期性、群众性和特殊复杂性。[③]近几年，“三性”又浓缩为“两性”，就是长期性和群众性。[④]群众性，从个体角度理解，就是要保障公民的基本人权，符合共产党全心全意为人民服务的宗旨；从群体角度理解，就是要团结群众、建立爱国统一战线，符合共产党的根本工作路线和群众史观。这几位政界理论家的观点正在持续发挥重要和深远的影响。

## 四、研究的不足及未来方向

从宗教信仰自由的历史来看，它归根到底是人类为了解决以宗教冲突为核心的一系列社会问题而发明出来的一个理念、一种方法

---

① 江泽民：《论宗教问题》，转引自国家宗教事务局政策法规司编：《宗教政策法规文件选编》，宗教文化出版社2012年版，第44页。

② 李瑞环：《我们实行宗教信仰自由政策是真诚的》，《中国宗教》2005年第10期。

③ 叶小文：《宗教问题怎么看怎么办》，宗教文化出版社2007年版；《论宗教信仰自由——学习李瑞环关于宗教问题和宗教工作的论述》，《学习时报》第553期。

④ 详见叶小文：《中国破解宗教问题的理论创新和实践探索》，中共中央党校出版社2014年版。

甚至一套制度。宗教冲突不仅包括宗教与宗教之间的冲突，也包括政府与宗教、个人与宗教、宗教与其他意识形态之间的矛盾问题。宗教信仰自由绝不仅仅是个人的自由，它的最终目标应该是通过人类的努力使得与宗教或信仰相关的各种事物之间的关系被有效地控制在一个合理的范围内，从而长久地维系人类社会的安全、正义与可持续发展。从这个意义上说，也许宗教和谐才是宗教信仰自由的真正目的，这对于中国和世界而言都是值得追求的共同价值。要实现宗教信仰自由和宗教和谐，不仅要深化、拓展和夯实它的理论基础，还要在实践上不断探寻实现它的宏观战略和具体方法。就我国现有的成果而言，尚有以下不足之处，需要进一步研究。

第一，对于现行宗教信仰自由政策的理论基础研究和阐述不够。国内研究宗教信仰自由政策的合理性问题，要么是在西方自由主义的理论框架内，要么是在马克思主义宗教观和宗教学的框架内，对马克思主义体系中更为基础的一些思想重视不够①，从而导致理论视野狭窄，出现“人权进路”和“统战进路”的分裂。研究中国宗教信仰自由政策合理性问题，既不能直接援引西方自由主义的思想成果，也不能仅仅在马克思主义宗教观的视野中。在马克思主义宗教观视野下研究宗教信仰自由，要么把宗教信仰自由变成了建立在科学研究宗教本质和规律基础上的一个纯粹科学的问题，要么就是陷入宗教信仰自由在马克思主义宗教观内部自我证明的循环逻辑。因此，要重视马克思主义理论体系中比宗教观更为基础的一些思想，包括马克思主义物质观、马克思主义群众观，特别是马克思主义政治哲学思想，并且紧密结合中国的具体实际。

---

① 《〈黑格尔法哲学批判〉导言》《论犹太人问题》《德意志意识形态》和《共产党宣言》等。

第二,对于宗教信仰自由的深层次基础理论研究不够。宗教信仰自由是一个产生于西方的跨文化概念,其中蕴含着一些普世性的价值理念,但是它要在中国和全世界实现,就不得不结合每一个社会的具体国情。在当前中国语境下,理解和实现宗教信仰自由,至少应当对中国传统文化、西方自由主义和马克思主义等思想体系中的宗教观、信仰观、自由观、社会观、权力观、法律观、人性观和不同社会的民情基础进行深入的比较研究,从而更加明确地认识宗教信仰自由对于中国社会的意义和实现的可能途径。

第三,对现行法制框架下宗教信仰自由权利的实现以及宗教信仰自由权利与其他公民权的关系的实证研究不够。前者包括民间宗教、民间信仰的地位问题,非法剥夺公民宗教信仰自由权的问题,宗教信仰自由权滥用的问题(非法宗教场所)等。后者包括宗教信仰自由权与言论自由、婚姻自由、结社自由的关系问题等。

第四,对现行宗教政策的具体内容以及社会功能与作用的实证研究不够。中国的宗教信仰自由政策不仅适用于中国公民,也适用于境内外国人。因此,宗教信仰自由政策法律层面的内容就不仅是宪法第36条,还有宪法第32条。宗教信仰自由不仅仅是解决中国共产党和中国信教群众的关系问题,而是解决中国这个国家和中国公民甚至一切相关个人的关系问题。多数研究停留在对宗教信仰自由政策的口号式的宣传,实证研究不够,特别是宗教信仰自由政策与统一战线政策之间的关系如何厘清,宗教信仰自由政策在维护统一战线和推进依法治国两方面的效果如何,现行宗教信仰自由政策在维护国家安全和社会稳定方面的作用如何等等。

第五,对宗教信仰自由与其他社会领域的关系研究不够。比如宗教信仰自由与党的建设的关系问题(党员信教问题,其中蕴含着宗教信仰与马克思主义信仰的中国化、大众化、时代化的关系问题),宗教信仰自由与信仰建设、政党安全、国家安全、文化繁荣、对外战略的关系问题等,都应当深入研究。

此外,中国政府和学术界提出了宗教和谐论,那么宗教和谐论与宗教信仰自由的关系是什么,宗教和谐论的理论基础、实现方式是什么,实现宗教和谐过程中政府的角色和法律的地位如何,宗教信仰自由、宗教和谐论与马克思主义宗教观以及中国特色社会主义宗教理论的关系是什么,与全球宗教对话、全球宗教伦理的关系是什么,这些都是亟须研究的重大问题。

总之,宗教信仰自由虽然在中国已经取得了众多的研究成果,但是事实证明,越是认真地对待它,它越是向人们提出更多更深层的问题。不得不说,对于世界而言,它仍然是一个历久弥新的问题;对于中国而言,则几乎是一个全新的课题,值得严肃对待和不断思考。

**论文出处:**《基督教学术》2015 年第 1 辑。

**作者简介:**程洪猛,上海市习近平新时代中国特色社会主义思想研究中心研究员,上海市社会主义学院城市民族和宗教研究中心副主任。

# 第二编　统一战线历史研究

# 第九章　上海在多党合作史上的地位及其启示

姚俭建

中华人民共和国成立初期，由中国共产党、民主党派和无党派人士共同构成的多党合作的基本格局，成为我国新型政党制度运行的坚实基石。作为中国共产党与各民主党派、无党派人士团结合作最早的地区之一，上海在多党合作的历史上有着重要地位。无论是在民主革命时期，还是在中华人民共和国成立初期，上海为我国新型政党制度的确立和多党合作事业的发展作出了重要贡献。

## 一、活水源头与历史铺垫

上海是一座具有光荣革命传统的城市。民主革命时期，上海作为中国和亚洲最大的城市、中国最重要的工商业中心，既是中国共产党的诞生地和党的统一战线政策的发源地与重要实践基地，也是部分民主党派诞生地、中央机关所在地和民主党派的重要活动中心。

在中国共产党的历史上，中共一大、二大、四大先后在上海举行。这三次具有里程碑意义的会议，都曾涉及统一战线这一主题。中共一大曾提出统一战线问题，当时出现了两种不同的意见，大会最终决定不与其他党派建立任何关系。中共二大讨论通过的具有统一战线性质的《关于"民主的联合战线"的议决案》指出："我们共产党应该出来联合全国革新党派，组织民主的联合战线，以扫清封建军阀，推翻帝国主义的压迫，建设真正民主政治的独立国家为职志。"①这表明，由工人、农民、小资产阶级及民族资产阶级"结成民主的联合战线"，共同进行反帝反封建的民主革命，为中国共产党的工作中心从中共一大提出的工人运动转向中共三大提出的国民革命奠定了坚实的阶级力量基础。中共二大第一次提出并运用"联合战线"，在党的统战史上占有十分重要的地位，特别是《议决案》统一了全党在统一战线方面的策略思想。1924 年国共合作全面展开后，国民革命统一战线中的矛盾冲突不断显现，1925 年 1 月召开的中共四大讨论并提出无产阶级在民主革命中的领导权问题势在必行。中共四大首次向全党明确提出"无产阶级革命领导权"的问题，在大会的一些文件中作了明确的阐释，从各个方面给予了具体的落实，从而较好破解了怎样搞革命统一战线的现实难题。至此，党在民主革命时期统一战线思想已初具雏形。上海由此也成为中国共产党统一战线思想的策源地。

值得一提的是，在以五卅运动为标志的大革命高潮期间，1927 年 3 月，上海工人在中共上海区委组织下通过第三次武装起义建立了上

---

① 中央档案馆：《中共中央文件选集》第 1 册，中共中央党校出版社 1989 年版，第 66 页。

海特别市临时市政府。这一机构是以工人代表为主体的民选联合民主政权，具有统一战线性质。尽管它很快在四一二反革命政变中被中外反动势力联合绞杀，但其所作出的探索无疑具有十分重要的历史价值。之后在国共和谈期间，中共驻沪办事处积极开展统一战线工作，取得了很大成效，为党在上海工作的继续开展打下了坚实的基础。

与此同时，作为中华人民共和国成立后多党合作格局组成部分的各民主党派中，中国农工民主党、中国民主促进会先后于 1930 年 8 月 9 日、1945 年 12 月 30 日在上海诞生；中国民主建国会总会、中国民主同盟总部分别于 1946 年 4 月、1946 年底迁到上海；有的党派则以上海作为重要活动中心。许多民主党派的杰出领导人都曾在上海开展爱国民主运动。

历史地看，中国的民主党派发起于大革命失败后，形成和发展于抗日战争时期，“是从中国的土壤里生长出来的”①。在国内最早成立的民主党派是中华革命党(即农工民主党的前身)。民主革命时期中国共产党与该党的合作是多党合作的开始。1935 年，日本帝国主义向华北发动进攻。同年 8 月 1 日，在中华民族生死存亡的紧急关头，为挽救民族危亡，中国共产党发表了《为抗日救国告全体同胞书》即《八一宣言》，呼吁停止内战，团结抗日。在《八一宣言》的感召下，中华革命党毅然抛弃反蒋排共而转向联共抗日，为此改名为中华民族解放行动委员会，开始了同中国共产党在抗日民族统一战线上的政党合作。之后，中共还与中国致公党、中国民权保障同盟等建立并发展了合作关系。为了在上海抗日救亡运动中推进多党团结合作，当

① 《周恩来统一战线文选》，人民出版社 1984 年版，第 153 页。

时中共上海办事处(后改为八路军驻沪办事处)和中国共产党三人团(时为中共上海临时最高领导机构)积极开展统战工作。1936年5月31日,宋庆龄、马相伯、沈钧儒等在上海组建“全国各界救国联合会”(即中国人民救国会的前身),成为国统区抗日运动的一面旗帜。1937年抗战全面爆发后,在中国共产党领导下,7月28日由宋庆龄、蔡元培、何香凝等83位理事组成的上海文化界救亡协会成立。这是全国最早成立的由各界人士参加的救亡协会,也是一个国共双方共同参与的统一战线性质的文化界团体。在其影响和带动下,上海市教育界、妇女界、职业界、学生界、工人界救亡协会相继成立,原上海各界救国会也相应扩大改组为上海各界救亡协会。中共上海党组织按照“抓住中层、联系下层、推动上层”的统战思路,采取灵活机动的工作策略,使各个救亡协会成为广泛的群众组织,成为中国共产党组织领导各界民众抗日的组织形式。①抗战胜利后,中国面临两个前途、两种命运的选择。在中国共产党领导下,国统区反内战、反独裁、要和平、求生存的爱国民主运动高涨。1945年12月30日,抗战时期留居上海的部分文化教育出版界进步知识分子和工商界爱国人士发起成立中国民主促进会,参加上海各界爱国民主运动。在中国共产党的影响和推动下,1946年5月26日,民盟会同民主促进会、民主建国会等53个民主党派和人民团体,组成“上海人民团体联合会”。6月23日,在上海人民团体联合会的积极响应下,以马叙伦、雷洁琼为代表的上海人民代表团赴南京,举行呼吁和平反对内战的请愿。当晚,代表团到达南京下关时,遭到国民党特务暴徒的毒打,“下关惨案”震

① 韩洪泉:《全面抗战时期中国共产党在上海的统一战线工作述略》,《上海市社会主义学院学报》2015年第4期。

惊全国。血的事实促成了广大民众的觉醒,进一步认清了国民党蒋介石坚持内战、镇压民主的真实面目,揭开了上海各阶层人民团结一致,反对美蒋的人民民主运动序幕。1946年6月,国共内战全面爆发后,中共中央上海分局在领导国统区的反美反蒋人民革命运动中,高度重视“对各民主党派、民族工商业者、大学教授、中小学教师、文化界、科技界、宗教界等方面包括国民党中的爱国将领、爱国人士在内的民主人士开展团结教育工作,争取中间人士,在共同斗争中发展壮大进步力量。在党举办的或党所影响的报刊中,吸收文化、学术、教育、科技界进步人士参加编辑或撰稿,宣传革命形势和党的主张,揭露国民党的反动腐朽统治,形成强大的舆论力量,打击了敌人,教育了人民”①。1947年五二〇惨案发生后,在上海的各民主党派领导人迅速举行集会声援学生,极大鼓舞了学生们的斗争热情,推进了解放战争时期的学生爱国民主运动向全国扩展。

正是基于上海得天独厚的区位优势和丰富的统一战线资源,以毛泽东为代表的中共第一代领导人都亲临一线与在上海的民主党派领导人和著名民主爱国人士开展联谊交友工作。1948年4月30日,正值五一国际劳动节来临和人民解放战争取得节节胜利之际,中共中央提出了著名的“五一口号”。这表明中国共产党以博大的政治胸怀,主动向各民主党派发出的合作邀请。中共上海地下党组织根据中央指示,把包括黄炎培在内的30多位民主党派领导人和民主人士护送至香港,转送解放区。在上海解放前夕国民党当局大搜捕中,地下党组织又全力营救张澜、罗隆基、史良等留在上海的民盟领导人,

① 中共上海市委党史资料征集委员会:《解放战争时期的中共中央上海局》,学林出版社1989年版,第3页。

使他们安全脱险。在解放战争的最后决战时期，中共十分重视争取与民主党派的团结合作，并注意发挥民主党派在接管城市、恢复生产、恢复社会秩序的斗争中的作用。1949 年 1 月 22 日，中共中央在《关于对待民主人士的指示》中要求中共地方组织要“以坦白诚恳的态度，向他们解释我党的政策和主张，与之协商一切重大问题，以争取他们同我党一道前进”①。1949 年 2 月 19 日，中共中央又发出《关于怎样对待各民主党派、团体的地方组织的指示》，指出：在“五一号召”以前即已成立并在反对帝、封、官的革命斗争中做出了贡献的民主党派，“亦即国民党革命委员会、民主同盟、中国民主促进会、人民救国会、农工民主党、三民主义同志联合会、民主建国会、致公党等。在被我人民解放军解放了的地方，并经过该党派总部的证明，应一律承认他们的合法地位，加以保护”②。1949 年 4 月 7 日，毛泽东为中共中央起草致邓小平、饶漱石、陈毅电，指出：“上海民主建国会主要负责人黄炎培、章乃器、盛丕华、包达三、张絅伯、施复亮等已到北平，表示向我们靠拢。他们是上海自由资产阶级的代表。我们认为，接收及管理上海如果没有自由资产阶级的帮助，可能发生很大的困难，很难对付帝国主义、官僚资本及国民党的强大的联合势力，很难使这些敌对势力处于孤立。这件事，你们现在就应开始注意。因此，请你们考虑，是否有必要在没有占领上海以前，即吸收他们参加某些工作。而在占领上海以后，则吸引更多的这类人物参加工作。”③在新政协筹

① 中共中央文献研究室、中央档案馆：《周恩来年谱（1898—1949）》（修订本），中央文献出版社 1998 年版，第 834 页。

② 郑惠、张静如、梁志祥：《中国共产党通志》，中央文献出版社 1997 年版，第 1198 页。

③ 中共中央文献研究室、中央档案馆：《建党以来重要文献选编》第 26 册，中央文献出版社 2011 年版，第 248 页。

备中,1949年6月19日,毛泽东致信宋庆龄:“重庆违教,忽近四年。仰望之诚,与日俱积。兹者全国革命胜利在即,建设大计,亟待商筹,特派邓颖超同志趋前致候,专诚欢迎先生北上。敬希命驾莅平,以便就近请教,至祈勿却为盼!”[①]通过这封信,毛泽东既简约明晰地表达了邀请宋庆龄赴北京共商大计之意,又以最高的规格表达了对宋庆龄的敬重。6月25日,连同6月21日周恩来致宋庆龄的信,由邓颖超、廖梦醒自北平专程到上海呈送给宋庆龄。8月28日,宋庆龄由邓颖超、廖梦醒陪同到达北平。毛泽东、朱德、周恩来、林伯渠、董必武等50余人到火车站迎接宋庆龄。这一举动开启了中国民主党派在新政权中与中共合作共事新的一页,使各界代表人物“四方归来聚京华,共创历史新纪元”。与此同时,上海的民主党派组织、著名爱国民主人士也注意发挥自己的特长和优势,积极参加宣传中共政策、组织护厂护校,为解放和接管上海作出了特殊贡献。所有这一切活动和举措为新中国探索建立中国共产党领导的多党合作和政治协商制度作好了极为宝贵的铺垫。

由此可见,新民主主义革命时期,中国共产党与各民主党派、无党派人士利用上海这一独特的区位优势,在抗击帝国主义侵略,反对蒋介石独裁统治,创建新中国的长期斗争中,风雨同舟,艰难探索,团结合作,相互支持,为新型政党制度的建立夯实了牢固的合作基础。

## 二、地方重镇与带动效应

上海解放以后,作为远东地区现代化城市和工商业中心的特殊

① 《中国人民从此站起来了(上)》,https://politics.gmw.cn/2019-09/27/content_33194756.htm。

地位无形中奠定了其在统一战线中的重镇地位。特别是中国共产党接管上海后，民主党派、民主人士和工商界代表人士等成为稳定上海经济局势、缓解社会矛盾的枢纽。中共政策的制定与执行都需要民主党派、民主人士和工商界代表人士在社会中的影响力。正如毛泽东在 1950 年所说："华东地区很重要，特别是上海，世界上著名的大城市之一，那个地方资本家成堆，上海和华东各省市的统战工作很重要。"①"上海统战工作不仅在国内很重要，而且对国际也有影响。"②在毛泽东等中共第一代领导人的关心和中共华东局、上海市委领导下，中华人民共和国成立初期的多党合作开启了新的篇章。

上海刚解放时直接受中共中央华东局领导，曾一度使用中共中央华东局暨上海市委员会名称，到 1950 年 1 月二者才分开。因此，1949 年 6 月 1 日成立的华东局统战部兼管上海市的统战工作，由曾被毛泽东赞誉为"天才的统一战线的执行者"③的市长陈毅亲兼部长，副市长潘汉年兼副部长，周而复为秘书长，成员大都是中华人民共和国成立前的地下党员。1950 年 3 月，中共上海市委统战部成立，但仍与华东局合署办公。这一机构的成立对后来上海统一战线和多党合作事业发展起到了重要作用。

按照毛泽东和中共中央的指示精神，中共中央华东局、上海市委及其统战部通过协助民主党派组建地方组织，搭建平台邀请民主党派、民主人士和工商界代表人士参与重要决策的制定，担任重要领导职务，解决工商界人士的生产问题，协调劳资关系。与此同时，各民

---

① 周而复：《往事回首录之二：雄鸡一唱天下白》，中国工人出版社 2004 年版，第 42 页。

② 陈丕显：《陈丕显文选》第 2 卷，中共党史出版社 2000 年版，第 4 页。

③ 李学明：《毛泽东说陈毅：天才的统一战线的执行者》，《四川统一战线》1997 年第 11 期。

主党派上海市地方组织、民主人士和工商界代表人士积极参加地方人民政权和人民政协工作，认真履行参政议政职能，在巩固人民民主专政、实现社会主义改造、推进社会主义现代化建设的实践中发挥了重要作用。这主要体现在：

一是中共协助民主党派发展成员，组建地方组织。民主党派是我国政党制度的重要参与者。新中国成立后，中国共产党高度重视民主党派的作用：一方面，提出了帮助民主党派发展成员和壮大组织，推进大中城市民主党派组织的自身建设；另一方面，根据新形势和新任务，从政党构成成分上肯定了民主党派作为新民主主义政党的性质，明确了民主党派为社会主义服务的政治目标，并把民主党派的作用归结为参、代、监、改，进而明确了民主党派服务于国家社会中心任务的具体形式。为了发挥民主党派的作用，身兼华东局统战部正副部长的陈毅、潘汉年专门调查和分析上海民革、民盟、民建、民进、农工党等党派的状况，及时向中央报告和处理出现的一些问题。中共上海市委和统战部门按照中央要求，以帮助民主党派内部整顿、组织发展、增加成员人数作为中心工作。经过各方努力，上海民主党派组织发展成效显著。据统计，民革在1949年9月开始办理该党人员的登记以及审查工作，经甄别和审查后正式批准党员118人，到1952年底，党员人数上升到319人；民盟在1949年底经审查有314名盟员，到1955年底发展到967人；民建在1949年7月的会员为396人，到1953年底增加到896人，其中59%都是工商业者；民进会员在1949年的统计中为75人，到1952年增长到277人；农工党当时党员以工人、农民和学生为主，在第六次全国干部会议（六干会议）重新确定发展对象后，到1952年底共有181名党员，中上层人士所占比例为 76.1%；九三学社 1948 年底有社员 26 人，到 1955 年底上升到 164 人。[①]同时，在中共上海市委帮助下，到 1952 年 9 月底之前各民主党派基本完成公开在各学校、机关、企业中的组建，并与中共同级组织取得联系，同时着手开始筹备建立区一级组织。民主党派成员人数的增加以及自身建设的加强，为多党合作事业的健康发展奠定了基础。

二是探索建立协商平台。1949 年 8 月 3 日，上海市第一次各界代表会议（后改称为上海市第一届第一次各界人民代表会议）举行。这是在特别国情环境下党和政府制定政策的协议机构，是党和政府联系各阶层群众的有效组织形式，为中共的执政合法性提供了群众基础。11 月 24 日，毛泽东为中共中央起草复华东局电："上海第二届各界代表会应选出四十人左右的协商委员会。其职权为在各界代表会闭会期间向市政府提出建议案，并为下届各界代表会准备议程及议案。"[②]人民代表会议召开前，筹备会工作人员与上海民主党派、工商界、民主人士进行了协商，共同制定会议章程和规章制度。12 月 5 日，市一届二次各界人民代表会议根据中央人民政府《市各界人民代表会议组织通则》规定，会议通过成立市各界人民代表会议协商委员会（简称市协商委员会）。市协商委员会为市各界人民代表会议的常设机关。市协商委员会推选产生常务委员会，并设立若干专门委员会，负责处理日常工作。市协商委员会的职权是根据上海解放初期的政治、经济、社会发展不同阶段的具体要求，协商议决上海重大

---

① 《中国民主党派上海市地方组织志》编撰委员会：《中国民主党派上海市地方组织志》，上海社会科学院出版社 1998 年版，第 400 页。

② 中共中央文献研究室：《建国以来毛泽东文稿》第 1 册，中央文献出版社 1987 年版，第 159 页。

政治经济社会问题，并为城市新生政权的巩固提供重要的咨询和建议等。1950 年 6 月，市协商委员会又开始代行人民政协地方委员会的职权，具有人民民主统一战线的组织职能。1954 年 8 月，上海市人民代表大会召开后，市协商委员会不再具有市各代会常设机构的职能，机构保留至 1955 年 5 月中国人民协商会议上海市委员会正式成立为止。从政治行为上考察，在中华人民共和国成立初期，市协商委员会及时调整各种委组机构，尽力建言献策，参与协商讨论各项重大事务，协助共产党和市人民政府积极应对各种挑战，为国民经济的恢复和发展发挥了重要作用。可见，市协商委员会的各种政治行为过程确实较好地体现了协商性特征，而经过协商通过的决议在中华人民共和国成立初期也得到了切实的贯彻落实。从成员构成上分析，1949 年 12 月—1955 年 5 月，市协商委员会共历 3 届，主席均为陈毅。在这 3 届委员中，党外人士都占 65％以上；在常委和副主席中，党外人士也占半数或半数以上。先后担任副主席的有胡厥文、刘鸿生、金仲华 3 人。这在一定程度上体现了中国共产党领导的多党合作和政治协商机构的属性要求。由此可见，上海各界人民代表会议及其协商委员会从最初咨询、协商、参政议政，发展到代行人民代表大会职权，参与讨论全市性重大问题，制定地方法规，选举政府领导人员，协助政府完成各项重大任务，成为解放初期上海市人民政权的重要组织形式，也是各民主党派参政议政和发挥民主监督作用的重要机构。①

三是安排党外人士参加地方政权。1949 年 10 月 12 日毛泽东致电陈毅："请邀集刘晓、粟裕诸同志拟一个华东军政委员会的名单草

① 冯小敏、严爱云、黄金平等：《地方党委领导方式的历史考察和创新研究》，《上海党史与党建》2003 年第 1 期。

案，党员占半数多一点，党外民主人士占比较少数，共约三十人左右，于明(十三)日交我为盼。”①1950 年 1 月在上海成立的华东军政委员会，是一个具有统战性质的地方政权。党外人士马寅初、颜惠庆和盛丕华先后被任命为副主席，胡厥文、黄延芳、陈巳生、吴蕴初、刘鸿生、沈志远、包达三、冷遹、丁超五、谢仁冰、陈望道、王芸生、吴有训、吴耀宗、金仲华、张元济、荣德生、邓裕志、罗家衡、孟宪承 20 人被任命为委员。有 13 人担任部、委、局领导职务，其中陈望道任文化部部长、孟宪承任教育部部长、沈志远任参事室主任，黄延芳任生产救济委员会主任。经中央人民政府政务院和华东军政委员会批准，自 1950 年 10 月 16 日市二届一次各界人民代表会议起，市各界人民代表会议代行上海市人民代表大会的职权。至 1954 年 8 月，共召开三届上海市各界人民代表会议，均以解决当时的重大政治任务为中心内容。每届党外人士都占一定比例。如第三届 910 名代表中，党外人士 383 人，占代表总数的 42.1%。另外有多位民主党派和无党派人士先后担任上海市人民政府副市长。如 1949 年 12 月 2 日，经周恩来提名，毛泽东亲自签发了任命时任中国民主建国会总会常务理事的盛丕华为上海市人民政府副市长的通知书。1952 年 12 月又增补无党派人士金仲华为副市长。1955 年 2 月，市人大一届二次会议根据《地方各级人民代表大会和地方各级人民委员会组织法》，决定将市人民政府改为市人民委员会，市人民委员会既是人大的常设机构，又是上海市国家行政机关。会议选举市长、副市长及市人民委员会委员，盛丕华、金仲华继续当选为副市长。1957 年 1 月市人大二届一次会议增选荣毅

---

① 中共中央文献研究室:《建国以来毛泽东文稿》第 1 册，中央文献出版社 1987 年版，第 159 页。

仁、赵祖康为副市长。

四是探索建立协商咨询机制。遇事协商是中国共产党在抗日战争时期形成的与其他党派合作的传统。上海解放以后，以陈毅、潘汉年等在继承这一传统的基础上，通过举行由民主党派和党外人士参加的协商咨询座谈会的形式加以完善。如 1950 年二六空袭以后，上海的电力设施受到严重破坏，许多工厂不得不停产，工人失业率上升，再加之连续出现的商品滞销、资金链断裂等问题，上海面临十分困难的局面。陈毅、潘汉年等组织召开了多次民主党派领导和无党派人士参加的咨询讨论会，商讨对策。同时探索设立具有统一战线性质的咨询机构。1951 年 3 月，根据《上海市人民政府暂行组织条例》的规定，市政府设置参事室。它是一个具有咨询性、统战性的机构，侧重于安排在民主革命时期与中共合作有一定贡献的人士、原国民党高中级人员以及资历较深、在社会上有一定影响的专家、学者等为市政府参事。

## 三、简短的结论与启示

中国共产党领导的多党合作和政治协商制度是在长期革命与建设中形成和发展起来的。中国共产党领导的多党合作和政治协商制度是我国的一项基本政治制度，是符合我国国情、体现我国政治优势的社会主义政党制度。中国共产党与民主党派、无党派人士的关系是我国政党关系的重要组成部分。新中国成立到社会主义改造完成的社会主义革命时期是中国共产党与民主党派、无党派人士关系发展的关键期,也是多党合作和新型政党制度确立和起步的重要阶段。上海在民主革命时期和中华人民共和国成立初期开展的多党合作探索与实践,既是整个中国共产党领导的多党合作事业的重要组成部分,又富有鲜明的上海特色,因而具有十分宝贵的典型意义。回顾并深入研究这一段历史,无疑给我们以深刻启示:

启示之一,上海大城市的特殊地位与城市特征为多党合作提供了探索和实践的舞台。城市是国家经济、贸易和政治的重镇,是执政党开展工作的重心,多党合作和城市政权的巩固对执政党地位的稳定起着关键性作用。上海特殊的城市历史与环境是考验中国共产党与民主党派关系的场域。近现代上海是中国内地经济最具有活力、贸易最为发达、思想最为开放的城市。马克思主义最早在上海的传播、中国共产党的建立以及民主党派把上海作为开展活动的重要基地等,就说明了这一点。对中国共产党来说,执政的合法性来自各党派、人民团体、各阶层群众对执政党的支持与信任。面对这样一座复杂多元、充满异质性元素的商业都市,面对近代新思想、新文化的集聚地与共产主义思想的发源地,中国共产党开展包括多党合作在内的统战工作有着得天独厚的内在基础和外在条件,“大量其他地方难以开展的统战活动可以在上海开展;大量其他地方所不具备的开展统战工作的条件上海具备;大量其他地方难以聚集的统战人士都云集上海”①。这就需要中国共产党不失时机地推进多党团结合作,进而对社会各阶层进行广泛的动员与组织,让这座处于中国现代化最前沿的商业都市保持稳定有序,转变为社会主义新中国的大都市,并

① 肖存良:《近百年上海统战:地位、特点与作用》,《上海市社会主义学院学报》2019 年第 5 期。

为全国的发展提供多方支持。在国内城市人口最多、社会成分最为多样、工商业最为兴盛且有“罪恶的都市”与“革命的堡垒”[①]之称的上海，中国共产党开展了统一战线和多党合作工作，最终成功地完成了新民主主义的革命任务，实现了向社会主义社会的顺利过渡，赢得了社会各界对中共执政地位合法性的支持。历史证明，中华人民共和国成立初期，多党合作的成功实践使中国共产党在城市巩固政权合法性地位方面经受住了重要的政治考验。这是马克思主义多党合作理论成功运用于大城市的典范。对在当今“两个大局”的背景下如何推进多党合作具有重要的借鉴意义。

启示之二，具有上海特色的多党合作的探索实践来自中国共产党的顶层设计与推动。从政治学上分析，政党制度的建构是以政党关系的调整展开的。在中华人民共和国成立前后，我国新型政党制度的建立主要围绕多党合作和政治协商两大主题展开。支撑这一新型制度探索实践的首要制度性特征是中国共产党作为领导力量的顶层设计和组织领导。历史和现实表明，坚持中国共产党对多党合作的领导，是保持多党合作事业健康发展的基本前提和内在动力。多党合作最初在上海的成功探索与实践，离不开中共中央的高度重视，特别是毛泽东的深谋远虑和设计谋划，也离不开中共华东局、上海市委的直接领导和推动。同时也表明，作为新型政党制度的重要组成部分，多党合作既有制度性的本质要求，也有基于地方特点的实践探索空间。这就启示我们，在坚持中国共产党领导的多党合作和政治协商制度的基本原则前提下，在中共地方党委的领导下，从各地的区域特点、民主党派组织发展、无党派人士变化特点等状况出发，积极

① 上海市档案馆：《上海解放（中）》，中国档案出版社2009年版，第276页。

探索新时代多党合作工作的运行模式，深化多党合作的实践，进一步丰富和发展我国新型政党制度。

启示之三，具有上海特色的多党合作的探索实践离不开民主党派的同心同力。中华人民共和国成立 70 多年各民主党派的发展史，就是各民主党派自觉接受中国共产党领导并与中国共产党团结合作的历史。多党合作事业的发展，不仅需要共产党的坚强领导和推动，同样需要民主党派作为参与合作者的同心同力。中共十八大以来，以习近平同志为核心的党中央高度重视民主党派工作，就坚持和完善我国新型政党制度进行了一系列理论创新，标志着我国民主党派自身建设和多党合作事业进入创新发展的新时代。尤其是 2013 年 2 月 7 日，习近平总书记首次提出各民主党派是中国特色社会主义参政党的崭新命题，为多党合作理论和实践注入了新的内涵，也为参政党自身建设指明了方向。2019 年出台的《中共中央关于加强中国特色社会主义参政党建设的意见》，是中国共产党历史和多党合作史上一个极其重要的指导性文件，对民主党派建设提出了系统、科学的指导意见，是加强新时代多党合作事业健康发展和加强中国特色社会主义参政党建设的根本遵循和行动指南。适应新时代多党合作高质量发展的新要求，民主党派要自觉做中国共产党的好参谋、好帮手、好同事，不断提高政治领悟力、政治判断力和政治执行力，把我国新型政党制度坚持好、发展好、完善好，切实担负起时代赋予的光荣使命。

**论文出处**：《上海市社会主义学院学报》2021 年第 4 期。

**作者简介**：姚俭建，上海市社会主义学院教授，中国人民政协理论研究会常务理事，法学博士。

# 第十章　中国共产党建党初期统一战线工作的开创

刁含勇

统一战线是中国共产党在中国革命中战胜敌人的三大法宝之一，在新民主主义革命胜利的历程中发挥着不可替代的重要作用。1922年在上海举行的中国共产党第二次全国代表大会（以下简称“中共二大”）首次明确制定了反帝反封建的民主革命纲领，首次提出了具有统一战线性质的“民主的联合战线”的策略，是马克思主义基本原理与中国革命实践相结合的重大成果，亦是中国共产党统一战线工作的伟大开端。这一工作从有到无，既有党对国际共运时代理论的把握，也凝聚着党自身对中国革命形势的思考，是中国新民主主义革命历程中具有里程碑意义的突破。本文试图梳理这段历史的来龙去脉，以对党的统战工作的产生意义有更充分细致的把握。

## 一、统一战线工作产生的国际背景与国内酝酿

相较于资本主义发达国家，诸如20世纪20年代中国这样的落后国家要实现社会主义乃至共产主义的革命目标，自然需要符合本国本社会的具体情况制定革命道路。1920年6月5日列宁在共产国际二大“民族和殖民地问题委员会”上作报告时就强调诸如波斯、土耳其、中国这样的半殖民地国家，“只有在殖民地国家的资产阶级解放运动真正具有革命性质的时候，在这种运动的代表人物不阻碍我们用革命精神去教育、组织农民和广大被剥削群众的时候，我们共产党人才应当支持并且一定支持这种运动。……在先进国家无产阶级的帮助下，落后国家可以不经过资本主义发展阶段而过渡到苏维埃制度，然后经过一定的发展阶段过渡到共产主义”①。最后共产国际二大通过了《关于民族问题与殖民地问题的议案》，强调共产国际在民族和殖民地问题上的全部政策“是使各民族和各国的无产者与劳动群众彼此接近，以便为打倒地主和资产阶级共同进行革命斗争……消灭民族压迫和不平等现象”。共产国际“应当援助殖民地和落后国家的革命运动；共产国际应当同殖民地和落后国家的资产阶级民主派合作，甚至结成联盟，但是不要与之混为一体，甚至当无产阶级运动还处于萌芽状

① 列宁：《民族和殖民地问题委员会的报告》(1920年7月26日)，中共中央马克思恩格斯列宁斯大林著作编译局编译：《列宁选集》第4卷，人民出版社1995年版，第275—278页。

态时，也绝对要保持这一运动的独立性”①。应该说，列宁及共产国际决议中的基本思想，对中国革命运动有着重要的指导意义。

1921年7月，中国共产党在上海成立，当时正处于党的初创阶段，其建党重心主要放在如何建立一个真正的无产阶级政党组织，在当时尤其是要划清马克思主义与无政府主义的界限，加之当时并未及时获悉列宁及共产国际的相关理论，因此中共一大文件并没有反映上述有关统战思想的内容。中共一大党纲中规定“中国共产党彻底断绝同黄色知识分子阶层及其他类似党派的一切联系”，“在加入我们队伍之前，必须与企图反对本党纲领的党派和集团断绝一切联系”。②在党的第一个决议当中，对现有政党的态度是：“对现有其他政党，应采取独立的攻击的政策。在政治斗争中，在反对军阀主义和官僚制度的斗争中，在争取言论、出版、集会自由的斗争中，我们应始终站在完全独立的立场上，只维护无产阶级的利益，不同其他党派建立任何关系。”③当时中共一大的与会代表对这一问题有着明显的分歧，李汉俊等人表达了肯定联合的意见，并认为中共应支持孙中山的国民党。而包惠僧等则坚决反对国共两党合作，认为两个敌对的阶级是没有合作的可能性的。他们还列举了北方及南方政府的各种恶劣行径，认为孙中山政府和北方军阀集团差不多。持反对意见的陈公博认为：“第一，因内战继续了许多年，人民处于苦难和不景气中，这

---

① 共产国际二大：《关于民族与殖民地问题的决议》（1920年8月），中共中央党史研究室第一研究部编：《共产国际、联共（布）与中国革命文献资料选辑（1917—1925）》，北京图书出版社1997年版，第139、143页。

② 中共一大：《中国共产党第一个纲领》（1921年7月），中央档案馆编：《中共中央文件选集》第1册，中共中央党校出版社1989年版，第3页。

③ 中共一大：《中国共产党第一个决议》（1921年7月），中央档案馆编：《中共中央文件选集》第1册，中共中央党校出版社1989年版，第8页。

些因素使共产党人相信，任何使人民遭受痛苦的党派都是他们的敌人。延续的内战至为可怕，北京政府和南方政府对内战都要负责。因此，很明显地，其他任何党派都不值得他们去参加。第二，当时许多共产党员在其他的政党和团体中系代表急进分子，倘使这些党员保有其他党党员的身份，将败坏共产党员的品德。第三，不妥协政策既是他们承认的唯一政策，独立斗争对该党是极为重要的，共产党人与非共产党人共同工作，将无任何益处。”①这一情况也是当时党内对于建立革命联合战线态度的真实反映，造成了当时党内统战工作思想的难产。

1922 年 1 月，中国社会主义青年团创办的《先驱》半月刊创刊号上发表了《第三国际对民族问题和殖民地问题所采取的原则》，翻译转述了列宁对此问题的思想。应该说，此时中共内部已经接触到了共产国际方面对中国等落后国家在建立革命联合战线上的理论。有学者认为，中国共产党人在接受列宁和远东各国共产党和民族革命团体第一次代表大会的有关理论之前，已经在探索中国革命的具体步骤问题了。②

## 二、统一战线工作产生的党内理论准备

在共产国际领导下，1922 年 1 月 21 日，在莫斯科举行了远东各国共产党及民族革命团体第一次代表大会。远东劳动代表大会“对

---

① 张国焘：《我的回忆》第 1 册，东方出版社 1980 年版，第 136 页。

② 郭绪印：《评中共“二大”的伟大历史意义》，《中国浦东干部学院学报》2012 年 7 月第 6 卷第 4 期。

于帮助中国共产党人认清中国国情和制定中国民主革命的纲领，起到了很大的作用”①。中国共产党、社会主义青年团、中国国民党派代表出席了会议，这是中国共产党成立后第一次正式派代表参加大型国际会议。中共中央指派中央局成员张国焘前往苏俄参加大会，向共产国际报告中国共产党的情形，听取共产国际的指示并研究苏俄及其他各国的革命经验。②这次会议贯彻了列宁的民族和殖民地问题的理论，提出了各殖民地半殖民地国家的共产党同资产阶级民主派联合，组成民主的联合战线的主张，并通过了关于共产党与民主革命派合作的决议。会议期间，列宁抱病接见了参加会议的中国代表团部分成员，其中有共产党的代表张国焘、国民党的代表张秋白和个人代表邓培。列宁向国、共两党的代表询问了“中国国民党和中国共产党是否可以合作”的问题。张秋白当即表示：“国共两党一定可以很好的合作。”列宁再以同样的问题问张国焘，张国焘也认为“在中国民族和民主的革命中，国共两党应当密切合作，而且可以合作”③。大会闭幕后，张国焘回到中共中央所在地上海，向中央汇报了大会决议和列宁谈话中的重要内容。因此，在共产国际的直接影响和帮助下，中国共产党在1922年上半年就开始在理论上逐步认识到无产阶级为了自己的长远利益和整体利益，以及革命目标的实现，可以而且也必须发展同资产阶级民主派的联合战线。

随张国焘一同参加远东各国共产党及民族革命团体代表大会的成员中，还有十几个青年团员。他们回国后，青年团首先展现了对于

---

① 中共中央党史研究室：《中国共产党历史》第1卷（1921—1949）上册，中共党史出版社2011年版，第77—78页。

② 张国焘：《我的回忆》第1册，东方出版社1980年版，第172页。

③ 同上书，第199页。

革命联合战线理论的相关转变。1922 年 4 月，团中央机关刊物《先驱》第 5 号上发表文章指出：根据中国的社会情况，革命“应分两步去做：第一步是完全倾覆封建主义，促使中国真正独立；第二步是推翻有产阶级的政治，把政权掌握在自己手中”①。参加远东会议的少年中国学会代表高尚德回国后，与该学会会员李大钊、邓中夏、刘仁静等人根据此次会议的精神，在 1922 年夏起草了《北京同人提案——为革命的德莫克拉西（民主主义）》，提出：“任何主义者，我们以为都应该在此时抛弃一切武断的成见，客观地考察中国的实际情况；应该在此共同认定一联合的战线；用革名（命）的手段，以实现民主主义为前提。”②在不久以后的 6 月 15 日，中共中央发表了《中国共产党第一次对时局的主张》，首先肯定了目前各政党中“只有国民党比较是革命的民主派，比较是真的民主派”，在此基础上，提出：“无产阶级在目前最切要的工作，还应该联络民主派共同对封建式的军阀革命，以达到军阀覆灭能够建设民主政治为止。”在具体的方法上，即：“中国共产党的方法，是要邀请国民党等革命民主派及革命的社会各团体，开一个联席会议，在上列原则的基础上，共同建立一个民主主义的联合战线，向封建式的军阀继续战争；因为这种联合战争，是解放我们中国人受列强和军阀两重压迫的战争，是中国目前必要的不可免的战争。”③这些党内思想与理论的转变，为接下来中共二大首次提出党的

① 郭绪印：《评中共“二大”的伟大历史意义》，《中国浦东干部学院学报》2012 年 7 月第 6 卷第 4 期。

② 邵雍：《“民主的联合战线”的提出与转变》，《江西师范大学学报》（哲学社会科学版）2013 年第 1 期。

③ 中共中央：《中国共产党第一次对时局的主张》（1922 年 6 月 15 日），中央档案馆编：《中共中央文件选集》第 1 册，中共中央党校出版社 1989 年版，第 37、45—46 页。

统战工作，奠定了重要的基础。

## 三、中共二大上统一战线工作的开创

1922年7月16日至23日，中国共产党第二次全国代表大会在上海举行，出席代表12人，代表全国党员195名。这次代表大会根据列宁关于民族和殖民地革命的理论和远东各国共产党和民族革命团体第一次代表大会的精神，讨论了中国革命的基本问题，制定了党在现阶段反帝反封建的民主革命纲领。经过与会代表们的讨论，大会通过了中共二大宣言，对6月15日发表的第一次对时局的主张作了一些重要的补充和修正。宣言加重了反帝的色彩，强调“使工人和贫农与小资产阶级建立民主主义的联合战线”，以“消除内乱，打倒军阀，建设国内和平；推翻国际帝国主义的压迫，达到中华民族完全独立；统一中国本部（东三省在内）为真正民主共和国”。[①]由此可见大会再次使用了“民主主义的联合战线”的提法，在这样的场合下，无疑是党内对统战理论的确立。

中共二大又通过了《关于“民主的联合战线”的议决案》等9个决议案，这其中多个议决案体现了“联合战线”的精神。《关于“工会运动与共产党”的议决案》规定：“工会必须做民族独立政治的和市民的权利与自由（包括普通选举权和废除罢工刑律的运动）的奋斗，并在民主主义联合战线中占独立的重要的地位，这样才能促进工人们得到最后的胜

① 中共二大：《中国共产党第二次全国大会宣言》（1922年7月），中央档案馆编：《中共中央文件选集》第1册，中共中央党校出版社1989年版，第115页。

利。但同时这个奋斗的用意是真正无产阶级争斗的革命宣传……须要无产阶级领导他们自己。”①《关于“国际帝国主义与中国和中国共产党”的决议案》将“民主主义的联合战线”与“民主革命的战线”两个概念并用，规定“中国的工人、农民和小资产阶级要建立一条民主主义的联合战线……中国工人要联合在中国共产党旗帜之下，一方面加入民主革命的战线；一方面做增进自己阶级地位的奋斗……组织‘民主主义联合战线’是我们一种政策”②。在《关于少年运动问题的决议案》中，则使用了“民主革命的联合战线”的提法，规定：“中国少年运动的先锋，他不但要在共产主义与少年国际领导之下为了少年劳动者经济和文化利益而奋斗，将他们组成了无产阶级革命的少年军旅，他同时要联络中国一切被压迫的少年们的革命势力在一条民主革命的联合战线上，引导他们做打倒帝国主义和封建势力的奋斗。”③

中共二大的相关决议中，最为详尽系统地阐述“联合战线”内容及措施的，当为《关于“民主的联合战线”的议决案》（以下简称《决议》）。该《决议》强调：“为人民幸福计，民主派对于封建革命是必要的，无产阶级倘还不能够单独革命，扶助民主派对于封建革命也是必要的。”决议指出：“无产阶级加入民主革命的运动，并不是投降于代表资产阶级的民主派来做他们的附属品，也不是妄想民主派胜利可以完全解放无产阶级；乃因为在事实上必须暂时联合民主派才能够

---

① 中共二大：《关于“工会运动与共产党”的议决案》（1922 年 7 月），中央档案馆编：《中共中央文件选集》第 1 册，中共中央党校出版社 1989 年版，第 77—78 页。

② 中共二大：《关于“国际帝国主义与中国和中国共产党”的决议案》（1922 年 7 月），中央档案馆编：《中共中央文件选集》第 1 册，中共中央党校出版社 1989 年版，第 62—63 页。

③ 中共二大：《关于少年运动问题的决议案》（1922 年 7 月），中央档案馆编：《中共中央文件选集》第 1 册，中共中央党校出版社 1989 年版，第 85 页。

打倒公共的敌人——本国的封建军阀及国际帝国主义——之压迫，不如此无产阶级便无法得着为自己阶级开始团结所必需的初步自由，所以在民主的战争期间，无产阶级一方面固然应该联合民主派，援助民主派，然亦只是联合与援助，决不是投降附属与合并，因为民主派不是代表无产阶级为无产阶级利益而奋斗的政党；一方面应该集合在无产阶级的政党——共产党旗帜之下，独立做自己阶级的运动。”《决议》要求“我们共产党应该出来联合全国革新党派，组织民主的联合战线，以扫清封建军阀推翻帝国主义的压迫，建设真正民主政治的独立国家为职志。我们应该号召全国工人农人在本党旗帜之下去加入此种战争”。结合中国时局，决议还就如何实施民主的联合战线的主张，提出了最近的计划：“(A)先行邀请国民党及社会主义青年团在适宜地点开一代表会议，互商如何加邀其他各革新团体，及如何进行。(B)运动倾向共产主义的议员在国会联络真正民主派的议员结合民主主义左派联盟。(C)在全国各城市集合工会、农民团体、商人团体、职教员联合会、学生会、妇女参政同盟团体、律师公会、新闻记者团体等组织‘民主主义大同盟’。”①

可以看到，在中共二大的相关决议中，出现了诸如“民主的联合战线”“民主主义的联合战线”“民主革命的战线”“民主革命的联合战线”等多种提法，尽管文字表述略有不同，但其核心内容与精神实质是相同的。中共二大建立“民主的联合战线”决议，实质决定了建立革命统一战线的方针政策②，开启了党的统战工作的辉煌篇章。同

---

① 中共二大：《关于“民主的联合战线”的议决案》(1922 年 7 月)，中央档案馆编：《中共中央文件选集》第 1 册，中共中央党校出版社 1989 年版，第 65—66 页。

② “统一战线”的概念是瞿秋白在 1925 年 8 月 18 日发表的《五卅后反帝国主义联合战线的前途》中最早使用。中共在 1927 年前大多使用“联合战线”，1927 年后基本上使用“统一战线”。中共二大首次提出“民主的联合战线”具有深刻的价值意义。参见杨爱珍、徐奋：《中共二大与“民主的联合战线”》，《上海市社会主义学院学报》2012 年第 3 期。

时，这也是认清中国革命规律，在实践上开展马克思主义中国化的重大步骤，在日后将发挥巨大的影响。当时党的领袖陈独秀后来评价道，在第一次代表大会时“党的要求——无产阶级专政——悬在半空，到第二次代表大会时就脚踏实地了，有了规章，找到了与中国实际的联系并决定了党要走的道路”①。

## 四、统一战线工作推动新民主主义革命实现升华

中共二大“建立民主的联合战线”，开创党的统战工作，对推动中国革命的发展具有重大的历史意义。1922 年 8 月，共产国际代表维经斯基致函中共中央，肯定了中共二大的转变，称：“你们的组织已开始走出马克思主义小组状态，并作为一个政治组织而站立起来。……你们发表的宣言和告国内民主人士书，我们认为是很成功的，我们认为，你们完全正确地掌握了旨在反对国内军阀和外国帝国主义的民主统一战线思想。”在此基础上，他建议中共：“你们还是应该根据条约原则同民族资产阶级的最大政党——国民党保持紧密联系，以便建立民主统一战线。你们要通过与该党领导人一起开会和直接向出身于劳动群众的该党普通党员发出呼吁的办法，打破该党领导人坚持不与你们达成协议的顽固态度。”②

---

① [荷]马林：《致共产国际执行委员会的信》(1923 年 6 月 20 日)，中共中央党史研究室第一研究部编：《共产国际、联共(布)与中国革命文献资料选辑(1917—1925)》，北京图书出版社 1997 年版，第 477 页。

② [俄]维经斯基：《给中共中央的信》(1922 年 8 月)，中共中央党史研究室第一研究部编：《共产国际、联共(布)与中国国民革命运动(1910—1925)》，北京图书出版社 1997 年版，第 117—119 页。

中共二大以后，党的领导人纷纷在报纸杂志上撰文，宣传党的“民主的联合战线”。如1922年9月20日，党的领袖陈独秀在《向导》周报上发表《造国论》一文，直呼“十余年来的政治史及眼前要求打倒军阀建设民主政治的呼声可以证明”，中国无产阶级与资产阶级“两阶级联合的国民革命(National Revolution)的时期是已经成熟了”①。11月7日，李大钊在《晨报》上发表《十月革命与中国人民》一文，宣传“民主的联合阵线”，其中说道：“这个在历史上有重要意义的十月革命，不只是劳苦民众应该纪念他，凡是像中国这样的被压迫的民族国家的全体人民，都应该很深刻的觉悟他们自己的责任，应该赶快的不踌躇的联合一个‘民主的联合阵线’，建立一个人民的政府，抵抗国际的资本主义，这也算是世界革命的一部分工作。”②次年3月1日，旅欧支部的机关刊物《少年》发表《反对帝国主义联合战线怎样在中国应用?》，其中认为：“中国共产党应该首先努力组织工人、农民及小资产阶级之革命分子为反对帝国主义联合战线之主力军，再逼迫其余较进步的小资产阶级加入此联合战线……在这战线上，我们应该用‘建设统一的独立共和国’为口号以推倒一切帝国主义及帝国主义的附产物——本国军阀。”③4月25日，陈独秀在《向导》周报上再次提出：“劳动群众本来具有革命的实力，应在革命运动中占重要部分，而

① 陈独秀：《造国论》(1922年9月20日)，中国社会科学院近代史研究所现代史研究室选编：《“二大”和“三大”——中国共产党第二、三次代表大会资料选编》，中国社会科学出版社1985年版，第327页。

② 李大钊：《十月革命与中国人民》(1922年11月7日)，中国李大钊研究会编注：《李大钊全集》第4卷，人民出版社2006年版，第99页。

③ ［俄］D：《反对帝国主义联合战线怎样在中国应用?》(1923年3月1日)，中国社会科学院近代史研究所现代史研究室选编：《“二大”和“三大”——中国共产党第二、三次代表大会资料选编》，中国社会科学出版社1985年版，第352页。

且此时和革命的资产阶级共同敌对的目标相同，可以联合一个革命的战线，官僚资产阶级所处的环境，使他不得不站在军阀和国际帝国主义者那一方面，决不能和革命的资产阶级联成一个战线，这是中国国民党应该明白觉悟的。”①由此不难看出，中共所提出的“民主的联合战线”的斗争目标已经明确为帝国主义和封建军阀，而中共此时统战工作的主要联合对象，就是孙中山所领导的中国国民党。

1922年后，中国持续高涨的工人运动在中国共产党的领导下由简单的经济斗争逐渐转化为反帝反封建的政治斗争，总工会和产业工会组织在党的领导下纷纷出现。这些斗争在反革命势力的残酷镇压下，出现了包括“二七惨案”在内的一系列失败。这使得中共从失败的教训中进一步体会到建立民主联合战线、开展统一战线工作的重要意义。在当时的中国，帝国主义和封建主义联合的力量是强大的，无产阶级难以取得反帝反封建斗争的胜利，必须同中国社会的其他民主力量联合，形成最大的革命合力，才能取得革命的胜利。这也从实践上印证了中共二大开启建立革命统一战线的必要性。在当时的党员看来，“中国现有的党，只有国民党比较是一个国民革命的党”②。1922年8月29日至30日，中国共产党中央执行委员会在杭州西湖举行会议，经过充分讨论，会议决定在孙中山改组国民党的条件下，以党内合作的形式开展国共合作，由此也开启了日后对中国新民主主义革命进程有着重大影响的国民革命运动。中国共产党在与国民党合作前，只能从事秘密活动，在国共合作开展以后，利用这一

① 陈独秀：《资产阶级的革命与革命的资产阶级》(1923年4月25日)，《陈独秀著作选》第2卷，上海人民出版社1993年版，第451页。

② 中共三大：《关于国民运动及国民党问题的议决案》(1923年6月)，中央档案馆编：《中共中央文件选集》第1册，中共中央党校出版社1989年版，第146页。

形式和平台，可以进行公开活动，使党的力量得到迅速发展。中共二大召开时，全国仅有195名党员，到大革命失败前夕的1927年4月，党员已经发展到57 967人。①更重要的是，经过国民革命的淬炼，中国共产党所领导的新民主主义革命在各地留下了基础和影响，播下了革命的种子，为日后土地革命、抗日战争和解放战争的事业奠定了基础，而这些都与统一战线工作的开创不无关系。在之后的革命历程中，中国共产党进一步建立了广泛的抗日民族统一战线和爱国民主统一战线，开展党外合作、平等协商的方式，得到中国社会最广泛人民群众的支持，最终获得了民主革命的胜利，建立人民民主专政的政权。这一切也有力地证明，由中共二大所开创的中国共产党统一战线工作，是中国革命乃至建设取得胜利的唯一正确答案。

**作者简介：**刁含勇，上海市社会主义学院教研部讲师，历史学博士。

① 中共中央党史研究室：《中国共产党历史》第1卷（1921—1949）上册，中共党史出版社2011年版，第188页。

# 第十一章　上海解放初期统一战线与上海政权建设

闻　丽

中华人民共和国成立初期，上海的民族资产阶级和小资产阶级是强有力的社会力量。资本主义私营工商业在全市经济的几乎所有领域内占有绝对优势，绝大多数知识分子具有资产阶级背景和自由主义色彩。中国共产党取得军事胜利后，新政府面临着建设新政权、经营管理现代工商业的艰巨任务，在很长一段时间里还必须实行新民主主义政策，需要与资产阶级的合作，因此，统一战线政策是适合当年上海政权建设极为实用的政策。

## 一、统一战线与政权递嬗

在现代城市，各种角色和力量深刻地影响着城市作为一个具体空间的性质和内涵，这些新的政治经济力量部分通过改变当地经济、社会、政治和文化的环境，在城市留下自己的印记。①20世纪伊始，上海被称为“东方的巴黎”“西方的纽约”②，来自全球各个角落的人聚集此地，创造出一个世界仅见、五方杂处、充满活力的资本主义商业中心。一百多年来，租界、华界，立宪、自治、民主、共和，长期的党派活动，多变的政治形式，使这个城市的市民具有相当复杂的政治意识。总的来说，这个城市的现代生产、生活体系比较完备，社会管理和民主自治的基础较好，民主意识较浓。③

## （一）入城政策

解放前夕的上海，仍以其繁荣喧闹著称于世，但在这表象之下，隐藏着许多不安。曾有不少人预言，如果不是共产党摧毁上海，就是上海毁灭共产党。由于这座城市所具有的双重性，即政治上的复杂性和经济上的有效性，中国共产党领导人的第一步就是采取温和政策，利用统一战线来恢复生产潜力，并允许社会和政治等方面存在某些偏差。④

1949年3月，毛泽东在中共七届二中全会所作的报告中指出：

---

① [英]戴维·贾奇、[英]格里·斯托克、[美]哈罗德·沃尔曼编：《城市政治学理论》，刘晔译，上海世纪出版集团2009年版，译者前言第5页。

② 上海被称为“东方的巴黎”，已为人们所熟悉，上海被称为“西方的纽约”，则较少为人所知。此说在1935年出版的英文《上海指南》中已经出现：“上海，世界第六大城市；上海，东方的巴黎；上海，西方的纽约”。见H. L. Lethbridge, *All About Shanghai*, Oxford University Press, 1935, p.1。

③ 熊月之主编：《上海通史》第11卷，上海人民出版社1999年版，第136页。

④ [法]白吉尔：《上海史：走向现代之路》，王菊、赵念国译，上海社会科学院出版社2005年版，第298页。

“中国的私人资本主义工业……是一个不可忽视的力量。”突出肯定了私人资本主义工业目前在中国现代工业中不可替代的作用，强调了发挥其积极性对恢复和发展国民经济的必要性，并因此提出了应当认真贯彻执行统战政策的要求，主张团结尽可能多的城市小资产阶级和民族资产阶级代表人物，使大多数民主人士在各自的工作岗位上做到有职有权。[①]刘少奇在当年四五月间与天津干部的谈话中也重申这种看法。这个观点被正式纳入1949年9月通过的共同纲领之中，作为新政权的章程要求，在经济建设中应做到“公私兼顾”和“劳资两利”。与1917年俄国十月革命不同的是，中国革命没有消除企业家阶级，而是团结他们为政权服务。当时执行的新民主主义政策号召在党的领导下建立各阶层人民最广泛的联盟。

1949年4月7日，中共中央电告邓小平、饶漱石、陈毅：接管上海，如果没有自由资产阶级的代表人物的帮助，可能发生很大的困难，所以应吸收这类代表人物参加工作[②]；5月20日，中共中央就接管上海的机构和干部配备问题复饶漱石、华东局电，要求吸收一部分产业界民主人士、职工中有威望的领袖和党外文化工作者参加接管。[③]总之，依靠工人阶级，团结一切可以团结的力量，以对付当前的主要敌人，这是首要的入城政策。[④]

陈毅出任上海市市长，最初是由邓小平在中共中央七届二中全会上提出来的。当时，市长是由中共任命，但也不是完全由中共单方

---

① 《毛泽东选集》第4卷，人民出版社1991年版，第1432—1433、1438页。

② 上海市档案馆编：《上海解放》，中国档案出版社2009年版，第180—181页。

③ 中共上海市委党史研究室、上海市档案馆编：《接管上海》上卷，中国广播电视出版社1993年版，第53页。

④ 熊月之主编：《上海通史》第11卷，上海人民出版社1999年版，第3页。

面来决定，要通过民主集中的程序。毛泽东对上海市长人选极为慎重，并就此事专门征求过黄炎培、陈叔通等民主人士的意见，还将邓小平的提议与他们协商。民主人士对陈毅将军早有认识，他们认为陈毅文武兼备，是中共高级将领中的一名"儒将"，担任上海市长非常合适。①

驻扎丹阳期间，陈毅就中央的精神对干部进行统战政策、与党外人士合作共事的教育。在 1949 年 5 月 10 日著名的"丹阳讲话"②中，他重点提出要贯彻执行党的七届二中全会精神，即"要给民主人士工作做，使他们有职有权，还要在生活上给予必要的照顾"。这是党中央与党外人士合作共事的要求和方针。陈毅不仅这样说，而且自己也是身体力行这样做的。进城前，他在丹阳时就已经安排 3 位民主人士担任市军管会、市政府的职务③；到上海后，他又继续安排工商界代表人士盛丕华任上海市副市长，使上海的工商界看到人民政府是人民的，这个人民不仅包括工人、农民、知识分子，而且包括民主党派工商界。

### （二）迎接上海解放

在黎明前最黑暗的日子里，上海各界群众在中国共产党领导下，展开反破坏、反搬迁、护厂、护校、护业运动，配合人民解放军解放上海的斗争。

---

① 吴跃农：《陈毅接管大上海的台前幕后》，《党史纵横》2007 年第 2 期。

② 具体内容参见上海市档案局编：《上海解放》，中国档案出版社 2009 年版，第 192 页。

③ 一位是韦悫，出任上海市副市长，曾任孙中山的秘书。一位是沙千里，出任军管会和市政府副秘书长，民盟领导成员；一位是吴山民，出任市人委办公厅副主任，法律专家。

各民主党派大力宣传中共的政策，安定民心，并争取国民党党政军人员向人民靠拢。为此，民盟上海市支部将中共的城市政策和工商业政策印成文件，组织盟员认真学习，然后通过各种渠道进行广泛宣传。农工党上海市党部大量翻印《人民解放军约法八章》《城市工商业政策》等文件，发给党员让党员进行宣传，并把文件包装起来派人塞进各个邮箱，通过邮局寄给工商业企业家和各界人士。在国民党的煽动下，许多资本家准备将工厂企业迁走，转移资金、物资去南方或海外。针对这种情况，民建领导人黄炎培在北京发表了广播演讲，宣传解放区保护民族工商业的政策，号召上海和大城市的工商业企业家留下来迎接解放。上海的民建组织，也通过各种方式向工商业企业家宣传解放区的政策，动员工商业者不要听信谣言，消除他们的疑惧心理，取得了良好的效果。民进总部指示上海民进会员，要在中共地下党领导下，联合各界知识分子，推动上海人民团体联合会，配合人民解放军解放上海，并协同人民政府完成解放后恢复与发展生产的任务。

为了便于解放后人民政府进行接管，上海各民主党派在解放前就发动自己的成员，搜集了大量对接管城市有用的政治、经济、文化等方面的资料，仅上海市民盟就搜集了关于国民党国营企业的调查资料和上海市各行业情况的调查资料50多件。民建中央临时干事、民盟盟员黄竞武和民盟成员吴藻溪，专门调查了国民党垄断金融机构“四行两局”的组织、业务和人事情况，并发动上海各界人民，反对、制止金融外运，以利于解放后恢复和发展生产。上述调查资料在上海解放后都交给了人民政府，对接管工作起了很大的作用。①

① 郑延泽:《论民主党派在新中国成立时期的重要作用》,《河南社会科学》2004年第6期。

上海市政府没有出现一分一秒的真空，国民党在最后时刻留下的陈良和赵祖康两任代理市长的看守市政府，维护着最后几天的市政运行。在战火之后，战败者向胜利者交出政府印信，举行了政权接管移交仪式，国民党的看守市政府将大上海的市政完整地交给共产党新政府，旧市政府的全体公务员只要愿意，都可留用平稳地过渡到新的市政府工作，继续为管理大上海出力，代理市长赵祖康本人也立即被陈毅市长任命为上海市工务局局长。1949 年 5 月 27 日是上海解放日。这一天，人民解放军的大部队开进了大上海，为这座城市揭开了新的历史篇章。当日，上海市军管会宣告成立，陈毅、粟裕分别出任正、副主任。军管会下设政务、财经、军事、文教等 4 个接管委员会，立即着手接管国民党政权遗留下的行政系统、经济和军事设施以及文教单位。1949 年 5 月 28 日，上海人民政府宣告成立，陈毅出任上海解放后首任上海市长。留沪的各民主党派也纷纷发表公告庆祝上海解放。

## 二、精英云集与统一战线

上海新政府成立伊始，即着手开展对民族资产阶级、小资产阶级的统战工作。1949 年 6 月 1 日，华东局统一战线工作部成立，由陈毅兼任部长，潘汉年兼任副部长。华东局对统战工作非常重视，为了给统战部一个较好的办公地址，让曾山领导的财经委员会从百老汇大厦迁出，交给统战部使用。华东局统战部下设三个处：秘书处，党派处，政权协商处。秘书处由秘书长周而复兼任处长，秘书科科长董慧

(潘汉年的妻子);政权协商处处长梅达君;党派处处长沙千里,是中国民主同盟领导成员之一。[①]1950年后,华东局统战部逐步发展到拥有30多名干部。1951年底,中共上海市委成立统战部,华东局统战部不再兼管上海市委统战工作。上海市委任命许涤新为统战部长,周而复为第一副部长。[②]陈毅亲自领导开展统战工作。因此,上海解放初期的统一战线工作,是与陈毅的个性与行为气质分不开的。“一人向隅,举座为之不欢。”陈毅经常用这句话来提醒统战部的工作人员,他认为团结一切可以团结的力量,要做细致的政治思想工作。[③]上起陈毅、潘汉年,下至一般的统战干部,都比较积极地与知识分子、工商业者进行沟通,了解他们的想法和处境,在政策允许的范围内帮助他们解决一些实际困难。

### (一) 忠实的盟友

上海是中国共产党的诞生地,同时也是中国民主党派的发祥地和活动中心之一。当时,各民主党派除致公党上海市支部成立于1980年12月外,其他党派在上海解放前后都有一定规模的组织基础,并且与中国共产党有过紧密的合作。作为中国共产党的忠实盟友,政治信任和民主期待不断夯实着多党合作的基石,上海的各民主党派都参加了地方政权的建设。上海解放的第六天,即6月1日晚,

① 周而复:《往事回首录》,中国工人出版社2004年版,第435页。

② 吴月丽:《上海解放初期的统一战线工作》,《统战工作史料选辑2》,上海人民出版社1983年版,第55页。

③ 陆诒、黄松岗:《陈毅同志为上海统战工作打开局面》,《统战工作史料选辑2》,上海人民出版社1983年版,第54页。

留在上海的各民主党派负责人宴请上海军管会和人民政府。陈毅、邓小平、粟裕、刘晓、张鼎丞、曾山、潘汉年、刘长胜、宋时轮、吴克坚等领导均应邀出席，民盟张澜、罗隆基，民革郭春涛，民建胡厥文、杨卫玉，民联陈铭枢、吴艺五，救国会史良、闵刚侯，农工连瑞琦等均到场迎接。陈铭枢代表各民主党派讲出上海和中国人民心里想说的话：上海是中国文化经济中心，这次依靠中国共产党伟大的力量，获得解放，全市600万人民和各民主党派同志对中国共产党、人民解放军和人民政府表示衷心的谢忱。中国前途，今后主要是经济建设。我们各民主党派誓在中国共产党和毛主席领导下，合力同心，建设新中国。陈毅表示：今后工作是伟大的建设，当与大家共同努力，团结99%的人来合作，打文化经济建设的大仗。对于我们的缺点，希望大家坦白指出。我们一定郑重考虑。我们对各民主党派也一定坦白提出意见。大家以坦白诚恳的态度，来建设新中国。①

据此，上海安排了大批的民主党派人士、知识分子担任了市政府、区政府和各部门的领导职务，以上海民革、民进为例，见表1。

**表1 担任华东军政委员会有关职务的上海民革党员情况**

| 姓 名 | 担任职务 | 任 期 |
|---|---|---|
| 丁超五 | 华东军政委员会委员（1952.11改为华东行政委员会。下同） | 1949.11—1954 |
| 吴艺五 | 华东军政委员会人民监察委员会委员 | 1949.11—1954 |
| 陈建晨 | 华东军政委员会司法部副部长 | 1949.11—1954 |
| 戴 戟 | 华东军政委员会司法部副部长 | 1949.11—1954 |

① 周而复：《往事回首录》，中国工人出版社2004年版，第314页。另见吴月丽：《上海解放初期的统一战线工作》，《统战工作史料选辑2》，上海人民出版社1983年版，第55页。

**表 2　担任上海市人民政府、局、委有关职务的上海民革党员情况**

| 姓　名 | 担任职务 | 任　期 |
|---|---|---|
| 丁超五 | 上海市人民政府委员 | 1950.10—1955.2 |
| 赵祖康 | 上海市人民政府工务局局长 | 1949.8—1955.2 |
| | 上海市政建设委员会副主任 | 1951.9—1955.2 |
| 徐以枋 | 上海市人民政府工务局副局长 | 1949.9—1955.2 |
| 吴艺五 | 上海市民政局副局长 | 1955.12—1958.4 |
| 李穆生 | 上海市卫生局副局长 | 1949.6—1967.9 |
| 王裕光 | 上海邮电局副局长 | 1949.6—1966.5 |
| 张勇年 | 上海海关副关长 | 1950.2—1964.10 |
| 吴蕴瑞 | 上海体育运动委员会副主任 | 1955.1—1958.10 |

**表 3　担任华东军政委员会有关职务的上海民进党员情况**

| 姓　名 | 担任职务 | 任　期 |
|---|---|---|
| 谢仁冰 | 华东军政委员会委员(1952.11 改为华东行政委员会。下同) | 1949.12—1952 |
| 陈巳生 | 华东军政委员会人民监察委员会委员 | 1949.11—1954 |
| 陈建晨 | 华东军政委员会司法部副部长 | 1949.11—1954 |
| 戴　戟 | 华东军政委员会司法部副部长 | 1949.11—1954 |

**表 4　担任政府和司法机关领导职务的民进会员情况**

| 姓　名 | 担任职务 | 任　期 |
|---|---|---|
| 谢仁冰 | 华东军政委员会委员(1952.11 改为华东行政委员会。下同) | 1949.12—1952 |
| 陈巳生 | 华东军政委员会委员 | 1949.12—1954.6 |
| | 华东军政委员会监察委员会副主任 | 1950.1—1953.8 |
| 赵朴初 | 华东军政委员会民政部副部长 | 1949.12—1954.6 |
| | 上海市人民委员会政法委员会副主任 | 1953.5—1955.2 |

续表

| 姓　名 | 担任职务 | 任　期 |
|---|---|---|
| 柯　灵 | 华东军政委员会文教委员会委员 | 1949.12—1954.6 |
| 徐伯昕 | 上海市新闻出版处副处长 | |
| 梅达君 | 上海市人民政府办公厅第二副主任 | 1950.12—1952.11 |
| | 上海市人民政府办公厅副主任 | 1952.11—1954.10 |
| | 上海市民族事务委员会副主任 | 1957.10—1962.4 |
| 沈体兰 | 华东军政委员会体育运动委员会主任 | 1949.12—1954.6 |
| | 上海市体育运动委员会主任 | 1955.1—1958.10 |

资料来源:《中国民主党派上海市地方组织志》,上海社会科学院出版社 1998 年版。

华东局和上海市委除了通过有职有权来发挥民主党派人士的作用,还积极帮助各民主党派根据他们的社会联系和历史关系,协商确定了分工活动的主要范围和工作重点,并定期召开各党派座谈会,传达党的方针政策,统一认识,交流情况,支持各民主党派独立自主地开展工作。1949 年 9 月和 10 月先后两次召开各民主党派座谈会,潘汉年同志就民主党派对共同纲领应负的责任和如何团结党外人士问题讲了话,指出:各民主党派应以共同纲领去影响和教育它所联系的对象,把他们团结在人民民主专政的周围,要求各民主党派之间,加强协商与团结,各党派干部推诚相见,做到知无不言,言无不尽,站在为人民服务的立场上,参加新中国的建设工作。①

在新生政权中,各民主党派与中共携手共同应对各种困难,发挥专长、优势和影响力,巩固中共的执政地位。后来加入民革的工务局

① 吴月丽:《上海解放初期的统一战线工作》,《统战工作史料选辑 2》,上海人民出版社 1983 年版,第 59—60 页。

局长赵祖康曾回忆道："三十多年来的实践证明，当时党鼓励我参加民革是完全正确的。我于 1952 年开始参加民革上海市的领导工作，在党的领导和全体成员的支持下，我运用与原国民党的历史关系和技术岗位的工作关系，得以团结和联系较多的社会人士，其中一部分已经成为民革上海市委会各级组织的骨干力量。有不少人是工程技术和财政经济专业人员以及起义投诚人员，他们在为四化建设和祖国统一的工作中，发挥了一定的作用。"①

### （二）产业界统战

如何对待资产阶级？如何发挥上海资产阶级在经济恢复中的作用？这不仅是当时许多人拭目以待的问题，也是一项促进生产力发展政策性很强的工作。陈毅对此予以高度关注，并将它作为市长亲自过问的一件大事。上海的私营企业不仅数量集中，而且国内外经济联系广泛，政治影响大。上海解放前夕，他们有的因国民党搜刮太甚而濒于破产，有的抽资金外逃，有的停业观望。

由上海市人民政府出面，1949 年 6 月 2 日，即上海解放后第 7 天，陈毅与邀请来的上海产业界人士在外滩中国银行大楼里座谈恢复、发展生产问题。共邀请了胡厥文、侯德榜、盛丕华、篑延芳、包达三、陈巳生、郭棣活、胡伯翔、王志莘、蔡永新、金名钰、经叔平、吴觉农、周锦水、许资新等 90 多位上海知名资本家参加大型座谈会。陈毅提出人民政府愿与产业界共同协商，努力恢复并增加生产，切实执行

① 赵祖康：《在统战政策的鼓舞下前进》，《统战工作史料专辑 1》，上海人民出版社 1982 年版，第 28 页。

“发展生产，繁荣经济，公私兼顾，劳资两利”的政策。①陈毅和产业界人士承诺：你们今后有什么问题，我们随时可以约谈。拥有申新系统9个纱厂的荣毅仁开始存有疑虑：在共产党领导下办厂有没有希望。陈毅讲的“十六”字政策，使他茅塞顿开，会后，马上对家人宣布：“明天就开工。”②产业界活跃分子盛康年对周而复说：这次座谈会给上海资本家吃了定心丸，他们可以安心恢复和发展生产了。③

上海产业界纷纷响应陈市长号召，由原上海市工业会分别举行各行各业小组座谈，了解各行各业工厂目前状况，讨论今后生产计划。此时的陈毅又登门拜访了工商界的人士，进一步了解工商界的困难，主要对象是荣毅仁和刘靖基两位代表性人士。1949年8月的一天，荣毅仁和刘靖基等工商界人士邀请陈毅市长和市政府的几位负责人到荣毅仁家做客。陈毅等人应邀赴宴，一方面消除了他们的顾虑，另一方面也听取他们的意见，帮助荣毅仁的企业解决了贷款问题，帮助郭活棣解决了棉纱厂房子挤和棉花不足的问题。后来已身为上海副市长的荣毅仁谈起此事说，这顿饭并不是普通的一顿饭，主要是做统战工作，而且效果很好。④

尽管配备的干部有限，陈毅、潘汉年领导的上海统一战线还是取得了很大的成绩。愿意与新政权合作的资本家都对他们极为信任，甚至有些曾经把资本和设备转移国外的资本家同意把资产搬回国

① 吴月丽：《上海解放初期的统一战线工作》，《统战工作史料选辑2》，上海人民出版社1983年版，第56页。

② 张文清：《“化腐朽为神奇”——陈毅领导改造旧上海建设新上海的历史篇章》，《上海党史党建》2001年8月。

③ 周而复：《往事回首录》，中国工人出版社2004年版，第320页。

④ 荣毅仁：《怀念潘汉年同志》，《统战工作史料专辑（九）》，上海人民出版社1990年版，第42页。

内。统战政策为恢复生产，稳定工商界局势发挥了重大作用。

### （三）文化界统战

经济和文化是推动城市建设和发展的两个轮子。上海的文化教育事业是全国的半壁江山。学者专家、教授教师、作家、艺术家、名演员等人数众多，知名度高。中共中央对上海文化事业特别重视和关注，在接管上海时考虑文化接管的范围大、情况复杂，因此决定由陈毅兼文化接管委员会主任。上海解放不久，陈毅即着手召开文化界人士座谈会[①]，还亲自审阅名单，由开始百把人增加到162人，邀请了包括科技、教育、新闻、出版、文学、戏剧、电影、美术、音乐、游艺等各界的代表人物。1949年6月5日，即上海解放不到10天，陈毅就出席了新上海的第一次文化界盛会。出席这次座谈会的著名人士主要有：陈望道、周谷城、吴有训、茅以升、罗宗洛、陈鹤琴、冯德培、涂羽卿、金仲华、周予同、徐森玉、杨卫玉、蔡尚思、赵超构、巴金、冯雪峰、郭绍虞、谢仁冰、梅兰芳、周信芳、陈白尘、熊佛西、陈鲤庭、黄佐临、赵丹、秦怡、石挥、黄宗英、袁雪芬、刘开渠、庞薰琹、谭抒真、张乐平、周小燕等162人。

6月15日，陈毅又邀请上海耆老举行座谈会，虚心征求他们的意见。借用当时陈毅的话来说，这是一次耆老策仗观太平的集会，出席者有张元济、颜惠庆、周峻（蔡元培夫人）、俞寰澄、吴有训、竺可桢、陶

---

① 胡立教：《胸怀宽似海　功德昭人间——缅怀陈毅同志对统一战线工作的杰出贡献》，中国人民政治协商会议上海市委员会：《风范永存，忆陈毅市长》，上海人民出版社1991年版，第52页。

孟和、陈望道、茅以升等。席间,陈毅同他们谈笑风生,亲切交谈。几位老先生对今后发展工农业生产,疏通河道,发展水利事业,恢复交通,救济并组织失业工人回乡参加生产,加强本市治安工作等都提出具体意见。①

时隔不久,上海率先准备成立文史馆和参事室,陈毅安排了一些"文、老、贫"知识分子进文史馆;让有一技之长、身体很好的人进市政府参事室。随后又成立了上海市博物馆、图书馆、文物保管委员会,大批专家学者、文博人才得以英雄有用武之地。②

上述这些活动,对于宣传中共的方针政策,稳定人心,从而调动一切积极因素,团结一切可以团结的力量,起了很大的作用。

## 三、民主建政:统战政策的制度化

中华人民共和国成立初期,统战政策的执行不仅落实在与留下来的重要的资本家、知识分子、民主人士搞好社会关系,还要透过组织强化他们在各自领域内的权威。因此新政权努力加强这种权威性,统战政策的制度化使留在上海的各领域精英成为新政权的同路人,他们日后都是上海各界人民代表会议和上海市工商联的骨干分子,或者至少在各同业公会中担任重要职务。

---

① 陆诒、黄松岗:《陈毅同志为上海统战工作打开局面》,《统战工作史料选辑 2》,上海人民出版社 1983 年版,第 49 页。

② 梅达君:《忆念陈老总》,中国人民政治协商会议上海市委员会:《风范永存,忆陈毅市长》,上海人民出版社 1991 年版,第 131 页。

### （一）市协商委员会

在新民主主义社会政治经济架构下，上海多元的经济结构、阶级结构，多元的生活方式等，既是协商政治产生和存在的经济社会基础（不同的利益主体），又对民主政治有着现实需求（需要表达不同的利益要求），上海市各界人民代表会议及其协商委员会就是适合这种政治需求的重要政治制度安排，也从一个方面体现了人民民主专政在地方层面的制度化过程的开始。

1949年12月，上海市各界人民代表会议一届二次会议召开。在此次会议上，上海市各界人民代表会议协商委员会（以下简称市协商委员会）正式成立，作为上海市各界人民代表会议休会期间的常设机构。1950年6月，市协商委员会又开始代行人民政协地方委员会的职权，具有人民民主统一战线的组织职能。[①]1954年8月，上海市人民代表大会召开后，市协商委员会不再具有市各代会常设机构的职能，机构保留至1955年5月中国人民协商会议上海市委员会正式成立为止。市协商委员会从成立到结束，共经历3届。主席均为陈毅。

从表中还可以看出，工商界和文教界委员占较大比重，这反映了当时上海城市的经济社会结构特点和中心任务的要求，工商界和文教界人士成了团结和依靠的重点。

市协商委员会的职权是根据中华人民共和国成立初期上海的政治、经济、社会发展不同阶段的具体要求，协商议决上海重大政治经济社会问题，并为城市新生政权的巩固提供重要的咨询和建议等。

① 《上海人民政协志》，上海社会科学院出版社1998年版，第2页。

**表 5　上海市各界人民代表会议协商委员会历届委员构成**

| 届次 | 委员总数 | 中共党员 | | 民主党派无党派人士 | | 各界代表人数 | | | | | | | | | | | |
|---|---|---|---|---|---|---|---|---|---|---|---|---|---|---|---|---|---|
| | | 人数 | % | 人数 | % | 工人 | 农民 | 青年 | 妇女 | 文教 | 工商 | 民主党派 | 中共市委 | 市政府市军管会 | 少数民族 | 宗教 | 特邀 |
| 一届二次 | 52 | 14 | 27 | 38 | 73 | 4 | 1 | 1 | 1 | 14 | 16 | 4 | 3 | 5 | 0 | 1 | 2 |
| 一届三次 | 69 | 21 | 30 | 48 | 70 | 4 | 1 | 1 | 1 | 14 | 21 | 7 | 4 | 12 | 0 | 1 | 3 |
| 二届一次 | 75 | 26 | 35 | 49 | 65 | 4 | 1 | 1 | 2 | 17 | 17 | 10 | 4 | 14 | 1 | 2 | 2 |
| 二届二次 | 79 | 27 | 34 | 52 | 66 | 4 | 1 | 1 | 2 | 18 | 17 | 11 | 4 | 14 | 1 | 3 | 3 |
| 三届一次 | | | | | | | | | | | | | | | | | |

**表 6　上海市各界人民代表会议协商委员会委员党派构成**

| | 委员总数（人） | 中共人数（人） | 占比 | 非中共人数（人） | 占比 |
|---|---|---|---|---|---|
| 一届二次 | 52 | 14 | 27% | 38 | 73% |
| 一届三次 | 69 | 21 | 30% | 48 | 70% |
| 二届一次 | 75 | 26 | 35% | 49 | 65% |
| 二届二次 | 79 | 27 | 34% | 52 | 66% |
| 三届一次 | 上届委员全体连任，不予改选 | | | | |

资料来源：表 5—表 6 根据《上海人民政协志》资料整理。

在中华人民共和国成立初期，市协商委员会及时调整各种委组机构，尽力建言献策，参与协商讨论各项重大事务，协助共产党和市人民政府积极应对各种挑战，为国民经济的恢复和发展发挥了重要作用。新生的人民政权需要社会各界提供治政的良策，市协商委员会的各种政治行为过程也确实较好地体现了协商性特征，这些经过协商通过的决议在中华人民共和国成立初期也得到了切实的贯彻落实。当时留下的大量档案资料证明，市协商委员会已成为政府行使政权的一个有力助手：政府的政策法令，如果经过协商委员会的“协商”同意，然后施行，一般可以减少甚至避免执行中可能发生的困难和阻力。不但通过具体问题的解决，改善了行政部门与民族资产阶级之间的关系，弥补了因过去工作上发生偏差而引起的统一战线中间的裂痕，而且由于取得了民族资产阶级的合作，使政策推行更为顺利无阻，使协商委员会成为人民民主建政工作中间的一个重要据点。

由于协商委员会成立初期的制度安排比较好地反映了当时上海各界人士的政治需求，加之作为这种政治运作主导者的上海市委切实推行，因此协商委员会成立初期的制度安排与其实际的政治运行之间达到了比较好的统一，体现了协商政治的基本特征，即不同的政治行为主体（各党派、各界别等），为了建设新民主主义国家，在一定的政治架构或制度平台（《共同纲领》和《市协商委员会条例》等）上，通过协商的方式，寻求共识、期望共赢的政治过程。在其政治运作过程中，存在一个核心的政治主体——中国共产党（上海市委）对政治的运作起主导作用。[①]作为一个全面而具体的统一战线形式，市协商委员会是政府和各界人民之间的桥梁，是政权工作的前哨，它的作用，在于调节政府和人民以及各党派各团体各阶层的关系。如果协商委员会的工作能够做好，人民民主统一战线就可以加强，人民民主政权的基础就可以巩固，并据此凸显了多党合作和政治协商的功能和特性。

① 黄福寿：《中国协商政治发生与演变逻辑》，上海人民出版社2009年版，第180页。

## （二）市工商联合会

在工商界内，统战的目标基本集中于大企业。这项政策的最初落实形式是通过部分干部和企业主进行一系列的接触，举办宴会、协商等社会活动。后来随着统战政策的逐渐制度化，一些新的群众组织也随之设立。

在中华人民共和国正式成立之前，中国共产党就未雨绸缪，将“旧商会”的改造及工商联的组建问题提上议程。中华人民共和国建立之后，在对原有商会、工业会进行接收和改造的基础上建立起全国性的工商联体系。

1949年8月5日，中共上海市委致电中央：上海将成立公开合法工、商业团体，在组织形式上分开与合并各有好处，分开成立商会与工业会的好处是能适应商业与工业的区别。合并成立工商联合会的好处是：一，便于统一领导；二，对商业而言，可增加产业家的比重；三，更彻底地打破国民党原来的机构。中央对此事如何决定请速指示。[①]1949年8月，中共中央发出《关于组织工商业联合会的指示》，做出了将“旧商会”“同业公会”改组为工商业联合会的正式决定。[②]

这显示，中国共产党已将商人团体的建设列为新国家政权建设的重要内容，以作为恢复国民经济的组织基础。工商联的组建还有更深的政治考虑：1950年3月，中共中央统战部部长李维汉在《人民民主统

① 上海档案馆编：《上海解放》，中国档案出版社2009年版，第504页。

② 《建国以来周恩来文稿》第1册，中央文献出版社2008年版。转引自上海档案馆编：《上海解放》，中国档案出版社2009年版，第504—505页。

一战线的新形势与任务》的讲话中指出:“工商联是重要的人民团体,并且是我们在私营工商业中进行统一战线工作的重要环节之一。党和政府要通过它团结教育工商业者执行共同纲领和人民政府的政策、法令。”[①]这意味着即将组建的工商联并不是单纯的经济组织,而是一开始就被定性为统战性的人民团体,团结教育私营工商业者是其首要职责。根据文件精神,全国性及各省市的工商联筹备会陆续组建。

1951年2月,上海隆重召开工商界代表会议,这些公会和其他一些单位推选出700多名代表参加。这次大会是上海工商各界团结的象征,也是与新政权结盟的象征。大会一致通过成立上海市工商业联合会,确认该会为上海工商界的统一合法组织,接受上海市人民政府的领导,以发展生产繁荣经济为目标。

上海工商联的角色首先是政治性的,而谈判协商、特别议价和具体措施则留给各同业公会处理。工商联处理的是综合性问题:粉碎美帝国主义侵略,反对重新武装日本,支持土地改革,提高企业主的政治觉悟,等等。上海工商联中最突出的成员不再是,或者不仅仅是企业家,他们是一批承担政府要职的政治人物或代表性人物。上海工商联并没有被看作是维护工商界特殊利益的团体。它的作用是确保资产阶级象征性的代表性,使其能够融入新民主主义社会,并配合国家政策,共同发展。

上海工商联这类社会团体既是新政权的合作者,也是新政权的组成部分。该会秘书长胡子婴,妇女运动积极分子和民主人士,在上海工商联正式成立之前总结筹委会工作时指出:“总的经济情况,也

① 孙晓华等编:《中国工商业联合会50年概览》,中华工商联合会出版社2003年版,第2—6、13页。

从混乱、衰退转变到稳定发展，因此工商各业也从散漫无政府状态，进入到统一深入前进的有机体。”①

## 四、统一战线与政权巩固

管理上海，恢复生产，任务十分艰巨。上海解放后第一年，就遇到投机风潮、美蒋封锁、二六轰炸，新政权受到严峻考验。对于已解放的上海而言，首要任务便是医治战争创伤，尽快恢复和发展经济，以巩固新生政权和人民革命的胜利成果。

### （一）反投机反封锁反轰炸

在反对敌人封锁，打击投机资本，稳定物价，建设新上海的伟大斗争中，新政府认真贯彻了党的统一战线政策，将一般工商业者和投机商严格加以区别，对一般工商业者进行耐心的说服和教育，告诫他们要相信党和人民政府，稳步恢复经济，不要受投机者愚弄。当时，上海一部分产业界一方面未能深切了解政府“发展生产，繁荣经济，公私兼顾，劳资两利”的政策，顾虑工人复工后会对资方不利；同时对帝国主义和国民党反动派的经济封锁感到苦闷，缺乏自力更生的勇气，有一些产业界人士对反封锁的信念发生动摇，对克服困难没有信

① 胡子婴：《动员起来开好工商界代表会议》，《上海工商》第2卷第9期，1951年1月25日。转引自[法]白吉尔：《从资本主义到共产主义：上海的干部和企业主（1949—1952）》，《华中师范大学学报》2008年第1期。

心。民建的元老胡厥文积极配合上海市军管会和人民政府进行工作。7月,在市军管会和人民政府的领导下,胡厥文创办工商界夏令学习会和新时代学习会,召集工商界人士认真学习、领会人民政府的工商业政策。[①]市协商委员会为了帮助私营工商业"克服困难,维持生产",主动地调整了公私、劳资、工商等关系,为经济恢复工作开辟了道路,亦使私营工商业的生产积极性有所提高。

为取得反投机斗争的最后胜利,1949年12月17日召开的市协商委员会第一次全体会议,就着重讨论了推行公债和私营企业的年终奖问题。推举出5名委员与各界人士协商,提出人民胜利折实公债推销委员会人选名单。在公债的推销认购工作中,上海工商界起了很大作用。如委员荣毅仁及其兄弟荣尔仁代表申新纺织厂系统第一次认购了12万份,后一再加认到60万份。上海工商界总共认购2 670万份,占中央分配上海推销额3 000万份的98%。1950年3月底,推销任务以超额2.3%完成[②],有力地促进了公债的推行工作。

在协商委员会的协助下,人民政府经受住了投机、封锁、轰炸带来的一系列政治、经济和军事上的考验,变得稳固起来。特别在调整公私关系、劳资关系、协助税收、帮助政府减少施政的困难上,确实起了巨大的作用,成绩显著。

### (二) 抗美援朝

1950年10月8日,中共中央应朝鲜政府的请求,决定出兵朝鲜,

① 陆象贤、卢鸣:《上海解放前夕到建国初期的胡厥文》,《统战工作史料选辑9》,上海人民出版社1990年版,第53—54页。

② 《上海人民政协志》,上海社会科学院出版社1998年版,第216页。

帮助朝鲜人民军抗击美军和李承晚部队，以保护中国东北边境的安宁。与此同时，一场声势浩大的“抗美援朝，保家卫国”群众运动在全国展开，上海人民也积极地投入了这场运动。11 月 4 日，我国各民主党派发表联合宣言，“誓以全力拥护全国人民的正义要求，拥护全国人民在志愿基础上为着抗美援朝保家卫国的神圣任务而奋斗”。随后各民主党派分别发出指示，动员成员积极投入抗美援朝斗争。中共上海市委先后组织各民主党派反帝爱国讲座 44 次，听众 1 万余人。宣传抗美援朝的重要意义，澄清一些混乱思想。1950 年 11 月 27 日，上海工商界在大光明戏院举行抗美援朝保家卫国动员大会，号召工商业者团结一致，用实际行动支援抗美援朝保家卫国的斗争，粉碎美帝侵略。12 月 5 日召开上海市抗美援朝代表会议，进一步掀起群众性抗美援朝高潮，工人、学生、店员、知识分子和民族资产阶级、宗教界、少数民族的各阶层人民，都卷入了这一伟大爱国运动。广大人民受到一次深刻的爱国主义与国际主义教育。①

在抗美援朝运动中，各民主党派多次发表宣言与谈话表示一致拥护和支持这一运动，同时通过各自的成员在各阶层人民中进行宣传教育，并以制订爱国公约、号召成员参加军事干校、动员子女参军、捐献飞机大炮、写慰问信等实际行动支援抗美援朝。担任第一届赴朝慰问团华东暨上海分团团长的陈巳生（民建会员）在朝鲜前沿阵地提出捐献飞机大炮的倡议，得到全国人民的响应和支持。上海民建组织会同工商联推动上海工商界捐款，折合飞机 404 架，其中民建会

① 吴月丽：《上海解放初期的统一战线工作》，《统战工作史料选辑 2》，上海人民出版社 1983 年版，第 60—61 页。

员以个人或企业名义捐款，折合飞机179架。[①]1951年6月14日，上海各界人民代表会议的常设机构——市协商委员会常务委员会举行会议，邀请各人民团体代表参加，根据全国政协的指示，讨论如何支持捐献的问题。上海市总工会和工商联的代表分别在会上表示要在捐献活动中起组织作用。6月28日至30日，市工商联连续3天举行了15次捐献飞机大炮动员会，共有3万余工商业户与会。7月1日，工商联主任委员盛丕华在上海市各界人民庆祝中国共产党成立30周年纪念大会上正式宣布：工商界的初步目标是捐献270架战斗机。截至1952年5月底，上海各界人民捐款8 491亿元，折合战斗机576架，占全国捐献总数的15.3%。其中工商界捐献了404架。捐献总额大大超过了原定目标，反映了上海人民强烈的爱国热情。[②]

### （三）镇压反革命运动

为顺利地开展中华人民共和国成立初期的“镇反”运动，更好地发挥统一战线的作用，市委统战部根据中共中央关于镇压反革命中处理涉及民主党派、民主人士、爱国分子问题的指示精神，代市委拟订了《关于反动党团特务人员登记工作中有关民主党派成员处理办法的通知》，规定了一些政策措施，对民主党派成员的政治历史问题区别对待，并强调正确掌握政策。这样，使党的“决不放走一个反革命分子，也决不牵连一个好人”的政策得到贯彻，同时使各民主党派

① 《中国民主党派上海市地方组织志》编纂委员会编：《中国民主党派上海市地方组织志》，上海社会科学院出版社1998年版，第7页。

② 熊月之主编：《上海通史》第11卷，上海人民出版社1999年版，第42页。

成员和民主人士认识到必须划清革命与反革命的界限，提高了对人民民主专政的认识和革命警惕性。①同时，上海市委还组织各民主党派、民主人士参加反革命案件的调查审理。1951 年 4 月 23 日，在上海市第二届第二次各界人民代表会议协商委员会第一次全体会议上，宣布成立上海市反革命案件审查委员会，吸收各民主党派、各人民团体和工商、文教、宗教、少数民族等方面的代表参加，让他们充分发挥作用，按照毛泽东提出的，"判处死刑一般须经过群众，并使民主人士与闻"的主张②，将死刑案件都向审查委员会宣读通过，力求判案能够尽可能准确。"镇反"运动给上海市带来的一个巨大的好处是社会治安环境的全面提升。除了大批直接或潜在地对社会构成危害的恶霸、流氓、地头蛇作为"反革命"被清理以外，由于"镇反"的宣传动员直接深入单位和居民之中，各阶层民众在某种程度上已经被有形无形地组织起来，使新政权对社会各阶层的控制，达到了前所未有的程度。③

中华人民共和国成立初期开展的一系列工作说明中共的统一战线法宝威力无穷，对团结各阶层人民、巩固人民民主专政，起了重要的作用。党外各界人士在党的统一战线的指引下，政治立场和思想感情不断得到改造，为以后向社会主义革命转化打下了良好基础，创造了良好条件。④

---

① 吴月丽：《上海解放初期的统一战线工作》，《统战工作史料选辑 2》，上海人民出版社 1983 年版，第 61—62 页。

② 《中共中央政治局扩大会议决议要点》(1951 年 2 月 10 日)，《建国以来毛泽东文稿》第 2 卷，第 127 页。

③ 杨奎松：《新中国巩固城市政权的最初尝试——以上海"镇反"运动为中心的历史考察》，《华东师范大学学报》2004 年第 5 期。

④ 吴月丽：《上海解放初期的统一战线工作》，《统战工作史料选辑 2》，上海人民出版社 1983 年版，第 62 页。

## 五、结　语

中国共产党在缔造崭新城市的过程中，发挥其善于统战、善于发动群众的特长，依靠工人阶级，团结各界人士，照顾多方利益，顺利完成了接管上海工作，初步建立起自己的城市管理机构和工作方式。在社会各阶层的共同努力下，共产党和人民政府经受住了国民党飞机轰炸、投机风潮以及西方帝国主义实行封锁的考验。为巩固新生的城市政权，群众性政治运动接连不断，声援抗美援朝，土地改革，镇压反革命，等等，在这些运动中，新生政权通过充分的政治动员、积极执行的统一战线政策等执政方式，基本完成了一些重大的施政目标，克服了困难。

**论文出处：**中共上海市委统战部：《统一战线与上海解放——纪念上海解放七十周年》，2019 年编印。

**作者简介：**闻丽，上海市社会主义学院副教授、新型政党制度研究中心研究员、博士。

# 第十二章　中国共产党统一战线思想的历史演进(1921—1956)

闻　丽

中国共产党统一战线思想经过百年的发展和完善,逐步形成一个集理论观点、价值原则和实践方法于一体的科学体系。[①]关于中国共产党统一战线思想的历史演进,学界的研究不再拘泥于简单的历史分期,开始引入宏大的政治学、社会学以及哲学等分析框架。相关研究为理解统一战线思想的发展变化提供了新的启发。但是,就本质而言,分清敌人与朋友是统一战线的重要问题,把握统一战线的思想精髓很难绕开敌友关系这一重要政治范畴。

敌友关系是探究政治本性涉及的基本理论问题。马克思主义阶级斗争理论的严格意义,实质在于揭发和构建敌友关系的真实面目。施密特的“敌友政治”为人所熟知,其基本判断是“所有政治活动和政

① 何虎生、赵文心:《中国共产党统一战线思想的精髓要义:法宝、和合与平衡》,《中国人民大学学报》2021年第1期。

治动机所能归结成的具体政治性划分便是朋友与敌人”①。中国共产党领导和运用统一战线的思想、策略和战略，团结朋友、对抗敌人，贯穿了整个革命时期。中华人民共和国成立之后的相当长时间内也概莫能外。毛泽东早在1925年就指出：“谁是我们的敌人？谁是我们的朋友？这个问题是革命的首要问题。中国过去一切革命斗争成效甚少，其基本原因就是因为不能团结真正的朋友，以攻击真正的敌人。革命党是群众的向导，在革命中未有革命党领错了路而革命不失败的。我们的革命要有不领错路和一定成功的把握，不可不注意团结我们真正的朋友，以攻击我们的真正的敌人。”②对敌友的辨认，成为理解中国共产党统一战线思想的重要视角。

本文将研究对象限定在1921年至1956年间中国共产党统一战线思想的历史演进。敌友变奏是这一时期统一战线关系的主线。中国共产党深刻把握中国革命的特点，在敌与友的变奏中不断变动阶级联盟，并在新生政权中延续正确的统战政策，完成社会主义改造、确立社会主义制度。这一史实清晰地展现了中国共产党运用统一战线克敌制胜的历史过程。革命、阶级与政权是中国共产主义运动的核心政治要素。中国共产党统一战线思想的演进也必然与此紧密相关。开展阶级革命、正确认识和处理社会各阶级关系、实现阶级统治即政权建构的政治任务，构成中国共产党统一战线敌友关系的理论根源、外在实践和战略需求。阶级革命、阶级关系、政权建构与统一战线之间，既有潜在的历史线索，又展示广阔的空间，成为揭示这一

① ［德］卡尔·施密特：《政治的概念》，刘宗坤、朱雁冰等译，上海人民出版社2015年版，第30页。

② 《毛泽东选集》第1卷，人民出版社1991年版，第1页。

时期统一战线敌友关系变奏的分析框架。

## 一、阶级革命与统一战线

马克思主义关于统一战线的思想经列宁、斯大林和共产国际传入中国后,同中国革命具体实际相结合,逐步形成一套完整的理论方针和政策。中国社会性质与社会结构决定了任何政党要支撑起中国革命和现代化的发展,都必须广泛联合各种积极的政治社会力量,建立广泛的同盟,从而在巩固领导的基础上充分发挥核心力量的作用。阶级革命成为中国共产党统一战线敌友关系变奏的行动场域。

### (一)联合劳工:中国共产党统一战线思想的源流

中国共产党统一战线是马列主义关于统一战线的理论和中国革命与建设的具体实践相结合的产物。1919 年,李大钊在《新纪元》一文中指出:劳工阶级要联合他们全世界的同胞,作一个合理的生产者的结合,去打破国界,打倒全世界资本的阶级。①同年 4 月,他在《每周评论》第 16 号上刊载《共产党宣言》第二章,并加"编者按"强调:宣言要旨在于主张阶级战争,要求各劳工的联合。②《共产党宣言》不仅明确提出无产阶级实行统一战线的指导思想,而且总结革命经验,提出

① 《李大钊文集(上册)》,人民出版社 1984 年版,第 608 页。

② 中共中央统战部:《中国共产党统一战线史》,中共党史出版社、华文出版社 2017 年版,第 3—4 页。

了加强工人阶级内部的团结和统一、建立巩固的工农联盟、联合和支持一切民主政党、在同资产阶级和政党联合中必须坚持自己的阶级独立性等一系列重要的理论和策略。

1922年1月,远东各国共产党及民族革命团体第一次代表大会在莫斯科召开。会议发表了《共产国际执行委员会和红色工会国际关于统一战线的联合宣言》,其英文名称为"ECCI-RILU MANIFESTO ON THE UNITED FRONT"。"UNITED FRONT"作为一个术语固定下来。中国共产党最初将"UNITED FRONT"翻译成"联合战线"。1922年5月23日,陈独秀在《广东群报》发表《共产党在目前劳动运动中应取的态度》指出:"共产党、无政府党、国民党及其他党派在劳动运动的工作上,应该互相提携,结成一个联合战线(UNITED FRONT),才免得互相冲突,才能够指导劳动界作有力的战斗。"①中国共产党接受了列宁关于民族和殖民地问题的理论,接受了共产国际关于统一战线的思想,从英文引入并创制中文术语"联合战线"。党的二大正式将建立"民主的联合战线"写进文件。1925年8月18日,瞿秋白在《"五卅"后反帝国主义联合战线的前途》一文中使用了"统一战线"概念。"反帝国主义的民族统一战线已经成为事实。所以'五卅'以后反帝国主义运动确已进了革命行动的时期,废除不平等条约的要求,也已经不仅是宣传上的口号,而成了群众斗争的实际目标了。"②"统一战线"逐渐广泛运用到中国共产党的政治生活中。中共中央的决议首次使用"统一战线"概念,则是在1926年7月中共中央第二次扩大会议通过的《对于广东农民运动议决案》。文件指

① 《陈独秀著作选》第2卷,上海人民出版社1993年版,第366页。

② 中央统战部研究室:《统一战线100个由来》,华文出版社2010年版,第3页。

出:“我们除了在政治上得到左派的拥护外,还要努力在乡村间努力实行各阶级的联合战线,使各种民众在统一战线之下组织起来。”①

党的四大从理论上论证了联合各国革命力量的重要性。大会决议指出:自从资本主义发展到帝国主义阶段后,“直接的或间接的支配了全世界之经济,全世界之经济成了整个的,因此全世界的革命运动也成了整个的”②。殖民地半殖民地的民族解放运动同资本主义国家的无产阶级革命是相互支持的,“前者成功固然影响于后者,后者胜利亦有助于前者”③。为了加强同世界各国无产阶级的联合,中共中央还决定中国工人加入赤色职工国际。这些决策使中国革命得到了共产国际和各国无产阶级的支援。

可见,中国共产党肩负着带领中国人民开展现代革命、实现国家独立、民族解放和人民幸福的历史使命而诞生。中国共产党成立后,统一战线就与中国革命的使命、任务与进程紧密关联。中国共产党统一战线思想,既与世界革命休戚相关,也与中国革命相伴而行。

### (二)建立统一战线:中国革命的客观规律

毛泽东认为,由于中国是一个半殖民地半封建国家,革命的敌人不但有强大的帝国主义,而且有强大的封建势力,在一定时期内还有勾结帝国主义和封建势力与人民为敌的资产阶级反动派。因此,革

① 中共中央档案馆:《中共中央文件选集(二)》,中共中央党校出版社1991年版,第16页。

② 中共中央档案馆:《中共中央文件选集(一)》,中共中央党校出版社1991年版,第329页。

③ 同上书,第271页。

命的敌人是异常强大的,中国革命具有长期性。为了取得革命的胜利,必须组织千千万万的民众,调动浩浩荡荡的革命军,必须团结一切可以团结的力量。中国革命的这种特点,是任何资本主义国家的革命史中所没有的。[1]如果要求革命的力量纯粹而又纯粹,就会"为渊驱鱼,为丛驱雀",把"千千万万"和"浩浩荡荡"都赶到敌人那一边去,而博得敌人的喝彩。[2]

根据中国共产党18年的革命经验,毛泽东总结了中国革命进程中统一战线的客观规律。毛泽东指出,中国共产党成立18年以来,中国无产阶级同资产阶级和其他阶级的统一战线,是在三种不同情况、三个不同阶段中发展的:1924年至1927年第一次大革命阶段,1927年至1937年土地革命战争阶段,当时的抗日战争阶段。这三个阶段的历史证明有六个方面的规律。[3]第一,无产阶级在一定时期内,应该同民族资产阶级建立统一战线,并尽可能地保持之。第二,中国民族资产阶级由于在经济上政治上的软弱性,中国革命统一战线的内容在另一种历史条件下是会发生变化的。第三,买办性的大资产阶级的各集团,是以不同的帝国主义为背景的,在各个帝国主义间的矛盾激化的时候,在革命的锋芒主要反对某一帝国主义的时候,属于别的帝国主义系统的大资产阶级集团,也有反对某一帝国主义的要求时,是统一战线联合的对象。第四,在买办性的大资产阶级参加统一战线并和无产阶级一道向共同敌人进行斗争的时候,它仍然具有反动性。第五,无产阶级的坚固的同盟者是农民。第六,城市小资产

① 《毛泽东选集》第2卷,人民出版社1991年版,第604页。
② 《毛泽东选集》第1卷,人民出版社1991年版,第155页。
③ 《毛泽东选集》第2卷,人民出版社1991年版,第606—607页。

阶级也是可靠的同盟者。

中国共产党依据马列主义的基本原理与中国革命实际情况相结合原则,坚持解放思想、实事求是,推动了马克思主义中国化的客观进程。中国共产党准确地定位了自己的责任和使命、战略与策略、价值与目标、根基与空间;在推动革命进程中形成对革命的主导权,在统一战线的广泛联合中形成从边缘到中心的位移,最终成为全社会、全民族的领导核心力量。中国共产党果断地制定和运用符合中国革命实际的一整套统一战线理论、策略和战略体系,在分清敌友关系方面更加成熟。

### (三)掌握领导权:无产阶级及其政党在统一战线中的地位

中国共产党在敌友政治的视野中,联合农民、知识分子、少数民族、海外华侨、民族资产阶级和一部分大地主大资产阶级及其党派而建立统一战线、开展革命。代表大地主大资产阶级的国民党统治集团,是同中国共产党争夺领导权的主要对象。中国革命的艰巨性以及革命进程的曲折性使中国共产党体悟到领导权是统一战线的根本问题。无产阶级及其政党在统一战线中的领导权问题,也成为中国共产党统一战线思想的根本问题。以毛泽东为代表的中国共产党人全面系统地阐明了统一战线中的无产阶级领导权学说,为统一领导政治社会力量开展对敌斗争提供了理论指导。

在瓦窑堡会议制定抗日民族统一战线政策时,中共中央就总结了陈独秀放弃无产阶级领导权所造成的教训,告诫全党要深刻理解和牢牢掌握统一战线中的无产阶级领导权。会后,毛泽东、刘少奇、张闻天等先后发表演说与文章，阐明了坚持无产阶级领导权是关系统一战线结果和前途的大问题，是统一战线的中心问题。①毛泽东提醒："在统一战线中，是无产阶级领导资产阶级呢，还是资产阶级领导无产阶级？是国民党吸引共产党呢，还是共产党吸引国民党？"②刘少奇也一再强调："中国无产阶级在民主革命中领导权问题，是中国民主革命能否彻底胜利之中心和决定的问题。没有无产阶级的坚强领导，中国民族革命和民主革命就不能彻底胜利。"③周恩来在党的七大作的《论统一战线》报告中也指出："无产阶级比别的阶级先进，是应当领导别的阶级的，这就是毛泽东同志说的'司令官'"④，"所以领导权的问题，是统一战线中最集中的一个问题"。⑤

无产阶级虽然具有足够的资格担负统一战线的领导责任，但是它绝不会天然实现。由于阶级利益不同，资产阶级为了使革命纳入本阶级利益的轨道，必然要同无产阶级争夺统一战线的领导权。因此，中国共产党在经历血的教训后，保持了对无产阶级政党掌握统一战线领导权的清醒认识。在这一理论的指导下，无产阶级在统一战线中的领导权得到了充分的实现。统一战线和武装斗争是中国革命的两个基本武器，党是掌握这两个武器以实现对敌冲锋陷阵的战士。统一战线这个法宝，只有在党的领导下，才能充分发挥其历史作用。⑥

---

① 李万青：《刘少奇统战思想研究》，湖南人民出版社 1997 年版，第 178 页。

② 《毛泽东选集》第 2 卷，人民出版社 1991 年版，第 391 页。

③ 《刘少奇选集（上卷）》，人民出版社 1985 年版，第 48 页。

④ 中共中央统一战线工作部、中共中央文献研究室：《周恩来统一战线文选》，人民出版社 1984 年版，第 105 页。

⑤ 同上书，第 109 页。

⑥ 《毛泽东选集》第 2 卷，人民出版社 1991 年版，第 613 页。

## 二、阶级关系与统一战线

中国共产党在认识和处理社会各阶级关系的过程中,根据革命形势和革命任务的变化不断调整敌与友的阵营,形成了统一战线的四种联盟形态,推动了统一战线思想与中国革命实际紧密结合,带来了丰厚的革命成果。这一时期,中国共产党统一战线的敌友划分与阶级关系调整同步。

### (一) 民主联合战线:与资产阶级联盟

中国共产党统一战线思想相当多的内容是在解决民族资产阶级问题的过程中产生的。第一次国内革命战争时期,基于列宁关于殖民地半殖民地问题的理论,中国共产党形成与资产阶级联盟的思想,建立了以国共合作为基础的民主联合战线。1922 年 7 月,中国共产党召开第二次全国代表大会。大会结合中国革命实际,通过了《关于“民主的联合战线”的议决案》。《议决案》指明了民主联合战线的任务:“在中国的政治经济现状之下,在中国的无产阶级现状之下,我们认定民主的革命固然是资产阶级的利益,而于无产阶级也是有利益的。因此我们共产党应该出来联合全国革新党派,组织民主的联合战线,以扫清封建军阀推翻帝国主义的压迫,建设真正民主政治的独立国家为职志。”①《议决案》强调:“无产阶级一方面固然应该联合民

① 中央档案馆:《中共中央文件选集:第 1 册(一九二一——一九二五)》,中共中央党校出版社 1989 年版,第 65—66 页。

主派，援助民主派，然亦只是联合和援助，决不是投降附属与合并，因为民主派不是代表无产阶级为无产阶级利益而奋斗的政党；一方面应集合在无产阶级的政党——共产党旗帜之下，独立做自己阶级的运动。”①

1923年4月，陈独秀在《资产阶级的革命与革命的资产阶级》一文中，着重从中国的经济发展状况分析了资产阶级的革命性，以及无产阶级与之建立联合战线的可能性。他指出：“中国的经济现状，军阀阶级已与资产阶级显然分开，而资产阶级与无产阶级之分化，尚未到截然分离的程度，所以革命的资产阶级应该与革命的无产阶级妥协，打倒共同敌对的军阀阶级，不应该和反革命的资产阶级妥协；因为劳动群众本来具有革命的实力，应在革命运动中占重要部分，而且此时和革命的资产阶级共同敌对的目标相同，可以联合一个革命的战线。”②此时的陈独秀对中国国民革命的规律有敏锐把握，认识到中国资产阶级与无产阶级建立联合战线是国民革命的一个特点。他说：“全国资产阶级与无产阶级都在外国帝国主义者及本国贵族军阀压迫之下，有产无产两阶级共同起来，对外谋经济的独立，对内谋政治的自由，这是半殖民地国民革命的特有性质。”③因此，正确认识和处理同资产阶级及其党派的关系，是建立和巩固以国共两党合作为基础的统一战线必须解决的重大问题。中国共产党人阐明了正确认识与处理资产阶级及其党派关系的基本思想。

但是，在与资产阶级联盟对抗封建军阀和帝国主义的过程中，现

---

① 中央档案馆：《中共中央文件选集：第1册(一九二一——一九二五)》，中共中央党校出版社1989年版，第65页。

② 同上书，第557页。

③ 《陈独秀著作选》第2卷，上海人民出版社1993年版，第557页。

实的情况还是超出了中国共产党人的理论想象,对资产阶级的联盟意识消解和忽视了资产阶级的反革命性。共产国际的错误指导也使年轻的中国共产党人过度关注团结而未防范阶级之间的对立和斗争。大革命的失败表明,没能正确把握敌友关系,没能处理好与资产阶级联盟的关系,会产生思想认知和具体政策的一系列失误。对资产阶级的一再妥协退让,使无产阶级完全丧失了在统一战线中的领导权。

### (二)工农民主统一战线:工农联盟

与资产阶级联盟失败后,中国共产党认为资产阶级已经叛变革命,昔日的盟友沦为革命的对象,成为阶级对立的敌人。中国共产党与农民结成牢固的工农联盟,农民成为中国共产党最忠实的盟友。

李大钊很早就清楚地认识到中国是一个农业大国,农民若是不解放,我们国民的整体就不能解放。他预言:如果中国人数众多的农民能够组织起来,“参加国民革命,中国国民革命的成功就不远了”①。陈独秀也提出中国农民阶级参加国民革命联合战线的可能性。他强调中国共产党要重视农民运动:“人数超过一万万二千万被数层压迫的劳苦大众(专指佃农),自然是工人阶级最有力的友军,为中国共产党所不应忽视的。中国共产党若离开了农民,便很难成为一个大的群众党。”②毛泽东从1925年开始以主要精力领导农民运动,并注重

① 《李大钊全集》第5卷,人民出版社2013年版,第95页。
② 《陈独秀著作选》第2卷,上海人民出版社1993年版,第426页。

研究中国农民问题和如何加强工农联盟问题,提出"农民问题乃是国民革命的中心问题"[①]。这充分估计了农民在民主革命中的地位与作用,为建立工农联盟提供了科学依据。

大革命失败后,由于民族资产阶级的一部分附和蒋介石反动集团,作为统一战线基础的工农联盟成为更加突出与重要的问题。在各地武装起义中,特别是南昌起义、秋收起义和广州起义,中国共产党人达成共同的认识与行动——到农村中去,建立农村革命根据地,实行工农武装割据,从而创造工农联盟的崭新形式。

1928年6月18日到7月11日,中国共产党在莫斯科召开第六次全国代表大会。大会制定了工农民主统一战线的政策。大会通过的决议案明确当时中国革命的中心任务是:"力争建立工农兵代表会议(苏维埃)的政权","巩固工人阶级与共产党在农民运动与工人运动中的领导"[②]。1930年9月,中共中央根据共产国际六大关于中国问题决议案的精神,在瞿秋白、周恩来主持下召开扩大的六届三中全会,制定了建立下层统一战线的方针。该方针提出,实行"下层群众的统一战线"的策略——在一切斗争尤其是日常部分要求的斗争之中,共产党应当和非共产党的一般下层群众团结起来实行斗争,独立地去领导他们的运动,使这些运动都走到苏维埃政权的总口号之下来。[③]统一战线把工人、农民和士兵群众作为革命的基本力量,为中国

① 中国人民解放军政治学院:《中共党史参考资料:第4册》,中国人民解放军政治学院出版社1980年版,第145页。

② 中央档案馆:《中共中央文件选集:第4册(一九二八)》,中共中央党校出版社1989年版,第216页。

③ 中共中央文献研究室、中央档案馆:《建党以来重要文献选编(一九二一——一九四九)》第7册,中央文献出版社2011年版,第475页。

共产党深入开展土地革命、巩固工农联盟、发展壮大工农红军，不断扩大根据地提供了政治和理论基础。

土地革命时期，中国共产党践行“农民是无产阶级广大的可靠的同盟军”思想，以毛泽东为代表的中国共产党人根据马列主义原理和中国的特点，提出了建立与巩固工农联盟的基本原则。中国共产党在工人、农民和国民党中进行统一战线工作，凝聚城市群众、工人阶级、文化精英、国民党中积极力量，巩固工农联盟。但是，“左”倾思想模糊了资产阶级内部的复杂性，将民族资产阶级和城市小资产阶级这些中间势力看作“最危险的敌人”。“清一色”思想完全否认中间派别的一切政治主张和活动，在实际斗争中不与中间派别进行任何合作；视关门主义为唯一的法宝，将统一战线看作机会主义，将很多本是朋友的力量关在门外，弱化了革命的力量。这种只注重斗争而忽视团结的错误认知和实践，影响对敌我关系的正确判断，使中国革命和统一战线的发展遭受挫折。

### (三) 抗日民族统一战线：爱国力量联盟

1935 年 12 月，瓦窑堡会议通过了张闻天为中共中央起草的《关于目前政治形势与党的任务决议》。《决议》指出，不论什么人、什么派别、什么武装队伍、什么阶级，也不论参加反日的动机和立场，只要是反日反蒋的都应与之联合。他说：“只有最广泛的反日民族统一战线(下层的和上层的)，才能战胜日本帝国主义与其走狗蒋介石……民族革命的胜利，决不是少数上层分子所能完成的，不吸收千百万工人农民与小资产阶级群众参加到抗日民族统一战线中来，就不能形成抗日救国的雄厚力量。”①《决议》认为,党应该采取各种适当的方法,争取这些力量到反日战线中来。为了适应建立抗日民族统一战线的要求,《决议》将“工农共和国”改为“人民共和国”,指出苏维埃自己不但是代表工人农民的,而且是代表中华民族的。②

1935年12月27日,在党的活动分子会议上,毛泽东作了《论反对日本帝国主义的策略》的报告,全面阐述了中国共产党关于建立抗日民族统一战线的方针和政策。他指出,民族资产阶级有参加抗日斗争的可能性,甚至地主买办阶级在日本帝国主义变为它的独占殖民地的形势下,也可能发生变化。我们要把敌人营垒中间的一切争斗、缺口、矛盾,统统收集起来,作为反对当前主要敌人之用。毛泽东的报告用抗日民族统一战线的完整理论和政策武装了全党,阐明了建立抗日民族统一战线的可能性和必要性,提供了划分敌友的理论依据。

在抗日战争时期,以毛泽东为代表的中国共产党人同共产国际的右倾方针策略、国民党的反共行径,进行了既坚持原则又讲究艺术的灵活斗争。成熟的统战策略使抗日民族统一战线的独立自主原则虽几经挫折而最终确立。③中国共产党的抗日民族统一战线思想,最大限度地团结了抗日力量。

### (四)人民民主统一战线:各个革命阶级联盟

解放战争时期,为了联合社会各界进步力量,推翻国民党的“一

① 《张闻天选集》编写组:《张闻天选集》,人民出版社1985年版,第72页。

② 中共中央文献研究室、中央档案馆:《建党以来重要文献选编(一九二一—一九四九)》第12册,中央文献出版社2011年版,第540页。

③ 张喜德:《延安时期毛泽东抗日民族统一战线独立自主原则的确立及其历史意义》,《湖南第一师范学院学报》2019年第3期。

党专制”,建立新中国,中国共产党发展完善了人民民主统一战线思想。中国共产党不仅实现了对农民和小资产阶级的领导,而且实现了对民族资产阶级的完全领导;不仅有政治思想上的领导,而且有组织上的领导。

1948年4月30日,中共中央发布五一国际劳动节口号,号召“各民主党派、各人民团体、各社会贤达迅速召开政治协商会议,讨论并实现召集人民代表大会,成立民主联合政府”①。中国共产党的号召,得到民革、民盟和其他民主党派、各人民团体、海外华侨团体、无党派民主人士的拥护和赞赏。同年秋,各民主党派领导人应邀分批进入解放区,筹备召开新的政治协商会议。1949年1月22日,李济深、沈钧儒、马叙伦、郭沫若、谭平山、彭泽民、章伯钧、陈其尤等各民主党派主要领导人和无党派民主人士等55人,联名发表《我们对时局的意见》。他们郑重表示“愿在中共领导下,献其绵薄,贯彻始终”;认为“革命与反革命之间,决无妥协与调和之可能”,“人民民主阵线之内,绝无反动派立足之余地,亦决不许有所谓中间路线的存在”。②这标志着中国共产党领导的各个革命阶级联盟的统一战线全面形成。

毛泽东明确了人民民主统一战线的重大政策。新民主主义革命所要消灭的对象,只是封建主义和垄断资本主义,只是地主阶级和官僚资产阶级(大资产阶级),而不是一般地消灭资本主义,不是消灭上层小资产阶级和中等资产阶级。由于中国经济的落后性,广大的上层小资产阶级和中等资产阶级所代表的资本主义经济,即使革命在

---

① 中央统战部、中央档案馆:《中共中央解放战争时期统一战线文件选编》,档案出版社1988年版,第195页。

② 中共中央党校中共党史教研室:《中国民主党派史文献选编(新民主主义革命时期)》,中共中央党校出版社1985年版,第89—90页。

全国胜利以后，在一个长时期内，还是必须允许它们存在；并且按照国民经济的分工，还需要它们中一切有益于国民经济的部分有一个发展；它们在整个国民经济中，还是不可缺少的一部分。[①]中国共产党即将建立的新国家是“无产阶级领导的以工农联盟为基础的人民民主专政”[②]。“人民是什么？在中国，在现阶段，是工人阶级，农民阶级，城市小资产阶级和民族资产阶级。这些阶级在工人阶级和共产党的领导之下，团结起来，组成自己的国家，选举自己的政府，向着帝国主义的走狗即地主阶级和官僚资产阶级以及代表这些阶级的国民党反动派及其帮凶们实行专政，实行独裁……对于人民内部，则实行民主制度，人民有言论集会结社等项的自由权。选举权，只给人民，不给反动派。这两方面，对人民内部的民主方面和对反动派的专政方面，互相结合起来，就是人民民主专政。”[③]

这要求中国共产党“去认真地团结全体工人阶级、全体农民阶级和广大的革命知识分子，这些是这个专政的领导力量和基础力量。没有这种团结，这个专政就不能巩固”[④]。中国共产党也要“去团结尽可能多的能够同我们合作的城市小资产阶级和民族资产阶级的代表人物，它们的知识分子和政治派别，以便在革命时期使反革命势力陷于孤立，彻底地打倒国内的反革命势力和帝国主义势力”[⑤]。人民民主统一战线成为凝聚建立新政权力量、瓦解反动派力量的调整敌友关系的重大战略。

---

① 《毛泽东选集》第4卷，人民出版社1991年版，第1254—1256页。
② 同上书，第1436页。
③ 同上书，第1475页。
④ 同上书，第1436—1437页。
⑤ 同上书，第1437页。

## 三、政权建构与统一战线

中华人民共和国成立后,中国共产党的地位发生了根本性的变化,成为掌握全国政权、领导社会主义革命和建设的执政党。在国内,新民主主义共和国的敌人是帝国主义和地主阶级、官僚资产阶级的残余,在国外是仇视新生政权的敌对势力。中国共产党在执掌政权的情况下,正确把握敌友关系,团结一切可以团结的力量来巩固和建设新生政权,对民族资产阶级实行既团结又改造的统战政策,结成两个政治联盟,同时确立多党合作原则,完成政权建构的政治任务。社会主义改造完成后,民族资产阶级成为劳动者的一部分,工人阶级和资产阶级的矛盾已不是国家的主要矛盾。中国共产党及时调整政策,在党的八大做出主要矛盾发生变化的判断,国家工作重心转向解决先进的社会制度和落后的生产力之间的矛盾。

### (一) 新政权中的统一战线:团结一切可以团结的力量

1950 年 3 月,在第一次全国统战工作会议上,中共中央统战部部长李维汉作了题为《人民民主统一战线的新形势与新任务》的报告。报告指出,中华人民共和国成立后我国统一战线已经发生历史性变化。党的统一战线工作的总任务是要在实现《共同纲领》、巩固工农联盟的基础上,密切团结全国各民族、各民主阶级、各民主党派、各人民团体、广大华侨、各界民主人士及其他爱国分子,争取尽可能多的能够同我们党合作的人，为着稳步地实现党的新时期的历史任务而奋斗。①

1951 年 3 月 26 日，邓小平在西南局第一次统一战线工作会议上作了《全党重视做统一战线工作》的报告。他指出："固然，统战工作有其策略性，但更主要的是它的战略性，就是要广泛地团结工人阶级、农民阶级、小资产阶级、民族资产阶级和社会各阶层人民。"②"实际上，统战工作是我们党的总路线总策略的一部分，是要贯彻到底的。"③"只要有敌人，有朋友，就得团结朋友，孤立和打击敌人，就还得有统战工作，因此，统战工作一直要做到社会主义社会以后。"④

1953 年 7 月，刘少奇在第四次全国统战工作会议上指出："党中央认为统一战线工作是一种必要的工作，过去是必要的，现在是必要的，将来一个相当长的时期内也是必要的，今后还要进一步加强这项工作。……帝国主义还存在，还威胁着我们，台湾还没有解放，地主阶级、官僚资产阶级的残余还存在，还想复辟。……中国还很落后，工业很少，特别是重工业很少，为了改变这种落后的情况，为了建设我们的国家，为了实现国家工业化和过渡到社会主义，我们需要团结一切可能团结的人，需要统一战线。"⑤对于统一战线的长期性，刘少奇指出"统一战线政策是长期的"⑥，"我们要把资产阶级、民主党派、

① 王邦佐：《中国共产党统一战线史》，上海人民出版社 1991 年版，第 426 页。

② 同上书，第 351 页。

③ 中共重庆市委员会、中共中央文献研究室：《邓小平西南工作文集》，中央文献出版社、重庆出版社 2006 年版，第 350 页。

④ 同上书，第 350—351 页。

⑤ 《刘少奇选集(下卷)》，人民出版社 1985 年版，第 117 页。

⑥ 林蕴辉：《一个伟人的奋斗与命运——刘少奇之路》第 3 卷，中共党史出版社 2001 年版，第 865 页。

民主人士等一直引导到社会主义,统战工作要做到社会主义”①。

为了使统一战线得到全党和全国人民的重视,更好地发挥统一战线在新中国建设中的作用,毛泽东在1954年主持起草的《中华人民共和国宪法》中写进了统一战线的内容。6月14日,毛泽东在关于宪法草案的报告中指出:要有“各民主阶级、各民主党派、各人民团体的广泛的人民民主统一战线”,通过统一战线,可以安定各阶层,安定民族资产阶级和各民主党派,安定农民和城市小资产阶级。他还指出:“我们现在要团结全国人民,要团结一切可以团结和应当团结的力量,为建设一个伟大的社会主义国家而奋斗。这个宪法就是为这个目的而写的。”②

### (二)“两个联盟”思想:区分劳动者与剥削者

中国共产党人在坚持同民族资产阶级实行联盟的同时,坚持以工农联盟为基础。毛泽东提出关于“两个联盟”的思想,进一步丰富和发展了马克思主义的战略策略学说,促进了人民民主统一战线的巩固。1953年8月,毛泽东第一次明确地提出了“两个联盟”的概念。他指出,现在有两种统一战线、“两种联盟”。一种是工人阶级和农民的联盟,这是基础。一种是工人阶级和民族资产阶级的联盟。农民是劳动者,不是剥削者,工人阶级和农民的联盟是长期的。

刘少奇也阐述了“两个联盟”的观点:在统一战线的两个联盟中,

---

① 中共中央统战部研究室:《历次全国统战工作会议概况和文献》,档案出版社1988年版,第124页。

② 《毛泽东文集》第6卷,人民出版社1999年版,第330页。

工农联盟“是我们阵线的基础,是最重要的,是决定我们命运的。革命能不能胜利,政权能不能巩固,国家能不能工业化以及能不能建成社会主义,都决定于这个联盟”。同一部分剥削者的联盟服从于和服务于工农及其他劳动者的联盟。[①]1953 年 9 月,毛泽东进一步阐述了“两个联盟”的观点,并对第二个联盟的内容作了更为具体的论述。他提出,中国现在有两种联盟:一种是工人阶级跟农民阶级的联盟,一种是工人阶级跟资本家、大学教授、高级技术人员、起义将领、宗教领袖、民主党派、无党派民主人士的联盟。这两种联盟都是需要的,而且要继续下去。[②]1955 年 10 月,毛泽东从我国经济落后的客观情况出发,进一步强调了“两个联盟”各自的地位和作用及其存在的必要性。他认为在这两个联盟中,同农民的联盟是主要的,基本的,第一位的;同资产阶级的联盟是暂时的,第二位的。

社会主义改造完成以后,“两个联盟”特别是第二个联盟的内容发生了根本性的变化,但仍在社会主义革命建设中发挥着巨大的作用。改革开放以后,邓小平提出劳动者的联盟和爱国者的联盟,实际上是对毛泽东两个联盟思想的继承和发展。

### (三)多党合作思想:中国新型政党制度的确立

在建设民主联合政府的过程中,中国共产党创建了聚合各方力量、协商建国的开国之路。中国共产党对新中国政权建设的构想从

① 中共中央统战部研究室:《历次全国统战工作会议概况和文献》,档案出版社 1988 年版,第 152 页。

② 李维汉:《回忆与研究(下册)》,中共党史资料出版社 1986 年版,第 747 页。

开始就主张新政府应该以各党联合的方式组织，由进步阶级组成的“人民”共同掌握国家政权。革命的成功之路和国家的诞生形态，都是建立在中国共产党统一战线的战略、思想以及中国共产党领导各革命力量联合掌握国家政权的基础上。这决定了该政治基础上产生和发展起来的多党合作思想内生于中国革命与国家建设，符合中国国家建设的内在要求。

《共同纲领》规定：“中国人民民主专政是中国工人阶级、农民阶级、小资产阶级、民族资产阶级及其他爱国民主分子的人民民主统一战线的政权，而以工农联盟为基础，以工人阶级为领导。由中国共产党、各民主党派、各人民团体、各地区、人民解放军、各少数民族、国外华侨及其他爱国民主分子的代表们所组成的中国人民政治协商会议，就是人民民主统一战线的组织形式。”①“在普选的全国人民代表大会召开以后，中国人民政治协商会议就有关国家建设事业的根本大计及其他重要措施，向全国人民代表大会或中央人民政府提出建议案。”②新中国在政党制度上不是采用一党制、两党制或多党制，而是实行中国共产党领导的多党合作和政治协商制度。

在政权机关中，统一战线工作的主要内容是建立党与党外人士合作的正确关系。为此，中国共产党加强同党外人士沟通政策观点，并使他们有职有权。伴随着社会主义革命的过程，中国共产党对民族资产阶级和民主党派的社会地位和界定有了明确的认识，把他们视为社会主义劳动者的一部分。社会主义制度确立以后，在中国如

---

①　中共中央文献研究室：《建国以来重要文献选编》第1册，中央文献出版社1992年版，第1页。

②　同上书，第4—5页。

何建设社会主义，如何进一步加强中国共产党和民主党派的团结合作，使多党合作朝着有序、规范的方向发展，毛泽东与全党同志做了有益的探索和理论思考。

1956年，毛泽东在《论十大关系》中指出："在我们国内，在抗日反蒋斗争中形成的以民族资产阶级及其知识分子为主的许多民主党派，如今还继续存在。在这一点上，我们和苏联不同。我们有意识地留下民主党派，让他们有发表意见的机会，对他们采取又团结又斗争的方针。一切善意地向我们提意见的民主人士，我们都要团结……这对党，对人民，对社会主义比较有利。"①随后，毛泽东在党与民主党派关系方面，提出了"两个万岁"思想。他说："我们的方针是要把民主党派、资产阶级都调动起来。要有两个万岁，一个是共产党万岁，另一个是民主党派万岁，资产阶级不要万岁，再有两三岁就行了。"②1956年6月，李维汉在第一届全国人民代表大会第三次会议上作了题为《巩固和扩大人民民主统一战线》的发言。这篇发言稿原来引用了毛泽东"两个万岁"的思想，送请胡乔木帮助修改后，正式表述为"长期共存、互相监督"。刘少奇在党的八大上代表中共中央进一步阐述了"长期共存、互相监督"的方针。党的八大通过的《关于政治报告的决议》也明确提到："必须按照长期共存、互相监督的方针，继续加强同各民主党派和无党派民主人士的合作，并且充分发挥人民政治协商会议和各级协商机构的作用。""长期共存、互相监督"方针的提出，是中国共产党处理同民主党派关系思想的一个重要发展。

---

① 《毛泽东文集》第7卷，人民出版社1999年版，第34页。

② 李维汉：《回忆与研究(下册)》，中共党史资料出版社1986年版，第813—814页。

## 四、结　语

在民主革命时期，中国共产党统一战线保持对敌友问题的清醒认识，秉持“以斗争求团结则团结存，以退让求团结则团结亡”的认识。一方面，游刃有余地采用时“统”时“战”、又“统”又“战”的策略，以分对象、分阶段的方式开展统战工作。另一方面，掌握对统一战线的领导权，在与共产国际的博弈中取得了领导自主性，在与国民党的较量中赢得了领导主动权，在与各方面代表的协商中获得了领导合法性。

中华人民共和国成立以后，中国共产党继续执行人民民主统一战线的路线，团结一切可以团结的力量，领导全国人民巩固新生的人民政权，迅速恢复国民经济，建立了社会主义基本制度，完成了政权建构的任务，实现了从新民主主义向社会主义的历史性转变。人民民主统一战线自觉服从服务于人民民主专政的巩固、国民经济的恢复发展、党在过渡时期总路线的贯彻，成功地完成了对资本主义工商业的社会主义改造，为社会主义革命和建设作出了历史性贡献。

改革开放以来，中国共产党统一战线从阶级联盟转变为政治联盟，发展成为中国共产党领导的、以工农联盟为基础的，包括全体社会主义劳动者、社会主义事业的建设者、拥护社会主义的爱国者、拥护祖国统一和致力于中华民族伟大复兴的爱国者的联盟。随着形势变化和中心工作的不同，在国家治理和现代化的政治逻辑下，以阶级对抗为表现形式的敌友政治开始脱离统一战线的主题。在社会主义初级阶段,敌我矛盾已经不是社会的主要矛盾,敌我关系也不再是政治生活的中心。尽管仍需高度警惕和防范国内外敌对势力的分裂、渗透和颠覆活动,但是敌友政治不再是统一战线关系的主线。大团结和大联合成为统一战线的主题,平等尊重、求同存异、合作包容、协商民主成为统一战线的价值追求,凝聚人心和汇聚力量成为统一战线的根本职能。爱国统一战线作为稳固的政治联盟,其变动的因素体现在不断扩大团结联合范围,以最大公约数画出最大同心圆,实现变与不变的辩证统一。

**说明**:本文系上海市哲学社会科学规划课题“中国共产党百年统一战线思想研究”[2019WJD015];国家社会科学基金社科学术社团主题学术活动资助项目“统一战线与国家治理体系与治理能力现代化研究”[20STA064]

**论文出处**:《统一战线学研究》2021 年第 4 期。

**作者简介**:闻丽,上海市社会主义学院副教授,新型政党制度研究中心研究员,中国统一战线理论研究会统战基础理论上海研究基地研究员。

# 第十三章　新型政党制度与中国农工民主党的历史跃迁

姚俭建

在中国近代百余年波澜壮阔的历史中，无数革命先辈和仁人志士为建立适合中国国情的政党制度进行了艰辛探索，历经多种政党制度尝试、挫折，并最终确立具有中国特色和时代特征的新型政党制度。中国共产党领导的多党合作和政治协商制度不仅创造性地丰富和发展了统一战线的样式与内容，而且使原本具有进步性的小资产阶级和城市资产阶级的民主党派发展为符合时代发展要求的中国特色社会主义参政党，并成为我国新型政党制度的重要组成部分。在纪念中国农工民主党（以下简称农工党）成立90周年的重要时间节点，我们重温历史不难发现，农工党90年的历史性跃迁正好见证了我国新型政党制度从艰难孕育、正式确立、完善发展到成熟定型这一进程。

## 一、新型政党制度的艰难孕育与农工党的新探索

作为一项史无前例的伟大政治创造，新型政党制度是中国共产党、中国人民和各民主党派、无党派人士一起，在共同反对国民党反动派一党独裁和争取和平民主的斗争实践中逐步建立起来的。它蕴含着在新民主主义革命时期逐步酝酿起来的多党合作初心。与此同时，作为在中国大陆成立最早的民主党派，农工党在土地革命战争、抗日战争和解放战争三个重要的历史时期，从犹豫彷徨到坚定地站在中国共产党一边，为新型政党制度最终确立作出了重要贡献。

作为新型政党制度创立的主导者，中国共产党从它诞生之日起，就以中华民族复兴为己任，并寻求在中国建立一种新型的政党制度。值得一提的是，中共二大首次明确提出的"联合战线"，是对中共一大时确定推翻资产阶级直接搞社会主义革命主张的一个重大转变，成为多党合作与统一战线理论创立的发端，同时为以国共合作为基础的统一战线策略的形成奠定了理论基础。期间经历许多曲折和艰难的探索。抗战时期的"三三制"抗日民主政权形式，则是中共领导的多党合作制度的雏形。正如毛泽东在《新民主主义论》所指出的，中国共产党人多年以来的奋斗目的，"在于建设一个中华民族的新社会和新国家"①。这个新社会和新国家就是新民主主义的共和国，它"只能是在无产阶级领导下的一切反帝反封建的人们联合专政的民主共

① 《毛泽东选集》第2卷，人民出版社1991年版，第663页。

和国"①。1940年7月5日，毛泽东又在《团结到底》一文中，将各党派联合专政同具体政策、具体纲领联系了起来。他指出："在政权问题上，我们主张统一战线政权，既不赞成别的党派的一党专政，也不主张共产党的一党专政，而主张各党、各派、各界、各军的联合专政，这即是统一战线政权。"②这表明，包括毛泽东在内的中国共产党人实际上已经开始将多党合作上升为新民主主义国家的基本政治制度。

作为新型政党制度的参与者，农工党的前身与国民党有一定组织渊源关系。最初因不满国民党右派背叛大革命，国民党左派领导人邓演达等为继承孙中山先生的革命三民主义，筹组建立了中国国民党临时行动委员会（农工党前身，简称临委会）。但从思想渊源上考察，第一次全国干部会议明确提出的"解放中国民族，建立平民政权，实现社会主义"的政治纲领③，与中共的主张非常相近。另外，邓演达关于"农民革命、土地革命"的思想④，早在国共合作北伐战争时期就与毛泽东在土地、农民的问题上的想法很接近，可谓志同道合。这就为农工党与共产党在新民主主义革命时期进行通力合作奠定了坚实的思想基础。邓演达殉难后，章伯钧、黄琪翔等农工党人继承邓演达遗志，策动19路军发动"福建事变"，建立与蒋介石政权对峙的人民革命政府。后在遭一系列政治军事斗争失败后，临委会早期负责人章伯钧、黄琪翔等逐渐认识到，"共产党是斗争的主力，要革命就必

① 《毛泽东选集》第2卷，人民出版社1991年版，第675页。

② 同上书，第760页。

③ 《在新民主主义革命时期的奋斗历程》（第一节）（二），http://www.ngd.org.cn/dszl/dsyj/1568.htm。

④ 《国民革命武汉时期的辉煌与邓演达的功业》，http://www.ngd.org.cn/dszl/dsyj/1582.htm。

须与红军取得联系，必须同共产党合作”①。1935 年 8 月 1 日，在中华民族生死存亡的紧急关头，为挽救民族危亡，中国共产党发表了《为抗日救国告全体同胞书》即《八一宣言》，呼吁停止内战，团结抗日。临委会领导人备受鼓舞，认为反日反蒋，事有可为。随后发表了《组织反日阵线提议的宣言》，率先响应中共《八一宣言》，表达了同共产党合作的诚意。1935 年 11 月 10 日，“二干会议”作出决议：“同共产党合作，以马列主义作为党的思想武器”。会议同时决定将党名改为“中华民族解放行动委员会”（简称解委会），以示同国民党决裂，同共产党合作。会议通过的《临时行动纲领》提出要同“红军与全国反帝的军队和人民取一致的行动，共同对日作战”；《告同志书》则宣告以“反蒋联共抗日为党的总方针”，决心同共产党合作，以推动抗日为党的中心工作。②“二干会议”确立的联共抗日的方针，对于全国的抗日救亡运动和各党派的合作起了积极推动的作用，标志着农工党在抗日民族统一战线的旗帜下，开始了同中国共产党合作的新征程。在整个抗战期间，农工党始终坚持民主、团结、抗战、联共的立场，同独裁、分裂、妥协的势力作了坚决的斗争，促进形成并坚决维护了多党合作和抗日民族统一战线，为抗日战争的胜利作出了不可磨灭的贡献。

抗日战争胜利后，中国面临着两种命运、两个前途的大决战，斗争的中心是建立一个什么样的国家。为迎接中国革命的新高潮，1947 年 2 月，解委会召开第四次全国干部会议。在这次会议上，基于邓演达的政治主张与革命的基本精神，党名正式定为中国农工民主

①② 《农工民主党对抗日民族统一战线的贡献》，http://www.ngd.org.cn/dszl/dsyj/32451.htm。

党。会议再次明确提出以社会主义为农工党的奋斗目标和加强与中共的全面合作。四干会议是农工党历史上一次重要的会议，对于加强和推进中国共产党领导的统一战线起了积极作用。根据"四干会议"精神，农工党更加积极地投入国统区的爱国民主运动中去。1948年9月，在解放战争进入战略决战阶段之际，为配合中国人民解放军的大决战，夺取民主革命的最后胜利，农工民主党中央在香港举行扩大会议并通过《政治决议》，号召全党在国统区放手发动人民参加革命的武装组织。为了加速解放战争的胜利，农工党在中共指导下加强了军事活动，在东南和西南一些地区运用自身的特点和社会关系，积极开展反蒋军事斗争。

上述历史表明，在民主革命时期，作为中间性党派之一，农工党根据党的纲领，在国民党的半殖民地半封建道路和共产党的新民主主义道路之间作出了正确抉择。这不仅对中国政党制度格局的形成产生了深远影响，而且在关键时刻最终选择自觉接受中国共产党的领导，从而为新型政党制度的正式确立奠定了基础。

## 二、新型政党制度的正式确立与农工党的新起点

历史地看，中国共产党发布"五一"口号与各民主党派、无党派人士热烈响应，这两者之间积极互动的硕果便是成立人民政协并正式确立新型政党制度。在这一过程中，农工党在与中共的合作中逐步确立起新的发展起点。

从新型政党制度形成和发展的角度考察，中国共产党始终起着

主导作用。早在1945年4月，毛泽东在中共七大上所作的题为《论联合政府》报告，体现出中国共产党对新中国的国家形态和政权形态有了比较成熟的思考。他在报告中完整地阐释了中国共产党对抗战胜利后国家政权组织形式的看法，认为在一个长时期中，将产生一个区别于俄国制度的特殊形态，即几个民主阶级联盟的新民主主义的国家形态和政权形态；作为中国共产党领导下的新民主主义制度，不应该是一个阶级专政和一党独占政府机构的制度；只要共产党以外的其他任何政党，任何社会集团或个人，对于共产党是采取合作的而不是采取敌对的态度，我们是没有理由不和他们合作的。①在中共七届二中全会上，毛泽东进一步指出，中国共产党同党外民主人士长期合作的政策，必须在全党思想上和工作上确定下来。②1948年4月30日，正值"五一"节来临和人民解放战争取得节节胜利之际，中共中央提出了建立新中国的政治主张："各民主党派、各人民团体、各社会贤达迅速召开政治协商会议，讨论并实现召集人民代表大会，成立民主联合政府"③，即著名的"五一"口号。这表明中国共产党以博大的政治胸怀，主动向各民主党派发出了合作邀请。

1948年5月5日，彭泽民代表农工党，与其他民主党派和无党派人士联合发出通电，一致响应中共中央召开新政协的号召。在中共的精心安排下，彭泽民等农工党领导人又相继踏上奔赴东北解放区的秘密旅程。之后，彭泽民、丘哲、季方等5人代表农工党，章伯钧代表民盟出席了1949年6月15日至19日召开的新政协筹备会第一次

① 《毛泽东选集》第3卷，人民出版社1991年版，第1062页。
② 《毛泽东选集》第4卷，人民出版社1991年版，第1437页。
③ 《中国共产党中央委员会发布"五一"劳动节口号》，《晋察冀日报》1948年5月1日。

全体会议，直接参与筹备中国人民政治协商会议的召开和人民政府的组建工作。1949年9月21日，中国人民政治协商会议第一届全体会议在北平隆重召开。彭泽民、郭冠杰等10人和候补代表2人作为农工党代表，季方作为解放区代表，章伯钧、丘哲作为民盟代表，黄琪翔作为特邀代表出席了会议。[①]9月24日，彭泽民代表农工党在大会发言。他指出，共同纲领、政治协商会议组织法、中央人民政府组织法这三个历史性、创造性的文件，是中国人民共同遵守的建国方针，是中国共产党、毛主席根据马列主义指导理论和中国历史、社会实际情况，以及数十年来的奋斗经验相结合创造出来的。我们愿协同全国人民，各民主党派，各社会阶层，各少数民族及海外华侨，一德一心，接受这三大文件，并促成其彻底实现。[②]在新型政党制度框架下，农工党参加了新政协和人民政府的工作，积极从事人民政权和国家建设，部分党员担任重要职务。至此，农工党开始进入参加国家政权建设和参政议政的新阶段。

当然，在新型政党制度确立的前期，农工党高层内部对自身的定位尚有模糊认识，一些人甚至借1949年11月14日至26日召开农工党第五次全国干部会议的机会，酝酿农工党解散事宜。他们认为农工党的历史任务已经完成，到了该"光荣结束"的时候了。在这关键时刻，中国共产党及其领导人及时出面，劝止农工党"光荣结束"。如周恩来在1949年11月22日上午邀请章伯钧、彭泽民、季方、郭则沉举行座谈，就农工党的前途、任务和作用初步交换了意见。下午，周

① 《在新民主主义革命时期的奋斗历程》(第三节)，http://www.ngd.org.cn/dszl/dsyj/1574.htm。

② 何维：《在人民政协舞台上担当新使命彰显新作为》，http://www.ngd.org.cn/xwzx/ldjh/66437.htm。

恩来又邀请会议全体代表到北京饭店,就农工党的存废问题发表了重要讲话。周恩来指出:“农工民主党不同于中共以外别的党派者,它是唯一具有革命传统的党,但是一直没有很好地发扬过自己的事业……1927 年以后,断断续续存在了 22 年才有今天这样一个会议的举行,当然不能不考虑到的历史性发展,借以确定今后的前途。”[①]他认为,农工党作为一个有悠久革命传统的政党,与共产党风雨同舟数十年,现在革命虽然胜利了,但还有存在的必要。“我以为农工民主党还有它的历史任务,不能让它无疾而终。一个革命政党不必害怕自己的消灭,但是农工民主党还没有到这个时候。”[②]1950 年 2 月 26 日,中共中央统战部在关于农工党第五次全国干部会议与二中全会的通报中明确指出:“(一)各民主党派在政治上皆不发生存废问题……(二)中国共产党与各民主党派‘将长期合作’下去,这不仅是策略手段,也是‘目的’。”[③]作为农工党新起点的标志,“五干会议”通过了《宣言》和有关政治、组织和工作的决议。其中《政治决议》的重点内容就是:“接受中国共产党的领导”,“必须以马列主义、毛泽东思想和无产阶级国际主义思想教育全党同志”,“我们即以《共同纲领》为本党的行动纲领”。[④]

在新型政党制度确立的初期,中国共产党和各民主党派面临着恢复国民经济、巩固人民民主政权的共同任务。在中国共产党领导

① 章师明:《日破云涛万里红——农工党第五次全国干部会议追忆》,《前进论坛》2002 年第 11 期。

② 农工党中央:《中国农工民主党的奋斗历程》,中央文史出版社 1990 年版,第 133—134 页。

③ 刘延东:《当代中国的民主党派》,当代中国出版社 1999 年版,第 67 页。

④ 《为社会主义建设和改革开放做出重要贡献》(第一节),http://www.ngd.org.cn/dszl/dsyj/1575.htm。

和推动下，农工党积极行动起来，加入恢复国民经济、土地改革、抗美援朝、镇压反革命、“三反”、“五反”等社会运动中，在《共同纲领》基础上，为新中国继续完成新民主主义革命遗留的任务，发挥了积极作用。需要指出的是，1956 年，随着我国社会主义改造基本完成和社会主义制度基本确立，有人提出“民主党派是否还有继续存在的必要”这样一个问题。对此，毛泽东作了明确回应：“有了民主党派，对我们更为有益”。这是因为“一个党同一个人一样，耳边很需要听到不同的声音。”“不但过去如此，而且将来也可以如此。”①关于中国共产党与各民主党派之间的关系，毛泽东在 1956 年 4 月召开的中共中央政治局扩大会议上所作的《论十大关系》报告中首次提出了“长期共存、互相监督”的方针，随后又提出了“两个万岁”，即共产党万岁、民主党派万岁。他意味深长地指出：“我们有意识地留下民主党派，这对党，对人民、对社会主义很有利。打倒一切，把其他党派搞得光光的，只剩下共产党的办法，使同志们中很少不同意见，弄得大家无所顾忌，这样做很不好。”②

中国共产党提出同民主党派“长期共存、互相监督”的方针，极大地鼓舞了农工党广大党员的政治热情和社会主义积极性，也给农工党的工作提出了更高的要求。为了贯彻这一方针，农工党于 1957 年在北京先后召开了全国工作会议和六届三中全会，通过了《关于党务工作的决议》和《政治决议》。《政治决议》指出：“长期共存、互相监督”方针的提出，加重了我们的政治责任，为了正确贯彻这一方针，必须忠诚接受中国共产党的领导，坚持为社会主义服务的政治路线，在

① 《毛泽东文集》第 7 卷，人民出版社 1999 年版，第 234—235 页。
② 李维汉：《回忆与研究（下册）》，中共党史出版社 2013 年版，第 813 页。

国家政治生活中创造性地发挥农工党的作用。本着对社会主义事业负责的精神，应该积极地向共产党提出建议和批评，同时也要主动地虚心接受共产党以及各民主党派和人民群众对我们党的监督。[①]通过贯彻“长期共存、互相监督”的方针，农工党进一步增强了从政治上接受共产党领导的自觉性，与中国共产党的关系更为融洽，党际合作与协商出现了新气象。

需要提及的是，在“文化大革命”逆境中，农工党被迫停止了活动，广大党员也饱受折磨。尽管如此，农工党组织和广大党员始终坚信共产党，怀念共产党，从未动摇走社会主义道路的信念。在中共关怀下，农工党终究没有被搞垮。历史表明，即使在逆境中，农工党仍然同共产党风雨同舟，荣辱与共，一道经受了严峻的考验。

## 三、新型政党制度的完善发展与农工党的新作为

随着我国步入改革开放的新时期，如何适应我国社会结构的变化和社会主义民主政治建设的新要求，就成为新型政党制度完善发展面临的新挑战和新课题。

改革开放以后，邓小平明确提出中国共产党领导的多党合作和政治协商制度是我国政治制度的一大特点和优点。在他推动下，中国共产党确立了与民主党派“长期共存、互相监督、肝胆相照、荣辱与共”的十六字方针，而且提出了一整套关于多党合作和政治协商的理

---

① 《为社会主义建设和改革开放做出重要贡献》(第一节)，http://www.ngd.org.cn/dszl/dsyj/1575.htm。

论与政策。

与此同时，进入新的历史时期，农工党坚决拥护中共十一届三中全会以来的路线、方针、政策，认真履行参政党职能，为推进国家的经济政治文化建设，维护安定团结的政治局面，促进祖国和平统一大业，开展了很有成效的工作。

在中共各级组织的帮助下，农工党开始着手恢复、建立地方组织和恢复活动的工作。农工党中央和各省省级组织临时领导机构的成员，也自上而下层层做思想政治工作，深入了解党员情况，积极协助党政部门在党员中进一步复查平反冤假错案，改正错划的右派。在中共十一届三中全会和政协五届二次会议精神的指导下，农工党于1979年10月11日至22日在北京召开了第八次全国代表大会。这是农工党七大召开21年后的第一次全国代表大会，标志着农工党工作重心的转移。会上周谷城作了题为《在为社会主义现代化建设服务的道路上前进》的工作报告，报告提出今后一个时期农工党的中心任务是："坚持四项基本原则，维护和发展安定团结的政治局面，把工作重点坚决地转移到社会主义现代化建设上来，为实现祖国统一，为加速四化建设，为维护世界和平而奋斗"。大会通过的《党章》修正案明确规定，农工党的基本任务之一是服从和服务于经济建设这个中心，解放思想，实事求是，积极推进改革开放，为解放和发展社会生产力，为加快经济建设献计出力。①八大的胜利召开，成为农工党历史上的一个新的里程碑。其中，"三老上书"堪称多党合作史上的一段佳话。之后，1983年11月、1988年11月分别召开的农工党九大、十大，

① 《为社会主义建设和改革开放做出重要贡献》(第二节)，http://www.ngd.org.cn/dszl/dsyj/1570.htm。

继续并深化了八大确定的工作重心，进一步强化接受中国共产党领导的自觉性，动员广大党员踊跃投身为社会主义现代化建设服务的洪流中。这就为农工党在新时期坚持和完善新型政党制度，推进改革开放指明了方向。

随着改革开放的深入，我国社会越来越呈现出多样化的发展趋势。各民主党派、无党派人士都联系着一部分群众，代表着不同社会阶层的利益诉求，这些诉求也需要通过这些党派的有序政治参与而得以表达。这就为中国共产党与各民主党派、无党派人士的长期合作提供了新的现实依据。正是根据新时期我国政党关系的历史经验和现实状况，在全球冷战结束、多党制浪潮到来之时，1989 年 12 月底，《中共中央关于坚持和完善中国共产党领导的多党合作和政治协商制度的意见》正式发布。这是中共中央关于多党合作的第一个纲领性文件。该文件明确提出，要坚持和完善中国共产党领导的多党合作和政治协商制度，并规定这是我国一项基本政治制度；1993 年，又将“中国共产党领导的多党合作和政治协商制度将长期存在和发展”写入宪法。由此确立了我国政党制度的基本框架：共产党领导，多党派合作；共产党执政，多党派参政。2005 年和 2006 年中共中央又先后颁布了《中共中央关于进一步加强中国共产党领导的多党合作和政治协商制度建设的意见》和《中共中央关于加强人民政协工作的意见》。上述一系列举措开辟了中国共产党领导的多党合作和政治协商制度建设的新格局。

中国共产党就国家重大方针政策和重要人事安排与民主党派、无党派人士进行协商，是新型政党制度的一项重要内容，是民主党派参与国家重大决策，实现我国决策的民主化、科学化的一个重要环节。自农工党十一大至十五大召开前，中央和地方组织主要领导人参加各级中共党委和政府举行的民主协商会、座谈会近数千次，分别就国家和地方领导人选、政府工作以及政治、经济、文化、教育和法制等一系列大政方针，积极发表意见和建议，努力为科学决策作贡献。农工党中央领导人还多次应邀参加重要外事和国事活动，作为中国政府代表团成员，出席我国政府对香港和澳门恢复行使主权的政权交接仪式，在国际和国内产生良好的影响。

## 四、新型政党制度的成熟定型与农工党的新使命

中共十八大以来，以习近平同志为核心的中共中央以巩固中国共产党长期全面执政的地位、实现中华民族伟大复兴为出发点，高度重视多党合作和参政党建设。尤其是习近平总书记加强中国特色社会主义参政党建设的重要论述，深化和拓展了参政党的定位，不仅契合多党合作的历史初心，而且符合新时代中国特色社会主义政治发展道路的内在要求，进一步丰富了新型政党制度的内涵。

2013 年，习近平总书记首次明确提出，各民主党派是同中国共产党通力合作的中国特色社会主义参政党[①]；2015 年颁布的《中国共产党统一战线工作条例（试行）》指出："民主党派是接受中国共产党领导、同中国共产党通力合作的亲密友党，是中国特色社会主义参政党。"[②]"中

---

① 《习近平同党外人士共迎新春　李克强、俞正声出席》，http://cpc.people.com.cn/n/2013/0208/c64094-20467155.html。

② 《中国共产党统一战线工作条例（试行）》，http://cpc.people.com.cn/n/2015/0923/c64387-27624157.html。

国特色社会主义参政党”概念的明确提出，不仅使中国共产党作为执政党和领导党更充分地获得了政党理论层面和逻辑层面上的说明和支持，同时也使中国的八个民主党派有了更为明确的政治地位。在中国特色政党制度框架内，作为中国特色社会主义参政党的民主党派选择接受中国共产党领导，不仅具有了十分广阔的生存和发展空间，也找到了发挥作用、履行使命的最佳途径和方式。①

新型政党制度赋予新时代多党合作的重要使命就是凝聚人心、凝聚共识，为实现中华民族伟大复兴而奋斗。作为新时代的参政党，农工党不断增强责任感和使命感，按照“好参谋、好帮手、好同事”“新气象、新提高、新作为、新面貌”要求，积极践行我国新型政党制度，彰显新时代价值。

习近平总书记在中共十九大报告中明确指出：“坚持长期共存、互相监督、肝胆相照、荣辱与共，支持民主党派按照中国特色社会主义参政党要求更好履行职能。”②农工党责无旁贷地承担起不断加强和完善中国共产党领导的多党合作制度，找到最大公约数，画出最大同心圆，坚定不移走中国特色社会主义政治发展道路，为实现中华民族伟大复兴的中国梦不懈奋斗的历史使命。在新时代，农工党相继召开了十五大、十六大，不仅完成了进入新时代的新老交替，而且开启了崭新的篇章。到 2019 年底的统计，共有省级组织 30 个，党员总数达 177 943 人。③农工党担负起新型政党制度的参与者、实践者、推

① 姚俭建：《多党合作的初心与新时代的使命——基于新型政党制度视角》，《上海市社会主义学院学报》2019 年第 6 期。

② 习近平：《决胜全面建成小康社会　夺取新时代中国特色社会主义伟大胜利》，人民出版社 2017 年版，第 40 页。

③ 简介，http://www.ngd.org.cn/gs/jj/index.htm。

动者的政治责任，发挥自身界别优势，把促进“健康中国”“美丽中国”建设作为工作主线，认真履行参政议政职能，许多建议被吸收到国家法律法规、方针政策、重要规划和职能部门工作中，在党和国家重大决策中发挥了实实在在的作用，为全面建成小康社会作出了重要贡献。农工党十六大以后，全党以习近平新时代中国特色社会主义思想为指导，深入开展“不忘合作初心，继续携手前进”主题教育活动，大力加强自身建设，充分认识参政党的时代使命，积极履行参政党职能，广泛引导党员及其所联系群众焕发新状态，创造新业绩，在夺取全面建成小康社会决胜阶段的伟大胜利，实现“两个一百年”奋斗目标，实现中华民族伟大复兴中国梦的征程中，正在发挥着重要作用。特别是在这次抗击新冠肺炎疫情的重大战“疫”中，作为以医药卫生、人口资源和生态环境保护为主界别的参政党，农工党中央和广大农工党党员在齐心抗疫中践行多党合作的初心，用疫情防控的履职实践，生动诠释新型政党制度的优越性，进一步展现了新型政党制度的巨大效能。

## 五、简短的结论与启示

历史与现实昭示，中国共产党领导的多党合作和政治协商制度是符合中国国情、具有中国特色的新型政党制度，具有巨大的优越性和强大的生命力。在民主革命时期，农工党由提出同中国共产党联合，到实现同中国共产党合作，到进一步靠拢中国共产党，到接受中国共产党的领导。在社会主义革命和建设、改革开放的新时期和新时代,农工党在履行参政党职能的实践中,自觉接受中国共产党的领导,不断提高践行新型政党制度的自觉性,逐步成长为名副其实的中国特色社会主义的参政党。正如中共中央在致中国农工民主党成立 90 周年纪念大会的贺词中指出:“农工党成立 90 年来,历经波澜壮阔的光辉岁月,形成了爱国、革命、奉献的优良传统。一代又一代农工党人同中国共产党并肩奋斗、携手前行,在我国革命、建设、改革的伟大进程中作出了重要贡献。进入新时代,农工党始终在思想上政治上行动上同以习近平同志为核心的中共中央保持高度一致,全面加强自身建设,建言献策,服务社会助力民生,特别是在抗击新冠肺炎疫情中,充分发挥医药卫生领域人才优势,向中共中央、国务院报送疫情防控专报,广大农工党医务人员投身抗疫一线,以实际行动诠释了大爱精神和家国情怀。”①90 年的历史跃迁无疑给我们以深刻启示:

启示之一,只有秉承农工党优良传统,不忘多党合作初心,才能进一步彰显新型政党制度的优势。农工党历经艰难曲折,从同中国共产党合作到逐步接受共产党的领导;从走上新民主主义道路到进而走上社会主义道路,成为新型政党制度和爱国统一战线的组成部分;从一个成员构成比较复杂的民主党派,发展为以医药卫生、人口资源、环境保护领域的高中级知识分子为主界别的中国特色社会主义参政党。农工党中央主席陈竺指出:“农工党在 90 年发展历程中,锤炼凝聚了‘爱国’‘革命’‘担当’‘奉献’的优良传统;积累了必须坚持中国共产党领导,必须坚持我国新型政党制度,必须坚持知行合

① 《中国农工民主党成立 90 周年纪念大会在京举行　孙春兰代表中共中央致贺词》,http://www.xinhuanet.com/2020-08/09/c_1126345565.htm。

一、行动至上，必须坚持强化自身建设、永葆进步性的发展经验，这是农工党薪火相传的宝贵精神财富。”①90 年的历史跃迁，正是一代又一代农工党人秉承爱国革命的优良传统，与中国共产党亲密合作、团结奋斗，经受了血与火的考验，走过了不断追求进步的光辉历程。不忘多党合作初心，方得共襄伟业始终。在新时代，农工党将彰显新型政党制度作为新时代的神圣使命。

启示之二，只有维护和巩固新型政党制度，丰富多党合作实践，才能使农工党与时俱进地履行好参政党的职能。在新时代，多党合作的空间十分广阔。农工党要做中共的“好参谋、好帮手、好同事”，以实际行动践行参政党的责任与担当，在维护、践行新型政党制度的实践中，积极探索、创新，履行好参政议政、民主监督、参加中国共产党领导的政治协商职能，为新型政党制度更加成熟定型添砖加瓦。在当前就要充分发挥界别特色优势，积极建言献策，为统筹推进新冠肺炎疫情防控和经济社会发展工作，确保全面建成小康社会和完成“十三五”规划贡献农工党力量。

启示之三，只有不断加强自身建设，凝聚多党合作的共识，才能使农工党在践行新型政党制度的实践中可持续发展。在新时代，农工党要围绕建设符合时代要求的高素质参政党的目标任务，进一步加强思想、政治、组织、制度和党员队伍建设。如果说，新型政党制度确立时期曾教育和引导了一大批农工党党员走上了正确的道路，那么，在中国特色社会主义进入新时代的今天，它将激励广大农工党党员站在时代前列，更加自觉接受中国共产党领导，与中国共产党亲密

① 《农工党十六届十次中常会在北京召开》，http://www.ngd.org.cn/xwzx/ywdt/75177.htm。

合作，为实现中华民族伟大复兴的中国梦不懈奋斗。

**论文出处：**《上海市社会主义学院学报》2020 年第 6 期。

**作者简介：**姚俭建，上海市社会主义学院教授，中国人民政协理论研究会常务理事，法学博士。

# 第三编　统一战线实践研究

# 第十四章　革命后统一战线的治理价值及其实践形态

龚少情

王沪宁在其 1987 年写的《革命后社会政治发展的比较分析》一文中明确提出了革命后社会的概念。所谓的“革命后社会”，乃是“指经过革命建立起社会主义制度的社会，它包括十月革命以及第二次大战后经历过这一历史过程的诸多社会”。[①]借鉴王沪宁的观点，革命后社会中的统一战线可以称之为革命后统一战线，它是在不同于革命时期的政党—国家—社会的关系背景下开展的统一战线，革命后统一战线的使命和价值，是推行新时代国家建设和国家发展的重要面对，应该引起足够的观照并予以深入的研究。

① 王沪宁：《革命后社会政治发展的比较分析》，《复旦学报》（社会科学版）1987 年第 4 期。

## 一、问题的提出

问题是时代的声音。中国共产党通过十八届三中全会、十九届四中全会提出了国家治理体系和能力现代化的路线图，为“两个一百年”的奋斗目标和应对当前的挑战在制度供给上进行了整体性的而非分解式的顶层设计，并将使中国特色社会主义制度更加成熟、更加定型。这意味着国家治理体系现代化还承担着定义“何为成熟定型的中国特色社会主义制度”的历史使命。那么，作为一种法宝，统一战线在这一不断推进的国家治理现代化中又起着何种作用呢？其内在关联如何？国家治理的现代化反过来又对统一战线自身提出了怎样的适应性变革的要求？

学者们对此进行了多方面的思考和研究，主要遵循两种研究路向：词源学的路径以及功能主义研究的路径。所谓词源学的路径，也就是考察统一战线概念的起源，分析其基本的内涵，概括其一般性的特征，在此基础上将统一战线与国家治理的概念特征和基本要求进行比对，得出统一战线对于国家治理所具有的意义。所谓统一战线的功能主义研究则是学者们研究统一战线所更多采用的一种研究方法，从统一战线在政治体系及其过程中所担负的角色和发挥的功能来进行论述，这种研究方法较为普遍。大体说来，统一战线功能主义的研究主要关注以下几个方面。

一是从政治整合的角度进行研究。有的学者认为政治整合是统一战线的基本功能，统一战线能够吸纳、整合社会生活中生成的各种力量，“统一战线工作更主要的是不断将每一个要素形成过程中产生的经济、政治、社会和文化的新力量整合进既有的体制之中”①。有的学者指出：“我们应该更多地从国家整合的角度来认识和把握统一战线这个功能，使其直接为我国的政治文明建设服务，为国家建设服务。”②

二是从政治认同的角度进行研究。在有的学者看来，政治认同是现代国家权威生成的必要前提，任何政治体系的有效运作都离不开起码的认同基础，因而也为国家治理所必需。他们认为统一战线与政治认同是一枚硬币的两面，“统战工作的主题是大团结大联合，解决的是人心和力量问题。统战工作具有很强的政治性。面向社会广大人群，巩固共同思想政治基础，是统战工作的主要内容。统一战线负有增进政治认同的职责”③。

三是从合作治理以及民主治理的角度予以考察。这主要涉及的是协商民主。中国共产党领导的多党合作和政治协商制度属于统一战线的范畴，体现了一种中国特色的协商民主，不少学者对协商民主的治理功能进行了探讨。有的学者指出，协商民主能够促进现代国家的参与主体的培育和社会秩序的生成，较好地承接了现代国家多元主体参与互动的合作治理的要求，协商民主与国家治理具有逻辑的一致性。④有的学者认为，协商民主是一种治理的实现形式，强调程

---

① 中国统一战线上海研究基地：《新时代统一战线研究》，华文出版社 2019 年版，第 18 页。

② 林尚立主编：《统一战线与国家建设》，上海人民出版社 2008 年版，第 8 页。

③ 齐卫平：《统一战线与重构社会中的政治认同研究》，《重庆社会主义学院学报》2015 年第 5 期。

④ 齐卫平、陈朋：《现代国家治理与协商民主的耦合及其共进发展》，《华东师范大学学报》（哲学社会科学版）2014 年第 4 期。

序和过程,积极促进市场、社会和公民在国家治理中的合作,镌刻上了互动式治理的特征,具有单中心治理和多中心治理的合理功能。[①]

四是从综合功能的角度进行研究。有的学者认为统一战线具有增进共识、厚植人心、汇聚智慧和整合力量的作用,具有综合性的功能。有的专家认为统一战线能够发挥聚合多方力量、优化政策决策、拓宽政治参与、民主协商等方面的作用。[②]

与国内学者的研究不同的是,不少西方的学者往往从消极负面的角度对中国共产党领导的统一战线进行评述。安妮-玛丽·布莱迪(Anne-Marie Brady)认为,中国共产党进入新时代更加注重发挥统一战线的"法宝"(magic weapons)作用,其目的在于对内加强少数民族和宗教的控制,对外则是削弱敌对国家的政治意识形态的影响,因此在他看来统一战线是中国共产党的一种笼络人心的行为,起着一种政治控制和政治意识形态的功能。[③]格里·格鲁特(Gerry Groot)认为统一战线对于中国共产党意义重大,可以防止社会精英受到西方自由主义价值和民主理念的侵蚀,维护社会一体化的发展,从而促进中国共产党的政治权威和政治合法性。[④]令人奇怪的是,美国研究中国问题的政治学者汤森,在其名著《中国政治》一书中,竟然没有提及中国共产党统一战线的重要作用,宁非咄咄怪事?而另一个中国问

---

① 易承志:《协商民主、国家建设与国家治理》,《学术月刊》2016年第3期。

② 江苏省社会主义学院:《统一战线与国家治理》,河海大学出版社2017年版,第22页。

③ Anne-Marie Brady, *Magic Weapons: China's Political Influence Activities under Xi Jinping's United Front Work*, at a conference in Arlington, United States, on September 16—17, 2017.

④ Gerry Groot, "The Expansion of the United Front under Xi Jinping", *China Story Yearbook 2015: Pollution*, edited by Gloria Davies, Canberra: ANU Press, 2016.

题专家本杰明·史华慈的巨著《中国的共产主义与毛泽东的崛起》中也同样看不到统一战线的作用，这是颇为遗憾的。而对于作为统一战线重要组成部分的中国共产党领导的多党合作制度，西方的学者则更是加之以简单化、情绪化的贬斥，予以否定，认为不是现代政治发展的主流。即便是西方大名鼎鼎的政治学家亨廷顿、福山和萨托利等，也无不将中国共产党领导的多党合作与政治协商制度视为"党国体制""威权体制"乃至"一党制"，认为其功能就是确保一个党长期垄断执政地位，带有明显排斥的意味。这些观点无疑是非常错误和有害的。①

国内外学者对统一战线的研究对于开拓人们的视野、增进人们对相关问题多角度的探讨，无疑是有所裨益的。特别是国内学者将统一战线的研究置于功能研究的视角，强调统一战线在运作中的具体性的作用，这就将考察的视角引向了政治系统的微观活动上来，这无疑比词源学的研究更加有利于研究的深入和实证研究的展开，这是值得肯定的。然而，必须指出，很多对统一战线进行功能研究的文章，仅仅局限于功能本身的视角，而没有将功能与结构紧密结合起来进行系统的考察，因而这种对统一战线的功能主义研究就必然存在进一步深化研究的地方。一般认为，功能主义在方法上并不完美。对其诟病主要体现在三个方面：一是功能研究的简约主义错误。这种研究认为"社会和政治现象应当根据其结果而非原因来进行理解"②，具有明显的化约主义倾向。二

---

① 参见龚少情：《中国新型政党制度对西方政党制度的双重超越及其类型学意义》，《马克思主义研究》2019 年第 7 期。

② ［英］安德鲁·海伍德：《政治的密码》，吴勇译，中国人民大学出版社 2016 年版，第 84 页。

是功能主义的目的论错误。这种研究认为每一个制度都扮演着有价值的角色，为此就认为这种制度的存在乃是理所当然的事情，具有保守主义性质。三是回避政治现象和政治制度的本质。事实上相同的功能可能由不同性质的制度来承担，然而功能主义研究对此却并不予以清晰的反映。

结构是功能的基础，不分析其结构系统，不分析功能何以形成的结构条件，只是满足于功能作用上的罗列概括，而这种功能的罗列概括又往往依据的是研究者本身的生活经验，缺乏结构体系的支撑，这是远远不够的。应当将功能与结构的研究紧密地结合起来。首先要对作为体系的统一战线以及国家治理的体系结构进行必要的分析，在此基础上对两者结构上的相互支持以及功能上的契合进行阐释。其次是对统一战线所依赖的政党、国家与社会的结构关系进行分析，因为这是统一战线运作的基本的政治社会条件，脱离这种政党、国家与社会的条件关系，也就瓦解了统一战线发展的社会历史必然性，问题的真正本质也就无法得以求解了。

## 二、革命后统一战线发展的治理价值

统一战线的正当性和有效性归根结底应该在政党—国家—社会的关系之中获得其合理性的解释。中国共产党成立近百年来，随着国家建设和国家治理的展开，政党—国家—社会的关系也发生重大变化，统一战线由民族民主革命时代推翻旧政权重建国家的直接追求，转向肩负国家建设和国家发展的使命，从而凸显了革命后统一战线的治理价值。

为何有统一战线的出现？其动力何在？有的学者认为"建立广泛的统一战线，为实现各个历史时期的主要目标而奋斗，这是由中国共产党的性质所决定的"①。这种观点是从党自身的性质来说明统一战线之于党的内在需求，考察的仅仅是党的内在本质，而党所处的外在环境则不在考量范围之内，这种看法并不是十分全面的。应该知道，一方面党总是一定政治体制和社会结构中的政治组织，另一方面统一战线不是党作为政治组织的自身内部的整合，而是共产党与其他政治力量、社会团体以及阶层阶级等等的政治联合的行为。这就意味着统一战线不仅要考虑"我者"的存在，还要考虑"他者"的状态；不仅要考虑"我者"的需要，还要考虑"他者"的需要；既要分析内在的本质，还要分析外在的关系。换言之，统一战线受着政党本质的约束，也受着政党—国家—社会关系规定性的制约，并在三者的互动中获得自己的生长动力。

在民主革命时期，统治者与人民群众的利益是相互对立的，国家居于压迫社会的地位，中国共产党则生长于国家权力之外，沉淀于社会大众之中，统一战线的锋芒所向乃是中国共产党动员、团结社会各被压迫阶级的力量以及中立摇摆的社会力量，致力于夺取政权以重建国家，追求的是旧秩序的破坏和新秩序的构建。

一般来说，现代西方政党的兴起条件有二：一是国家与社会的分立，这使分化的社会利益实现需要一个政党组织为其利益代表；二是大众民主和宪政的确立，这促使政党面向社会展开合法的生存竞争成为必要和可能。就此看来，西方政党首先是从利益表达和选举工

① 王邦佐：《政治学与当代中国政治研究》，上海人民出版社2005年版，第266页。

具的角度而进入到社会之中的。正如萨托利所说,"政党只能是人民和政府之间联系的纽带"①。这是对西方政党所承担角色的一种界定,也反映了西方政党、国家与社会的关系。郑永年也指出:"政党是政府和社会之间的桥梁,一方面把社会的要求传达给政府,另一方面又替政府落实政策,把政府的意图传达给人民。"②与此不同的是,中国共产党的产生是另一种情形:一是旧社会大众民主和宪政的缺失,这使中国共产党从一开始就与反动的旧国家(政权)处于一种对立状态,无法通过合法途径生存发展;二是社会的自主性十分衰弱并受着国家(政权)的压制,这为中国共产党联合其他阶层和动员群众反抗反动的旧国家(政权)提供了条件。

因此,与西方最早的政党产生于政治体系之内不同的是,中国共产党从一开始就不被旧国家政权所承认,是体制外的"非法党";与马克思主义经典作家论述共产党产生于工人阶级与资本家阶级对立的工业国家不同的是,中国共产党诞生于半殖民地半封建的前现代国家农耕社会之中,这就使中国共产党处在一个特殊的政党—国家—社会的关系之中。斯考切波对中国共产党所处的帝国体制垮台之后的形势有着非常透彻的把握,"这个时期的特点是,经济困难、农民穷困、社会性盗匪蜂起,地方民团、匪帮、军阀和(或)带有意识形态色彩的军队之间的暴力冲突"③,并在20世纪20年代、30年代达到登峰造极、几乎不可收拾的局面。当时的国家状况是,政治一体化程度低,政治权威极度弱化,组织忠诚只是依靠上下级之间的荫庇关系得以

① [意]G. 萨托利:《政党与政党体制》,王明进译,商务印书馆2006年版,第42页。

② 郑永年:《中国模式:经验与困局》,浙江人民出版社2010年版,第63页。

③ [美]西达·斯考切波:《国家与社会革命——对法国、俄国和中国的比较分析》,何俊志、王学东译,上海人民出版社2007年版,第183页。

维系,官僚组织效率低下,理性精神严重缺失,公共服务意识空白,更兼吏治腐败,贪污横行,国家以榨取为主,完全走向了人民的对立面。对此易劳逸评论说:国民党"失败的真正原因是这个政权本身的性质"①。诚哉斯言。就社会而言,近代工业社会转型步履艰难,民族资产阶级和工人阶级队伍都不够发达,小农经济的主导地位、乡绅统治的基层秩序,乃为彼时社会的基本结构特征。这是一种一盘散沙、自生自灭、广大群众充满无力感的社会结构。斯考切波指出,"由于社会、庇护网络,以及扩展开的半血缘关系跨越了传统中国的农民与士绅地主之间的阶级分野,乡村农民在很大程度上相互孤立、彼此竞争"②,形成不了反对地主的团结和自治。巴林顿·摩尔也得出了类似的结论:"中国的村庄显然缺少凝聚力。……中国的村庄与其说是生活和功能性的共同体,还不如说是许多农家的聚居地。"③因此,它不是有机联系的共同体,充其量不过是马克思所阐述过的一袋马铃薯。

显而易见,处在这样一个政党—国家—社会的关系之中,中国共产党的政治选择,就其行动路径而言是动员乡村社会,联合两面性的民族资产阶级,建立最广泛的统一战线;就其行动目标而言,就是推翻失去合法性的国民党政权,重建国家,为实现人民解放、民族复兴创造政治条件。

---

① [美]易劳逸:《毁灭的种子:战争与革命中的国民党中国(1937—1949)》,王建朗、王贤知、贾维译,江苏人民出版社2009年版,第154页。

② [美]西达·斯考切波:《国家与社会革命——对法国、俄国和中国的比较分析》,何俊志、王学东译,上海人民出版社2007年版,第180页。

③ [美]巴林顿·摩尔:《民主与专制的社会起源》,拓夫、张东东、杨念群等译,华夏出版社1987年版,第166页。

对此,中共二大通过的决议中写道:“我们共产党应该出来联合全国革新党派,组织民主的联合战线,以扫清封建军阀推翻帝国主义的压迫,建设真正民主政治的独立国家为职志。”①这个决议被认为是“为建立民主联合战线、推动国共合作奠定了思想理论基础”②。建立统一战线,推翻旧的独裁政府,重建国家,这是中共在统一战线认识中所表达的基本思想。在具有标志意义的1948年“五一口号”中,毛泽东再一次明确强调了这一思想,“各民主党派、各人民团体、各社会贤达迅速召开政治协商会议,讨论并实现召集人民代表大会,成立民主联合政府”③。

新中国的成立,使此前政党—国家—社会的结构关系得到根本性的重塑。中国共产党成为执政党后,立即着手两大任务:一是开始国家建设,以人民当家作主为核心展开国家制度建设;二是建构国家政权的社会基础,按照社会主义原则塑造社会结构。对此,有学者指出:“在西方,新的社会基础呼唤着新的国家的产生……中国的情况正相反。1949年,中国共产党用武力推翻旧政权,建立新生的国家政权后,就发现旧中国遗留下来的社会基础与新国家的阶级性质格格不入。新政权唯一可选择的就是用强制的力量摧毁和改造旧的社会结构。”④如果说革命时代的政党—国家—社会的结构关系有着对立—对抗性质的话,那么在革命胜利后,随着中国国家建设的推进和社会结构的重塑,特别是随着市场经济的发展,中国共产党居于最高

①②③ 中共中央统战部:《中国共产党统一战线史》,中共党史出版社、华文出版社2017年版,第10、11、164页。

④ 孙关宏:《中国政治学:科学与人文的探索》,上海人民出版社2008年版,第142—143页。

的政治地位,社会从计划经济条件下全能主义的国家控制中游离出来并得到愈益明显的自主性发展,党作为执政党不再像过去革命时期那样处于被"围剿"被压制的地位,而是对国家和社会实施领导,是国家与社会体系中的最高政治力量。这表明,革命后这一政党—国家—社会结构关系发生了根本的变化。在此种政党—国家—社会关系之下,中国共产党面临的问题有二:一是在社会自主性、多样性加剧的情况下如何增强社会认同和社会整合以不断巩固执政地位?二是依据党的使命和人民的意志,如何统领多样社会中国家发展的整体性目标和现代化路径?这两大问题决定革命后统一战线必须致力于社会整合与社会认同,促进国家建设和国家发展,从而凸显统一战线的治理价值。

正如有学者指出的,"在传统的政治意识中,统一战线作为党取得革命和建设胜利的法宝,很多时候仅仅被视为党巩固和实现其领导的战略需要。其实不然。从'党建国家'的政治方略来看,它既是党领导的战略需要,同时也是国家建设的战略需要"。因此,"中国共产党的统一战线与生俱来地具有双重使命:其一是增强党的力量,巩固党的领导;其二是凝聚各方力量,促进社会协调与国家整合"。①进一步来说,所谓统一战线的治理价值,就是统一战线仍然具有政治价值,但是随着国家建设被提到议程,统一战线从革命时期所致力的夺取政权以重建国家进一步发展到了致力于国家治理的追求,其作用随着历史条件的变化需要重新提升和界定。大致说来,国家制度建立之后,必有国家治理体系建设的展开。任何国家治理体系都是在

① 林尚立:《人民共和与统一战线:中国共产党建设国家的政治方略》,《经济社会体制比较》2011 年第 4 期。

既有的国家制度框架下进行的，成功实践国家制度巩固的国家无不得益于国家治理的成功。①国家尚未构建，治理从何谈起？国家治理总是在已有的国家制度框架下进行的，国家制度经由国家治理而得以完善和巩固，并更加成熟、更加定型。国家制度与国家治理的这一逻辑关系，与革命后统一战线的价值提升是完全一致的。

新中国统一战线的治理价值，随着中国特色社会主义的发展，在实践中得到越来越明显的体现。1979年第十四次全国统战工作会议是“文化大革命”结束之后的第一次全国性统战会议。这次会议明确新的历史时期统一战线的方针任务是：调动一切积极因素，团结一切可以团结的力量，为把我国建设成为现代化的社会主义强国，为实现祖国统一大业而奋斗。这一方针以后得到党中央的多次强调，只是文字表述上有所调整。2006年第二十次全国统战工作会议，首次将正确处理政党、民族、宗教、阶层和海内外同胞的关系纳入统一战线的内容，成为党的总任务和总政策的有机组成部分。对五大关系的强调可以看出，中共中央已经非常明确地将统一战线与推进国家治理联系起来，将统一战线直接融合到国家治理体系之中。在2015年中央统战工作会议上，习近平总书记指出：“统战工作的本质要求是大团结大联合，解决的就是人心和力量问题。”②习近平总书记的这一讲话意义非常重大，他对“人心和力量”等等的强调，进一步明确了统一战线在增强政治认同，推进国家整合中的积极作用和重大使命，从而清楚地表明了统一战线在新时代中国特色社会主义建设中所具有

① 林尚立：《当代中国政治：基础与发展》，中国大百科全书出版社2017年版，第386页。

② 中共中央文献研究室编：《十八大以来重要文献选编（中）》，中央文献出版社2016年版，第556页。

的治理价值。

强调革命后统一战线的治理价值,并不是要否认统一战线的政治价值。统一战线首先是中国共产党的政党本质和政治任务的需要,是作为执政党的中国共产党自身的巩固和发展的需要,是政治建设的范畴,其政治价值是不言而喻的。但政治价值与治理价值在中国特色社会主义中并不矛盾,两者相辅相成,不能彼此否定。看不到革命后统一战线的治理价值,或者否认这种治理价值,这样的统一战线是没有生命力的,对于中国现代国家的成长和发展非常不利,对此应予以理性认识和把握。

## 三、统一战线的三种形态与国家治理的衔接融合

如上所述,革命后统一战线的治理价值是由政党—国家—社会的结构关系所决定的。进而言之,革命后统一战线的治理价值,不仅仅作为一种理念存在于中国政治社会生活之中,而且也作为一种结构性的存在,运作于现实的政治安排和组织活动之中,与国家治理体系及其过程实现了较好的衔接和融合,得到了现实的结构性支撑。一般来说,一种政治结构体系及其运作过程,总是由一系列的制度、组织及其政策产品构成的。联系改革开放以来统一战线的运作实践,统一战线大致可以分为以下三种形态。

第一,作为制度形态的统一战线。

制度是集体行动的保证,制度化水平是组织有效运行的条件,有效治理必以有效制度为前提。统一战线的效能从长期来看取决于统

一战线制度化水平的不断提高。梳理统一战线相关制度，可以将统一战线制度区分为统一战线总体性制度、统一战线专项制度以及统一战线关联性制度。所谓统一战线总体性制度，是指从宏观上对统一战线的制度安排，比如1990年《中共中央关于加强统一战线工作的通知》、2000年《中共中央关于加强统一战线工作的决定》、2015年《中国共产党统一战线工作条例(试行)》等。所谓统一战线专项制度，是指关于统一战线具体领域各个方面的制度性规定，比如2002年《中共中央、国务院关于加强宗教工作的决定》、2012年《中共中央关于加强新形势下党外代表人士队伍建设的意见》、2015年《关于加强社会主义协商民主建设的意见》等。所谓统一战线关联性制度，乃是指在其他政治制度建设中涉及统一战线某一个方面的内容，比如在西部开发的有关规定中涉及民族宗教工作的内容，在科技创新的有关规定中涉及知识分子统一战线工作的内容，等等。国家建设的发展过程也是制度体系不断完善的过程。从实践中可以看出，制度建设成为统一战线在新时期融入国家治理中的基本结构支撑。

第二，作为组织形态的统一战线。

统一战线通过做人的工作实现统战对象的大团结大联合，这一过程既是制度化的过程，也是组织化的过程，制度化致力于社会认同的规范性基础，组织化则致力于政治整合的组织性基础，制度与组织不能分开，都是统一战线结构性存在的重要体现。迪韦尔热指出："组织的定义可以概括为基于一定物质基础(规章、设备、技术、办公室等)之上的某类集体成员的角色构成。"①统一战线的功能既要通过

① [法]莫里斯·迪韦尔热:《政治社会学——政治学要素》，杨祖功、王大东译，华夏出版社1987年版，第158页。

一定的制度来发挥,也要通过一定组织中一系列的角色来承担,在组织认同的基础上,不断增强国家认同的基础,进一步实现社会的大团结大联合。通观改革开放以来的历史进程,可以看出,统一战线发展的过程,也是统一战线的组织网络不断得到扩大的过程。大抵说来,统一战线的组织性存在主要分为两种:一种是政治性的组织,包括民主党派、工商联等,这些组织中的部分工作人员被纳入政府编制系列之中,或者直接成为政府体系中的一部分;另外一种是社会性的组织,包括宗教性组织、党外知识分子联谊会以及新社会阶层联谊会等,这主要是基于成员的共同利益以及大团结大联合的愿望而成立的组织。随着组织网络建设的加强,统一战线的政治吸纳功能以及政治整合功能的发挥因之有了更加扎实的组织结构支撑,在现实的统一战线过程中发挥着重要的作用。

第三,作为政策形态的统一战线。

习近平总书记指出:“政策性强,也是统战工作的一个重要特征。统一战线中的各种关系、各种问题,很多都要靠政策来调节。”①我们看到,统一战线的发展,体现了制度与组织的发展,实际上也始终体现出了中国共产党对于各个统战对象的利益关系不断进行政策完善的努力,统一战线与中国共产党在国家建设中的政策产品和政策过程是分不开的。改革开放以来,中央统战部牵头出台了很多政策,比如,对知识分子的政策、对新疆的有关政策、宗教方面的政策、私营企业主的有关政策、海外留学人员的有关政策等。这些政策,紧紧围绕国家的整体利益,又注意整合统战对象的诉求,找出最大公约数。可

① 中共中央文献研究室编:《十八大以来重要文献选编(中)》,中央文献出版社 2016 年版,第 560 页。

以说，每一个好的政策都是一次现代化的有效动员，激发了社会活力，也凝聚了人心。政策是革命后统一战线实现自身功能的重要形式。

正如有学者指出的，“统战本质上是以党的领导体系为核心所形成的统战体系”①。所谓统战体系，无疑是一个结构性的概念，是一个包括制度、组织和政策产品的有机整体。而制度、组织和政策在统战体系的运作过程中又是相互影响和相互支撑的，实践中统一战线总是以制度、组织和政策的形态来展开并发挥作用的。

由此我们不难知道，革命后统一战线作为一种结构体系和运作过程，存在制度、组织、政策等三种形态，在国家建设和国家发展中发挥着统战治理的功能。值得指出的是，统一战线之制度、组织和政策，并不是独立于国家治理体系之外，而是在中国共产党的领导下，与国家治理体系及其运作过程有机统一，实现了统一战线与国家治理在结构上的衔接融合。这主要表现在以下几方面。

从制度角度而言，统一战线与国家治理体系是衔接融合的。制度是统一战线的存在形态，统一战线的制度建设及其运作并不是脱离国家治理的制度体系而自己另搞一套，自成体系，与国家治理的制度体系不相联结，决不是这样的。这可以从两个方面来理解：一是国家制度体系为统一战线提供依据。统一战线工作的具体承担者虽然主要在统战部，但其工作的制度化依据却存在于国家制度体系之中。其前提是要符合国家制度体系的规定性，体现国家制度现代化建设的要求，而不是相反。二是统一战线制度建设构成了国家治理体系现代化的应有内容。统一战线制度建设的内容，比如政党制度、民族

① 林尚立：《中国共产党与国家建设》，天津人民出版社 2009 年版，第 214 页。

区域自治制度等本身就是国家制度体系的有机组成部分，因而统一战线制度的创新完善也就意味着国家治理体系的完善，两者是一致的。

从组织角度而言，统一战线与国家治理是衔接融合的。组织的价值在于，组织是任何共同目标实现的必要条件，组织又是超越原子化个人的局限性以形成整体性力量的必要手段。国家治理需要依靠有效的组织来落实，公民的诉求也只有汇聚到组织的渠道中才能够形成更加有效的利益表达。统一战线实现自身功能价值的组织网络与国家治理的组织体系是衔接融合的，这主要基于两点原因：一是统一战线的组织领导与国家治理的组织领导是重叠的。我们经常说，统一战线必须坚持党的领导，这就说明，党的组织体系是开展统一战线的基本组织力量，是形成强大的统战整合力的组织基础。二是统一战线的组织建设与国家治理的组织体系也是融合在一起的。统一战线所依托的组织网络中政治性的组织比如民主党派、工商联等等，事实上已经纳入了我国国家治理的政治体系之中，在国家治理中发挥着重要作用。而统一战线中的社会组织，比如宗教组织、新的社会阶层人士组织等等，也承担着社会治理的功能，调整着各种社会关系，引领各种社会群体的健康发展，因而可以说统一战线组织网络的完善，事实上已融入国家治理的组织体系的完善之中，两者的推进是一体化的统一过程。

从政策角度来说，统一战线实现了与国家治理的衔接融合。政策供给是统一战线发挥作用的重要形式，统一战线的政策产品与政策过程，与国家治理是紧密地联系在一起的。从政策产品来说，统一战线融入了国家治理之中。比如，出台非公有制企业方面的政策，对于统一战线，是增强非公有制企业主的政策认同，凝聚人心实现更好的统一战线；对于国家建设，又是完善经济体制，促进现代化建设的应有举措。因此，这里的政策产品，既具有统一战线的性质，又具有国家治理的性质，两者是统一的。再从政策过程来说，统战成员依照一定的制度性规定，建言献策，积极参与，表达合理化诉求，成为政治输入的重要来源。这一过程中，一方面，群体的意见得到表达，维护了群众的利益，也强化了党对于社会各阶层和群体的政治吸纳，体现了国家治理的价值；另一方面，又实现了对于统战对象的大团结大联合，起到了凝聚人心、汇聚力量的作用，体现了统一战线的价值，在政策过程中实现了统一战线与国家治理的衔接融合。如此等等，可以看出，作为政策形态的统一战线实际上与国家治理是融合的、紧密地衔接的，并不是互不关联的两张皮。

要而言之，革命后政党—国家—社会的关系的变化，非常鲜明地提出了统一战线的治理价值问题。革命后统一战线不仅凸显了其对于国家的治理价值，而且在实践中以制度、组织与政策等形态已经融合衔接到了国家治理体系及其过程之中，有着结构上的支撑。这是革命后统一战线发展的内在逻辑，也是统一战线在国家治理中发挥其特有优势的奥妙所在。

**说明：**本文系国家社科规划基金课题“新时代城市社区党的群众组织力提升策略研究”［18BDJ030］阶段性成果。

**论文出处：**《中国浦东干部学院学报》2020 年第 5 期。

**作者简介：**龚少情，上海市社会主义学院新的社会阶层研究中心主任、教授，长期从事中国政党与政治的研究。

# 第十五章　统一战线治理对西方民主治理困境的有效规避

龚少情　李承红　胡庆雄

## 一、对西方民主的当代质疑

历史上民主是一个备受争论的词语，古希腊先哲柏拉图在《理想国》一书中对民主大加排斥，认为除非哲学家为王否则国家永无宁日，人民永无宁日。政治学鼻祖亚里士多德对当时的各种体制进行了考察，主张混合政治体制，并不认为民主是实现"最高的善"的政治体制。被视为民主典范的美国，经55个代表127天讨价还价而制定的宪法，第一次将孟德斯鸠三权分立理论付诸实践，然而令人奇怪的是宪法条文中并没有关于公民权利的规定，自始至终根本就不提"民主"二字，甚至刻意强调共和国以示与民主制的区别。王绍光认为，"其实这种设计的本意，正是为了限制民主"。不仅如此，"弥尔顿、洛克、伏尔泰、孟德斯鸠、康德这些我们耳熟能详的先哲们,都不把民主看作是好东西"①。因而民主潮流席卷世界是晚近一百多年来的事情。

伴随着工业资本主义的发展,民主在世界各地一度走向神坛,受到成千上万人的交相称赞。他们对民主的称道是多方面的,以下几个方面尤需值得人们注意:

一是认为民主才能够走向和平繁荣。托克维尔认为,民主制度是一种有益于多数人而不是少数人的制度,因而,民主政府是"最能使社会繁荣的政府"②。约翰·密尔曾经从功利主义的角度论证代议制政府是最好的政府形式,它不仅能捍卫公民的利益,更能够培养公民的美德和智慧,最符合好政府的标准。多元民主论者罗伯特·达尔直截了当地说,"拥有民主政府的国家,一般会比非民主政府的国家更为繁荣"③。

二是认为民主体现了人类的普世价值。戴维·米勒斯说"民主的理想仍然是人类的希望所在,民主是人类的最终的、最好的希望"④。美国政治学者普沃斯基指出:"民主化正在成为一个全球现象……民主现在已成为唯一具有普遍正当性的政府形式。"⑤政治学家派伊断言,"全世界的人们都本能地向着民主政府……民主思想是达到历史目标的唯一有竞争力的普遍理想"⑥。诸如此类,还有很多。

---

① 王绍光:《民主四讲》,上海三联书店 2009 年版,第 30 页。

② [法]托克维尔:《论美国的民主》,董果良译,商务印书馆 1988 年版,第 265 页。

③ [美]达尔:《论民主》,李柏光、林猛译,商务印书馆 1999 年版,第 65 页。

④ [英]米勒:《布莱克维尔政治思想百科全书》,邓正来译,中国政法大学出版社 2011 年版,第 135 页。

⑤ [美]威亚达尔:《民主与民主化比较研究》,榕远译,北京大学出版社 2004 年版,第 1 页。

⑥ [美]霍利菲尔德:《通往民主之路》,何志平、马卫红译,社会科学文献出版社 2012 年版,第 27 页。

三是认为民主在与马克思主义指导的社会主义国家的竞争较量中会成为最后的赢家。以研究政治稳定和文明冲突闻名的政治学家亨廷顿说,“时间属于民主一边”①。而亨廷顿的学生福山则更是一度将民主置于历史巅峰的地位,认为两种意识形态的对抗已经结束,共产主义已经失败,自由民主已经胜出,民主制度成为历史发展的最后一种统治形式,“构成历史的最基本的原则和制度可能不再进步了,原因在于所有重大问题都已经得到了解决”②。此即所谓历史的终结,如此等等。

这种对自由民主优越论的推崇,固然有其自身的社会历史背景,而其深层次的思想文化动因则在于根深蒂固的个人主义理念,这不能不说是西方民主制度不断走向神话的观念基础。个人主义主要回答三个问题:“所有价值观都是以人为中心的,也就是由人来体验的。个人是目的本身,具有最高的价值,社会只是个人目的的手段,而不是相反。在某种意义上说,所有的人在道德上都是平等的。”③由此不难看出,个人主义实际上包含了西方民主政治的两大基本追求:自由与平等。自从古典民主经熊彼特的定义成为竞争选举民主之后,对于现代民主的认识一直是争论不断,出现了萨托利所说的民主观混乱的状况。然而,对自由与平等的呼唤,仍然是现代民主的主线。正是个人主义的理念的强化,并在与集体主义的比较中将个人自由、自我价值日益上升为至上的地位,现代民主政治一时披上神圣的霞光,

① [美]亨廷顿:《第三波:20世纪后期民主化浪潮》,刘军宁译,上海三联书店1998年版,第380页。

② [美]福山:《历史的终结及最后之人》,黄胜强、许铭原译,中国社会科学出版社2003年版,第3页。

③ 顾肃:《自由主义基本理念》,中央编译出版社2003年版,第20页。

也就在情理之中了。

但是,现代民主政治在从理想向实践的转化过程中,找到的办法似乎超出不了选举的范畴,民主化更多地化约为选举和“多数决”,于是民主政治便简化为竞争选举了。“民主方法是为达到政治决定的一种制度上的安排,在这种安排中,某些人通过竞取人民选票而得到作出决定的权力。”①这就是熊彼特关于现代民主的具有转折性的经典定义。尽管以后有多元民主、参与民主、共识民主、协商民主等主张,但实质上还是对竞争选举民主的补充而已。这种选举民主从熊彼特将民主界定为一种选择领导人的程序性方法以来,就一直作为西方民主政治的标准版本而大行其道。著名的政治学家亨廷顿在其关于第三波民主化浪潮的著作中就明确指出,“民主政治的核心程序是被统治的人民通过竞争性的选举来挑选领袖”,认为这是民主概念最为重要的内容,“评判一个二十世纪的政治体制是否民主所依据的标准是看其中最有影响的集体决策者是否通过公平、诚实和定期的选举产生”。②以亨廷顿在理论界影响之巨,他的观点无疑是有一定代表意义的。

民主是一个复杂的系统,但在将其简化为竞争选举之后,实践证明,西方民主政治内在的矛盾随着资本主义的发展也愈益暴露出来。早在20世纪70年代,亨廷顿等学者就撰写了《民主的危机》一书,论述民主体制机能的失调以及民主的统治能力衰落的问题,指出民主所面临的挑战。③即便主张自然秩序的哈耶克也说:“时下一般人不分

① [美]熊彼特:《资本主义、社会主义和民主主义》,顾准译,商务印书馆1979年版,第337页。

② [美]亨廷顿:《第三波:20世纪后期民主化浪潮》,刘军宁译,上海三联书店1998年版,第6—7页。

③ [法]克罗齐、[美]亨廷顿等:《民主的危机》,马殿军等译,求实出版社1989年版,第3—8页。

青红皂白地赞美民主，这样并非没有危险。”近些年来，关于美国衰落和民主政治遭遇挑战的论述也相继出现，尤其是“9・11”事件以及2008年金融危机之后，对于资本主义民主的反思更加受到学界的重视。概括起来，对于西方民主的担忧、质疑大致表现在以下几个方面：

一是从美国在全球地位的衰落中生发对西方民主政治的怀疑。国际关系学者科克斯认为，现在的美国力量相比20世纪90年代中期的鼎盛时期已经无可避免地呈现下降趋势，现今美国面临的问题不是是否衰落，因为衰落已经是事实，而是如何成功应对自身力量相对下降的挑战。①美国《新闻周刊》国际版主编扎卡里亚也认为，当前的全球政治正在经历过去500年来的第三次权势转移，即非西方世界的兴起。一如当年的大英帝国，现在的美国也开始处于衰退之中。②彼得・希夫几近失望地指出：“美国已不再是发动机，真正的发动机或许是亚洲。”③在这些学者看来，美国的衰落，表面上是国家的衰落，实际上是美国民主的衰落，反映的是西方民主的危机。

二是对西方民主体制的实践效能进行质疑。乔姆斯基说：“我们有理由担心，美国的整个体制正面临实实在在的麻烦……这套体制正逐渐呈现出那些失败的国家所表现出的一些特征。”④卡普兰认为愈益明显的民主失灵，说明民主的内在机能有问题，民主被看作是万能的政治灵药，却会选择不良政策。“在理论上，民主是一道防御社

①② 李承红：《重温20世纪80年代美国学界有关“美国衰落”争论》，《当代亚太》2011年第1期。

③ [美]希夫：《国家为什么会崩溃》，刘寅龙译，中信出版社2013年版，第320页。

④ [美]乔姆斯基：《失败的国家》，白璐译，上海译文出版社2009年版，第1页。

会有害政策的堡垒;但在实践中,民主却为后者提供了安全的避风港。"[①]乔舒亚·柯兰齐克在其2013年的著作中指出,全球民主化的失败并非个案和例外,西式民主制度正在全球范围内经历着40年来前所未有的大举衰退。[②]西方自由主义最有影响的杂志《经济学人》(*The Economist*)于2014年3月发表了封面长文《民主出了什么问题?》,承认"西方民主在全球的发展陷入了停滞,甚至可能开始出现了逆转"[③]。曾经令人无限神往的资本主义民主竟然遭到如此不客气的贬斥,真让人不禁唏嘘长叹了。

三是从认为民主是最后的统治形式到指出美国民主出现了政治衰败。此种观点以福山为其翘楚。福山在当代政治发展的研究中享有相当的声誉,他的很多研究在学术界都产生了持久而广泛的影响,其对民主的看法是有一定代表性的。值得注意的是,2014年福山修正了自己之前关于历史终结的观点,认为美国政府机构机能出现了政治衰败,美国政府很难再是世界的灵感之源。"生活在稳固的民主国家中的人,不应把它的继续存活下去视作理所当然。"[④]福山的这番话恍如空谷足音,充满了对美国民主前途的担忧,应该说是发人深省的。

---

① [美]卡普兰:《为何民主制度选择不良政策》,刘艳红译,上海人民出版社2016年版,第2页。

② Joshua Kurlantzick, *Democracy in Retreat: The Revolt of the Middle Class and the Worldwide Decline of Representative Government*, New Haven: Yale University Press, 2013, p.26.

③ Rhinocerosme, "What's Gone Wrong with Democracy", *The Economist*, March 1, 2014.

④ [美]福山:《政治秩序与政治衰败》,毛俊杰译,广西师范大学出版社2015年版,第499页。

## 二、西方民主的治理困境

俞可平将西方发达国家归于民主治理的范畴。①我们发现,西方民主发展到今天,不仅在理论上日益遭到学者们的多方面质疑,而且在国家治理的现实生活中也同样出现了诸多麻烦。考察当下以美国为圭臬的西方民主实践,也可以发现,西方民主治理已经遭遇了诸多问题,陷入种种困境,概括起来,主要表现在以下几个方面:

第一,价值认同困境。

自规范民主而言,民主政治所要解决的首要问题是"谁来统治",其内在的逻辑是,相对于国家,个人权利从起源和目的上具有优先性,未经人民同意的统治不具有合法性,政府的根本目的在于维护个人的权益。因此,以自由、平等为核心的个人权利主张便成为现代民主的基本价值,这也向来被认为是现代民主的真谛所在。然而,自经验民主视之,自由、平等的价值在竞争选举民主的制度实践中并没有得到应有的体现,个中道理不难理解:任何政治平等在事实上的经济不平等面前都会显得流于空谈。美国学者罗伯特·达尔说得好,经济上的不平等直接造就了政治上的不平等,那些在经济上居于优势地位的集团,往往享有更大的权力,更多地影响政策的制定,从而对民主制度的本质造成严重的侵犯。最终,看上去十分民主的制度,在社会发展的过程中却将自己"植根于这样一个社会经济制度中,这个

① 俞可平:《论国家治理现代化》,社会科学文献出版社2014年版。

制度把一种‘特权地位’系统地赋予了商业利益”①。

唐斯早已从公共选择理论出发，论证竞争选举中，民主并不能实现公共利益的最大化。其原因乃在于人是理性人，服从自私公理的法则，追求个人利益的最大化，选民为个人利益最大化而投票，政治候选人为取得权力追求选票的最大化，制定政策是为了选举，而不是为了政策的公共性本身，这就是唐斯所认为的民主选举的内在逻辑。②可以说，唐斯给所谓的选举民主泼了一盆极其冰凉的冷水。

实践越来越表明，现代选举政治本质上是一种媒体政治，并不是真正的人民的统治。王绍光认为，在民主选举中，候选人的素质反而在其次，重要的是形象包装和选举策略，研究所谓的“三 P”，即调查（polling）、包装（packaging）和推销（promotion）。国家公器，竟然沦落为政客推销的江湖之术，何其不幸之至！其结果必然是候选人之间金钱的大比拼，看谁更能够获得利益集团的支持。只要看看美国不断攀升的大选经费以及各种利益集团影响政策过程的活动就不难理解了。对此，数据颇能说明问题。2014 年 4 月，普林斯顿大学教授马丁·季伦思和西北大学教授本杰明·佩奇发表了一篇论文，考察了美国 30 年间的 1 779 项政策，就富人、利益团体、普通民众对政府决策的影响程度进行了评估。结果发现，在收入分布中占 90％的富人对政府决策的影响力最大，利益集团也有相当的政治影响力，普通民众对决策的影响力微乎其微。③以至美国民主政治的实际运行日

① ［美］达尔：《多元主义民主的困境》，尤正明译，求实出版社 1989 年版，第 5 页。

② ［美］唐斯：《民主的经济理论》，姚洋等译，上海人民出版社 2005 年版。

③ Martin Gilens and Benjamin, “Testing Theories of American Politics: Elites, Interest Groups, and Average Citizens”, *Perspectives on Politics*, 2014, 12(3):564—581.

益偏离民主的本来原则,出现所谓的“国家捕获”(state capture)的现象,美国的规管机构可能被规管对象、特殊的利益集团所捕获,成为后者争取自身利益最大化的工具,从而深深地扭曲了民主的价值。因此看起来是一人一票,可在实际的政治生活中每个人手上的一票政治影响力是不一样的,那种认为民主选举是对个人自由平等价值最好体现的看法,只不过是自己的一厢情愿罢了。

卢梭早就说过,“英国人自以为是自由的,他们是大错特错了。他们只有在国会选举议员的期间,才是自由的;议员一旦选出来以后,他们就是奴隶,他们就等于零了”①。西方民主陷入深深的价值认同困境,这并不意外。

第二,社会整合困境。

所谓社会整合指的是“借以调整和协调系统内部的各套结构,防止任何严重的紧张关系和不一致对系统的瓦解的过程”②。西方民主理论有一种较为普遍的观点,认为民主提供了政治表达和政治吸纳的制度化的渠道,因而民主比之社会主义国家更能够实现社会整合。这种观点是失之偏颇的。面对日趋严重的阶层整合、族群整合等方面的严峻问题,西方国家尤其是标榜负有世界历史使命和“例外论”的美国民主政治,不是采取措施去消弭这些日益严重的社会整合问题,而是越陷越深使得社会整合陷入更趋严重的困境,不是解决问题,而是使问题变得更加积重难返。一般来说,制度、组织以及政策是社会整合的三个重要工具,从此三者来看,西方民主政治对于社会整合困境存在三个方面的不足:

① [法]卢梭:《社会契约论》,何兆武译,商务印书馆1997年版,第125页。
② [美]奥勒姆:《政治社会学导论》,董云虎等译,浙江人民出版社1989年版,第114页。

一是多元竞争的选举民主制度往往激化各方的利益冲突，社会整合存在制度上的不足。现代民主政治被化约为选举民主，据说通过这样的选举民主制度，当选者反映了民意，执政者因此获得了必要的合法性，彻底摆脱了君权神授的合法性危机；同时人民能够制约官员，还能够有效保障公民的个人权利。于是，在这种观点看来，社会整合自然不存在问题。实际上，现在选举民主的投票率都很低，特别是在美国，近 40 年来总统大选的投票率都在 40％以下，意味着当选总统并没有获得大多数成年人的支持。也有研究表明，一个人的经济文化地位越高，参加投票的积极性也越高，于是，不去参加投票的又往往是贫穷、无力感的底层群众。①如此选举又如何能够抚慰社会的裂痕呢？更值得指出的是，多个政党在激烈的选举竞争中为获得胜出的机会，必然最大限度地深入进行广泛的社会动员，抓住某些族群或者社会群体的兴奋点、敏感点，无限地拔高和放大以调动这部分选民的情绪以获得尽可能多的选票，甚至在社会的伤疤上撒盐，如此又怎么能够实现社会整合呢？西方政治学者杰克・斯奈德说得好，民主选举往往是深度的政治动员，而在那些族群、宗教分歧政治化严重，并以此为基础进行政治动员的话，结果就容易造成社会政治暴力。②的确如此，西方民主政治的实践越来越表明，竞争选举民主制度在日益分化的多元的大型复杂社会并不是社会整合的有效机制，恰恰相反，每一次选举往往扩大了社会的隔阂，加剧了社会的矛盾，造成社会的撕裂，使社会整合陷入困境之中。

---

① 王绍光：《民主四讲》，上海三联书店 2009 年版，第 211—212 页。

② ［美］斯奈德：《从投票到暴力：民主化和民主主义冲突》，吴强译，中央编译出版社 2017 年版，第 152 页。

二是政党组织未能成为社会团结合作的主心骨，社会整合难以获得整合得以落实的组织支撑。群众需要主心骨，组织是社会整合的重要支撑。美国的政治学著作中往往将政党与利益集团组织并列在政治过程或者政治参与的章节中一起讨论。就政党而言，对于现代民主国家来说，政党是部分的意思，只是代表部分人的利益，美国不存在代表最广大人民利益的政党。这就决定这些政党不可能摆脱一党一派的私利，从全社会的利益角度来推动相关政策的制定，也就不可能对社会各群体从利益上实施有效的整合。同时这些政党在基层的组织主要承担着选举动员的功能，选举一结束，政党的基层组织往往处于休眠状态，对于西方政党没有所谓发挥党员的先锋模范作用之说。因之，西方政党的基层党组织也不可能成为社会整合的主心骨。

三是受制于选举机制和政治利益博弈机制，政策难以发挥有效整合社会的作用。实践中看到，选举制度、党派竞争和政治过程中的利益集团的博弈，常常使好的政策难产，而对于那些弊端明显、有百害而无一利的政策，却因为怕丢失选票而不敢进行改革；对于那些于国家具有长远战略意义但眼前却看不到好处的政策，也因为决策者只顾眼前任期内的政绩而不去推动，并且为讨好选民常常在决策中夹带私货以致损害国家利益也在所不惜。2004 年，美国政治学学会发布了“不平等加剧时代的美国民主(美国政治学会特别报告)”。该报告认为，美国国会内部的新发展更加精准地把政府的好处发放给了狭窄的小团体。由于两党已经两极分化为冲突加剧的部落，国会多数党把更多的国防合约、交通资金、高等教育机构的定向拨款及其他项目等，留给了本党人士控制的选区。国会议员则进一步将流入自己选区的政府资金,注入投票率更高和给自己提供最大支持的特定选区。[①]这种国会的"猪肉桶政治"竟然堂而皇之地在庄严的议会决策中大行其道,岂非咄咄怪事?可以说,党派竞争、利益集团等的作用使得普惠性的政策产品常常很难推出,而选举民主又加剧了政策的短视,以致政治学家卡普兰发出沉重的一问,"为何民主制度选择不良政策"?这是颇能发人深省的。

第三,政治运作困境。

所谓政治运作乃是指一定政治体系发挥政治功能以实现一定的政治目标的系列活动及其过程。在法治主义背景下,政治运作受着政党制度和权力结构的约束。西方政党制度理论一方面主张政党是民主的运作的工具,另一方面又主张政党是部分利益的代表,正如萨托利所说的,"政党从根本上讲所含的意思是部分"[②]。这使西方政党不可避免地陷入实践运作的困境之中。美国的开国元勋曾经对党争充满了忧虑,华盛顿在告别演说中警告人们抵制"政党精神的影响",第三任总统杰斐逊说:"如果我不能带着政党去天堂,那么我绝不去那儿。"[③]布热津斯基指出,"美国政治的高度党派性致使政治陷入僵局"[④]。由此足以看出,美国政党制度从一开始,就是一种对抗性而不是合作性的政治运作机制,随着党争的极端化,这种政党制度常常使得政治运作陷入僵局之中,也就不足为奇了。大致说来,西方政治

---

① 王绍光:《选主批判:对当代西方民主的反思》,北京大学出版社2014年版,第259页。

② [意]萨托利:《政党与政党体制》,杨德山译,商务印书馆2006年版,第13—60页。

③ [美]伯恩斯:《民治政府—美国政府与政治(第20版)》,吴爱明、李亚梅译,中国人民大学出版社2007年版,第183页。

④ Zbigniew Kazimierz Brzezinski, "Partisanship and the Political Impasse", *International Herald Tribune*, February 14, 2013.

运作困境集中表现有二：一是民主不负责制的出现。回应—责任制度向来为西方民主优越论者所津津乐道，认为通过选举确立了一个更加负责的政治机制，实际未必如此。出于政党竞争中的经济理性的考虑，面对明显不合理的事情不去解决，不去禁止，结果是问题积重难返，听任国家整体利益和人民群众长远利益受到损害。结果反而是，理论上的回应—责任机制，变成实践中的不负责任了。二是否决国家的形成。政治过程中反对党一味地找茬拆台，甚至为反对而反对，什么事情也办不成，政治陷于僵局。福山认为，美国的政治体制已经逐渐发展成一种“否决政治”（vetocracy），美国必要的政策调整常常面临着重重阻碍而无法实现。在福山看来，强大国家、法治和民主问责制出现的问题已经呈现盘根错节之势，美国政治制度已经不再是一个高效率、奉行法治和民主问责的政治制度，而是出现了严重的“政治衰败”。这种体制下，否决权成为最重要的政治变量，政党或利益集团拥有大量的否决机会；可以通过各种途径维护自己的利益，从而形成许多政策僵局，否决政治正在制造一种低效的缺乏信任的治理模式。①

## 三、统一战线治理对西方民主治理困境的有效规避

在不少人看来，西方民主制度之所以具有一定的合法性，原因在于它是达致善治的必要前提，它能够制约专断的政府权力，能够维护

① ［美］福山：《政治秩序与政治衰败》，毛俊杰译，广西师范大学出版社2015年版，第450页。

公民权利免于恶政的侵犯。但如今的结果却事与愿违,西方民主政治发展到了今天,竟然频频陷于治理困境之中,与民主的美好价值渐行渐远,不能不让人反思。美国政治学家戴蒙德明确指出,民主衰退最重要的原因莫过于糟糕的治理。①的确如此,现在是到了反思西方民主治理的时候了。

与西方民主治理困境相对照的是,在中国共产党领导下形成的中国特色社会主义国家治理,却在混乱的全球治理中一枝独秀,实践中取得了巨大的政治绩效,不能不说是中国国家制度的独特优势。这个独特优势是由国家治理的制度体系综合作用的结果,其中就有统一战线的作用。革命后的统一战线已经作为一种结构性的安排在国家治理中发挥作用,这是中国国家治理得以规避西方民主治理困境的一个重要原因。

如果说西方国家通过民主制度实施的国家治理可称为民主治理,那么,在中国特色社会主义建设中由统一战线体系的有效运作所达成政治稳定和经济社会发展则可以称之为统一战线治理。统一战线治理反映了统一战线所具有的治理价值由理念向实践的有效转化过程,是统一战线在国家治理中所发挥的效能的界定。为什么说统一战线治理促进了国家治理对于西方民主治理困境的有效规避呢?这是由统一战线治理本身的治理特征所决定的。统一战线治理具有如下四个方面的特征:

首先,统一战线治理是认同性治理。强化公民的政治认同是任何政治体系巩固自己的执政基础、有效实现政治目标的必要条件。

---

① Guillermo Cordero and Pablo Simón, “Economic Crisis and Support for Democracy in Europe”, *West European Politics*, 2016, 39(2):305—325.

弗洛伊德认为,认同是个人与他人、群体在情感上、心理上趋同的过程。[①]芒茨爱拉特·吉博诺总结了“认同”的三个功能:“其一是作出选择;其二是与他人建立起可能的关系;其三是使人获得力量和复原力。”[②]由此可知,当一个人认为自我价值与社会具有一致性的时候,认同便形成了,因此认同意味着主体对客体的一种肯定和归属性的心理反映。对于中国共产党来说,统一战线坚持一致性与多样性的统一,就是强调在多样化的思想观念、利益诉求、生活方式中坚持共同的思想基础和政治底线,其落脚点便是统一战线成员在多样化的社会观念中保持思想政治上的一致性,也就是增进统一战线的政治认同。我们经常说,统一战线解决的问题就是凝聚人心和汇聚力量,毫无疑问,在中国共产党领导的现代化建设中,无论是人心的凝聚还是力量的汇聚,其追求的前提都是统一战线成员对于中国特色社会主义乃至中华民族伟大复兴的一致认同,是统战成员对于中国社会的制度认同和民族认同。没有这种认同,凝聚人心和汇聚力量便失去了基本的政治基础,因而统一战线治理首要的特征便是认同性治理,这是不难理解的。

其次,统一战线治理是合作性治理。合作性治理意味着治理的各方乃是一种平等协商的关系,治理过程不是互相对抗、零和博弈甚至彼此拆台的过程,而是一个相互协调、互相配合、形成合力的过程。统一战线的主题就是大团结大联合,有事好商量,众人的事情一起商量着办,体现的就是这样一种合作治理的精神和原则。因此,我们看到统一战线重要内容的政党制度秉承的是多党合作原则,不搞西方

---

① 车文博:《弗洛伊德主义原理选辑》,辽宁人民出版社1988年版,第375页。

② 贺金瑞、燕继荣:《论从民族认同到国家认同》,《中央民族大学学报》2008年第3期。

的政党竞争、钩心斗角，从而鲜明地体现了统一战线治理的合作性质。统一战线强调要促进五大关系的和谐，包括政党关系、民族关系、宗教关系、阶层关系以及海内外同胞关系，这一切都是合作性治理的体现。统一战线还强调画出同心圆，找出最大公约数，也正是说明了统一战线治理的目标、原则的一致性，强调的是统一战线治理的合作性质。

再次，统一战线治理是引领性治理。统一战线不是历史上说的兄弟会，也不是经济生活中的合作社，更不是行业中的协会组织，而是一种中国共产党领导的政治性联盟形式，是有政治要求和政治使命的。在统一战线中，中国共产党作为工人阶级的先锋队组织和中华民族的先锋队组织，居于领导地位，对统一战线各领域实施政治领导，对整个统一战线工作发挥领导核心作用。社会需要先锋队的引领，群众需要主心骨，中国共产党就是统一战线中的主心骨，引领前进的方向。中国共产党带领大家推进国家建设和中华民族伟大复兴，不是为了表面上的和和气气就放弃自己的政治追求，而是有一个政治领导、思想引领的问题。在统一战线中，中国共产党从国家和民族的整体利益出发，保持政治定力，坚持政治底线，将多样性的观念和需求，统一到中国特色社会主义的伟大事业之中，彰显了统一战线治理的引领性。

再其次，统一战线治理是累积性治理。习近平总书记指出："人心向背、力量对比是决定党和人民事业成败的关键，是最大的政治。"①他进一步强调，这是我们党治国理政必须花大心思、下大气力

① 中共中央文献研究室：《十八大以来重要文献选编（中）》，中央文献出版社 2016 年版，第 556 页。

解决好的重大战略问题。这实际上就告诉我们，统一战线凝聚人心汇聚力量，不可能一蹴而就，也不可能一劳永逸，是一个久久为功、持续积累的过程。与经济建设、商业贸易等可以立竿见影的工作相比，统一战线侧重于做人的工作，着力于争取人心，画出最大同心圆，需要功夫做在平时，春风化雨，润物无声，具有累积性的特点。

统一战线治理的这些特征，融入中国国家治理的体系及其过程之中，体现了中国国家治理的原则，彰显了中国特色社会主义国家治理的独特优势，也是把中国特色社会主义的制度优势转化为治理效能的重要体现。

一是统一战线治理体现了中国国家治理的人民性原则，有效规避了西方民主治理中出现的价值困境。西方国家建立在选举竞争基础上的政治运作，日益成为各党各派争权夺利的工具，政治过程受制于利益集团的博弈，逐渐让人们对于所谓的民主自由价值产生了怀疑，引发价值认同困境。与此相对照的是，中国以人民为中心，把人民利益放在最高位置，紧紧依靠人民，发展最终为了人民，这个人民性原则，作为中国国家治理的基本遵循，贯穿到整个国家治理过程中。统一战线治理是认同性治理、合作性治理、引领性治理，强调了广大统战成员的共同奋斗目标，努力实现最大多数人的最大公约数，这就是人民性原则在统一战线治理中的有效体现。由于人民性原则的贯彻，中国共产党能够超越一党一派的私利，从国家发展的大局和长远出发进行谋划，从而有效规避西方国家民主治理的价值认同危机。

二是统一战线治理体现了中国国家治理的全国一盘棋原则，有效避免了西方民主治理的社会整合困境。西方民主治理从所谓的个人主义出发，强调公民的权利，突出市民社会的自主性，围绕利益进行彼此之间的竞争，你争我夺，因此社会整合始终是一个西方治理中难以解决的问题。与此不同的是，统一战线治理体现的是全国一盘棋的原则，主张大团结大联合，各个社会阶层、各个政治力量合作治理，不是尔虞我诈，而是服从于整个国家建设和国家发展的需要。统一战线治理强调党的领导，在多样性的社会中发挥引领作用，实现一致性与多样性的统一，彰显的是共同的目标和协调一致的行动。因而统一战线治理努力做到步调一致，画出最大同心圆和找出最大公约数，不分民族、不分群体，共同致力于中华民族伟大复兴的中国梦，体现了全国一盘棋的原则，有利于促进整个社会的和谐，实现有效的社会整合。

三是统一战线治理体现了中国国家治理的集中统一原则，有效避免了西方民主治理的政治运作困境。统一战线治理强调认同、合作，但又强调引导，强调党的领导核心地位和在社会生活中发挥引领作用，贯穿其中的是集中统一的原则。就中国共产党与国家关系而言，统一战线治理强调党是国家最高政治力量，一切国家机构都在党的领导之下，而不是搞分权制衡、竞争选举。就政党之间关系而言，统一战线治理强调中国共产党是执政党，民主党派是参政党，民主党派积极参政议政，建言献策，坚持民主监督，但各民主党派同时又自觉接受中国共产党的领导，而不是像西方民主那样，搞多党竞争，处处受到反对党的作梗和制约，甚至为反对而反对，政治运作困难重重。就中国共产党与社会关系而言，中国共产党一方面围绕群众利益，积极调动社会各方主动性、创造性，推动社会发展，另一方面又对整个社会实施领导，确保社会发展的政治方向，不像西方民主政治那样刻意强调所谓的公民社会，以社会制约国家。由此，统一战线治理实现了政党—国家—社会关系中的协调一致，将党的集中统一领导贯穿其中，体现民主集中制的原则，从而有效避免西方民主政治中的政治僵局，确保按照民主集中制的原则有效运作国家政权。

概而言之，西方民主治理在现代化进程中逐渐出现价值认同、社会整合和政治运作上的困境，这很大程度与其民主政治本身的结构缺陷不无关系。由于统一战线在中国国家治理体系及其过程中所具有的治理特征以及所体现出来的政治原则，统一战线治理在中国国家治理中发挥了独到的作用，有效规避了西方民主的治理困境，彰显了中国国家治理的制度优势，成为中国国家治理体系和治理能力的有机组成部分。

**说明：**本文系2018年度国家社科规划基金课题“新时代城市社区党的群众组织力提升策略研究”[项目编号：18BDJ030]阶段性成果。

**论文出处：**《上海市社会主义学院学报》2020年第3期。

**作者简介：**龚少情，上海市社会主义学院新的社会阶层研究中心主任，教授。

李承红，美国南卡罗来纳大学政治学博士，华东师范大学国际关系与地区发展研究院原副教授。

胡庆雄，上海市社会主义学院讲师。

# 第十六章　新时代统一战线的目标任务与实践向度

王俊华

## 引言：着力服务“四个伟大”是新时代统一战线的目标任务

统一战线的主要任务不是抽象的，而是具体的、历史的。自中共二大提出“民主联合战线”始，统一战线的主要任务就是由党的总路线总任务所决定并为其服务。因此，统一战线的主要任务必然随着党的奋斗目标和中心任务的变化而不断调整。

党的十八大以来，以习近平同志为核心的党中央从坚持和发展中国特色社会主义全局出发，提出并推动形成了“全面建成小康社会、全面深化改革、全面依法治国、全面从严治党”战略布局（以下简称“四个全面”）。党的十九大基于中国特色社会主义进入新时代这一历史大背景，把“进行伟大斗争、建设伟大工程、推进伟大事业、实现伟大梦想”（以下简称“四个伟大”）作为重大的理论凝练向全世界宣告新时代中国共产党的历史使命。作为中国未来发展顶层设计[①]的“四个伟大”是紧密联系、相互贯通、相互作用的整体系统，其中，伟大斗争是新时代发展的精神状态，伟大工程是新时代发展的主体力量，伟大事业是新时代发展的路径进程，伟大梦想是新时代发展的目标指向。“四个伟大”和“四个全面”都蕴含着党中央对新时代国家发展形势及中心任务的科学判断，二者具有一定的兼合交融，但各有侧重。作为党中央治国理政的战略布局，“四个全面”是对工作部署进行的总体规定。作为新时代党的历史使命及国家施政方略的关键所在，“四个伟大”是引领发展的顶层设计，比“四个全面”格局更大、视野更广、立意更高。与之相适应，为实现“四个全面”和“四个伟大”提供力量支撑是新时代统一战线的战略任务和目标任务。“五大关系”于第二十次全国统战工作会议首次提出，之后又写入党的十九大报告。“五大关系”是涉及党和国家工作全局的重大社会关系，也是统一战线内部的基本关系。促进“五大关系”和谐仍是新时代统一战线的基本任务。目标任务、战略任务、基本任务共同构成新时代统一战线的主要任务。

从逻辑关系上来看，着力服务“四个伟大”是新时代统一战线的任务总目标。它站位最高，对新时代统一战线的战略任务和重点任务起着引领作用。协同推进“四个全面”是新时代统一战线的任务总框架。它是统一战线着力服务“四个伟大”的战略举措，是统一战线促进“五大关系”和谐的战略布局。促进“五大关系”和谐是新时代统一战线协调不同社会政治力量服务“四个伟大”和“四个全面”

① 本书编写组：《党的十九大报告辅导读本》，人民出版社2017年版，第17页。

的着力点,是新时代统一战线实现目标任务和战略任务的工作载体。

## 一、统一战线着力服务伟大斗争

党的十九大指出,“我们党要团结带领人民有效应对重大挑战、抵御重大风险、克服重大阻力、解决重大矛盾,必须进行具有许多新的历史特点的伟大斗争,任何贪图享受、消极懈怠、回避矛盾的思想和行为都是错误的……全党要充分认识这场伟大斗争的长期性、复杂性、艰巨性,发扬斗争精神,提高斗争本领,不断夺取伟大斗争新胜利”①。进行伟大斗争主要回答了新时代发展应具有什么样的精神状态,充分彰显了习近平新时代中国特色社会主义思想的战斗性和进取性。伟大斗争包括了国内外各种风险和考验。统一战线着力服务伟大斗争,“要更加自觉地坚持党的领导和我国社会主义制度,坚决反对一切削弱、歪曲、否定党的领导和我国社会主义制度的言行,要更加自觉地维护人民利益,坚决反对一切损害人民利益、脱离群众的行为,要更加自觉地投身改革创新时代潮流,坚决破除一切顽瘴痼疾,更加自觉地维护我国主权、安全、发展利益,坚决反对一切分裂祖国、破坏民族团结和社会和谐稳定的行为,更加自觉地防范各种风险,坚决战胜一切在政治、经济、文化、社会等领域和自然界出现的困

① 习近平:决胜全面建成小康社会 夺取新时代中国特色社会主义伟大胜利——在中国共产党第十九次全国代表大会上的报告,http://www.xinhuanet.com/politics/2017-10/27/c_1121867529.htm。

难和挑战"①。

坚持党对统一战线的领导。党对统一战线的领导,是统一战线发展诸多问题中最核心的一个。从世界无产阶级统一战线发展总历程来看,坚持党的领导是无产阶级统一战线赖以发展和壮大的第一原则和根本保证。我国统一战线历经了不同阶段,但都是在党的倡导和领导下发展起来的。毛泽东把统一战线、武装斗争和党的建设并称为中国共产党在中国革命中战胜敌人的三大法宝,在谈到三者互动关系时指出,"十八年的经验告诉我们,统一战线和武装斗争,是我们战胜敌人的两个基本武器。统一战线,是实行武装斗争的统一战线。而党的组织,则是掌握统一战线和武装斗争这两个武器以实行对敌冲锋陷阵的英勇战士"②。"没有中国共产党的坚强的领导,任何革命统一战线也是不能胜利的。"③进入新时代,统一战线仍然是"党的事业取得胜利的重要法宝,必须长期坚持"④。习近平总书记在中央统战工作会议上指出,做好新形势下的统战工作,必须掌握规律、坚持原则、讲究方法,最根本的是要坚持党的领导。统一战线是党领导的统一战线。在统战工作中,实行的政策、采取的措施都要有利于坚持和巩固党的领导地位和执政地位。统一战线着力服务伟大斗争,首先要旗帜鲜明、毫不含糊地坚持党对统一战线的领导,让党的领导覆盖统一战线各领域、贯穿统战工作全过程。要坚持党的领导,就必须改善党的领导,加强党的建设。首先要正确理解党的领导

①④ 习近平:决胜全面建成小康社会 夺取新时代中国特色社会主义伟大胜利——在中国共产党第十九次全国代表大会上的报告,http://www.xinhuanet.com/politics/2017-10/27/c_1121867529.htm。

② 《毛泽东选集》第2卷,人民出版社1991年版,第613页。

③ 《毛泽东选集》第4卷,人民出版社1991年版,第1257页。

的实质，发挥党的领导核心作用。正如习近平总书记指出，党对统一战线的领导主要是政治领导，即政治原则、政治方向、重大方针政策的领导，主要体现为党委领导而不是部门领导、集体领导而不是个人领导。

统一战线要提高协调关系、化解矛盾的本领。统一战线的主要任务随着社会主要矛盾的变化进行战略转移是统一战线发展壮大的历史经验。在抗日战争期间，由于社会主要矛盾由阶级矛盾上升为民族矛盾，统一战线的根本任务也随之由打倒北洋军阀、推翻国民党新军阀的反动统治，转变为打败日本帝国主义，坚持“阶级斗争服从于今天抗日的民族斗争”①。党的十九大报告指出，我国社会主要矛盾已经转化为人民日益增长的美好生活需要和不平衡不充分的发展之间的矛盾。这是对当前我国社会主要矛盾的崭新概括，是对马克思主义关于社会矛盾学说的丰富和发展。社会主要矛盾的变化集中体现了社会不同群体利益的变化。利益是人们各种追求和行为的基本动因，也是决定社会和谐与否的核心问题。随着社会主要矛盾的转化，一方面，统一战线要主动以新时代社会主要矛盾作为认识问题和解决问题的出发点，自觉把满足人民美好生活需要作为自身的价值追求。另一方面，要厘清同盟者最关心、最直接、最现实且应该被照顾的利益，在法治框架内尊重、维护、照顾同盟者的利益，帮助党外人士排忧解难。

统一战线要提高与错误社会思潮作斗争的本领。全球化背景下，不同社会思潮交织激荡，社会思想总体上呈现出内容多样、性质多元、发展多变的态势。任何社会都会有多种不同甚至相互对立的

---

① 《毛泽东选集》第2卷，人民出版社1991年版，第538页。

思想存在,因此思想多样是一种普遍现象,但一定社会的指导思想不能多元化只能一元化。指导思想一元化是意识形态运动的客观规律,正如马克思、恩格斯所言:“统治阶级的思想在每一时代都是占统治地位的思想。”如果没有指导思想的一元化,就会导致思想观念领域的极度混乱,就不可能形成一个国家的整体性。在众多的社会思潮中,个人主义、历史虚无主义、普世价值论等错误思潮在一定程度上冲击着马克思主义的主导力与整合力。党的十八大以来,在大力加强社会主义意识形态建设中,各种非社会主义、反社会主义的错误社会思潮受到了有效遏制。但“意识形态领域斗争依然复杂,国家安全面临新情况”①。在事关意识形态领域政治原则和大是大非问题上,统一战线勇于和善于同国内外各种错误社会思潮作斗争,是新时代统一战线着力服务伟大斗争的时代课题。统一战线要主动维护马克思主义在意识形态领域的指导地位,增强学习贯彻习近平新时代中国特色社会主义思想的行动自觉,紧密团结在以习近平同志为核心的党中央周围。

## 二、统一战线着力服务伟大工程

作为国家建设和政治发展的核心能动者,中国共产党的自身建设必然在实现“四个伟大”中起决定性作用。以党的领导实现“伟大

① 习近平:决胜全面建成小康社会　夺取新时代中国特色社会主义伟大胜利——在中国共产党第十九次全国代表大会上的报告,http://www.xinhuanet.com/politics/2017-10/27/c_1121867529.htm。

梦想”，必须“不断增强党的政治领导力、思想引领力、群众组织力、社会号召力，确保我们党永葆旺盛生命力和强大战斗力”。[①]统一战线着力服务伟大工程，就是要引导广大统一战线成员不断促进党的政治领导力、思想引领力、群众组织力、社会号召力的提高。

增强党的政治领导力。政治领导力是政党第一位的能力。党的领导是政治领导，主要是政治原则、政治方向和重大方针政策的领导。因此，党的政治领导力的高低关键在于党能否根据时代呼声和人民诉求制定切实可行的政治纲领和行动指南。中国共产党自成立以来历经多次艰难险阻，但最终能够领导中国人民站起来、富起来、强起来，就是因为其始终坚持正确的政治纲领，并制定与其相适应的路线方针政策。党的十九大综合分析国际国内形势和中国发展条件，提出了从现在到本世纪中叶的“三个奋斗目标”，完整勾画了我国社会主义现代化建设的路线图和时间表：一是到 2020 年，全面建成小康社会；二是从 2020 年到 2035 年，基本实现社会主义现代化；三是从 2035 年到本世纪中叶，把中国建设成富强民主文明和谐美丽的社会主义现代化强国。促进党的政治领导力增强，统一战线就必须服从新时代的“三个目标”，一方面在党的路线方针政策形成过程中，积极建言献策，提供智力支撑，助力决策科学化和民主化；另一方面在党的路线方针政策执行过程中，坚定执行党的路线方针政策，坚决维护党中央权威和集中统一领导。

增强党的思想引领力。海涅说，思想走在行动之前，就像闪

① 习近平：决胜全面建成小康社会 夺取新时代中国特色社会主义伟大胜利——在中国共产党第十九次全国代表大会上的报告，http://www.xinhuanet.com/politics/2017-10/27/c_121867529.htm。

电走在雷鸣之前一样。实现中华民族的伟大复兴需要正确的思想引领。增强党的思想引领力，其重点在于解放思想和统一思想。在解放思想的进程中，统一战线要以改革创新的精神和科学的方法论探索新理论，破除旧思想，成为构建中国特色哲学社会科学的智库。思想引领力不是物质诱惑力，也不是外在强制力，而是内在向心力。因此有了正确的思想，并不一定自然而然就能发挥引领作用，这就需要统一思想。统一思想的过程就是人们接受新思想的过程。党的十九大最重要的理论成就，就是确立了习近平新时代中国特色社会主义思想的指导地位。习近平新时代中国特色社会主义思想是中国特色社会主义理论体系最新成果，这一重大理论确立了我国作为社会主义国家发展的新的历史方位，系统回答了新时代坚持和发展什么样的中国特色社会主义、怎样坚持和发展中国特色社会主义这个重大时代课题。对统一战线来讲，统一思想的首要任务就是自觉学习贯彻习近平新时代中国特色社会主义思想，深入领会这一思想的重大政治意义、理论意义、实践意义，深入理解这一思想的科学体系、精神实质、实践要求，在统一战线范围内铸牢共同思想政治基础。

增强党的群众组织力。列宁指出，工人阶级的力量在于组织。不组织群众，无产阶级就一事无成。组织起来的无产阶级就无所不能。在中国，具有吸纳功能和整合功能的统一战线，是中国共产党组织群众的实践方式之一。正如《中国共产党统一战线工作条例（试行）》所言，统一战线是中国共产党凝聚人心、汇聚力量的政治优势和战略方针。因为，高举爱国主义和社会主义旗帜的统一战线能够把一切社会主义劳动者、社会主义事业建设者、拥护社会主义爱国者、拥护祖国统一和致力于中华民族伟大复兴爱国者都团结在中国共产党的周围,使当代中国各种不同的利益群体通过人民政协等渠道平台有序参与到国家政治过程中。从这个意义上讲,统一战线增强党的群众组织力,首先要在统一战线的工作范围和对象方面,不断与时俱进,与社会结构变迁相适应,把统一战线所联系的各种社会力量整合在一起,共同致力于中华民族伟大复兴。

增强党的社会号召力。政党社会号召力是指政党对社会民众的影响力、凝聚力和动员力。在现代政治中,政党活动是在政党与社会、国家的有效互动中展开的。但由于政党性质、规模等不同,政党增强社会号召力的路径和方式亦不同。在竞争性政党制度下,政党只有获得民众的选票才能进入议会或获得公职,因而政党为扩大在社会中的号召力,极尽宣传之能事推销自己的理念和政策,还建立许多外围组织为其服务。由于中国共产党是全世界最大的政党,是我国的领导党和执政党。因此,增强中国共产党的社会号召力,更要关注其在治国理政意义上的政治责任担当,更要关注其在维护人民根本利益上的民主政治建设。这也是统一战线增强党的社会号召力的发力点。由于近代以来,中国国家建设走的是"党建国家"的实践路径,因此中国共产党与国家具有高度的"同体同构"性。在此过程中,统一战线通过直接或间接的途径,凝聚广泛共识,反映共同意志,相当程度地嵌入国家建设机制,"以至于当代中国的内在协调与稳定常常与统一战线工作状况有着高度契合性"①。

① 雷振文、姚祥翔:《统一战线:国家治理意蕴的政治学分析》,《南昌大学学报》(人文社会科学版)2017 年第 1 期。

## 三、统一战线着力服务伟大事业

中国特色社会主义是改革开放以来党的全部理论和实践的主题，是实现中华民族伟大复兴的必由之路。牢固树立中国特色社会主义道路自信、理论自信、制度自信、文化自信，是坚持和发展中国特色社会主义的根本所在。作为中国共产党领导的广泛政治联盟，在事关道路、制度、旗帜、方向等根本问题上，统一战线要立场不含糊、原则不动摇，自觉做中国特色社会主义的亲历者、实践者、维护者、捍卫者。

增强中国特色社会主义道路自信。马克思说，人们自己创造自己的历史，但是他们并不是随心所欲地创造，并不是在他们自己选定的条件下创造，而是在直接碰到的、既定的、从过去继承下来的条件下创造。一个国家走什么样的道路，归根结底取决于这个国家的国情和历史文化条件。中国道路的开辟同样如此，正如习近平总书记强调的那样，中国道路“来之不易，它是在改革开放 30 多年的伟大实践中走出来的，是在中华人民共和国成立 60 多年的持续探索中走出来的，是在对近代以来 170 多年中华民族发展历程的深刻总结中走出来的，是在对中华民族 5 000 多年悠久文明的传承中走出来的，具有深厚的历史渊源”①。统一战线要增进对中国特色社会主义道路的自信，就要自觉同封闭僵化的“老路”与改旗易帜的“邪路”作斗争。所

① 中共中央文献研究室：《习近平关于实现中华民族伟大复兴的中国梦论述摘编》，中央文献出版社 2013 年版，第 3 页。

谓“老路”,即以社会主义传统模式或马克思主义经典作家的个别语录为出发点,对改革开放以后中国特色社会主义道路提出种种质疑。所谓“邪路”,即认为中国的发展必须以西方理论为蓝本才能进入现代化国家的行列,必须放弃社会主义的基本特征,抛弃社会主义旗帜,全盘照搬西方的模式。[①]归根到底,“老路”与“邪路”都是对中国特色社会主义道路的背离与否定。

增强中国特色社会主义理论自信。统一战线为增强中国特色社会主义理论自信服务,首先要为增进中国特色社会主义理论体系的“硬实力”服务。理论的“硬实力”是指中国特色社会主义理论解决实践问题的能力。改革开放以来,我国社会主义现代化建设取得了显著成就,这是中国特色社会主义理论体系“硬实力”的集中体现。但是,即使理论是正确的,如果主体未能科学掌握和运用理论而导致无法解决现实问题,则会直接消解理论本身的吸引力和说服力,削弱大众对理论的认同度和自信心。因此,统一战线成员要准确把握习近平新时代中国特色社会主义思想的科学内涵并不断提高运用理论解决社会问题的能力素质。其次,为增进中国特色社会主义理论体系的“软实力”服务。理论的“软实力”主要是指中国特色社会主义理论的学术话语权。由于中西学术话语权的不对称性,理论自信的深层学理支撑机制在一定程度上受到削弱。统一战线应在建构中国学术话语体系上下功夫,加强中国特色社会主义理论体系的学理阐释和大众化阐释,破除对西方学术话语权的迷信。最后,为增进中国特色社会主义理论体系的“传播力”服务。在中国特色社会主义理论体系的传播上,多元培养传播主体,精准传递传播内容,积极创设贴近生

① 顾钰民:《坚定不移走中国特色社会主义道路》,《红色文化学刊》2018年第1期。

活的传播题材和载体，合理优化传播机制，改变马克思主义以及中国特色社会主义理论体系在一些学科中“失语”、教材中“失踪”、论坛上“失声”的状况。

增强中国特色社会主义制度自信。中国特色社会主义是科学社会主义在中国的生动实践。面对国内外提出的中国现在搞的是不是社会主义的质疑，习近平总书记从科学社会主义基本原则出发，阐明了我国社会主义制度的基本内容：“包括在中国共产党领导下，立足基本国情，以经济建设为中心，坚持四项基本原则，坚持改革开放，解放和发展社会生产力，建设社会主义市场经济、社会主义民主政治、社会主义先进文化、社会主义和谐社会、社会主义生态文明，促进人的全面发展，逐步实现全体人民共同富裕，建设富强民主文明和谐的社会主义现代化国家；包括坚持人民代表大会制度的根本政治制度，中国共产党领导的多党合作和政治协商制度、民族区域自治制度以及基层群众自治制度等基本政治制度，中国特色社会主义法律体系，公有制为主体、多种所有制经济共同发展的基本经济制度。”①统一战线要正确处理一致性和多样性关系，自觉坚持我国社会主义制度的基本内容，如果丢掉了这些，那就不成其为社会主义了。就政党制度而言，中国共产党领导的多党合作和政治协商制度是从中国土壤中生长出来的“新型政党制度”。它以和谐为价值取向，以合作为鲜明特征，以中国共产党的领导为精髓要义，既与中国历史上曾经存在的多党制和一党制不同，也与西方政党制度不同。在新时代，统一战线成员要深刻认识中国新型政党制度的巨大优势和光明前景，正确认识我国民主党派的政党性。

---

① 《十八大以来重要文献选编(上)》，中央文献出版社 2014 年版，第 110 页。

增强中国特色社会主义文化自信。“文化自信是一个国家、一个民族发展中更基本、更深沉、更持久的力量。”①在“四个自信”的理论框架中，文化自信是其他三个自信的基础和前提。社会主义核心价值观是中国文化特色和文化精髓的本质体现。统一战线为增强中国特色社会主义文化自信服务，一方面深入研究分析社会主义核心价值观的价值目标、价值取向和价值准则，促进社会主义核心价值观的创新和发展，另一方面自觉践行社会主义核心价值观，内化为文化认同，外化为行为习惯。2006 年，党的十六届六中全会将“富强、民主、文明、和谐”作为现代化建设的奋斗目标，第一次明确提出“建设社会主义核心价值体系”这个重大命题。党的十八大将社会主义核心价值体系的内核凝练为 24 字社会主义核心价值观。党的十九大首次将“美丽”增列为现代化建设的奋斗目标。基于此，社会主义核心价值观在国家层面也应该增加“美丽”，这样才能跟上新时代从经济、政治、文化、社会、生态五个方面实现现代化的布局要求。与此相适应，社会主义核心价值观在社会层面和个人层面亦应不断凝练与完善。

## 四、统一战线着力服务伟大梦想

实现中华民族伟大复兴是贯穿近代以来中国历史的基本主线。

① 习近平：决胜全面建成小康社会 夺取新时代中国特色社会主义伟大胜利——在中国共产党第十九次全国代表大会上的报告，http://www.xinhuanet.com/politics/2017-10/27/c_1121867529.htm。

近代以来，无数中华儿女为振兴中华进行了不屈不挠的探索和斗争，但大都收效甚微或以失败而告终。为中国人民谋幸福、为中华民族谋复兴的中国共产党的诞生，“深刻改变了近代以后中华民族发展的方向和进程，深刻改变了中国人民和中华民族的前途和命运”①。历经 90 多年的艰苦奋斗，“现在，我们比历史上任何时期都更接近中华民族伟大复兴的目标，比历史上任何时期都更有信心、有能力实现这个目标”②。党的十九大报告指出：“新时代中国特色社会主义思想，明确坚持和发展中国特色社会主义，总任务是实现社会主义现代化和中华民族伟大复兴。”聚焦于这一总任务，新时代统一战线的定位、共同思想政治基础、范围等都应有新发展。

统一战线定位的新发展。在不同的历史时期，由于统一战线的主要任务和内部构成等不同，统一战线的定位也不同，与之相适应，统一战线的称谓亦不同。在建党初期和大革命时期，统一战线的名称是“国民革命联合战线”。在土地革命战争时期，统一战线的名称是“工农民主统一战线”。在抗日战争时期，统一战线的名称是“抗日民族统一战线”。抗日战争胜利后，中国面临着两种前途、两种命运的选择，中国共产党代表全国各族人民的根本利益，组织了最广泛的“人民民主统一战线”。新中国成立后，一直沿用“人民民主统一战线”。改革开放以来，随着党和国家工作重心转移到经济建设上来，统一战线进入新的历史发展阶段。1979 年，邓小平在《新时期的统一战线和人民政协的任务》中首次使用了“新时期统一战线”“爱国统一

---

① 习近平：《在庆祝中国共产党成立 95 周年大会上的讲话》，人民出版社 2016 年版，第 2 页。

② 《习近平谈治国理政》，外文出版社 2014 年版，第 36 页。

战线”等新概念。之后不久，在《新时期统一战线是社会主义劳动者与爱国者的联盟》中，邓小平进一步提出现阶段的统一战线可以提“革命的爱国的统一战线”。1981年，邓小平在主持起草《关于建国以来若干历史问题的决议》时，正式称新时期统一战线为“爱国统一战线”①，并沿用至今。党的十九大报告指出，“经过长期努力，中国特色社会主义进入了新时代，这是我国发展新的历史方位”。②新时代是最接近实现中华民族伟大复兴的时代，新时代是中国从站起来、富起来到强起来的时代，这一阶段的统一战线也应是直接服务于中华民族伟大复兴的统一战线，其性质、功能、作用等都应该围绕中华民族伟大复兴而展开。

统一战线共同思想政治基础的新发展。统一战线共同思想政治基础是统一战线成员基于对共同利益的自觉认知而达成的共识。唯物主义历史观认为：物质资料的生产活动是人类社会赖以生存的前提，这也是无产阶级结成统一战线进行斗争的首要的占第一位的原因。③换句话说，共同的政治目标和利益聚焦点是形成和巩固统一战线共同思想政治基础的内生动因。新民主主义革命时期，工人阶级和农民阶级之所以能结成工农联盟，就在于他们有着共同的命运和利益：推翻“三座大山”、阶级斗争闹革命、翻身解放做主人。新民主主义革命胜利后，建立和巩固新政权，“迅速地恢复和发展生产，对付

---

① 王俊华：《邓小平：非公有制经济人士统战工作的促进者》，《上海党史与党建》2014年第11期。

② 习近平：决胜全面建成小康社会　夺取新时代中国特色社会主义伟大胜利——在中国共产党第十九次全国代表大会上的报告，http://www.xinhuanet.com/politics/2017-10/27/c_121867529.htm。

③ 姜汝真等：《统一战线思想史》，吉林人民出版社1998年版，第11页。

外国的帝国主义，使中国稳步地由农业国转变为工业国，把中国建设成为一个伟大的社会主义国家"[①]成为社会共同利益，这也正是人民民主统一战线形成的内在动因。进入新时代，以实现国家富强、民族振兴、人民幸福为本质内涵的中华民族伟大复兴成为海内外中华儿女的共同精神支柱和发展愿望。这一共同追求的客观存在，奠定了新时代统一战线共同思想政治基础的现实根据。党的十八大以来，以习近平同志为核心的党中央与时俱进地把实现中华民族伟大复兴作为海内外中华儿女的"最大公约数"。统一战线着力服务伟大梦想，就要自觉将统一战线的共同思想政治基础从坚持和发展中国特色社会主义，拓展为坚持和发展中国特色社会主义、实现中华民族伟大复兴，这样才能有效吸引和整合投身社会主义现代化建设、实现中华民族伟大复兴的各方爱国力量，更大范围地扩展统一战线的对象和范围。

统一战线范围的新发展。党的十八大以来，以习近平同志为核心的党中央始终将为人类不断作出新的更大的贡献作为重要的执政理念，坚持推动和构建人类命运共同体，争做世界和平的建设者、全球发展的贡献者和国际秩序的维护者。这正是中华民族伟大复兴的世界意义。人类命运共同体思想超越种族、文化、国家与意识形态的界限，为思考人类未来提供了全新的视角，也为构建新时代国际统一战线提供了全新的价值引领。[②]在中国与世界关系的坐标系中，统一战线着力服务伟大梦想，不仅包括国内统一战线而且还包括国际统

① 高放：《政治学与政治体制改革》，中国书籍出版社 2002 年版，第 1437 页。

② 贺善侃：《新时代统一战线功能的新拓展》，《上海市社会主义学院学报》2018 年第 1 期。

一战线。首先，统一战线要调整自身范围，使其团结、联合的对象更加广泛。党的十九大倡议“各国人民同心协力，构建人类命运共同体，建设持久和平、普遍安全、共同繁荣、开放包容、清洁美丽的世界”。这也是新时代国际统一战线的新宗旨。与此相适应，新时代统一战线的范围应拓展为“三个范围”的联盟：以社会主义为政治基础的联盟；以爱国主义为政治基础的联盟和以人类命运共同体为纽带的国际统一战线。①其次，发挥好统一战线在国际空间的法宝作用，需要统一战线在调动积极因素的同时，善于化不利因素为有利因素，主动争取国际话语权。发挥民主党派在构建人类命运共同体中独特的政治优势、界别优势和人才优势，搭建政党交流平台；联合宗教界人士促进国际宗教文化交流，助力民心相通；搭建平台、提供服务，帮助“走出去”的民营企业解决问题、降低风险；传承海丝精神，弘扬海丝文化，有序引导广大侨胞投身人类命运共同体构建；厘清统一战线智库的服务方向和服务着力点，形成焕发新思想、激发新活力的建言献策“新机制”；以中华文化为纽带，与其他国家开展文化交流互动，以文化的影响力争取话语权。

**论文出处：**《江苏省社会主义学院学报》2019 年第 2 期。

**作者简介：**王俊华，上海市社会主义学院副教授，统战基础理论上海研究基地兼职研究员。

① 孙信：《习近平新时代统一战线思想探析》，《中央社会主义学院学报》2018 年第 6 期。

# 第十七章 统一战线与社会治理

## ——基于CNKI数据库相关研究文献的Citespace软件可视化分析

刘霁雯

社会治理是国家治理的一个重要方面和重要内容。党的十八届三中全会通过的《中共中央关于全面深化改革若干重大问题的决定》指出,“全面深化改革的总目标是完善和发展中国特色社会主义制度,推进国家治理体系和治理能力现代化”。推动我国由“社会管理”进入“社会治理”时代。党的十九届四中全会在此基础上对我国社会治理进行了具体设计,指出要“完善党委领导、政府负责、民主协商、社会协同、公众参与、法治保障、科技支撑的社会治理体系,建设人人有责、人人尽责、人人享有的社会治理共同体”,社会治理体系和社会治理共同体的提出意味着社会治理不能完全依靠政府唱独角戏,需要更广泛地吸纳各种社会力量共同参与。在此过程中,统一战线因为在社会治理中具有的重要作用和独特的优势引起了专家学者的关注，出现了一个研究的热潮。为了准确把握统一战线服务社会治理研究的发展历程和研究动态，本文拟从文献计量学视角，以中国知网(CNKI)数据库为基础，采用 Citespace 软件对统一战线服务社会治理的理论与实践成果进行定量统计和定性分析，对统一战线服务社会治理研究的研究热点、演进趋势、发展前沿等进行深入的探讨，为进一步推进统一战线服务社会治理理论与实践的研究提供有价值的参考。

## 一、数据来源与研究方法

本章文献数据的计量分析、知识图谱的绘制主要采用了 Citespace 软件，辅以 SATI 文献题录信息统计分析工具和 EXCEL 电子表格软件。Citespace 是由美国德雷塞尔(Drexel)大学陈超美教授开发的基于 Java 技术的文献计量分析软件，其通过可视化方式在一幅图谱上展现一个知识领域的知识基础、研究前沿、演化历程、发展趋势和最新动向①，近年来已逐渐成为人文社科内诸多学者进行学术研究的重要工具。

因为中国知网(CNKI)全文数据库收录的中文文献数量最多最全，本文的文献数据来源于 CNKI 数据库。在 CNKI 数据库中，使用主题检索可以兼顾查准率和查全率。数据搜索方法为进入 CNKI 数据库后，选择“高级检索”，检索条件为以“主题：统一战线”AND“主

① 侯海燕、陈超美、刘则渊等：《知识计量学的交叉学科属性研究》，《科学学研究》2010 年第 3 期。

题:社会治理”,其余选择默认,检索日期为2020年5月1日,共检索到相关文献134篇,去除与研究主题无关的文献4篇,得到本研究样本共130篇文献。

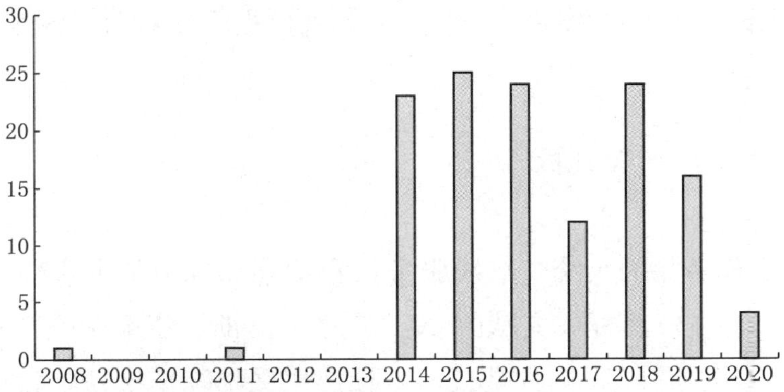


**图1　2008—2020年统一战线服务社会治理研究CNKI论文年份分布情况**

通过对这130篇文献的年份分布(即图1)进行分析,可以看到第一篇探讨统一战线服务社会治理的文献出现于2008年,并且仅有1篇。但2014年相关研究突然出现“井喷”态势,主要是因为2013年11月党的十八届三中全会通过的《中共中央关于全面深化改革若干重大问题的决定》中提出了“创新社会治理体制”,这是党和国家在正式文件中第一次提出“社会治理”一词①,于是引起学者们广泛的关注和讨论。2014年相关主题有23篇,2015年25篇,2016年24篇。2017年10月18日,习近平总书记所做十九大报告《决胜全面建成小康社会　夺取新时代中国特色社会主义伟大胜利》又提出“加强和创新社会治理”,于是又掀起了一波统一战线服务社会治理研究的热

① 胡冰:《十八届三中全会对“社会治理”的丰富与创新》,《特区实践与理论》2013年第6期。

潮。2018 年发文到了 24 篇。2019 年开始，相关的研究已经趋于成熟和稳定，当年有 16 篇，2020 年截至 5 月 1 日能检索到的已有 4 篇。

## 二、统一战线参与社会治理研究文献特征分析

### （一）核心作者分析

核心作者指的是统一战线服务社会治理领域中学术影响力较大的学者。在 130 篇样本文献中，发文最多的是浙江省委统战部研究室杨卫敏主任，有 4 篇，其次是云南省社会主义学院杨松禄副教授和北京社会主义学院王东勤副教授，均为 3 篇，三位专家均来自统战系统，相对也比较早介入统一战线服务社会治理研究这一议题。根据美国著名的科学史学家普赖斯（Price）的研究：半数的论文是一群高生产力作者所写，这一作者集合约等于全部作者总数的平方根，此即为普赖斯定律。①用公式可以表示为 $m=0.749\sqrt{n_{\max}}$，其中 $n_{\max}$ 为统计年限内最高产作者发表论文数，$m$ 为核心作者中最低产作者发表论文数。由此可以计算出 $m$ 值为 1.5，于是可以把发文数量大于等于 2 篇的认为是核心作者。如表 1 所示，共有 13 位核心作者，计算出发文数量共 30 篇，占全部发文数量的 23.08%，远不足普赖斯定律要求的 50%，说明该领域研究还不够成熟，核心研究群体尚未形成，研究还有待进一步深入和完善。此 13 位核心作者绝大部分是各省市社会主

① 郝若扬：《如何测度学科核心作者》，中国社会科学网，http://www.cssn.cn/zx/201609/t20160920_3206551.shtml?COLLCC=3909140468&，2016-9-20。

义学院的专家学者，仅有个别来自省市统战部、党校和高校，因为社会主义学院是统战理论和实践研究的主阵地，但也说明研究的视角会比较局限，更多会从统一战线的角度来研究这个领域，而不是从社会学的角度来研究。

**表 1　统一战线服务社会治理研究核心作者发文量排名**

| 作　者 | 发文篇数 | 开始时间 | 作者所属机构 |
|---|---|---|---|
| 杨卫敏 | 4 | 2015 | 浙江省委统战部 |
| 杨松禄 | 3 | 2015 | 云南省社会主义学院 |
| 王东勤 | 3 | 2015 | 北京社会主义学院 |
| 崔　珏 | 2 | 2008 | 广州市社会主义学院 |
| 于小英 | 2 | 2014 | 四川省社会主义学院 |
| 王建唯 | 2 | 2014 | 上海市长宁区社会主义学院 |
| 王金豹 | 2 | 2014 | 中共东莞市委党校 |
| 谢建社 | 2 | 2014 | 广州大学 |
| 骆　凯 | 2 | 2014 | 贵州省社会主义学院 |
| 常　婧 | 2 | 2015 | 北京社会主义学院 |
| 李桂荣 | 2 | 2015 | 辽宁对外经贸学院 |
| 欧文辉 | 2 | 2015 | 云南开放大学 |
| 宋　玉 | 2 | 2018 | 安庆师范大学 |

### （二）核心机构分布

按照普赖斯定律，把发文数量大于等于 2 的机构作为核心机构，可以统计出核心机构有 11 所。从图 2 可以看出，大部分核心机构属于统战系统，其中各省市社会主义学院数量最多，因为社会主义学院拥有一大批统战领域的专业教师,他们是统战理论和实践研究的核心力量。

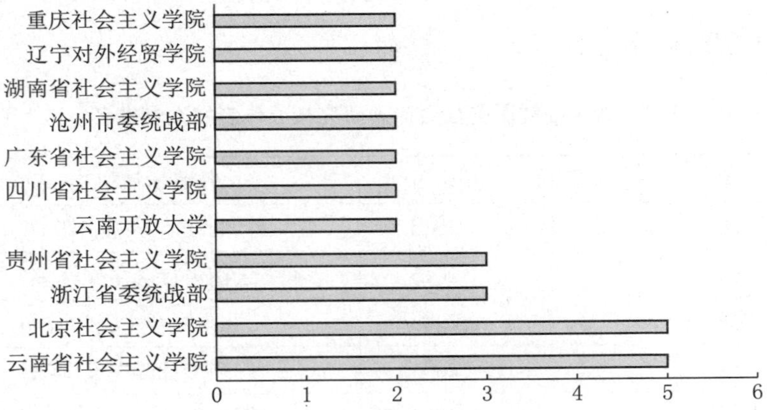


**图 2　统一战线服务社会治理研究核心机构发文量排名**

## (三) 发文核心期刊分布

设置阈值为 3,可以统计出在统一战线服务社会治理方面发文较多的期刊如图 3。可以看出,发文数量最多的期刊中,除了《统一战线学研究》刊物外,其他都是中央到各省市的社会主义学院学报,按理统一战线服务社会治理研究是属于统一战线理论与社会学理论的交叉研究,但在实际研究中无论是作者自身还是发文期刊都认为是偏重于对统一战线研究的创新,而非对社会学研究的拓展,所以社会主义学院学报成了发文的最重要载体。其中《上海市社会主义学院学报》《云南社会主义学院学报》《江苏省社会主义学院学报》和《河北省社会主义学院学报》发表该领域文章最多,说明这四个地区的学报非常关注统战研究的前沿和热点。但从另外一个角度也说明统一战线服务社会治理方面研究发文期刊范围较窄，局限于统战系统部门的内部循环，还需要拓宽投稿的期刊范围，激发更多社会学研究专家来了解和认识统一战线在社会治理中的作为和优势，在此基础上展开更深更广的研究。

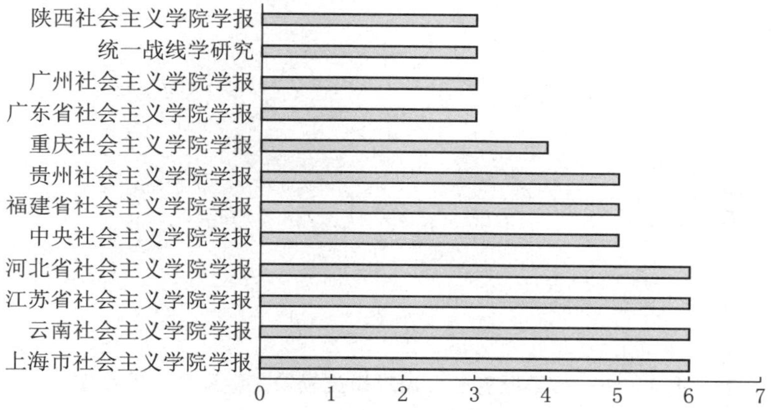

**图 3　统一战线服务社会治理研究核心期刊发文量排名**

## 三、统一战线服务社会治理研究的热点分布与研究前沿

### （一）关键词分析

关键词是某一学科研究热点的高度凝练和概括，研究关键词的词频分布特征可以发现该领域研究主题的迁移路线和热点趋势。通过 Citespace 绘制出统一战线服务社会治理的关键词共线网络分析图（见图 4），图中圆圈表示关键词节点，圆圈大小对应着相应关键词字号的大小和词频的高低，词频越高，代表此关键词的关注度越高。图

中字体比较大的关键词是统一战线、社会治理、统战工作等，表示本领域的高频关键词。

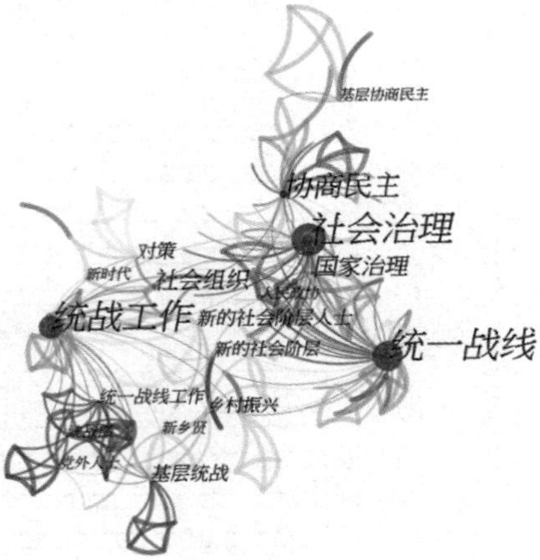


**图 4　统一战线服务社会治理研究领域关键词共现网络图**

设置关键词频次阈值为 3，对数据作进一步导出后得到高频关键词排名如表 2 所示。可以发现，统一战线服务社会治理研究领域关键词出现频次排名前 10 的关键词为统一战线（36 次）、社会治理（31 次）、统战工作（30 次）、协商民主（14 次）、国家治理（8 次）、社会组织（8 次）、对策（5 次）、基层统战（5 次）、新的社会阶层人士（5 次）、乡村振兴（4 次），也是本领域学者研究的聚焦点。

**表 2　高频关键词排名（按频次排名）**

| 排名 | 关键词 | 频次 | 首次出现年份 | 排名 | 关键词 | 频次 | 首次出现年份 |
|---|---|---|---|---|---|---|---|
| 1 | 统一战线 | 36 | 2011 | 3 | 统战工作 | 30 | 2014 |
| 2 | 社会治理 | 31 | 2014 | 4 | 协商民主 | 14 | 2014 |

续表

| 排名 | 关键词 | 频次 | 首次出现年份 | 排名 | 关键词 | 频次 | 首次出现年份 |
|---|---|---|---|---|---|---|---|
| 5 | 国家治理 | 8 | 2014 | 12 | 统一战线工作 | 4 | 2014 |
| 6 | 社会组织 | 8 | 2015 | 13 | 基层协商民主 | 3 | 2014 |
| 7 | 对策 | 5 | 2014 | 14 | 统战部 | 3 | 2014 |
| 8 | 基层统战 | 5 | 2014 | 15 | 新乡贤 | 3 | 2018 |
| 9 | 新的社会阶层人士 | 5 | 2017 | 16 | 新时代 | 3 | 2018 |
| 10 | 乡村振兴 | 4 | 2018 | 17 | 党外人士 | 3 | 2014 |
| 11 | 新的社会阶层 | 4 | 2011 | 18 | 人民政协 | 3 | 2014 |

### （二）统一战线服务社会治理研究的发展趋势与前沿

关键词的时区视图可以更清晰地从时间维度刻画研究热点，体现每个时段的最新研究动态。绘制出统一战线服务社会治理领域研究的时区视图如图 5，节点较大的关键词代表不同历史时期的研究热点。

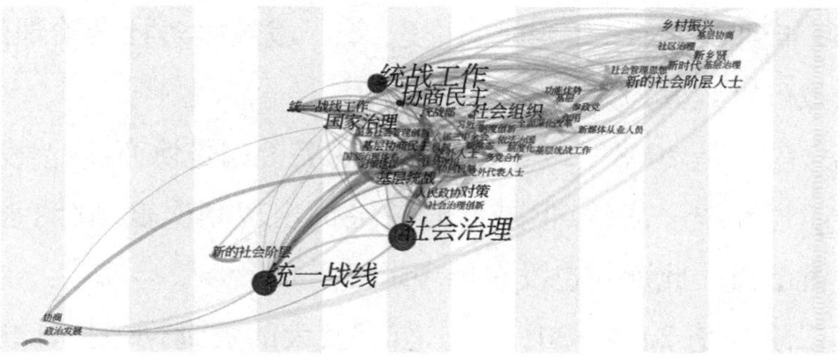


**图 5　基于 Citespace 的研究前沿时区视图**

除了从不同时期词频高低的角度研究该领域发展趋势和研究热点,还可以从不同时期词频变动的角度来研究本领域发展趋势和研究热点,这是通过对突发性关键词的检测来实现的。突发性关键词指的是变化率高、频次增长速度快的词汇。根据对统一战线服务社会治理研究突发性关键词的知识图谱分析,筛选出排名前9的突发性关键词如图6。

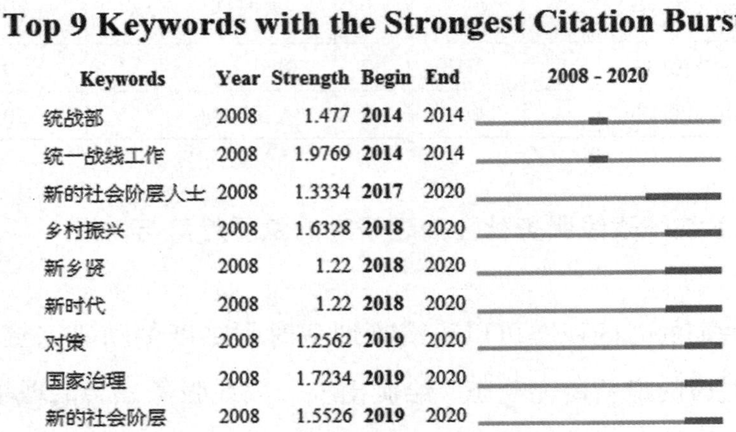
Top 9 Keywords with the Strongest Citation Bursts
Keywords Year Strength Begin End 2008 - 2020
统战部 2008 1.477 2014 2014
统一战线工作 2008 1.9769 2014 2014
新的社会阶层人士 2008 1.3334 2017 2020
乡村振兴 2008 1.6328 2018 2020
新乡贤 2008 1.22 2018 2020
新时代 2008 1.22 2018 2020
对策 2008 1.2562 2019 2020
国家治理 2008 1.7234 2019 2020
新的社会阶层 2008 1.5526 2019 2020

**图6　关键词突发性排名(前9)**

综合图5关键词时区视图和图6突发性关键词知识图谱进行分析,2008年到2020年,按照时间推进,统一战线服务社会治理的研究轨迹大致可以划分为如下阶段:

第一阶段是2008—2013年。出现的关键词是协商、政治发展、新的社会阶层和统一战线,但是此时关键词出现频次低,圆圈小,算不上是关键节点。此期间也没有出现爆发点。

第二阶段是2014—2017年。节点较大的关键词包括社会治理、统战工作、协商民主、国家治理、社会组织、基层统战等。此阶段出现的爆发点是统战部、统一战线工作、新的社会阶层人士。

第三阶段是2018年以后。节点较大的关键词包括新的社会阶层人士、乡村振兴、新乡贤。此阶段出现的爆发点是新的社会阶层人士、乡村振兴、新乡贤、新时代、对策、国家治理、新的社会阶层。

下面对每一个阶段的研究热点和主要内容进行具体分析。

第一阶段(2008—2013年)。这段时间关于统一战线服务社会治理的研究寥寥无几,但有学者已经开始探讨协商对于社会治理的作用,标志性的文献是2008年广州社会主义学院崔珏教授的《协商——中国民主政治发展中的重要元素》一文,文中探讨了社会治理层面的协商性民主形式,认为以浙江省温岭市的“民主恳谈会”为代表的协商对话活动,对中国地方治理方式、治理理念将带来深刻影响,使得中国基层治理方式由权威的自上而下的方式向民主治理的方向转变,政府不再成为矛盾焦点,而在其中扮演了中立、公共的角色。①此文献说明学者对统一战线服务社会治理已经有了初步的认识并进行了探索性的思考。

第二阶段(2014—2017年)。2013年11月,十八届三中全会公报提出“创新社会治理体制、提高社会治理水平”的新要求,激发了学者们对统一战线服务社会治理、提高社会治理水平的研究兴趣,这段时间涌出了大量统一战线服务社会治理的研究文献,涉及的研究议题也比较多。

1. 统一战线服务社会治理理论关系研究。学者们从多方面阐述了统一战线服务社会治理方面具有的独特优势和积极作用。例如,

---

①　崔珏:《协商——中国民主政治发展中的重要元素》,《广州社会主义学院学报》2008年第3期。

陈晓晖认为我国创新社会治理体制存在着社会公众参与程度低、社会组织行为能力弱、社会矛盾化解难度大以及社会治理体系不健全等问题，这些问题可以被统一战线的凝聚力量优势、人才智力优势、协调关系优势、民主监督优势一一化解。①骆凯探讨了统一战线服务社会治理历史和现实的内在逻辑，认为人民政协的团结和民主两大主题是预防和化解社会矛盾、激发社会活力的思维指针；统一战线求同存异、体谅包容原则为我国多元社会发展提供思想源动力；统一战线的制度优势、社会优势、资源优势、人才优势等是我国社会发展不可或缺的重要力量。②杨松禄通过对社会治理和统一战线概念和功能的分析得出，统一战线参与社会治理是由统一战线的大团结大联合的本质所决定的，而且统一战线的目标任务、价值追求、参与主体、工作方法与社会治理具有契合性，所以在社会治理过程中，统一战线需要凝聚社会共识、助力社会建制、参与社会整合、协调社会矛盾、激发社会活力、提供社会服务和监督社会治理。③但是由于各种因素的制约，统一战线在服务社会治理过程中还存在一些亟待解决的问题。李桂荣分析，统一战线在实现社会治理的广泛参与上主体性不强、参与度不足，在建立社会治理的畅通机制上渠道不顺达、作用不足，在提高社会治理的综合水平上目标不明确、优势不明显，因此要从政策、协商、人才、制度四方面入手，发挥统一战线的政治、功能、人才、

① 陈晓晖、武一凡：《在创新社会治理体制中发挥统一战线的优势作用》，《上海市社会主义学院学报》2014 年第 6 期。

② 骆凯：《浅析统一战线服务社会治理的逻辑》，《贵州社会主义学院学报》2014 年第 4 期。

③ 杨松禄：《论统一战线与社会治理的契合性》，《中央社会主义学院学报》2017 年第 1 期。

资源优势，把统一战线广大成员的智慧和力量凝聚到创新社会治理体制的伟大尝试中。①

2. 统一战线工作服务社会治理方法论研究。2013 年十八届三中全会召开后，如何以十八届三中全会精神指导统战工作服务于社会治理创新成为这段时期研究的热点。范照兵指出要准确把握十八届三中全会精神的内容精髓和鲜明特色，以推进社会治理创新为抓手，在促进民族、宗教和阶层关系和谐上担负新使命。②张艳娥认为党的十八届三中全会通过的《中共中央关于全面深化改革若干重大问题的决定》和党的十八届四中全会通过的《中共中央关于全面推进依法治国若干重大问题的决定》两个文件标志着中国国家治理进入结构转型、完善健全的新常态，统一战线工作也要进行法治化、人本化、服务化和社会化的转型创新。③

加强基层统战工作是推动社会治理创新的重要途径。唐韬指出要抓好乡镇（社区）统战工作，夯实社会治理基础。④梁园认为在完善基层统战服务工作的同时需要探索社会治理新路径，比如可以强化统一战线的服务管理作用，多渠道支持民主人士参政议政，为基层社会治理建言献策，做好基层基本公共服务等，解决群众最关心、最紧

① 李桂荣、郝连儒：《统一战线在创新社会治理体制中的问题与路径研究》，《长春理工大学学报》（社会科学版）2015 年第 9 期。

② 范照兵：《深入学习贯彻党的十八届三中全会精神　引领统一战线在全面深化改革的宏伟实践中发挥新优势　展现新作为》，《河北省社会主义学院学报》2014 年第 1 期。

③ 张艳娥：《国家治理新常态下统一战线工作的转型创新》，《重庆社会主义学院学报》2015 年第 3 期。

④ 唐韬：《以十八届三中全会精神统领江安统战工作》，《四川统一战线》2014 年第 1 期。

迫、最实际的困难。①

2014 年,党的十八届四中全会通过的《中共中央关于全面推进依法治国若干重大问题的决定》中 8 次提及“社会组织”一词,社会组织迎来了新的发展机遇,此时涌出大量文献对社会组织协助基层统战、推动社会治理创新的机制进行研究。程德智分析,社会组织作为与政府、企业并列的“第三方力量”,代表不同社会群体利益,是社会治理的重要主体和依托,但缺乏系统的政策扶持、有序的政治引导、有效的资源整合、畅通的参政渠道,导致其充分发挥参与社会治理重要力量的作用受到制约,为此需要进一步加强社会组织党建工作、健全扶持社会组织发展的政策和措施、建设统战性和枢纽型社会组织。②社会组织基层协助统战工作推动社会治理创新实践方面的研究也越来越丰富和全面,越来越贴近各地的实际情况。张彩玲等对中央统战部“社会组织统战工作”的试点城市——大连社会组织发展的情况进行调研后认为,大连市社会组织在推动市场经济有序发展、促进科技交流、普及和应用以及化解社会矛盾、增进社会和谐等方面发挥了重要作用,成为多元社会治理中的重要一员,提出未来要进一步探索开展统战社会组织进社区参与创新社会治理的实践活动,探索形成社会组织人士参与创新社会治理的新途径。③卢文刚等调研广东省社会组织统战工作现状和存在的主要问题,强调社会治理背景下,

---

① 梁园:《发挥统战工作优势,不断推进社会治理创新》,《云南省第八届社会科学学术年会文集 · 统一战线与社会主义协商民主研究(2014 年度)》,云南大学出版社 2014 年版,第 183—187 页。

② 程德智:《加强社会组织统战工作 推进社会治理体系和治理能力现代化》,《联合日报》2015 年 2 月 12 日。

③ 张彩玲、裴秋月、张大勇:《大连社会组织发展与统战工作研究》,《东北财经大学学报》2015 年第 4 期。

社会组织统战工作目标定位应该清晰，总目标应明确社会组织统战工作是为了在深化共识、凝聚力量的基础上发挥社会组织参与社会治理的建设性力量，适应社会建设与治理的战略布局，推进国家社会治理体系和治理能力现代化。①

3. 协商民主推进社会治理现代化研究。2015 年两会前夕，中共中央印发《关于加强社会主义协商民主建设的意见》，我国协商民主也到了一个历史新高度，学者们对协商民主推进社会治理现代化的理论和实践展开进一步探索。首先，无论从理论层面还是实践层面，学者们都认可，在统一战线服务社会治理过程中，协商民主可以成为很有效的途径。姚俭建认为在社会治理结构中，处于核心地位的执政党组织，充分动员国家各个方面的力量参与多元共治，需要通过统一战线来统筹协调社会多元治理主体，在此基础上利用全方位、多层次的民主协商来影响社会治理的进程与效果。②在服务社会治理的过程中，黄丽萍认为"统一战线"的协商民主功能也得到进一步彰显，获得制度化、规范化与实效性发展。③谢宇认为社区统战在城市社会治理中可以通过民主协商实现依法自我管理、自我服务、自我教育、自我监督，并结合广州市某社区居民参与统战工作的现状提出社区的"四型"协商民主统战体系建设。④王建唯调研了上海长宁区协商民主

---

① 卢文刚、刘鸿燕：《社会治理背景下社会组织统战工作创新路径研究——以广东省为例》，《学会》2015 年第 12 期。

② 姚俭建：《社会治理结构创新与统一战线的功能定位》，《上海市社会主义学院学报》2014 年第 2 期。

③ 黄丽萍：《统一战线在社会治理中的协商民主功能研究》，《上海市社会主义学院学报》2016 年第 3 期。

④ 谢宇、谢建社、李夏茵：《城市社区治理中的协商民主推进战略研究——以广州社区为例》，《城市观察》2015 年第 6 期。

参与社会治理方面的内容和组织形式,认为统一战线协商民主参与社会治理具有政治优势、协调优势和智力优势,建议以区域化党建为引领、以共同需求、共同利益、共同目标为纽带,以协商民主的方式破解社会难题,推动基层群众自治。①但协商民主在参与社会治理的实践操作中,其效果会受到多方面因素的制约。李建就认为,因为协商民主的话语权往往掌握在社会精英群体手中,公民主动参与政治协商的责任感与自主意识较弱以及协商民主本身固有的低效率和高成本等因素制约了协商民主在社会治理现代化中的发展活力,为此需要加强群众路线在协商民主中的基础作用,搞好协商民主建设顶层设计与基层改革,推进协商民主制度化规范化程序化建设。②刘婷婷在总结民革长宁区委通过协商民主参与社会治理的主要做法和相关经验时发现,虽然参政党基层组织参与协商民主受到社区居民的欢迎和肯定,也得到良好的社会效果,但也存在一些问题,比如,无利益攸关的第三方角色固然能保持客观公正,但因为不是利益关联方,无法做到感同身受,会留下协商"死角";参政党基层组织在协商参与的时候缺乏激励与制约机制,参与动力不足;政府和居民间的对话机制不够成熟,缺乏统一指导,很难做到井然有序、团结协作。③

第三阶段(2018 年至今)。进入新时代以来,统一战线服务社会治理研究领域主要集中于发挥好新的社会阶层人士参与社会治理的

---

① 王建唯:《统一战线发挥协商民主作用　推动基层群众自治的实践与思考》,《上海市社会主义学院学报》2015 年第 5 期。

② 李建:《社会主义协商民主推进国家治理现代化研究》,吉林大学博士学位论文,2016 年。

③ 刘婷婷:《参政党基层组织参与协商民主的现状与对策研究》,华东政法大学硕士学位论文,2017 年。

作用和以统一战线促进乡村振兴研究。新时代有很多新特征，具体到统一战线工作，集中体现在新的社会阶层人士领域。[①]按照2015年颁发的《中国共产党统一战线工作条例（试行）》规定，新社会阶层主要由“私营企业、外资企业的管理人员和技术人员”“中介组织从业人员”“自由职业人员”“新媒体从业人员”等组成，集中分布在新经济组织、新社会组织中。[②]随着经济发展的进一步转型升级，新的社会阶层所涵盖的职业群体范围不断扩充，人员数量也在持续增加，如何促使这部分人群为社会治理发挥更大作用，是当前研究的重点课题。蒋红丹发现统一战线优势与新的社会阶层人士发展有许多相契合的地方，例如，统一战线的团结引领优势契合新的社会阶层人士思想活跃、社会影响大的特点，有助于凝聚社会共识、筑牢共同思想基础；统一战线的协调利益优势契合新的社会阶层人士政治诉求高的特点，有助于协调各方利益、化解社会矛盾；统一战线的密集智库优势契合新的社会阶层人士专业能力强的特点，有助于激发社会活力、推动社会进步。其建议在此基础上搭建平台、优化服务、加以引导，鼓励新的社会阶层人士积极参与社会治理。[③]另一方面，要做好新的社会阶层人士统战工作，也可以通过引导其参与社会治理来开展。郝炜认为，新的社会阶层人士的统战工作应当以社区为载体搭建多样化平台，以服务社区作为发挥治理功能的突破口，着力构建以“多层组织、

---

① 《统一战线学研究》编辑部：《新时代统一战线理论研究的站位、选题与方法》，《统一战线学研究》2018第2期。

② 《中共中央印发〈中国共产党统一战线工作条例（试行）〉》，http://www.xinhuanet.com//politics/2015-09/22/c_1116645297.htm。

③ 蒋红丹：《统一战线服务新的社会阶层人士参与社会治理问题研究》，《福建省社会主义学院学报》2017年第4期。

多元主体、多样平台、多维工作方式”为基本内容的大统战工作格局。①崔珏等则进一步拓宽“大统战工作”的语境，认为新的社会阶层人士统战工作需要在“社会化”思路下实现统一战线凝心聚力的功能和优势。②

2017年中共十九大报告提出乡村振兴战略之后，国家相继发布《乡村振兴战略规划(2018—2022年)》《中华人民共和国电子商务法》等重磅文件助推农村发展，统一战线如何服务乡村社会治理来助推乡村振兴，也引起学者们的关注。因为浙江的乡村治理极具特色，现有探讨统一战线与乡村社会治理的文献几乎都来自浙江学者之手。杨卫敏分析了浙江省四种典型的乡村治理模式中所蕴含的协商理念和治理逻辑的特点和优势，并从三个维度探讨乡村治理体系中基层协商的层次构建和功能整合。其认为，乡村社会治理中，党建引领是关键，统一战线在乡村协商治理中应做到准确定位而不越位，用“柔”的方法、做“和”的文章、达到“刚”的效果。③同时，因为2016年开始浙江提出“新乡贤统战”并开展相应的实践工作，学者们也对新乡贤参与乡村社会治理展开了探索。许军指出，新乡贤统战工作是浙江省基层统战工作者把中央要求与本地具体实际紧密结合而自发进行的一项重要创新，新乡贤参与乡镇党委、政府重大决策，对推进决策科

---

① 郝炜:《新时代治理型统战工作格局的构建:功能、原则与策略》,《四川省社会主义学院学报》2018年第1期。

② 崔珏、张海霞、王浩:《新的社会阶层人士统战工作社会化运行方式研究》,《广州社会主义学院学报》2020年第1期。

③ 杨卫敏:《乡村振兴视阈下基层协商的嬗变与提升——基于浙江省村级治理集成创新的考察》,《江苏省社会主义学院学报》2019年第3期。

学化民主化进程、构建新型基层社会治理模式、推进乡村善治具有重要作用。[①]闫红果认为即便是在我国东南沿海地区一些相对富裕的乡村，新乡贤参与乡村社会治理的渠道依然相对单一，局限在参与横向治理的层面，纵向治理层面不足，建议积极搭建平台，开拓"结对帮扶"的渠道和拓宽"建言献策"的渠道。[②]李传喜提出"治理性统战"的概念，新乡贤统战在主体、体制、方式、功能等方面呈现出强烈的治理导向，成为治理型统战的崭新实践，其建议新乡贤统战过程中，需把治理元素融入选贤、引贤、用贤、留贤、倡贤的各个阶段，才能充分发挥乡贤助力乡村社会治理的积极作用。[③]

## 四、未来展望

通过对CNKI数据库中统一战线服务社会治理研究文献进行计量分析，可以发现统一战线服务社会治理研究文献最早出现于2008年，在2012年十八大提出"社会治理"后出现研究高峰，2017年十九大提出"加强和创新社会治理"之后出现了又一轮的研究高峰。可以看出，学者们从多个方面，围绕统一战线服务社会治理进行了较为深入的研究，取得众多的成果。结合国家治理体系和能力现代化

① 许军：《新乡贤统战：基层统战工作的整合拓展与全新模式——以浙江省县以下实践为案例》，《统一战线学研究》2018年第4期。

② 闫红果：《乡村振兴战略视域下新乡贤统战工作管窥》，《福建省社会主义学院学报》2018年第4期。

③ 李传喜、张红阳：《治理型统战：新乡贤统战的功能定位与实践发展》，《统一战线学研究》2019年第4期。

建设的新要求,联系现有的研究基础,下一步深化统一战线服务社会治理的研究可以从以下几个方面展开:

第一,以学术团队的广泛拓展深化相关研究。目前我国统一战线服务社会治理研究的研究主力主要是各省市社会主义学院的专家学者,从研究内容也可以发现,该研究侧重于以统一战线为主题。同时,因为核心作者和发表期刊多来自统战系统内部而带来的研究视角较窄、话语权不足、知名度不够等因素对统一战线服务社会治理研究的进一步推进有着明显的制约。各地高校的教授、社会科学院的专家涉足这方面的研究比较少,应当广泛联络,通过学术论坛和协同研究中心的创建等形式,吸引更多高校的专家进入该领域的研究,进一步扩大研究团队的覆盖面,大幅度增强研究团队自身的多样性。

第二,以学术议程的再造进一步深化相关研究。通过对统一战线服务社会治理研究的关键词分析,可以发现统一战线服务社会治理的研究主要聚焦于统一战线服务社会治理理论关系研究、统一战线工作服务社会治理方法论研究、协商民主推进社会治理现代化研究。进入新时代以来,新的社会阶层人士参与社会治理和以统一战线促进乡村振兴研究成为现阶段乃至未来一段时间内研究的热点和前沿。应当在现有的研究基础上,紧密联系社会治理的新的形势,创造新的学术议程,不断将研究影响深入。

第三,以研究方法的创新不断深化相关研究。目前的研究方法还比较单一,缺乏核心学科理论的支撑。因为统一战线服务社会治理属于跨学科的交叉研究,仅靠统一战线方面的研究基础肯定是不够的,还有赖于社会学领域提供理论工具和研究范式,引入定量研究、实证研究、比较研究等科学方法，采取多学科协同、多种方法并进的途径，进一步深化相关问题的研究。

**作者简介：**刘霁雯，上海市社会主义学院教研部讲师、博士。

# 第十八章　参政党与国家治理能力现代化

张　星

现代化的大潮引发了诸多落后的国家从传统到现代的转型，但纵观不同国家的转型过程，总结其成功的经验和失败的教训时，不禁会引起人们内心的一个追问：能够保证落后国家稳妥地开展现代化并实现持续发展的基本前提到底是什么？有很多研究者指出，这个问题的答案就是有效的国家。“对于现代化和经济持续发展来说，有效的国家的本质意义在于能够有效地供给经济与社会转型、发展所需要的制度资源。制度能够为转型和发展提供明确的发展方向、有序的发展空间和规范的行动逻辑。”①也就是说，保证落后国家稳步推进现代化需要有效的国家，有效的国家本质上能够有效地实现制度供给和制度治理。因此，在现代化过程中，国家能否进行有效地制度供给，形成健全完善的治理体系，以及制度能否有效运行，提升治理

① 林尚立：《在有效性中累积合法性：中国政治发展的路径选择》，《复旦学报》（社会科学版）2009 年第 2 期。

能力，是国家现代化成败的关键因素。也即是说国家治理体系和治理能力现代化是国家现代化的关键保障。与此同时，现代国家的治理，需要具有强大的政治凝聚力和社会整合力的政治组织的推动。"组织是现代社会的基础，也是开展国家治理活动的基本载体，它既提高了国家治理的效率，也是国家治理存在问题的根源之一……因而，一种恰当的国家治理理论必须以组织为中心，它既要解释组织的合理之处，也要直陈组织的积弊之端。"①参政党是国家治理的重要主体，对推进国家治理现代化起到重要作用，其组织自身也要随着国家治理现代化的推进不断发展完善。

## 一、国家治理能力现代化是一种新型现代化

现代化意味着民族独立、国家富强、人民幸福、经济繁荣、文化昌盛。近代以来，无数仁人志士孜孜以求的就是实现国家的现代化。中国共产党的性质和宗旨、初心和使命决定着其必然成为中国现代化的重要推动者。在新中国成立初期，中国共产党提出要实现国家工业化。在 1954 年第一届全国人大一次会议上，周恩来所作的《政府工作报告》中首次提出"四个现代化"的目标，即现代化的工业、现代化的农业、现代化的交通运输业、现代化的国防。随着中国共产党对现代化的认识不断发展和深化，这一表述几经调整完善。在 1964 年三届人大一次会议上周恩来所作的政府工作报告中提出，"在不太长

① 王家峰：《国家治理的有效性与回应性——一个组织现实主义的视角》，《管理世界》2015 年第 2 期。

的历史时期内，把我国建设成为一个具有现代农业、现代工业、现代国防和现代科学技术的社会主义强国”。[①]此后，“四个现代化”的表述和追求延续下来。2013年11月，在中共十八届三中全会上，中国共产党进一步提出“推进国家治理体系和治理能力现代化”的时代命题，推动国家现代化的内涵不断丰富和发展。习近平总书记指出推进国家治理体系和治理能力现代化，“这是完善和发展中国特色社会主义制度的必然要求，是实现社会主义现代化的应有之义”[②]。因此，可以说国家治理体系和治理能力现代化是中国共产党继工业现代化、农业现代化、国防现代化、科学技术现代化等“四个现代化”之后提出的第五个“现代化”[③]，是中国现代化的一个全新的维度[④]。

### （一）国家治理能力现代化的内涵

“国家治理能力现代化”是个复合词，涉及“国家”“治理”“能力”“现代化”等关键词，因此深入分析“国家治理能力现代化”的内涵，需要对相关概念的内涵进行分析探讨。

1.“国家治理”的内涵

一般认为，英语词汇“治理”(Governance)源于古拉丁语和古希腊

---

① 参见中国政府网：《全国人大三届一次会议》，http://www.gov.cn/test/2006-02/24/content_209754.htm。

② 习近平：《切实把思想统一到党的十八届三中全会精神上来》，《人民日报》2014年1月1日。

③ 李景鹏：《关于推进国家治理体系和治理能力现代化——“四个现代化”之后的第五个“现代化”》，《天津社会科学》2014年第2期。

④ 杜飞进：《中国现代化的一个全新维度——论国家治理体系和治理能力现代化》，《社会科学研究》2014年第5期。

语“掌舵”一词，意思是控制、操纵。到20世纪90年代，西方一些学者运用“治理”一词来强调政府放权和向社会授权，实现多主体、多中心的治理，并且主张社会自治以及包括政府组织、社会组织等在内的多元主体平等共治。治理理论框架有如下特点：

第一，治理主体的多元化。治理意味着政府不再是公共事务治理的唯一主体，所有的利益相关者，包括政党组织、社会组织、企业组织乃至国际组织和公民个人，都能参与其中，并承担相应的责任。各治理主体之间地位平等，共同构成一个复杂的网络体系，并通过协商互动等方式发挥各自的核心优势形成治理的整体合力。

第二，治理权力的去中心化。治理主体的多元化，意味着原由政府独享的权力由多个主体分享。多元的治理主体，相互监督、相互制衡，共同治理公共事务。

第三，治理过程的互动性和协商性。多元治理主体之间，通过互动、协商、合作，确立共同的目标等方式来实现对公共事务的共治。

第四，治理手段的多样性。多元主体根据公共利益、公共事务与治理共同体的相关性等形成具体的治理策略，采取灵活多样的治理策略，既有正式制度、法律手段，也有相互之间约定俗成的共识等非正式的规则等。

因此，西方政治话语中，治理某种意义上被置于国家的对立面，倡导的是“没有政府的治理”①，有着“社会中心论”色彩②。但事实上治理和国家始终是难以分离的，一个有效的国家治理理论，必须关注

① ［美］詹姆斯·罗西瑙：《没有政府的治理：世界政治中的秩序与变革》，张胜军、刘小林等译，江西人民出版社2001年版；［英］罗伯特·罗茨：《新治理：没有政府的管理》，杨雪冬译，《经济管理文摘》2005年第14期。

② 王浦劬：《国家治理、政府治理和社会治理的基本含义及其相互关系辨析》，《国家行政学院学报》2014年第3期。

真实世界国家治理的主体构成、内在结构及具体过程，也即必然以国家等组织为中心。[①]

中国传统话语中的“治”“理”含义不同。《说文解字》中界定“治”字含义为“水。出东莱曲城阳丘山，南入海”[②]。后引申出动词“管理、处理”、名词“安定、和谐”等含义，如“治大国如烹小鲜”[③]。《说文解字》中界定“理”字含义为“治玉也。顺玉之文而析之”[④]。后引申出动词“管理、使有序”、名词“纹理、道理”等含义。“治理”一般是指君王为代表的统治者管理国家。如“明分职，序事业，材技官能，莫不治理，则公道达而私门塞矣，公义明而私事息矣”[⑤]。“其法通乎人情，关乎治理也。”[⑥]这与西方现代意义上的“治理”概念有着较大不同。

从中国共产党对于“国家治理”概念的运用来看，借鉴了人类政治文明的优秀成果，但与西方带有社会中心论色彩的治理理论和传统中国君王统治方式的治理又有着鲜明的不同。

从理论层面来说，如何实现国家和社会的治理，在马克思主义经典作家的相关论述中并不多见。如马克思、恩格斯虽然对革命胜利后如何治理国家进行了一些探讨，但大都是基于当时的情况进行的预判，相对缺乏经验的验证和系统性。列宁在俄国的实践中总结了一些经验做法，提出一些重要论述。但其继任者没能传承好相关的精神要义，也没能推动其不断结合实践丰富和发

---

① 王家峰：《国家治理的有效性与回应性——一个组织中心主义的视角》，《管理世界》2015 年第 2 期。

② （汉）许慎：《说文解字（清代陈昌治刻本）》第 11 卷，中华书局 2013 年版。

③ 《老子》，中华书局 2014 年版。

④ （汉）许慎：《说文解字（清代陈昌治刻本）》第 1 卷，中华书局 2013 年版。

⑤ 《荀子》，方勇、李波译注，中华书局 2011 年版。

⑥ 《韩非子》，高华平、王齐洲、张三夕译注，中华书局 2010 年版。

展,最终找到一条适合社会主义国家治理的路径。新中国成立后,如何实现有效治理就成为重大战略任务。中国共产党在国家治理的道路上不懈探索,最终形成丰富的治理理论和相关经验,取得卓越的治理成效。

中共十五大提出"依法治国,是党领导人民治理国家的基本方略"①。中共十七大进一步提出,"要坚持党总览全局、协调各方的领导核心作用,提高党科学执政、民主执政、依法执政水平,保证党领导人民有效治理国家"②。中共十八大提出,"坚持依法治国这个党领导人民治理国家的基本方略","要更加注重改进党的领导方式和执政方式,保证党领导人民有效治理国家"。③中共十八届三中全会提出,"全面深化改革的总目标是完善和发展中国特色社会主义制度,推进国家治理体系和治理能力现代化"。中共十九大提出,"必须坚持和完善中国特色社会主义制度,不断推进国家治理体系和治理能力现代化,坚决破除一切不合时宜的思想观念和体制机制弊端,突破利益固化的藩篱,吸收人类文明有益成果,构建系统完备、科学规范、运行有效的制度体系,充分发挥我国社会主义制度优越性"。④中

① 江泽民:《高举邓小平理论伟大旗帜,把建设有中国特色社会主义事业全面推向二十一世纪——在中国共产党第十五次全国代表大会上的报告》,《江泽民文选》第2卷,人民出版社2006年版,第29页。

② 胡锦涛:《高举中国特色社会主义伟大旗帜,为夺取全面建设小康社会新胜利而奋斗——在中国共产党第十七次全国代表大会上的报告》,《胡锦涛文选》第2卷,人民出版社2016年版,第635页。

③ 胡锦涛:《坚定不移沿着中国特色社会主义道路前进,为全面建成小康社会而奋斗——在中国共产党第十八次全国代表大会上的报告》,《胡锦涛文选》第3卷,人民出版社2016年版,第633页。

④ 习近平:《决胜全面建成小康社会 夺取新时代中国特色社会主义伟大胜利——在中国共产党第十九次全国代表大会上的报告》,转引自《习近平谈治国理政》第3卷,外文出版社2020年版,第17页。

共十九届四中全会提出,“我国国家治理一切工作和活动都依照中国特色社会主义制度展开,我国国家治理体系和治理能力是中国特色社会主义制度及其执行能力的集中体现”①,强调“把我国制度优势更好转化为国家治理效能”②,等等。

因此,中国共产党在相关重要文献中使用的“国家治理”概念,“遵循了马克思主义国家理论逻辑,积极探索政治统治和政治管理的科学民主有效性和有机结合”,指的是“中国共产党领导下,基于人民当家做主的本质规定性,遵循人民的意志要求,在社会主义市场经济发展和社会变化的新的历史条件下,按照科学、民主、依法、有效性来优化领导方式和执政方式,优化执政体制机制和国家管理体制机制,优化执政能力,实现国家与社会的协同和谐,达成政治的长治久安”。③

一般来说,国家治理又有广义和狭义之分。广义上来说,国家治理是指在国家范围内各方面的国家事务和公共事务开展的治理活动,国家在这个意义上关涉的是治理涉及的范围,并不是说国家是唯一的治理主体。从广义上来说,国家治理包括政府治理、社会治理等。从狭义上来说,国家治理是指国家在政治领域的治理,一定意义上与政府治理相一致,区别于社会治理、企业治理等。④中国共产党相关政策文本中一般从广义的角度运用“国家治理”的概念。如中共十九届四中全会的决定指出,“社会治理是国家治理的重要方面”。⑤

---

①② 《中共中央关于坚持和完善中国特色社会主义制度　推进国家治理体系和治理能力现代化若干重大问题的决定》,《人民日报》2019 年 11 月 6 日。

③④ 王浦劬:《国家治理、政府治理和社会治理的基本含义及其相互关系辨析》,《国家行政学院学报》2014 年第 3 期。

⑤ 《中共中央关于坚持和完善中国特色社会主义制度　推进国家治理体系和治理能力现代化若干重大问题的决定》,《人民日报》2019 年 11 月 6 日。

2. 国家治理与相关概念辨析

在围绕“国家”开展的相关政治活动中，人类先后发展形成“国家统治”“国家管理”“国家治理”等概念。从比较的角度来看，三者主要有以下不同之处：

一是主体不同。“国家统治”“国家管理”的主体主要是政府等国家公共权力机关，主体较为单一；“国家治理”的主体则更加广泛和多元，政府、政党、社会组织、公民个人等都能够参与国家治理。

二是权力来源不同。“国家统治”“国家管理”的权力来自统治阶级或国家的授权，以暴力机关为后盾，政府权力不断扩张，公民权利受到较大压制；“国家治理”的权力来自制度化的授权，国家权力需依法行使，公民权利得到较好的维护和保障。

三是运行方式不同。“国家统治”“国家管理”主要采取自上而下的、刚性的、强制性的手段或方式，“国家治理”能够采取的手段更加丰富，强调多元主体在国家治理过程中的协商、沟通、对话和合作。因此，国家治理既有刚性手段，也有柔性手段；既能自上而下，也能自下而上，权力运行过程更加民主、开放、包容。

四是效能不同。“国家统治”“国家管理”“国家治理”三者从最终的政治和社会效能来看是依次递进的，其中国家治理的效能是最佳的。

3. 国家治理能力的内涵

“国家治理能力”是个社会各界非常关注的热点话题。习近平总书记指出，“国家治理体系和治理能力是一个国家制度和制度执行能力的集中体现。国家治理体系是在党领导下管理国家的制度体系，包括经济、政治、文化、社会、生态文明和党的建设等各领域体制机制、法律法规安排，也就是一整套紧密相连、相互协调的国家制度；国家治理能力则是运用国家制度管理社会各方面事务的能力，包括改革发展稳定、内政外交国防、治党治国治军等各个方面"①。这就表明国家治理能力集中体现为制度的执行能力。

国内外一些学者也从制度能力角度对国家治理能力的内涵作了广泛探讨。美国学者福山指出，国家治理能力被视为政府制定和执行规则、提供公共服务的能力。②国内有学者认为，国家治理能力是国家制度的执行能力。③有学者对国家治理能力作了具体分析，如有学者认为，国家治理能力是运用国家制度管理社会各方面事务的能力，涵盖行使公共权力，履行国家职能、制定公共政策、提供公共产品、分配社会资源、应对突发事件、维护社会稳定、建设和谐社会、促进社会发展、处理国际关系等各个方面的能力。④有学者指出，现代化视域下的国家治理能力包括制度形成能力、制度实施能力、制度调适能力、制度学习能力和制度创新能力五个方面。⑤也有学者进一步从治理主体应具备的能力素质层面来界定国家治理能力，如有学者指出，从国家治理过程诸功能对执政党和政权能力的要求来看，应分为接纳参与能力、整治整合能力、精英录用能力、战略规划能力、法律实施能力、资源提取能力、监管能力、再分配能力、维持团结能力、政治沟通

---

① 习近平：《切实把思想统一到党的十八届三中全会精神上来》，《人民日报》2014年1月1日。

② Francis Fukuyama, "What is Governance? Governance: An International Journal of Policy", *Administration and Institution*, 2013, 26(3):347—368.

③ 俞可平：《推进国家治理体系和治理能力现代化》，《前线》2014年第1期。

④ 许耀桐、刘祺：《当代中国国家治理体系分析》，《理论探索》2014年第1期。

⑤ 魏治勋：《"善治"视野中的国家治理能力及其现代化》，《法学论坛》2014年第2期。

能力、政治合法化能力、政治革新能力以及体制机制创新能力。[①]有学者进一步指出，“在我国，政治权力主体以中国共产党作为代表，其治理能力主要包括执政能力、决策能力、领导能力、执行能力、组织能力、规划能力、计划能力、沟通能力、协调能力、督导能力等几大能力，这些能力依其所在层级不同各有侧重”[②]。这些能力要素是国家治理现代化对治理主体的新要求。

综合起来看，国家治理能力是个系统的综合能力，是以执政党、政府为代表的政治组织运用制度治理国家和社会方方面面事务的能力；制度的执行能力是国家治理能力的集中体现；政府等治理主体也应当不断提升能力素质，使之与治理现代化的要求相适应。

4. 国家治理能力现代化的内涵

关于国家治理能力现代化，习近平总书记指出：“推进国家治理体系和治理能力现代化，就是要适应时代变化，既改革不适应实践发展要求的体制机制、法律法规，又不断构建新的体制机制、法律法规，使各方面制度更加科学、更加完善，实现党、国家、社会各项事务治理制度化、规范化、程序化。要更加注重治理能力建设，增强按制度办事、依法办事意识，善于运用制度和法律治理国家，把各方面制度优势转化为管理国家的效能，提高党科学执政、民主执政、依法执政水平。”[③]

---

① 何增科：《国家治理现代化及其评估》，《学习时报》2014 年 1 月 13 日。

② 萧鸣政、郭晟豪：《国家治理现代化的能力结构与建设》，《前线》2014 年第 4 期。

③ 习近平：《切实把思想统一到党的十八届三中全会精神上来》，《人民日报》2014 年 1 月 1 日。

习近平总书记的重要讲话为新时代中国国家治理能力现代化指明了方向:一是国家治理现代化进程的不断推进是国家治理能力现代化的时代背景。在国家现代化过程中,实现国家治理的现代化转型和效能提升,是国家现代化的重要内容,也是坚持和发展中国特色社会主义的必然要求。二是不断提高党的执政水平和执政能力、国家机构的履职能力、人民群众管理社会公共事务的水平和能力等是国家治理能力现代化的基本内容。国家治理现代化要求实现传统国家治理向现代国家治理的转型,体现了对现代化过程中国家治理危机和困难的回应,也是国家治理价值理念不断校正,国家治理方式手段不断健全,国家治理效能不断提升的过程。三是实现党、国家、社会各项事务治理制度化、规范化、程序化,不断提高运用中国特色社会主义制度治理国家和社会方方面面事务的能力,提升治理效能是基本目的。这一过程中,既要破旧,也要立新。推进国家治理能力现代化,就是要按照现代化的要求,改革调整已经不能适应国家现代化的发展要求的制度体制机制法律法规、治理理念、治理方式等,创建新的制度体制机制法律法规、治理理念、治理方式等,实现党、国家、社会各项事务治理制度化、规范化、程序化,从而提升国家治理的实效。

### (二)国家治理能力现代化的主要特征

所谓国家治理能力现代化的特征,也就是国家治理能力现代化所应达至的规范性的目标。中共中央提出国家治理能力现代化的重大时代命题后,学界对于国家治理能力现代化的特征进行了广泛的探讨。有学者认为，国家治理现代化表现为制度化、公平化、有序化。①也有学者认为，国家治理现代化表现为法治化、文明化、科学化。②还有学者认为，国家治理现代化应包含五要素或者说标准，即治理制度化，要有完备的治理制度体系；治理民主化，治理过程要体现人民主体地位；治理法治化，宪法和法律要成为治理最高权威；治理高效化，治理决策要科学高效地执行；治理协调化，各治理层次要互相协调、互动共进。③综合这些代表性的观点，可以认为制度化、民主化、法治化、科学化、协同化、高效化是国家治理能力现代化的主要特征。

1. 制度化

治理国家，制度起根本性、全局性、长远性作用。"制度是国家治理主体实施治理行为的依据，是国家治理有效性的保证，是国家治理稳定性的前提，是国家治理科学性的基础。"④制度不仅为国家治理提供基本遵循和基础工具，还是国家治理能力的关键载体和核心构成。不以规矩，不成方圆。制度有着规范、制约、稳定与协调功能。从推动社会政治发展、维护社会政治稳定的角度来看，任何政治组织及其活动都应当建立在一定的制度之上的。在现代化转型过程中，一个治理的难题就是旧有的制度面临失效，而新的社会阶层、社会组织和利益团体不断出现，新的经济、社会现象和问题层出不穷，亟须新的

---

① 叶小文、张峰：《从现代国家治理的高度认识协商民主》，《中央社会主义学院学报》2014 年第 1 期。

② 何增科：《理解国家治理及其现代化》，《马克思主义与现实》2014 年第 1 期。

③ 徐勇：《热话题与冷思考——关于国家治理体系和治理能力现代化的对话》，《当代世界与社会主义》2014 年第 1 期。

④ 张军、胡柳娟：《提升国家治理能力视阈下的制度建设研究》，《青海师范大学学报》(哲学社会科学版)2016 年第 4 期。

制度规范以实现对国家的有效治理。

因此,“制度建设的质量是衡量和决定治理现代化的关键变量,现代国家制度是治理能力现代化的有效基石,对国家治理行为具有规范引导作用,具有决定性和长效性的影响”①。国家治理能力实质上就是国家运用制度进行有效治理的能力。国家治理体系和治理能力,是一个国家的制度和制度执行力的集中体现。因此,制度化是国家治理现代化的基本特征。但不可否认的是,由于诸多因素的影响,我国国家治理的制度化水平仍有较大提升的空间,一些制度梗阻、制度短缺等因素成为阻碍国家治理水平和能力提升的重要因素,亟须在推进国家治理现代化过程中得到解决。

2. 法治化

法治是国家治理的基本方式。所谓“法者,治之端也”②。人类社会的发展历程表明,依法治理是最可靠、最稳定的治理。法治水平直接影响着一个国家的治理水平,法治兴则国兴,法治强则国强。

改革开放后,中国共产党在十五大上将依法治国确定为党领导人民治国理政的基本方式。在中国特色社会主义新时代,中共中央提出全面依法治国的战略布局,推动依照宪法和法律开展治理活动,不断提升国家治理的法治化、规范化、程序化水平,对于坚持和完善中国特色社会主义制度、推进国家治理体系和治理能力现代化起到重要作用。习近平总书记指出,全面依法治国是国家治理领域一场广泛而深刻的革命。“可以说全面依法治国是社会主义法治建设的

① 李放:《现代国家制度建设:中国国家治理能力现代化的战略选择》,《新疆师范大学学报》2014 年第 4 期。

② 《荀子》,方勇、李波译注,中华书局 2011 年版。

'全面升级',不论在法治理念上还是在战略部署上,都是国家治理的一场深刻革命。"①

国家治理现代化的实现有赖于国家治理各领域、各环节的法治化。这首先体现为国家治理领域的一切法律法规从制定、实施、实现、再到调试等一系列运行过程的现代化。"具体来看,应包括现代化的法律意识和至高无上的法律权威,科学民主的法律法规制定,规范有效的法律法规实施,灵活创新的法律法规调适等方面。"②

3. 民主化

在现代民主政体中,国家的一切权力属于人民。国家治理也是民主治理。国家治理离不开人民的授权、参与和监督。民主化是国家治理现代化的本质要求和核心要义。中共十九届四中全会强调,"我国是工人阶级领导的、以工农联盟为基础的人民民主专政的社会主义国家,国家的一切权力属于人民。必须坚持人民主体地位,坚定不移走中国特色社会主义政治发展道路,健全民主制度,丰富民主形式,拓宽民主渠道,依法实行民主选举、民主协商、民主决策、民主管理、民主监督,使各方面制度和国家治理更好体现人民意志、保障人民权益、激发人民创造,确保人民依法通过各种途径和形式管理国家事务,管理经济文化事业,管理社会事务"③。国家治理能力现代化,要通过民主化可使各类治理主体更加广泛、有序地参与国家事务管理,体现人民当家作主的政治地位、提升人民的政治认同和参与国家

① 中共中央宣传部:《习近平新时代中国特色社会主义思想学习问答》,学习出版社、人民出版社 2021 年版,第 169 页。

② 丁志刚:《论国家治理能力及其现代化》,《上海行政学院学报》2015 年第 3 期。

③ 《中共中央关于坚持和完善中国特色社会主义制度　推进国家治理体系和治理能力现代化若干重大问题的决定》,《人民日报》2019 年 11 月 6 日。

治理的能力和水平,更加充分地实现不同社会群体的利益表达、更加有效地实现对国家治理过程和结果的民主监督。

因此,民主化首先意味着在治理理念上,国家治理要体现人民的主体地位,保障和实现广大人民的知情权、参与权和监督权;治理的价值追求要体现以人民为中心,服务于最广大人民根本利益的保障、维护和实现。其次,在治理方式上,通过健全民主制度、丰富民主实现形式,拓宽社会公众有序参与公共事务治理的渠道,使广大人民更加充分地参与政治生活。推进国家治理现代化的有效路径是决策民主化。[①]要坚持民主决策、开门决策,丰富民众利益表达、政治参与的渠道和平台,提升决策的科学化、民主化水平。尤其是注意做到"有事好商量、众人的事众人商量",在国家治理过程中充分运用协商、沟通、合作等手段方式,提升社会公众、社会组织等各类社会主体共同参与国家治理的广度、深度。最后,治理过程和结果要接受广泛的民主监督。要通过制度规定保障治理过程的公开、透明,接受人民群众的监督。

4. 科学化

国家治理能力现代化过程是对现代化过程中现实社会条件变化不断调适治理理念、功能、策略等的过程,也是一个不断认识规律、发现规律、运用规律的过程,即不断推进治理科学化的过程。这主要表现为治理理念和方式的科学化:一是国家治理理念方面要实现科学化,国家治理要坚持按规律办事,要遵循共产党执政规律、社会主义建设规律、人类社会发展规律等,不断将实践经验予以总结提炼使之

① 周光辉:《推进国家治理现代化的有效路径:决策民主化》,《理论探讨》2014 年第 5 期。

转化为推动国家治理的制度成果和科学指引。二是国家治理方式的科学化。国家治理要不断提升决策的科学化水平，运用现代科学技术，丰富治理手段，提升治理实效。

5. 协同化

协同化是推进国家治理能力现代化的必然要求，也是国家治理能力现代化的重要特征。国家治理能力现代化意味着对传统的治理弊端的改造和革新。传统的国家治理方式一大弊病就是条块分割严重，治理的碎片化问题突出，各部门、各系统区隔明显，难以形成治理的合力。而现代国家治理要求不同治理主体、不同系统、不同要素之间能够协同参与、互相影响、形成合力。从单一治理走向协同治理，从单项治理走向综合治理，从单向治理走向系统治理。在国家治理过程中通过顶层设计、系统规划，进一步明确不同主体的职责定位和职能分工，以实现协调关系、整合资源、凝聚共识、形成合力，提升治理的系统性、协同性、综合性，提升国家治理的总体效果。

6. 高效化

比较政治学的一个重要发现是国家的差异不是体现在政府形式上，而是体现在国家的治理效能上。避免无效、低效的治理，追求更高的治理效能是国家治理能力现代化所追求的重要目标之一。国家治理能力现代化追求决策的科学和执行的高效有力，以在现代化的过程中，更加有效地应对和解决层出不穷的社会问题，更加有效地推动经济社会发展，更加充分地保障和实现最广大人民的根本利益。因此，高效化是国家治理能力现代化的目标追求，也是实现国家治理能力现代化的重要特征。

## 二、参政党在提升国家治理能力现代化中的主要作用

国家治理能力的核心是治理主体依托中国特色社会主义制度治理公共事务的能力，提升国家治理能力关键要发挥好中国特色社会主义制度优势和制度效能。习近平总书记指出，“坚持和完善中国共产党领导的多党合作和政治协商制度，更好体现这项制度的效能，着力点在发挥好民主党派和无党派人士的积极作用”①。推进国家治理现代化是个系统工程，参政党在这一过程中对于丰富治理主体、把脉治理客体、完善治理过程、创新治理方式，都发挥着重要作用，对于提升国家治理的民主化、科学化、协同化、高效化等有着重要意义。

### （一）丰富治理主体，助力形成协同治理新格局

习近平总书记指出，“民主不是装饰品，不是用来做摆设的，而是要用来解决人民要解决的问题的。中国共产党的一切执政活动，中华人民共和国的一切治理活动，都要尊重人民主体地位，尊重人民首创精神，拜人民为师，把政治智慧的增长、治国理政本领的增强深深扎根于人民的创造性实践之中，使各方面提出的真知灼见都能运用于治国理政”②。这一重要论述至少包含两层重要意思：一是国家治

① 习近平：巩固和发展最广泛的爱国统一战线，http://www.xinhuanet.com/politics/2015-05/20/c_1115351358.htm。

② 习近平：《在庆祝中国人民政治协商会议成立65周年大会上的讲话》，转引自《习近平谈治国理政》第2卷，外文出版社2017年版，第296页。

理要尊重人民主体地位,在治理过程中扩大民众参与、汇聚民众智慧;二是国家治理要服务人民利益,解决人民的实际问题。民主党派是中国特色社会主义参政党,人才荟萃、智力密集是民主党派的鲜明特色。民主党派参与国家治理,为满足有关界别群众的利益表达、政治参与的需求,为维护、保障和实现有关界别群众的权利和利益,提供了重要途径。通过民主党派的参政议政等基本职能的履行,不仅能够将民主党派所联系的群众的意见建议反映到政治体系中去,而且通过党派组织的政治吸纳、社会整合等团结凝聚党派所联系的广大群众,助力形成协同治理的新格局。

1. 参政党是国家治理的重要主体之一

多元主体的参与是国家治理现代化的题中应有之义。参政党是国家治理的重要主体之一。民主党派是除执政党中国共产党以外的八个参政党的统称。具体而言,分别是中国国民党革命委员会(简称"民革")、中国民主同盟(简称"民盟")、中国民主建国会(简称"民建")、中国民主促进会(简称"民进")、中国农工民主党(简称"农工党")、中国致公党(简称"致公党")、九三学社(简称"九三学社")、台湾民主自治同盟(简称"台盟")。①

"民主党派是接受中国共产党领导、同中国共产党通力合作的亲密友党,是中国共产党的好参谋、好帮手、好同事,是中国特色社会主义参政党。"②具体而言:第一,在政治方向上,民主党派是始终坚持中国共产党领导、坚持中国特色社会主义道路、理论体系和制度的政

① 参见团结报团结网:请远离,民主党派的"假称谓"!(2021)更新版,转引自中央统战部网站:http://www.zytzb.gov.cn/tzwx/352540.jhtml。

② 《中国共产党统一战线工作条例》,《人民日报》2021年1月6日。

党，坚持和发展中国特色社会主义是民主党派的政治基础和开展活动的前提。第二，在地位作用上，民主党派是始终致力于中国特色社会主义事业的参政党，是中国共产党的好参谋、好帮手、好同事，是中国特色社会主义事业的亲历者、实践者、维护者、捍卫者，而不是旁观者，更不是反对者。第三，在政党关系上，民主党派是始终与中国共产党风雨同舟、通力合作的友党。中国共产党同民主党派“长期共存、互相监督、肝胆相照、荣辱与共”，相互之间有着广泛的协商、亲密的合作。第四，在基本属性上，民主党派是始终体现进步性与广泛性相统一的参政党。从形成过程、社会基础、作用发挥等方面来看，民主党派始终体现了进步性与广泛性相统一，并使其成为中国特色社会主义事业中须臾不可或缺的参政党。

依照有关制度规定，民主党派有参政议政、民主监督、参加中国共产党领导的政治协商等三大基本职能。民主党派参政的主要内容是：参加国家政权，参与重要方针政策、重要领导人选的协商，参与国家事务的管理，参与国家方针政策、法律法规的制定和执行。民主党派的民主监督是指在坚持四项基本原则的基础上，在政治协商、调研考察，参与党和国家有关重大方针政策、决策部署执行和实施情况的监督检查，受党委委托就有关重大问题进行专项监督等工作中，通过提出意见、批评、建议等方式对中国共产党进行的政治监督。参加中国共产党领导的政治协商，即各民主党派在中国共产党领导下，与中国共产党一道围绕国家重大方针政策和重要事务等进行政治协商。

民主党派的政治地位和主要职能使之成为国家治理的当然主体之一，也成为中国共产党领导人民推进国家治理现代化过程中值得信赖和倚重的重要伙伴。

2. 参政党参与国家治理助力形成协同治理新格局

国家治理现代化强调公共事务公共治理，也即在公共事务治理过程中，政府、政党、社会组织、公民个体等利益相关者共同参与、协同行动，从而实现国家与社会良性互动、协同治理的“善治”状态。因此，参政党依托新型政党制度提供的制度化参与机制，实现公共治理主体之间责任共担、利益共享、行动协同，这是国家治理现代化的题中应有之义。

中国共产党同各民主党派、无党派人士在国家政权中团结合作，支持他们发挥作用，推动国家政权建设。民主党派成员和无党派人士在各级人民代表大会和人民政协均占有一定数量，在各级政府和司法机关中担任领导职务，积极参与国家重大决策、制定法律、有序开展监督，发挥了重要作用。参政党在中国共产党领导下参与国家治理，共同致力于中国特色社会主义事业的发展。

在参与治理的过程中，各民主党派代表和反映自己所联系那部分群体的具体利益。在重大方针、政策的制定过程中，中国共产党从全局和整体的角度表达意见，各民主党派则反映各自所了解的部分和局部的情况，在意见充分表达的基础上开展广泛协商后做出决策。从而既发扬了民主，又实现了集中；既尊重了多数，又照顾了少数。从而在国家治理过程中实现人民群众的长远利益、根本利益、共同利益与社会不同群体的眼前利益、具体利益、特殊利益的有机统一。

民主党派在国家治理过程中协助推动各级党委、政府、党派组织甚至统战团体等的政治资源、政策资源、行政资源、组织资源等优势互补，体制内资源和体制外资源的良性互动，促进资源共享、推动互融共进，较好地实现政党、政府与社会之间的有效沟通和整合。因此，民主党派在国家治理过程中发挥主体作用，以及在履行职能中发挥各自界别特色和桥梁纽带作用，不断加强对所联系群体的思想引导、政策阐述，有利于凝聚人心、协调关系、形成共识，推动协同治理格局的形成，在中国共产党的领导下团结动员广大党派成员和所联系的群众，共同把中国的事情办好。

### （二）把脉治理客体，提升国家治理的科学化水平

国家治理能力“包含了与整个国家以及公民利益密切相关的所有公共事务和公共事务治理过程，不仅包括对政治、军事、文化、经济、社会等的治理能力，而且包括公共产品生产与供给、社会资源协调与分配、公共政策的制定和实施、社会认同的维系、国家安全的维护以及国家关系的维持等所有治理过程的能力”①。在国家治理现代化的进程中，面对复杂多样的公共事务、层出不穷的治理难题，需要治理主体及时、全面了解实际情况，有针对性地提出治理的对策建议。这就需要治理主体掌握和了解社会各领域、各方面的实际情况和发展动态，及时、科学地进行研判并形成科学认识。参政党以高中级知识分子为主体，八个民主党派各有界别特色，成员广泛分布在各行各业和各个领域，汇集着大量专家学者，人才荟萃、智力密集。这是民主党派为推进国家治理现代化服务的重要优势所在。参政党围绕社会决策、社会问题等治理客体等深入调查研究、进行严密论证，对于提升决策的科学性、有效性有着重要作用。

---

① 郑言、李猛：《推进国家治理体系和治理能力现代化过程》，《吉林大学社会科学学报》2014 年第 3 期。

1. 参政党发挥特色优势积极履职尽责

民革在社会、法制、祖统、三农等方面有着界别特色。民革根据国家发展需要，发挥自身界别特色、人才优势，在这些领域积极参政履职。近年来，围绕全面推进依法治国，民革就“完善法治建设，优化营商环境”“深化司法体制改革”“推动行政审批制度改革”“完善检察机关提起公益诉讼制度”“志愿服务法制化建设”等课题深入调查研究，通过高层协商、书面建议、政协会议发言和集体提案等多种形式提出意见建议，其中一些建议得到中共中央领导人的充分肯定。①民盟发挥在文化教育领域智力密集、人才荟萃的优势，围绕高等教育改革、职业教育发展、经济结构战略性调整、创新型国家建设、保障与改善民生等问题深入调查研究、积极参政履职。民建主要以经济界组成，积极发挥密切联系经济界别的独特优势，围绕供给侧结构性改革、国家经济金融安全与稳定、促进民营经济和中小微企业发展问题积极发声出力。民进的界别优势是在教育领域，民进组织会员聚焦教育领域，发挥自身的界别优势，在主要界别领域发出强有力的声音。农工党以医药卫生、人口资源、生态环境领域为界别特色，针对医疗卫生体制、社会保障体制改革等提出真知灼见，围绕建设美丽中国就生态环境保护领域一些重大政策、体制机制中的复杂性问题，发挥农工党界别人才优势，开展重点调研，提出意见建议。致公党以“侨”“海”为特色，围绕科技创新高质量发展、新时代的人才工作、国际国内双循环等主题献计出力。九三学社以科技界为主体界别，围绕科技体制改革、建立创新型国家、三江源生态保护等提出大量建

① 民革主席万鄂湘：继续发挥在社会、法制领域参政议政优势，https://www.chinanews.com/gn/2019/09-30/8969620.shtml。

议。台盟以台湾地区人士为主体，关注祖国统一大业，围绕增进两岸同胞的了解与互信，促进两岸经贸、文化、教育等领域交流往来积极贡献力量。①

2. 民主党派积极参与公共事务治理

各民主党派积极参与国家方针政策的制定和实施，就国家政治、经济、社会生活中的全局性、战略性、前瞻性重大问题开展考察调研，提出意见建议。民主党派参政履职过程中，涌现了很多推动国家治理的鲜活案例。如各民主党派先后就三峡工程、耕地保护、两岸"三通"、西部大开发、中部崛起、东北地区等老工业基地振兴、建设社会主义新农村、青藏铁路沿线发展、国家级综合配套改革试验区、实施可持续发展战略、制定和实施五年规划等问题深入调查研究，向中共中央、国务院提出意见建议，受到高度重视，许多意见和建议被采纳。②中共十八大以来至 2019 年 6 月，各民主党派中央向中共中央、国务院领导同志报送书面意见建议共 647 件，其中 527 件得到中央领导同志重要批示，为中共中央科学决策、民主决策提供了重要参考。③近年来，民主党派提出的推进雾霾治理、加快推进平潭综合试验区建设、科学设定"十三五"期间 GDP 增速、全面放开二孩政策等建议都转化为党和国家重大决策。④

---

① 习近平：毛泽东历史周期律谈话仍是警示，http://news.12371.cn/2012/12/27/ARTI1356570728767955.shtml?from=groupmessage。

② 《中国的政党制度》白皮书发布全文，http://www.chinanews.com/gn/news/2007/11-15/1078150.shtml。

③ 李晗雪：《习近平寄望中国新型政党制度新作为》，https://www.chinanews.com/gn/2019/09-26/8966638.shtml。

④ 刘维涛：《权威访谈：坚持和完善中国特色社会主义政党制度》，http://cpc.people.com.cn/n1/2019/1223/c430519-31517450.html。

各民主党派也积极围绕地方经济社会发展问题开展调查研究、提出意见建议。湖南省等地创新性探索出“中共党委出题、民主党派调研、政府采纳、部门落实”的方式①，充分发挥民主党派参与治理的作用，及时将民主党派的有益意见建议转化为治理举措。此外，各民主党派充分发挥联系广泛的作用，在利益表达、政治参与等过程中既反映群众的利益意愿和诉求，也为党委、政府做出科学决策提供参考，对于凝聚共识、协调关系、化解矛盾、维护稳定起到重要作用。

在 2021 年与党外人士共迎新春时，习近平总书记对党派的贡献予以充分的肯定，他指出，“一年来，各民主党派、工商联和无党派人士响应中共中央号召，聚焦党和国家中心工作履职尽责，适应新形势新任务要求全面加强自身建设，取得新的成绩。在抗击疫情的非常时刻，各民主党派、工商联和无党派人士坚定不移同中国共产党想在一起、站在一起、干在一起，同舟共济、肝胆相照，为打赢疫情防控阻击战出主意、想办法，为中共中央科学决策、民主决策提供了重要参考”②。

### （三）完善治理过程，提升国家治理的民主化水平

参政党参与国家治理涉及决策、执行、监督、问责等全过程。“从国家治理角度看，多党合作治国体现在多党在‘治理决策的协商—治理施策的监督—治理绩效的评估’等多个环节。”③参政党也通过制度

① 刘敏捷：《为新型政党制度发展探索湖南经验》，http://www.xiangshengbao.com/nd.jsp?id=3939。

② 习近平同党外人士共迎新春，http://cpc.people.com.cn/n1/2017/0123/c64094-29042601.html。

③ 任世红：《国家治理视角下新型政党制度的效能优化》，《中央社会主义学院学报》2019 年第 5 期。

化的参政议政、决策前和决策执行中的广泛协商、贯穿全过程的民主监督等助力国家治理民主化、法治化、科学化水平等的提升。

1. 扩大有序政治参与，提升国家治理民主化水平

在现代民主政体中，国家的一切权力属于人民。要体现人民当家作主的民主政治要义，就离不开畅通人民参与政治的渠道，实现人民政治参与的权利，体现人民群众在国家事务管理中的地位和作用。因此，政治参与是民主政治的核心要件，对于民主政治的建立、巩固、发展有着极其重要的意义。实现人民群众对政治生活更为广泛的参与是现代民主政治建设的内在要求，政治参与的广度、深度、效度在某种程度上直接反映着民主政治建设的情况，体现着国家治理的民主化水平。

各民主党派所具有的参政党地位和制度化的参政议政方式，使之在参与国家治理过程中具有吸收和同化社会各方面广泛参与政治的能力。这不仅为社会不同阶层、不同群体乃至个体的政治参与提供制度化、组织化的渠道和途径，也保证不同阶层、群体的政治参与在总体上呈现出制度化、规范化的特征。

具体而言：一方面各民主党派都是合法、能够公开活动的政党，能够帮助吸纳中国社会转型过程中不断涌现的新兴社会力量进入中国特色社会主义新型政党制度等已有的体制内渠道，缓解社会转型过程中的政治参与压力，提升政治参与的制度化、规范化水平；另一方面，民主党派的参政地位有利于实现现代政治体系政策选择与决策的互动，使政策的出台反映社会的要求，从根本上保证政治稳定和社会秩序的有序性。各民主党派等多元主体的合作和参与，能够将不同党派所联系的那部分群体的利益意愿和诉求通过多党合作的渠

道得到表达，影响执政党和政府的决策，推动决策的科学化、民主化，更加充分地体现人民当家作主的社会主义民主政治的本质特征。

2. 发挥政治协商作用，助力科学民主决策

中国共产党就国家重大方针政策和重要事务，在决策前和决策执行过程中与各民主党派、无党派人士进行协商，是实行科学决策、民主决策、提升党的执政能力的重要制度安排。目前，政治协商以中国共产党同各民主党派的协商、中国共产党在人民政协同各民主党派和各界人士的协商为两种重要形式。同时，在中国共产党的领导和支持下，民主党派和无党派人士参与人大协商、政府协商以及其他方面的协商也在不断丰富和发展。

总的来看，政治协商在运行中呈现出以下特点：一是协商内容的政治性。民主党派、无党派人士在中国共产党领导下围绕国家、地区发展的重大问题展开广泛协商。二是协商形式的民主性。协商通常以会议等形式进行，在协商过程中，民主党派、无党派人士可以畅所欲言，充分发表意见。三是协商程序的规范性。依据中共中央办公厅印发的《关于加强政党协商的实施意见》等，政治协商从协商议题的提出，到协商形式的确定，再到协商成果的转化等都有着相应的规范。四是协商深度嵌入国家治理过程。政治协商被纳入决策程序，协商在重大决策前和决策执行中广泛开展，使得协商深度嵌入了国家治理过程。

以中国共产党同各民主党派的协商为例。中国共产党同各民主党派的协商也被称作政党协商。根据 2015 年中共中央办公厅印发的《关于加强政党协商的实施意见》①，从中央层面来看，中共中央同民主

① 中办印发《关于加强政党协商的实施意见》，《人民日报》2015 年 12 月 11 日。

党派中央开展政党协商的主要内容包括:中共全国代表大会、中共中央委员会的有关重要文件;宪法的修改建议,有关重要法律的制定、修改建议;国家领导人建议人选;国民经济和社会发展的中长期规划以及年度经济社会发展情况;关系改革发展稳定等重要问题;统一战线和多党合作的重大问题;其他需要协商的重要问题。可见协商的内容是国家治理涉及的重大问题,协商深度嵌入了国家治理的过程。

3. 开展民主监督,规范国家治理行为

人民当家作主是社会主义民主政治的本质特征。“在人民当家作主的社会主义国家,民主和监督是相辅相成、辩证统一的。没有民主,就没有真正的监督,没有监督,也不可能有真正的民主。”①民主政治的有效运行,公权力的规范和公民权利的保障都离不开有效地监督。

参政党不仅通过参政议政和参加中国共产党领导的政治协商实现对治理过程的参与,提升治理的实效,还通过民主监督实现对治理过程的把关,防止公共政策向强势利益集团倾斜或忽视弱势群体的利益,为社会公共利益的实现起到警示和纠偏的作用。

《中国的政党制度》白皮书指出:“中国共产党与各民主党派互相监督,有利于强化体制内的监督功能。各民主党派反映和代表各自所联系群众的具体利益和要求,能够反映社会上多方面的意见建议,能够提供一种中国共产党自身监督之外更多方面的监督,有利于执政党决策的科学化、民主化,更加自觉地抵制和克服官僚主义和各种消极腐败现象,加强和改进执政党的工作。”②

① 李铁映:《论民主》,中国社会科学出版社2001年版,第202页。

② 《中国的政党制度》白皮书发布全文,http://www.chinanews.com/gn/news/2007/11-15/1078146.shtml。

《中国共产党统一战线工作条例》规定："中国共产党和各民主党派实行互相监督。中国共产党处于领导和执政地位，自觉接受民主党派的监督。支持民主党派和无党派人士在坚持四项基本原则的基础上，在政治协商、调研考察，参与党和国家有关重大方针政策、决策部署执行和实施情况的监督检查，受党委委托就有关重大问题进行专项监督等工作中，通过提出意见、批评、建议等方式对中国共产党进行的政治监督。"①

这表明：一是民主党派的民主监督是在坚持四项基本原则的基础上进行的政党之间的监督，其目的是更好地致力于共同事业。这与西方政党制度中反对党和在野党以执政党为对立面搞权力制衡有着本质的区别。二是民主党派的民主监督是政党之间的政治监督。监督的主要内容是党和国家的重大方针政策和重大问题，具有高层次性等特点。三是民主党派的民主监督是通过提出意见、批评、建议的方式进行，不同于国家权力机关的监督和行政、司法监督，不具备国家权力性质和法律约束力，同时又具有自己的独特优势和作用，和国家权力机关的监督以及其他监督相互配合，相互补充，共同构成我国的社会主义监督体系，共同规范国家治理行为。

### （四）创新治理方式，提升国家治理实效

国家治理能力现代化也意味着国家治理本领、手段、方式、路径必须符合历史发展的现代规律和社会演进的时代潮流。参政党作为重要的治理主体和治理现代化的推动力量，通过参政履职、社会服务

① 《中国共产党统一战线工作条例》，《人民日报》2021年1月6日。

等方式,助力国家治理实效的提升。

1. 以协商治理助力国家治理实践创新

协商民主也是一种有效的国家治理方式。中共十八届三中全会决定中指出:“推进协商民主广泛多层制度化发展”。这里,“广泛”就是协商内容和参与范围的民主要求,“多层”就是协商层级和形式多样化;“制度化”就是协商常态运作的制度化。此后,协商民主成为国家治理和社会生活的政治常态,协商治理成为提升国家治理效能的重要途径。协商治理能够培养出健康民主所必需的公民美德,促进社会成员的包容、节制、责任感等美德的养成,增进社会成员之间的相互尊重、理解、信任。习近平总书记强调:“在人民内部各方面广泛商量的过程,就是发扬民主、集思广益的过程,就是科学决策、民主决策的过程,就是实现人民当家作主的过程。这样做起来,国家治理和社会治理才能具有深厚基础,也才能凝聚起强大力量。”①“我们坚持有事多商量,遇事多商量,做事多商量,商量的越多越深入越好,就是要通过商量出办法、出共识、出感情、出团结。”②

参政党积极参与广泛多层制度化的协商民主实践,通过对话协商,有效地发挥了柔性治理的作用。参政党参与协商,既有层次较高的政治协商,也通过参与“民主听证会”“党群议事会”“居民议事会”“区域协商议事会”“区域性劳资协商会议”“行业协商制度”等多种基层协商型民主治理方式,为基层治理创新提供重要支撑。例如,一些地方党委与政府部门开展了各种形式的包含参政党成员参与的协商

① 习近平:《在庆祝中国人民政治协商会议成立65周年大会上的讲话》,转引自《习近平谈治国理政》第2卷,外文出版社2017年版,第293页。

② 《习近平:运用法治思维和法治方式推进改革》,《人民日报》2014年10月28日。

对话联席会议，搭建各种形式、不同层级的协商对话平台，构建了协商议事会和网络协商对话机制等。一些党派组织通过相关平台深度参与社会治理，与党群组织和其他丰富多样的自组织一起，调动政治资源、组织资源和社会资源，丰富社会治理形式，解决社会治理难题，推动和谐社区建设。参政党联系广泛、身份超脱，接地气、亲民情，能够通过民意吸纳有效地化解社会治理过程中可能出现的各种偏激、感性、带有一定极化倾向的民意，有效地做到问情于民、问需于民和问计于民。这些协商治理很好地做到了协调具体的利益关系，尽可能达成广泛的社会共识，有效消弭社会冲突和对抗情绪，对于提升治理实效起到一定的促进作用。

2. 以社会整合营造国家治理的稳定环境

实现有效国家治理的目标和前提之一是保障国家安全和社会稳定。而在传统社会向现代社会转化的过程中，由于社会群体分化加剧，旧的制度规范、价值体系逐渐失效，新的制度规范、价值体系尚未成熟定型，因此，利益分化、价值冲突、信仰迷失、行为失范就成为转型社会的重要特征。处在现代化过程中的中国，一方面，全球化和信息化、网络化的技术革命极大地加深了外部环境对中国的影响，世界范围的突发事件和难以预测的因素都可能带来各种风险挑战；另一方面，改革开放发生的深刻变化以及全面深化改革触及的利益调整，使国内社会和谐面临重重压力，各种矛盾错综复杂。这是国家治理现代化面对的严峻情势。

参政党能够协调利益关系，凝聚社会共识，服务党的中心工作和国家建设大局，对于现代化过程中保持社会政治稳定具有举足轻重的地位。通过参政党组织向自己所联系的社会群众传达中国共产党的路线方针政策、赢取民众的支持和认同，实现意识形态整合；通过参政党组织吸纳，提供合法的、制度化的利益表达和政治参与渠道实现政治资源整合；通过利益表达、协调不同群体的利益关系、维护所联系的群体的合法权益实现利益关系整合。

以意识形态整合为例，坚持以马克思列宁主义、毛泽东思想、邓小平理论、“三个代表”重要思想、科学发展观、习近平新时代中国特色社会主义思想为指导，坚持四项基本原则，是各民主党派在长期的多党合作实践中形成并坚守的政治共识和行为准则。这就为参政党所联系的社会群众提供了具有主导地位的主流意识形态，有利于促进社会共识的形成。因此，也正是在这个意义上，习近平总书记在2021年与党外人士共迎新春时希望各民主党派、工商联和无党派人士，要协助政府做好凝聚共识等工作，“要不断提高政治判断力、政治领悟力、政治执行力，引导广大成员和所联系的群众不断增进对中国共产党领导和中国特色社会主义的政治认同、思想认同、理论认同、情感认同，始终保持同中国共产党同心同德、团结奋斗的政治本色”。①

3. 以提供社会服务助力国家治理效能升级

1989年印发的《中共中央关于坚持和完善中国共产党领导的多党合作和政治协商制度的意见》明确提出：“民主党派开展经济、科技、教育、法律、医卫、文化等咨询及社会服务工作，要以服务为宗旨，注重社会效益。政府有关部门要创造必要的条件，积极支持民主党派为社会主义现代化建设和统一祖国事业多做贡献。”②各民

① 《习近平同党外人士共迎新春》，《人民日报》2021年2月2日。

② 《中共中央关于坚持和完善中国共产党领导的多党合作和政治协商制度的意见》。

主党派在中央和地方各级组织设立社会服务部(处),主抓社会服务工作,结合自身优势大力推动和实施智力支边、光彩事业和"温暖工程"等活动,开展职业培训、兴教办学、捐资救灾、扶危济困等公益事业。

民革发挥自身优势,建立健全全国法律援助组织体系,为困难群众提供诉讼方面的法律援助。仅 2014 年至 2017 年间,民革各级组织就累计实施法律援助 1.3 万例,开展法律咨询和普法活动 1.3 万次,11.5 万人次受益。①这些工作对于化解社会矛盾、助力社会和谐起到了积极作用。民盟从 2007 年开启"农村教育烛光行动",关注农村教师成长和生活改善,助力乡村教育发展。②民盟还不断丰富社会服务品牌,打造了"黄丝带帮教行动""明眸工程"等有知名度、有影响力的品牌项目。③民建发挥自身联系经济界别的优势,民建中央自 2008 年起举办了 16 届非公有制经济发展论坛,帮助非公有制企业与地方经济社会融合发展。④民进发挥教育界别优势,民进中央和各级组织,持续举办教师培训班、支教助学等活动⑤,为贫困地区引入先进教学理念和优质教育资源。⑥农工党结合界别特色和自身优势,在医疗卫生、健康养老、保健养生等方面积极作为,积极参与国家大气污染防治行动计划,清洁水行动计划,土壤污染防治行动计划和海洋环境保护工

① 栾絮洁、张雯宁:《助力脱贫攻坚　服务社会发展——5 年来民革社会服务工作综述》,http://www.minge.gov.cn/n1/2017/1219/c415747-29716327.html。

② 烛光行动简介,参见民盟中央网站,https://www.mmzy.org.cn/zgxd/summary.aspx。

③ 2019 年民盟社会服务工作座谈会在重庆召开,https://www.cqtzb.gov.cn/portal/article/index/id/22236/cid/29.html。

④⑥ 胡珉瑞:《为经济社会发展提供强大助推——各民主党派深化社会服务纪实》,http://www.minge.gov.cn/n1/2018/1213/c415139-30465125.html。

⑤ 民进全国社会服务工作会议进行大会交流,https://www.mj.org.cn/news/content/2015-06/04/content_184460.html。

作,获得广泛赞誉。2003 年以来,致公党中央逐步建立起包含“致福·侨海报国”“致福·支边扶贫”“致福·科技扶贫”等在内的“致福工程”综合性社会服务品牌。①九三学社 1986 年开启“九地合作”模式,已有 21 个社省级组织与 50 多个地方政府开展“九地合作”,取得积极成效。②台盟近年来打造“两岸同心”品牌,在各地开展助学、义诊等活动。③

经过改革开放以来的实践,民主党派社会服务工作已经涵盖经济社会发展方方面面,产生了良好的经济效益和社会效益。

当然,在中国共产党的领导和支持下,参政党参与国家治理的实践形式是丰富多样的。如中共十八大以来,中共中央支持民主党派创新民主监督的形式,推出专项民主监督。从 2016 年开始,各民主党派中央分别对口广西等 8 个贫困人口多、贫困发生率高的中西部省区,围绕贫困人口精准识别、贫困人口精准脱贫、贫困县摘帽、落实脱贫攻坚责任制、重大政策措施执行、扶贫资金项目管理使用等开展脱贫攻坚专项民主监督。3 年多来,各民主党派中央深入 8 省区 1 200 余个乡村,开展座谈、协商、沟通近 400 场次,涉及近 240 多个县,提出意见建议近 1 500 条④,为打赢脱贫攻坚战作出积极贡献。

这些参政党参与国家治理形式的拓展和创新,不仅丰富了国家治理手段和方式,也大大提升了国家治理的效能。

---

① 汪俞佳:《尽心尽力为群众排忧解难——致公党中央社会服务工作纪实》,http://cpc.people.com.cn/n/2013/0523/c64107-21585559-3.html。

② 戴红:《九三学社为社会服务的故事》,《光明日报》2013 年 12 月 6 日。

③ 胡珉瑞:《为经济社会发展提供强大助推——各民主党派深化社会服务纪实》,http://www.minge.gov.cn/n1/2018/1213/c415139-30465125.html。

④ 李晗雪:《习近平寄望中国新型政党制度新作为》,https://www.chinanews.com/gn/2019/09-26/8966638.shtml。

## 三、国家治理能力现代化视域中参政党作用发挥存在的问题及其对策建议

参政党组织是国家治理现代化的重要主体和推动力量。改革开放以来,尤其是中共十八大以来,参政党越来越广泛地参与国家治理过程中。但参政党在推进国家治理能力现代化过程中积极作用的发挥,受到体制机制等外部一些客观因素影响,其自身建设水平和成员的能力素质等仍存在与国家治理现代化的时代要求不相适应的地方。因此,在中国特色社会主义新时代,适应国家治理现代化的要求,加强参政党自身建设,完善参政党在国家治理中发挥积极作用的体制机制,为参政党发挥积极作用营造更好的环境,就显得十分紧要。

### (一)国家治理能力现代化视域中参政党作用发挥存在的问题

参政党参与推动国家治理现代化进程,是在中国特色社会主义新型政党制度框架下展开的,因此,借鉴新制度主义政治学的视角,结合相关调研访谈所得来看,国家治理能力现代化视域中参政党作用发挥存在的问题主要体现在体制机制层面、运行环境层面、主体自身层面。

1. 参政党在国家治理现代化中发挥积极作用存在一定的制度供给不足

推进国家治理现代化除了发挥党的领导和政府主体的主导性作

用外,还必须吸纳包括民主党派在内的多元社会力量的参与。在推动国家治理能力现代化过程中充分发挥参政党的积极作用,离不开体制机制的保障。如何规范各民主党派在国家治理中的角色,如何发挥各民主党参政履职在国家治理能力中的作用,是健全和完善新型政党制度的重要方面。但就目前来看,相关制度供给仍然不足,参政党参与国家治理的制度平台有待进一步健全和完善。这突出体现在两个方面:一是扩大和规范参政党参与国家治理的相关体制机制的有效供给不足。二是参政党参与国家治理相关配套体制机制的有待进一步完善。

检视参政党参与国家治理的现状,参政党在国家治理中发挥作用在党的方针政策和有关文件方面得到原则性的体现,宏观的制度框架早已建立,但在一些制度细节上、具体操作程序上存在不少需要完善的地方。例如,国家治理涉及广泛的公共事务,除常规的参与渠道之外,是否还能够随着国家治理现代化的推进,适时建立吸纳更广泛党派成员日常参与治理的体制机制;再如参政党参与国家治理离不开知情明政的渠道、深入的调查研究、及时有效的信息报送与反馈等,这就需要建立健全一整套从知情、调研、沟通到反馈的工作程序。缺少相关体制机制支撑的情况下参与治理,在工作中表现为,民主党派对政治生活中的重大问题缺少充分和顺畅的知情明政、深入调研的渠道。地方党政部门对民主党派较多的是通报情况,民主党派对治理客体的深层次情况不了解,参与治理也就难以做到有的放矢。

同时,参政党及其成员在国家治理过程中发挥积极作用离不开相关配套的体制机制,如一个开放民主的公共决策体制、健全有效的党派干部人才培养机制等。目前,随着中国特色社会主义民主化进程的推进,公共决策的开放程度日益提高。以政府为代表的公共权力部门更加广泛地与社会公众开展互动交流,围绕公共事务开展广泛的协商对话。但是,与社会广泛的参与需求相比,公共决策体制的开放性、民主性还有进一步提升的空间。另外,参政党在参与国家治理的人才培养机制上也存在一定的短板和不足。如何真正做到将一部分优秀的人才有意识地留在党外,如何让党外具有较强参与治理能力的人才脱颖而出并被培养、选拔、输送到党派组织中,也成为亟待解决的问题。

2. 参政党在国家治理现代化中发挥积极作用的良好环境有待进一步营造

参政党在国家治理现代化中发挥积极作用离不开党委和政府等的大力支持,但从相关调研和实践情况来看,一定程度上存在部分党政干部对民主党派参与治理的必要性、重要性认识不到位,重视程度不够的问题。

部分中国共产党的基层领导干部,没有从走好中国特色社会主义政治发展道路的战略高度,充分认识民主党派参与国家治理的必要性、重要性,仍然程度不同地存在着一些模糊乃至不正确的认识。

如个别基层领导干部对于安排民主党派干部担任政府部门实职存在一定的抵触情绪,难以虚心听取民主党派的意见建议或对于民主党派的意见建议敷衍应付,对民主党派的调研活动不够支持等。

中国共产党作为执政党,个别基层领导干部认识上的偏差,使民主党派广泛、深度地参与治理存在一定的困难。参与机会相对不足、渠道不够通畅,是影响和制约民主党派在国家治理中发挥积极作用的突出因素之一。

3. 参政党自身建设有待进一步加强

参政党自身建设的水平直接影响参政党在国家治理中的作用发挥。

从总体上来看,中国特色社会主义进入新时代,在推进国家治理现代化进程中,世情、国情、党情的深刻变化,深刻影响着参政党建设的目标、主题、内容、方式和方法等,对中国特色社会主义参政党加强思想政治建设、组织建设、履职能力建设、作风建设、制度建设等提供了新的机遇,也提出了新的要求和挑战。

中国特色社会主义参政党建设过程某种意义上来说也是把握时代机遇、体现时代要求、回应时代挑战的过程。改革开放以来,参政党建设积累了许多经验,取得了巨大的成绩。但需要注意的是,新时代中国特色社会主义参政党建设仍不够全面、系统、科学,还存在与时代要求不相适应、把握时代机遇不够主动积极、回应时代挑战不够快捷有力的地方。这突出地体现在参政党的政治意识和政党意识尚需加强、领导班子和后备干部队伍建设尚显薄弱、参政党建设制度化水平有待提高、参政履职能力短板明显等方面。

参政党成员的意识、能力和素质对于治理的质量有着直接的影响。个别党派成员缺乏参与国家治理的主体意识,认为国家治理由党政部门负责,与自身关系不大。

一些党派成员认为参与国家治理过程中自身能够发挥作用的空间并不大。一些党派成员对于有哪些参与治理的渠道和平台不够了解。因此,部分党派成员缺乏主动参与、积极参与的意识。以参政议政工作为例,提交社情民意信息等参政议政成果是党派成员参与国家治理的重要形式之一,从相关调研来看,常年积极参与报送社情民意等参政议政成果的党派成员并未占多数。

治理离不开参政党为代表的多元主体之间的理性探讨、沟通协调、妥协包容。与之相对应,参政党成员是否有理性包容的精神、协商合作的意识,是否具备政治把握能力、参政议政能力、组织领导能力、合作共事能力、解决自身问题的能力等,直接影响着参与治理的实效。

另外,在参与治理过程中,必然要对党委与政府的工作提出建设性的意见建议,而民主党派成员较为缺乏政府部门相关岗位的历练,如何使得相关意见建议具有创新性、针对性、可行性是较大的考验。不正确、模糊的认识以及相关能力素质存在一定的短板,导致一些党派成员对参与国家治理有畏难情绪,在参与国家治理过程中缺乏创新动力,影响着参与国家治理的广度、深度和效度。

### (二) 进一步发挥参政党助推国家治理能力现代化作用的意见建议

进一步发挥参政党助推国家治理能力现代化的积极作用,需针对影响参政党积极作用发挥的相关短板与问题,从完善体制机制建设、营造良好环境、加强自身建设等方面着力。

#### 1. 进一步健全和完善参政党在国家治理中发挥作用的体制机制

制度管长远、管根本,要进一步发挥参政党助推国家治理能力现代化的积极作用,需要进一步提升参政党参与国家治理的制度化、规范化、程序化水平,夯实参政党在国家治理中发挥积极作用的制度保障。具体而言,应加强以下几个方面的工作:

一是制度方面,强化参政党参与国家治理的实体制度、程序制度。要通过制度安排进一步细化参政党在国家和地方治理中的角色和作用。从制度上克服参政党参与国家治理的随意性。为提高参政党参与国家治理的质量与效能,使参政党参与国家治理积极作用更加充分地发挥出来,必须使参政党参与国家治理工作走上更加制度化、程序化与规范化的轨道,这一方面有赖于中国共产党的支持和相关政策完善,围绕参政议政、民主监督、参加中国共产党领导的政治协商等职能履行等做出适当规范,进一步拓展参政党参与国家治理的渠道和平台。如将政治协商"窗口"前移,明确对于国家和地方治理的重大问题的"协商于决策之前"是指协商于中共党委决策之前,形成重大决策出台前开展政治协商的制度约束和政治文化。另一方面各民主党派也应发挥主观能动性,及时总结提炼参与国家治理的好经验、好做法,在与中共党委充分沟通、深入酝酿研究的基础上将一些经验做法转化为制度化的体制机制,推动参政党参与国家治理体制机制的不断创新发展。如进一步总结项目制这样一种独立性较强、成本较低、管理较简单的方式,作为推动参政党参与国家治理的抓手。

二是完善参政党参与国家治理的运行机制,如知情环节、沟通环节、反馈环节等,使参政党参与国家治理能够落实、落细。知情是参政党参与国家治理的前提,中国共产党各级委员会应按照有关要求,坚持重要情况和重大问题应及时向民主党派通报,有关会议、重大内外事活动应邀请民主党派参加。要畅通参政党参与国家治理的各个环节,使民主党派的意见、建议能够及时、准确地反映到党委、政府部门等。对民主党派提出的批评意见要认真研究,及时反馈。凡积极可行的意见、方案,应责成有关部门迅速付诸实施,并及时反馈实施情况；对不能采纳的意见、建议，也要及时说明情况和理由。

三是构建更加开放、透明的公共决策体制。公共决策部门要深度发挥已有的制度化渠道和互联网平台的功能，通过门户网站、官方微博和微信等及时发布决策信息，适时搭建参与治理的平台，广泛听取包括党派组织及其成员在内的广大社会公众的意见，增强决策的透明度和公众参与度。在构建更加开放、透明的公共决策体制过程中，公共决策部门应该对民主党派的参与持有一种常态化的宽容。

四是完善参政党参与国家治理的激励保障机制。进一步加强和完善党对多党合作事业的政治领导。地方党委要将参政党参与治理纳入党委工作全局，定期召开常委会研究讨论政党协商等问题；在现有党政干部考核评价制度基础上，将党政干部支持参政党参与国家治理的状况纳入考核指标体系并赋予一定的权重。健全和完善党派成员建言资政的激励保障制度。以制度保障落实“不打棍子、不扣帽子、不抓辫子”的方针，营造畅所欲言、各抒己见、理性有度、合法依章的良好氛围。完善干部选拔任用、轮岗交流的制度设计。加大人大、政府、司法等组织的领导干部与参政党的领导干部双向任职、交流的力度，使更多懂政协、会协商、善议政的人才脱颖而出，为参政党参与国家治理的持续健康发展提供更加坚实的组织和人才保障。

2. 营造参政党参与国家治理的良好环境氛围

习近平总书记指出，“‘虚心公听，言无逆逊，唯是之从。’这是执政党应有的胸襟。‘凡议国事，惟论是非，不徇好恶。’这是参政党应有的担当。参政党一个重要职责是让执政党听到各方面声音，特别是批评的意见。同志们要敢于讲真话、建诤言，客观反映情况”。[①]要

① 《习近平同党外人士共迎新春》，《人民日报》2017年1月23日。

使参政党在国家治理中发挥积极作用，首当其冲应当站在全新的历史方位和战略布局来看待多党合作和统一战线工作。这种思想观念的转变，不仅应当是党政干部认识的转变，还应当包括党派成员对于自身角色理解的转变。因此，需要从执政党和参政党两个方面共同努力营造参政党参与国家治理的良好环境氛围。

一是坚持正确处理一致性和多样性的关系，营造求同存异、开放包容的文化氛围。治理活动是由人来开展的，首先需要提升参与治理的人的认识水平。现代国家治理又是复合性的系统工程，多元主体在国家治理中既有共同的一面，也存在差异的一面，寻求多元主体协同善治，必然要做到求同存异、开放包容。当前的政党制度格局决定了民主党派在国家治理现代化中发挥作用的实际成效，更多地取决于执政党的包容、理解与支持。因此，需要执政党各级领导干部真正认识到接受民主党派参与治理的重要性、必要性，主动为党派参与治理提供便利条件、营造良好氛围。对于党政干部来说，应该要理解在推进国家治理现代化的时代背景下多党合作更加丰富、更加深刻的内涵，需要秉持求同存异、开放包容的态度，在"团结一切可以团结的力量"的基础上，进一步地"调动一切可以调动的积极因素"，需要在解决"人心向背"问题的基础上，进一步地解决"力量对比"问题。

二是提升党派成员参与治理的政治文化认同，树立党派成员主动积极参与的意识和责任感。

民主党派成员尤其是领导成员需要从高度的社会政治责任感出发，积极参与国家治理活动，为之献计出力。组织民主党派开展坚持和发展中国特色社会主义学习实践活动，进一步增强党外人士对中国特色社会主义的道路自信、理论自信和制度自信，使推进国家治理现代化保持不可撼动的政治定力。对于党派成员，要加强理论武装。把深入学习贯彻习近平新时代中国特色社会主义思想作为首要政治任务，团结引领党派成员准确把握精神实质、核心要义，丰富内涵。树牢"四个意识"，坚定"四个自信"，做到"两个维护"。要巩固政治共识。发挥主题教育牵引作用，深化政治交接，传承多党合作优良传统，丰富政治交接的时代内涵，增进党派成员对中国共产党和中国特色社会主义的政治认同、思想认同、理论认同和情感认同，做中国特色社会主义的实践者、维护者和捍卫者。要强化思想引导，不断增进政治共识。根据成员特点和需求，突出重点，分类引导，精准施策。坚持"团结—批评—团结"的公式，对成员及时做好教育引导和思想工作。发挥党派成员在凝聚共识、汇聚力量方面的积极作用，组织引导党派成员积极主动正面发声，唱响主旋律，弘扬正能量。

3. 全面加强参政党建设为在国家治理现代化中发挥积极作用提供强大组织支撑

习近平总书记强调，"中国共产党要持之以恒加强自身建设，民主党派也要持续加强自身建设。希望各民主党派努力成为政治坚定、组织坚实、履职有力、作风优良、制度健全的中国特色社会主义参政党，为推进国家治理体系和治理能力现代化作出新的贡献"①。因此，在新时期有必要学习和借鉴执政党建设的成功经验，以思想建设为核心、组织建设为重点、制度建设为保障、作风建设为引领、能力建设为抓手、社会功能为辅助，建设符合人民期待、国家治理现代化需要的高素质参政党。

一是以思想政治建设为核心。要从思想政治建设上着力，不断

① 《习近平同党外人士共迎新春》，《人民日报》2020 年 1 月 15 日。

提高党派成员接受中国共产党领导、走中国特色社会主义道路的自觉性和坚定性。从而,进一步提升党派成员的政治站位,增强党派成员参与国家治理现代化的主动性、积极性。对当下和今后一段时间来说,党派成员要“认真学习贯彻中共十九大精神和十九届二中、三中、四中、五中全会精神,学懂弄通做实,自觉把思想和行动统一到中共中央作出的重大决策部署上来,牢固树立‘四个意识’,坚定‘四个自信’”。“要不断提高政治判断力、政治领悟力、政治执行力,引导广大成员和所联系群众不断增进对中国共产党领导和中国特色社会主义的政治认同、思想认同、理论认同、情感认同,始终保持同中国共产党同心同德、团结奋斗的政治本色。”①

二是以组织建设为重点。组织建设事关党派自身的生存和发展。要加强领导班子建设,要培养更多的政治坚定、业绩突出、群众认同的代表性人士。要注重后备人才培养,不断健全完善后备人才的发现、培养、使用和管理机制,推动更多懂协商、善议政的人才脱颖而出。要加强基层组织建设,不断增强党派成员的组织忠诚度、认同感、归属感,不断提升基层组织参与治理的能力和水平。

三是以履职能力建设为抓手。加强能力建设是参政党同执政党一起不断发展、共同前进,在国家各项建设中全面履行好职责的关键,是参政党为坚持和发展中国特色社会主义贡献力量的重要基础和前提。②要通过加强培训教育,不断提高参政党成员的政治把握能力、参政议政能力、组织领导能力、合作共事能力和解决自身问题的能力。要通过实践锻炼,推动党派成员广泛参与参政议政、民主监

① 《习近平同党外人士共迎新春》,《人民日报》2021 年 2 月 2 日。
② 罗长中:《谈中国特色社会主义参政党建设》,《团结报》2014 年 1 月 28 日。

督、参加中国共产党领导的政治协商等政治实践，提升参政党及其成员参与国家治理的能力与水平。

四是以作风建设为引领。作风关乎参政党的形象，关乎参政党的影响力、向心力，关乎参政党的生死存亡。纵观民主党派的历史，作风始终是民主党派的“基本功”。新时期全面加强参政党自身建设需要以作风建设为引领，改进参政党成员的思想作风、学习作风、工作作风和生活作风，使参政党成员成为本党派优良传统的继承者、社会主义核心价值观的践行者，为参政党在国家治理中发挥积极作用打下坚实基础。

五是以制度建设为保障。建设中国特色社会主义参政党，必须坚持和完善中国特色社会主义制度，除了在国家层面进一步完善中国共产党领导的多党合作和政治协商制度，也要进一步建立健全党派内的民主集中制、民主生活会制度以及各项议事决策制度，在政党关系上、民主实现形式上、党派内部运行机制上不断创新、发展和完善，为参政党参与国家治理提供有力的制度保障。

六是以社会功能为辅助。要发挥党派人才荟萃、联系广泛的优势，着重拓展其参与社会治理、推动社会整合、维护社会稳定的功能，有效协助执政党做好新形势下的国家治理和社会治理工作，通过拓展其社会服务功能对促进民生改善、维护社会和谐稳定起到积极作用。

总的来说，要进一步借鉴执政党的建设经验，结合各党派自身实际，突出特色与优势，从中国特色社会主义参政党的定位和国家治理能力现代化的时代要求出发，不断推进参政党自身建设。

**说明:**本文系中央社院统一战线高端智库课题“习近平总书记关于加强和改进统一战线的重要思想形成的理论基础和实践逻辑研究”(ZK20200225)、江苏省社会主义学院2020年度委托课题“参政党与国家治理能力现代化”的阶段性成果。

**论文出处:**该文的部分内容,以《参政党在推进国家治理能力现代化中的作用研究》为题,发表于《云南省社会主义学院学报》2021年第3期。以《参政党与国家治理能力现代化》为题,收录于江苏省社会主义学院著《参政党与国家治理现代化研究》一书,该书由河海大学出版社于2022年出版。

**作者简介:**张星,上海市社会主义学院教研部讲师、博士。

# 第十九章　政党协商有效嵌入公共决策的三维分析

王俊华

在我国,政党协商纳入公共决策已经成为公共政策制定的普遍原则。从实践来看,政党协商纳入公共决策取得了良好成效,但还存在政党协商成果转化率低、政党协商与公共决策脱节等问题。我们认为,政党协商有效嵌入公共决策的基础与动力在于公共决策对政党协商的需求,这种需求同时受宏观层面的价值认同、中观层面的制度约束和微观层面的协商主体等因素的制约。本文将从宏观价值之维、中观制度之维和微观主体之维对政党协商有效嵌入公共决策进行探讨和研究。

## 一、政党协商有效嵌入公共决策的价值之维

政治价值是人们在从事政治活动时所确立的政治目的和政治效

用。认同了政党协商的价值,在决策前和决策实施之中进行政党协商才能相互尊重、彼此配合。当前,制约政党协商有效嵌入公共决策的突出错误理念主要有弱化、西化或异化政党协商的价值。

### (一)弱化政党协商的价值

"任何决策不外乎为了两个基本目标,一是尽可能满足群众的需要,增进他们的利益,二是以最低的成本去满足这些需要和增进这些利益。这第一个目标主要是通过决策的民主化而实现的,而第二个目标则是通过决策的科学化而实现的。"①比较而言,决策民主化突出的是合法性问题,决策科学化突出的是合理性问题。从决策民主化视角来看,政党都有自己的利益代表性,这是政党的本质属性。作为政党组织,民主党派反映本党派成员及各自所联系群众的利益。在政党协商中,民主党派从另一个角度进行利益表达和利益综合,让决策者听到不同的声音,成为利益表达进入公共决策的中转站和助推器。对此,调研中普遍认同政党协商是一个好的沟通协商机制,有助于决策民主化。但就决策科学化而言,有的则认为政党协商并不能为公共决策提供多少确定性,简单地把政党协商视为统战咨询。据此认为,政党协商所具有的咨询作用可有可无、可大可小,当咨询质量不如意时,"走过场"也是正常的。政党协商具有政治性和政党性,考量政党协商纳入公共决策的必要性,不能简单地从实用与效率出发。

① 俞可平:《增量民主与善治》,社会科学文献出版社 2005 年版,第 270 页。

### （二）“西化”政党协商的价值

政党协商的假设前提是存在分歧。调研中，存在这样一种看法：把协商中解决分歧的方法简化为“否决”，把民主党派定位于“否决者”，认为没有“否决”的政党协商就不算是真正的政党协商。按照切贝里斯的“否决者理论”，否决者可分为制度型否决者和党派型否决者。[①]从我国政治生态来看，我国各民主党派既不是制度型否决者也不是党派型否决者，用西方政党竞争的思维来裁剪中国的政党协商，必然误入“否决政治”的歧途。“现在国家与国家之间的竞争不仅仅是经济上的竞争，而且一定是制度与制度的竞争。”[②]当代中国的政党制度是中国共产党领导的多党合作和政治协商制度，其基本特征为“共产党领导、多党派合作，共产党执政、多党派参政”。作为中国特色社会主义参政党的各民主党派既不是在野党也不是反对党，而是与中国共产党通力合作的亲密友党。尽管西方竞争性政党制度下也存在通过政党协商来达成共识，但从根本上说，西方的政党协商多是基于协商主体之间暂时利益结盟的需要而采取的偶然行为，是资本主义自由民主的修正类型，这种协商不能取代竞争成为竞争性政党制度的核心价值。与西方政党协商不同，政党协商是中国政党制度的核心功能，它直接服务于该制度，并基于该制度的内在结构和基本使命展开。加强中国共产党同民主党派的政治协商，搞好合作共事，

① 王礼鑫：《论比较政治制度研究中否决者理论的局限》，《复旦学报》（社会科学版）2015年第4期。

② 徐显明：《国家治理现代化关乎国家存亡》，《学习时报》2014年11月17日，第6版。

有利于巩固和发展和谐政党关系。

### (三)异化政党协商的价值

现代化国家治理是民主治理。社会主义协商民主作为一种本土化和制度化的民主形式,无论从本质上还是功能上都属于国家治理现代化的重要内容。政党协商是社会主义协商民主的重要组成部分,对推进国家治理现代化具有重要意义。有人带着对民主党派只是国家政治生活中的点缀的先验判断,把政党协商看作政治安排,认为执政党对经济社会发展负有主要责任,既然承担决策责任的是执政党,参政党在政党协商中最好服从"安排"。民主党派不是我国政治生活的点缀品,政党协商也不是公共决策的装饰品。"任何形态的治理本质都是治理权力与治理权利协作……在传统治理中,治理权力是强势的,治理权利是萎缩的,治理权力时时有着扩张的冲动……在现代治理中,治理权力是被治理权利制衡的,治理权利是被法治所保障,治理权力任何不规范的扩张都是被禁止的。"①中国现代国家的建构逻辑决定了在权力配置方面,中国共产党在国家政治生活领域是作为领导力量和执政力量存在的,享有执政权;民主党派是中国特色社会主义参政党,享有参政权。"政党协商就是要使参政权利对执政权力的自由裁量进行有效制约,这样才能提高协商的绩效。"②可以说,政党协商有效嵌入公共决策的过程就是执政权与参政权平衡运

① 刘东杰:《现代治理要求权力与权利的平衡》,《学习时报》2014年12月1日,第4版。
② 杨爱珍:《政党协商:国家治理的制度逻辑析说》,《上海市社会主义学院学报》2016年第2期。

转的过程，是权利制约权力的过程。正是基于这种平衡与制约的制度安排，才能使党的领导制度与国家制度之间形成制度化的距离，避免执政党的意志不经协商直接输入国家；才能使党的领导制度在宪法和法律的框架下运转，防止权力滥用的同时防止权力的懈怠。可以说，政党协商有效嵌入公共决策是国家治理现代化的重要内容和具体体现。

## 二、政党协商有效嵌入公共决策的制度之维

“制度是一个社会的游戏规则，更规范地说，它们是决定人们的相互关系的系列约束。制度是由非正式约束（道德的约束、禁忌、习惯、传统和行为准则）和正式的法规（宪法、法令、产权）组成的。”①前者可称之为正式制度，后者称之为非正式制度。制度的主要功能是约束人们的行为和确保合理的行为预期。本文主要针对正式制度进行分析。2005 年颁布的《中共中央关于进一步加强中国共产党领导的多党合作和政治协商制度建设的意见》（以下简称为中发〔2005〕5 号文件）第一次确立了政党协商在公共决策中的制度性地位，规定“把政治协商纳入决策程序，就重大问题在决策前和决策执行中进行协商，是政治协商的重要原则”②。2015 年颁布实施的《关于加强社会主义协商民主建设的意见》（以下简称《意见》）和《关于加强政党协

① ［美］道格拉斯·诺斯：《经济史中的结构与变迁》，陈郁、罗华平译，上海人民出版社 1994 年版，第 3 页。

② 《人民政协重要文献选编（下）》，中央文献出版社、中国文史出版社 2009 年版，第 762 页。

商的实施意见》(以下简称为《实施意见》)都要求党和国家重大方针政策和重要事务“在决策之前和决策实施之中”开展政党协商,《中国共产党统一战线工作条例(试行)》(以下简称为《条例(试行)》)对政党协商也作了规范性要求。总体来看,初步形成了以宪法为总领,以党内法规、党政文件、人民政协规章制度、民主党派章程和地方性制度文件等为支撑的体系。制度的完善为政党协商有效嵌入公共决策指明了方向,规划了路径,但政党协商制度还有进一步完善的空间。

### (一)制度位阶不高

从法理上而言,位阶是指在统一的法治体系内,确定不同类别的规范性文件之间的效力等级与适用顺序的制度。当前,有关政党协商纳入公共决策的规范性文件主要包括国家法律,党内法规,党和国家政策,政协规章制度,民主党派章程等。分析这几类规范,国家法律中只有宪法对政党协商纳入公共决策作了宏观和间接的两句描述:一是“中国共产党领导的多党合作和政治协商制度将长期存在和发展”(序言部分);二是“各政党都必须遵守宪法和法律”(第5条第4款)。宪法是我国的根本大法,其效力高于其他一切规范性文件。这些规定为政党协商有效嵌入公共决策的法治化打下了基础。但宪法更多是一种宣告性规范,不规定行为模式,再加上没有下位法配套支撑,因此,这些规定在实践中往往会显得难以落实,甚至会导致制度的形式主义。党内法规中只有《条例(试行)》对政党协商的内容、形式、程序和保障机制等作了规定,但关于政党协商纳入公共决策的问题则较少涉及。2015年刚刚颁布实施的《意见》和《实施意见》虽对政党协商纳入公共决策作了规定,但比较宽泛和笼统,并且二者处于党的政策层面,不能起到法律法规的作用,不具有普遍的强制约束力。概而言之,有关政党协商纳入公共决策的规范性文件整体位阶不高,政策性规范偏多,法律法规偏少。当前学者关于政党协商制度是否法治化的讨论很多。根据十八届四中全会的精神,党内法规是社会主义法律规范体系的重要组成部分。在条件尚不成熟的前提下,通过党内法规规范政党协商更加适宜。

## (二)制度供给不足

新制度经济学派的著名学者斯诺认为,制度供给是"创新和维持一种制度的能力"。契合协商民主广泛多层制度化发展的时代诉求,创新政党协商制度势在必行。调研中,在制度供给上反映问题比较集中的主要有:一是政党协商应纳入的决策事项不清。《条例》和《实施意见》以列举式明晰了中共中央同民主党派中央开展政党协商的主要内容。但在省市及以下层级,协商议题的确定标准却不够明确。由于地方政党协商实践中,存在政党协商应纳入的决策事项不清等问题,出现了"让你协商你才协商,让你协商什么你就协商什么"的现象。二是政党协商纳入公共决策的具体介入点不明。从中发〔2005〕5号文件到2015年的《实施意见》,都规定了政党协商应纳入"决策之前"和"决策实施之中",但二者的规定除了个别文字表述上的不同外,只是重申了"政党协商应纳入决策"这一原则,并没有明确政党协商纳入公共决策的具体介入点。比如,政党协商与政协协商同为政治协商,都是在"决策之前和决策实施之中"开展,就相同或相似协商议题而言，二者谁在前谁在后？由于具体介入点不明，再加上政党协商议题不清，实践中会发生同一议题在统战部和政协重复协商。三是政党协商结果办理机制不详。政党协商的结果一般有三种：一致、部分一致与分歧。针对三种不同的协商结果，决策者理应按照不同的程序区别对待。但在实践中，政府部门的答复往往是解释的多，采纳的少，对于一些意见与建议，政府部门会承认具有可行性，也承诺将在工作中加以采纳，但何时采纳不详。四是政党协商监督问责不力。责任条款作为制度的重要组成部分，其核心作用是将行为在逻辑上与后果通过应然性连接起来。概览政党协商制度，鲜见责任条款。《条例（试行）》虽指出中央统一战线工作领导小组对统一战线贯彻落实中央重大方针、政策、法律法规情况进行“督促检查”，但对督促检查出来的违规行为应如何处理，没有相应的责任条款。

## 三、政党协商有效嵌入公共决策的主体之维

政党协商从本质意义上讲，是国家政治生活领域内主体政治力量与次主体政治力量的合作、协商和联合。①主体政治力量是指作为执政党的中国共产党，次主体政治力量是指作为中国特色社会主义参政党的各民主党派。政党协商的价值共识与制度规范只有转化为协商主体的行动逻辑，政党协商纳入决策的原则才不会“空转”。

① 林尚立：《协商政治：对中国民主政治发展的一种思考》，《学术月刊》2003 年第 4 期。

### （一）协商主体的平等性问题

平等既是政党协商的目的性向往也是工具性向往。根据制度设计，我国的政党协商以中国共产党为领导，同时又是中国共产党和各民主党派之间的平等协商。但政党协商一再强调的平等常因受到各种因素的限制，而形成事实上的不平等。根据形成原因的不同，政党协商主体的不平等可区分为：一是客观性不平等。由于信息、知识背景、工作经验、社会经历、表达能力等并不是平均分布的，必将会存在各种各样的不平等，这类不平等大致可分为资源不平等和能力不平等。资源不平等主要从权力配置、信息获取等角度加以分析，能力不平等主要从主体内部具有的能力角度加以分析，二者不能截然分开，是相互影响的关系。二是主观性不平等。协商民主是党领导下的民主，政党协商是党领导下的协商，党的领导始终是搞好政党协商的首要前提。①但在实践中，部分中共干部把“领导党”错误地理解为“领导者”，在协商过程中提前“定调”，把自己的意志凌驾于民主党派成员的意见之上，暗示民主党派成员多发表与自己相同的意见，少说不同意见和反对意见；有的没有“雅量”，不能听到不同意见，更不容许质疑、申辩；有的以“讲政治、顾大局”为由统一思想，要求民主党派服从党委“既定”方案和决策。②部分民主党派成员则甘做“低质量的响应者”，不敢协商。平等性的缺失，容易使强势一方对协商持傲慢优越

① 孙春兰：《着力推动政党协商深入开展》，《决策与信息（上旬刊）》2015年第9期。

② 孙照红：《从协商主体的视角看政党协商的价值与出路》，《中央社会主义学院学报》2016年第2期。

的态度,甚至控制协商过程;弱势一方则容易对协商持消极被动态度,致使选择性协商、被动性协商、象征性协商等在一定范围内存在。

### (二) 协商意见的聚合性问题

正处于社会转型的中国是一个人口众多的大国,人民内部在根本利益一致的基础上必然存在着具体利益的差别和矛盾。公共决策的过程实质就是通过利益协调达成利益共识的过程。正如毛泽东所言,民主党派不是一根头发而是一把头发。在政党协商过程中,民主党派通过与它所联系的群体之间建立良好的沟通渠道,把它所联系群体的意见和要求加以综合,上升为政党的主张进而对决策产生影响。具体而言,民主党派对协商议题应先行在内部进行意见整合,从而形成代表本党派的协商意见。但调研发现,由于缺乏关于"民主党派对协商议题的集体研究"的程序性规定,是否集体研究、怎样集体研究、集体研究的成效如何等主要靠各民主党派的自觉。实践中,不同民主党派的意见聚合过程存在较大差异,但也存在协商议题在民主党派内部没有进行充分讨论,以少数意见取代整体意见的个别现象。此外,调研中也有人提及,知悉协商议题过晚也是影响协商意见聚合性的重要因素。协商意见的聚合性问题,致使议题在民主党派内部没有进行充分讨论,导致协商意见代表性不强、少数意见取代整体意见。

### (三) 协商主体的主动性问题

主动性是协商主体参加政党协商的内生动力。调研中发现,随着中央统战工作会议精神以及相关规章制度的贯彻落实，协商主体的主动性明显增加，但与成为政党协商的积极组织者、有力促进者和自觉实践者的要求相比，还有提升的空间。主动性不足主要体现在两个方面，一是部分民主党派成员的协商主动性不足。部分民主党派成员认为，民主党派代表的利益虽然不同于共产党代表的利益，但在根本利益上二者是一致的，因此协商中经常不谋而合，既然主张一致，认认真真走形式即可。这些认识都在一定程度上影响了民主党派成员的协商主动性。二是部分中共党员的协商主动性不足。部分党员干部认为，改革开放以来，随着党政领导干部的知识结构不断优化、专家比例不断提高、决策咨询渠道不断丰富，民主党派的智力优势相对降低了。通过政党协商解决的问题，也可以通过专家决策咨询制度、重大决策专家论证机制等解决。因此，部分党员干部的协商主动性也偏低。此外，统战部门协调服务的主动性也存在不足。统战部是党委主管统一战线工作的职能部门，担负着牵头服务协调政党协商工作的重要职责，但在为协商进行材料准备、组织联系、人员通知等方面无法对实权部门提出权威性要求，再加上工作条线多、任务重，未免会出现精力不够、积极性不高等状况。

## 四、政党协商有效嵌入公共决策的路径探寻

在我国，政党协商纳入公共决策已是制度性安排。但实践表明，即使是制度化的政党协商，也有可能是形式化的。政党协商有效嵌入公共决策，成为一种政治生活方式，我们首先要做的就是探寻价

值、制度与主体行动协同运转的路径。

### (一) 培育政党协商价值认同

政党协商价值认同是政党协商有效嵌入公共决策的心理基础。美国心理学家英克尔斯说:“如果一个国家的人民缺乏能够赋予先进制度以生命力的广泛的现代的心理基础,如果掌握和运用先进制度的人本身在心理、思想、态度和行为上还没有经历一场向现代性的转变,那么失败和畸形的发展就是不可避免的。”[①]在我国民主政治建设中,政党协商有效嵌入公共决策,不仅是决策优化的现实需求,更是人民民主运行的制度形态,中国共产党领导的多党合作和政治协商制度的核心功能,实现权利制约权力的治理形式。

培育政党协商价值认同,最为关键的是增进对民主党派的政党认同。政党协商是政党与政党之间的协商,政党性是政党协商的基本属性。而概览对政党协商的偏见,多与对民主党派的先验判断有关。囿于西方政党制度下政党的显现方式,有人拒绝认同我国民主党派的政党性。正如周恩来所指出:“各个民主党派,不论名称叫什么,仍然是政党,都有一定的代表性。但不能用英、美政党的标准来衡量他们。”[②]民主党派自觉接受中国共产党的领导与其说是民主党派的选择,不如说是历史的选择。回顾民主党派所走过的发展道路,一直都离不开中国共产党的指引、帮助和领导。历史证明,自觉接受

① [美]西里尔·E. 布莱克:《比较现代化》,杨豫、陈祖洲译,上海译文出版社 1996 年版,第 14 页。

② 《周恩来统一战线文选》,人民出版社 1984 年版,第 171 页。

中国共产党的领导并与中国共产党真诚合作是各民主党派巩固和增进政党认同的关键。但必须明确的是，中国共产党对各民主党派的领导是政治领导，即政治原则、政治方向和重大方针政策的领导。民主党派享有宪法规定的权利和义务范围内的政治自由、组织独立和法律地位平等。作为中国特色社会主义参政党，各民主党派在国家政权中的地位和国家政治生活中的作用，由国家制度配置和安排。否认民主党派的政党性，弱化、西化、异化政党协商的价值，不仅会损害协商纳入决策的合法性与合理性，而且会影响民主党派的存在和发展。

### （二）建立政党协商制度体系

改革是形成制度创新与制度供给的最直接动力源。①在不断提升相关规范性文件位阶的基础上，政党协商制度的发展完善离不开政党协商过程的优化与改革。

1. 在起点环节，建立政党协商议题设置制度

提出协商议题是整个协商过程的民意输入环节和逻辑起点。根据规定，议题可以由中国共产党提出，也可以由民主党派提出，但从实际情况来看，现有的协商议题多是中国共产党提出，各民主党派很少主动提出协商议题。也有人认为，民主党派协商的重点不是提出新议题，而是寻求解决问题方法，为执政党和政府出谋划策。②但是，

① 林尚立、赵宇峰：《中国协商民主的逻辑》，上海人民出版社2016年版，第152页。

② 丁长艳：《中国党际协商民主的政治价值与功能开发》，《社会主义研究》2014年第2期。

民主党派只有参与到协商议题的设计才能更好地表达自己所代表的利益。建立政党协商议题设置制度,需要注意以下问题:一是在遵循有关规定的基础上,根据地方特色,确立本地区的政党协商议题。需要政党协商的议题一般是“重要”或“重大”问题。但地方上的重要与重大问题显然与中央不同。哪些是需要地方政党协商的重要或重大问题呢?各地方可结合本地实际予以确定。二是根据协商内容和党派特色,将协商议题区分为必选协商议题和可选协商议题。必选协商议题旨在保障政党协商的合规性,可选协商议题旨在调动各民主党派参加政党协商的主动性。三是根据议题的不同,明晰责任部门、配合部门、协商介入时间点等。

2. 在中间环节,建立健全政党协商运行机制

在现有基础上,建立健全更能凸显政党协商监督作用的运行机制。第一,引入不平等设计,以形式不平等打破实质不平等。解决主体不平等往往不只是一个简单的能力提升问题。因此,单靠强调各民主党派协商能力建设无法有效解决不平等性问题。基于此,建议着眼于政党协商框架外的一些看似不平等的设计实现政党协商对平等的价值追求。第二,合理运用不可行性论证。与西方政党协商不同,我国政党协商具有和谐性,但和谐不是一团和气,更不是处处点赞。正如18世纪法兰西启蒙作家P. A. 博马舍所言:“若批评不自由,则赞美无意义。”毛泽东当年就曾提出让民主党派“唱对台戏”的思想。建议针对一些适当的协商内容,鼓励民主党派进行不可行性论证,在追求共识的过程中唱唱对台戏。第三,建立信息沟通与公开机制。知情的广度和深度直接决定着协商的向度和力度。在整个协商流程中,知情处于最前端的位置。一方面,中共要扩大信息公开的

范围，增加获取信息的便利。另一方面，民主党派要增强获取信息的主动性和使用信息的科学性。在不涉密的前提下，协商过程可引入公众参与。

3. 在终点环节，建立完善协商成果转化制度

协商成果有效嵌入公共决策是整个协商过程的最终输出环节和目的所在。第一，协商结果的分类办理。对于取得一致共识的协商结果，应该纳入决策，作为决策的重要依据和重要参考；对于未取得一致的协商结果，应研究、分析存在分歧的意见，作为再协商的基础和重点。[①]第二，成果转化的监督评价。在成果转化反馈方面，建议明确承办部门的反馈职责，做到反馈形式合理化、反馈内容具体化、反馈时间规范化。在成果转化考核方面，建议结合人事制度改革，把协商成果转化情况纳入领导干部绩效考核内容，同时把参加政党协商的成效纳入民主党派干部考核内容。在成果转化评价方面，进一步明确评价主体、评价标准、评价权限等。在责任追究方面，适当增加责罚力度，明确责罚部门。

### （三）加强政党协商主体建设

中国共产党和民主党派都是政党协商制度的构建者、政党协商实践的参与者。2015 年初，习近平总书记在同党外人士共迎新春时的讲话中指出："搞好政党协商，需要中国共产党和各民主党派共同努力。民主党派在提高政党协商水平中担负着重要责任，但中国共

① 罗振建、林华山：《关于构建社会主义协商民主规则体系的思考》，《广州社会主义学院学报》2016 年第 1 期。

产党担负着首要责任,因为我们是执政党,应该更加自觉地做到虚怀若谷、集思广益。"这就是说,增进政党协商实效性,需要协商主体共同努力。

1. 增进协商主体政治互信

信任是政治资本的重要要素。主体间彼此信任是存在的最高阶段,只有在尊重了彼此的自我价值之后,才能认真聆听决策中的不同声音。从这个视角而言,政党协商是政党之间相互尊重、相互信任的一种表达。沿着历史的河道返观曾实行多党合作制度的波兰、捷克斯洛伐克等东欧国家,在这些国家中,民主政党只是执政党的"输送带"和"传声筒",因此政党制度也失去了"连接带""安全阀"和"出气孔"的作用,当社会把一切不满不再指向谋其政的官员,而是直接指向制度时,民怨和民怒像泥石流一样冲毁了这些国家的政治制度。①当前,我国正处于社会转型期。在同质社会向异质社会嬗变的过程中,单靠"共产党总是从一个角度看问题"是不够的,还需要"民主党派从另一个角度看问题出主意",这样"制定的方针政策会比较恰当,即使发生问题也比较容易纠正"②。当前,个别中国共产党干部在政党协商中只愿听到自己的声音,不仅是对协商另一方的不信任,从根源上讲,是对我国政党制度的忠诚度不够,终将导致政党制度与社会的断裂。

2. 增强协商意见聚合能力

政党是把民众偏好嵌入公共决策的基本组织。英国政治学家欧

---

① 王俊华、杨爱珍:《中国政治发展道路与多党合作制度互动关系分析》,《新视野》2011 年第 2 期。

② 《邓小平文选》第 1 卷,人民出版社 1993 年版,第 273 页。

内斯特·巴克说:“政党具有双重性格或性质。也就是说,政党是把一端架在社会,另一端架在国家上的桥梁。如果改变一种表达方式,那么政党就是把社会中思考和讨论的水流导入政治机构的水车并使之转动的导管和水闸。”①而政党把民众偏好有效嵌入公共决策的前提是有利益表达和利益综合的能力。进一步增强民主党派利益表达的价值和功能,一方面,建立民主党派社会沟通机制。政党的根基在社会。邓小平曾经指出,执政党最大的危险就是脱离群众。对于中国特色社会主义参政党而言,保持与民众的紧密互动也同样重要。各民主党派要与其成员及所联系的群体建立良好的沟通渠道,只有当民主党派能吸纳较多的输入资源,其输出的政治产品(意见、建议等)才更具有价值,其在公共决策中的影响力才会增强。另一方面,建立民主党派内部意见聚合机制。政党不能简单地充当传达民众意见和要求的工具。如果那样的话,政党的地位很快就会被诸如民意测验机构、调查机构等组织所代替。②在政党协商中,民主党派应通过内部意见聚合机制将其所联系群体的利益加以综合变成政党的主张,进而对公共决策产生影响。

3. 培养旗帜型和复合型协商人才

协商能力在具体的协商活动中表现为协商主体的高超协商技巧以实现对协商进程的掌控、对协商议题的把控。提高政党的协商能力,核心靠人才。③一方面,在政党协商纳入公共决策的过程中,中国共产党以其高度的组织性和权威的指导性处于主导地位,但不能“权

① 王长江:《现代政党执政规律研究》,上海人民出版社 2002 年版,第 42 页。

② 王长江:《政党论》,人民出版社 2009 年版,第 46 页。

③ 周淑真:《提升协商能力　加强政党协商》,《人民政协报》2015 年 10 月 21 日,第 8 版。

就在我手里，你就得听”，搞协商形式主义。达尔说：“民主依赖妥协。”协商民主也不例外。在政党协商过程中，中国共产党在坚持原则的前提下，应充分倾听不同的意见，甚至实行必要的妥协。另一方面，民主党派在协商人才方面，比较缺乏旗帜型人物和复合型人才，急需通过人才遴选机制和新陈代谢机制培养一批政治素质强、业务能力过硬且善于协商的党外人士，尤其是具有领军作用的代表性人士。政党协商人才，不仅要有准确把握执政党治国理政原则和方针的能力、政治协商的能力、依法协商的能力、参政议政的能力，而且还必须有良好的民主素养和民主技术。

**论文出处**：《上海市社会主义学院学报》2017年第1期。

**作者简介**：王俊华，上海市社会主义学院副教授，统战基础理论上海研究基地兼职研究员。

# 第二十章　基层协商民主的典型探索与实践路径

闫　夏　刘　晖

近年，基层协商民主受到社会各界的广泛关注，农村基层协商民主尤其引人注目，成为基层社会治理必须面对的一项重要课题。毫无疑问，这对中国乡村治理和中国特色社会主义民主政治建设意义重大。党的十九大报告提出，“要推动协商民主广泛、多层、制度化发展，统筹推进政党协商、人大协商……基层协商以及社会组织协商”①。这为基层协商民主的发展指明方向，把基层协商民主从民主形式上升到制度层面。2015 年，中共中央印发的《关于加强社会主义协商民主建设的意见》指出，要“建立健全基层协商民主建设协调联动机制，稳步开展基层协商，更好解决人民群众的实际困难和问题，及时化解矛盾纠纷，促进社会和谐稳定”，阐明了基层协商民主的重

① 习近平：《决胜全面建成小康社会　夺取新时代中国特色社会主义伟大胜利：在中国共产党第十九次全国代表大会上的报告》，人民出版社 2017 年版，第 38 页。

要作用。中国共产党最广泛的执政基础在乡村社会,而基层协商民主建设无疑是推动农村基层民主政治的重要抓手。中央对发展农村基层协商民主的相关顶层设计以及政治方向规约,为中国农村基层社会治理打下坚实的政治基础。

国内学术界最初接触协商民主,源自哈贝马斯2002年在中国的学术演讲,此后,陈家刚、俞可平、林尚立等一批政治学专家开始开展相关研究,协商民主理论特别是中国特色社会主义协商民主理论开始越来越多地进入人们的视野。在俞可平看来,“协商民主,简单地说,就是公民通过自由而平等的对话、讨论、审议等方式,参与公共决策和政治生活”[①]。一般认为,农村基层协商民主,就是在中国共产党的领导下,以农村为主体,依法就涉及农民经济利益、政治权益等问题有组织地进行协商讨论,使村民能够公开、平等地参与公共决策和乡村治理的一种民主政治实践。浙江温岭、天津宝坻等地区就基层协商民主政治进行典型探索,为协商民主的实践演进提供有益经验。但是,基层协商民主在理论上的跟进与升华尚需进一步深入研究。农村基层协商民主建设的开展对推进新形势下农村社会建设、推动民主政治的发展以及进一步夯实党的执政基础具有重要的现实意义。

## 一、新形势下基层社会政治发展的新动力

农村基层协商民主是村民对农村经济、政治、文化等方面事务实

① 俞可平:《协商民主:当代西方民主理论和实践的最新发展》,《学习时报》2006年11月6日。

现自我参与、自我管理的过程,是实现村委会、村党支部和村民之间良性互动的一种民主形式。在全面建成小康社会的攻坚阶段,基层协商民主为乡村综合治理提供的新模式,不仅有利于推动乡村社会的稳定发展,而且为党的事业发展和国家的长治久安奠定坚实基础。

## (一)农村基层协商民主是党的群众路线在农村的集中贯彻

群众路线的理论渊源来自马克思主义关于人民群众的观点。唯物史观认为,人民群众是历史的创造者,是社会物质财富和精神财富的创造者,是社会变革的决定力量。习近平总书记提出,“在中国社会主义制度下,有事好商量,众人的事情由众人商量,找到全社会意愿和要求的最大公约数,是人民民主的真谛……涉及基层群众利益的事情,要在基层群众中广泛商量”①。群众路线是党的生命线和根本工作路线,党的一切工作都应该围绕群众,依靠群众。党的十八届三中全会审议通过的《中共中央关于全面深化改革若干重大问题的决定》明确指出:“协商民主是我国社会主义民主政治的特有形式和独特优势,是党的群众路线在政治领域的重要体现。”②农村基层协商民主是中国特色社会主义民主政治的重要组成部分,是推动政治民主化的基础所在。在中国这样一个农村人口占大多数的国家里,农村基层群众是中国社会稳定和长治久安的基础,乡村的诸多事务只有与群众保持协商对话,充分维护群众的利益,才能得到群众的支持

① 习近平:《在庆祝中国人民政治协商会议成立65周年大会上的讲话》,《人民日报》2014年9月22日。

② 《中共中央关于全面深化改革若干重大问题的决定》,人民出版社2013年版,第29页。

和信任。可以说,农村基层协商民主的实践状况是衡量党的群众路线落实情况的重要杠杆。

### (二)农村基层协商民主是实现乡村善治的有力抓手

党的十八届四中全会提出,“法律是治国之重器,良法是善治之前提”,首次在国家治理领域使用“善治”一词。所谓善治,指的是公共利益最大化的治理过程和治理活动①,其主体是官员和民众。在国家治理实践过程中,政府所制定的公共政策以及对公共事务的处置,必须满足大多数人的利益需求。也就是说,国家治理要实现善治,尚需一个完备、可行、科学、合理的法律体系与之相配套。除此以外,善治的要素还应包括平等公正、有序参与等。在社会主义国家,人民的利益是其工作的出发点和落脚点。而要满足基层民众的利益,就必须创造条件让他们参与其中,加强民主协商,并辅以权威合理的法律法规,方能实现公共利益的最大化。基层既是产生社会矛盾的“源头”,同时,也是疏导各种矛盾冲突的“茬口”。②基层协商民主建设有助于解决好基层社会矛盾,从而有利于民主、法治国家的建构。在中国广大农村,村民通过有组织的、平等有序的民主协商方式管理本村各项事务,是推进农村基层民主建设、实现中国特色社会主义民主政治的根本保证。因此,基层协商民主是实现乡村善治的重要途径和有力抓手。

---

① 俞可平:《法治与善治》,《西南政法大学学报》2016 年第 2 期。

② 本书编写组:《中国共产党第十八届中央委员会第四次全体会议文件汇编》,人民出版社 2014 年版,第 26 页。

### （三）农村基层协商民主是推进农村基层反腐监督体制建设的关键环节

反腐已成为当前中国政治建设的重要任务之一，广大农村的基层腐败问题较为突出，比如，一些地方滥用职权、贪占或挪用扶贫涉农资金等。老百姓身边的腐败现象，一方面，侵害农民的切身利益；另一方面，这种看得见的腐败行为往往会对其视觉和感官产生巨大冲击力，对执政者公信力的建构产生负面影响，甚至会加大衍生“塔西佗陷阱”的风险指数，从而严重腐蚀党的执政根基。长此以往，农村党群干群关系和基层社会矛盾存在进一步恶化的可能。在村民自治实践中，村民通过选举把自己的权利委托给村民代表和村民大会，但是，基层权力机关在对公权力的实践过程中，受基层社会民主政治观念培育不足、乡村治理权力“真空”、宗族家族势力的控制与影响等因素的制约，民主监督和民主管理难以发挥应有的积极作用，甚至在一些地方出现某种程度的“管理失控”现象。伴随经济的快速发展和新媒体时代的到来，基层民众参政议政、维护自身权益的意识明显得到强化，在这种形势下，寻求一个构建和谐干群关系的平台和机制显得尤为重要。协商民主在农村基层社会培育和成长，一方面，有利于扩大基层民众的有序政治参与；另一方面，有助于提高农村民主监督机制实施的有效性。在民主协商过程中，农村的各类事务均可以通过公开、公正、透明、民主的方式得以解决。这对加强基层社会的有效监管、建立健全农村反腐倡廉机制亦具有非常深远的意义。

## 二、基层协商民主的典型探索

当前，中国正处在一个大变革的时代，发展机遇与矛盾挑战并存，如何在基层社会推行民主协商，建立健全基层协商民主建设协调联动机制，提高基层社会治理的水平，进一步夯实党的执政基础，是摆在我们面前的一项重大课题。一些地方对农村基层协商民主的实践探索，如浙江温岭模式、天津宝坻村级治理机制、贵州龙坑“协商民主下基层”等，都取得显著成效。

### （一）“恳谈会”：浙江温岭模式

浙江省温岭市是中国较早实行农村股份合作制试点的地区之一。受市场经济思想洗礼且已奔向全面小康社会的基层民众，政治参与意识和权益保护意识明显增强，越来越关注现行村务政务公开等政策对其自主经营的影响。在这种形势下，若缺失一个畅通无阻的民主渠道和沟通协商平台，将会衍生一系列新的社会矛盾。于是，温岭市松门镇在1999年就尝试建构一个民主对话机制，专门举办“农业农村现代化建设论坛”，让干部与群众面对面沟通交流。当时，自发前来参加此次论坛的群众有100余人，这便是“恳谈会”的最早雏形。之后，温岭市在全市推广这一做法，在村级广泛推行“民主日”活动，创造干部与群众直接对话的机会。次年，温岭市委在全市范围内推行“民主恳谈”制度，开展“民情恳谈”“村民民主日”“农民讲台”“民情直通车”等系列活动，并将此作为推进基层民主政治建设的新载体、新形式。随着基层协商民主的不断扩大，为兼顾群众参与的公平性和有效性，温岭市又在之后数年尝试设立“两库”，即“参与库”与“专业库”，然后，在“两库”中随机抽取基层群众代表、相关专家参与村级预算协商和监督。“近年，在市、镇（街道）两级重新调整和扩大了预算审查监督参与库和专业库。‘两库’的建立，为使更多的公民参与预算协商和监督提供了有效的渠道。”①可见，植根中国土壤的“温岭模式”，在基层协商民主实践中实现了制度创新。

浙江温岭的协商民主形式，从最初的干部与群众直接对话恳谈，到民众参与决策和外部监督，再发展到预算协商，表现出中国基层政治民主实践的突出优势。其一，始终坚持地方党委的统一领导。温岭市委曾多次下发文件强调，民主恳谈议题的确定、实施过程和监督机制均要以坚持贯彻党的思想路线和方针政策为前提，从而确保基层协商民主沿着健康、正确、有序的方向发展。其二，政府自上而下的推动和基层民众的有序参与相融合。温岭市不仅明确提出有关民主恳谈的原则、范围、监督、制约等内容，而且把基层协商民主纳入当地政府的绩效考核体系，与党委、政府工作人员的福利待遇挂钩。这在一定程度上有助于深化民主政治改革，调动广大干部群众践行民主恳谈制度的积极性。其三，专家的策划与指导。这是浙江温岭协商恳谈的一大特色。在“两库”建设过程中，温岭市组织了一批基层工作经验丰富、理论功底深厚的专家给予指导、建议和监督，提高了民主恳谈的质量和成效，使基层民众得到广泛的政治民主训练。

① 朱圣明：《基层协商民主代表如何产生》，《学习时报》2014 年 4 月 28 日。

## (二)“让民做主”:天津宝坻村级治理机制

天津市宝坻区是全国最早开展村务公开的地区之一。基于落实中央关于“基层协商制度化”精神的要求,宝坻区于2013年开始在全区探索和推广农村基层协商民主,对基层群众关心关注的公共问题进行磋商解决。首先成立推行农村基层协商民主制度专项调研组,深入街道、村落和全国先进示范地进行四个月的调研考察,先后召开45次座谈会,制定宝坻区《关于实行农村基层协商民主制度的意见(征求意见稿)》。2013年6月到10月,区委考虑到当时全区缺少可资借鉴的经验,开始在乡镇、街道进行试点。2013年10月,区委关于推行农村基层协商民主制度“六步决策法”会议的召开,以及进一步完善村级事务决策方案的出台,标志着农村基层协商民主制度在全区得以有效推开,从而把党的群众路线融入基层民众的日常生活。此后,天津市宝坻区一直着力推进基层协商民主建设,真正实现由“为民做主”“替民做主”向“让民做主”的转变。①

宝坻区在推行农村基层协商民主的过程中,注重协商民主的政策性和实践性,受到辖区群众的广泛认同和热情参与,有效地防止恶性信访事件的发生,在实践层面收到良好的社会治理成效。首先,使基层民众的主体地位得到彰显。村级事务助理和综合服务站及时收集群众的建议和要求,为合理选择民主协商的议题奠定基础。全程参与协商的民主表达权利以及全方位监督权利的赋予,激发民众对自身意愿的自主表达。其次,完善农村基层协商民主的相关配套制

① 杜洋洋:《遇事多商量,决策更科学》,《天津日报》2014年7月15日。

度。中共中央印发的《关于加强社会主义协商民主建设的意见》明确强调，“坚持依法有序、积极稳妥，确保协商民主有制可依、有规可守、有章可循、有序可遵”。宝坻区委为贯彻基层协商民主的相关精神，着手制定关于村民代表推选、党员联系群众、协商民主监督和问责追责等相关制度，使农村基层协商民主走上科学化、制度化、规范化的轨道。

### （三）“协商民主下基层”：政协贵州龙坑联络委桥梁作用的发挥

2003 年，贵州省遵义县龙坑镇成立政协联络组，推动“协商民主下基层”工作。经过近 10 年的实践探索，2012 年，龙坑镇将联络组更名为联络委，且联络委主任由镇党委副书记兼任，明确为正科级待遇，足以证明其对基层协商民主工作的重视。联络委总结提出“3456”工作法，努力探索基层协商民主制度化的有效路径，在实践探索中逐步形成由“三有”“四落实”“五开展”“六服务”构成的制度体系。为确立基层协商民主的方向，提出“三有”：有健全的组织机构、规范的制度职责、翔实的工作计划；为保障基层协商民主工作的顺利进行，提出“四落实”：落实经费、落实阵地、落实责任、落实人员；为确立基层协商民主的工作载体，提出“五开展”：开展调研视察、协商议政、民主评议、民情搜集、宣传教育；为保障基层协商民主工作的效果，提出“六服务”：服务经济建设、民生事业、科学决策、政协委员、提案办理、调研视察。通过对社情民意的收集与反馈，龙坑镇把民主改善置于优先位置，并以就业问题为突破口，全面协调各职能部门，促进新增就业 8 258 人，新增转移农村富余劳动力 9 837 人，实现下岗失业人员再就业 612 人。①

龙坑镇在推行基层协商民主过程中，将“反映民意、服务民生”作为工作的核心，充分发挥联络委的桥梁作用，及时化解各类社会矛盾。联络委的主要成员由当地的政协委员和知名人士组成，下设协商议政工作组、社情民意工作组和民主评议工作组。联络委的成员长期生活在基层，且有一定的社会威望，能及时掌握民情、发现问题，能够在第一时间开展民主协商，化解社会矛盾。此外，在工作中，当地党委和政府充分发挥联络委成员参政议政的作用，让其参与政府的中心工作，成为政府科学决策和科学发展的“助推器”。

从以上三个农村基层协商民主的典型实践，可以总结出三个鲜明特点：其一，以重视党委统一领导为中心，确保各项方针政策的正确方向和健康发展；其二，以中间协商平台为纽带，加强政府和基层民众的沟通与交流；其三，以解决群众实际问题、实际困难为中心任务，促进社会的和谐发展。

## 三、影响基层协商民主推进的障碍性因素

当前，尽管中国农村基层协商民主建设已经取得初步成效，有许多成功经验值得借鉴和推广，但是，从整体上而言，尚处于初级发展阶段，基层协商民主仍存在一些亟待解决的问题。

① 政协遵义县龙坑镇联络委：《政协工作接地气，唱响基层协商民主好声音》，《人民政协报》2014 年 10 月 17 日。

### （一）农村精英外流，家族等力量主导

改革开放后，中国的城乡发展格局发生显著变化，呈现大规模城市化态势，农村人口尤其是年轻的精英群体大批涌入城市。目前，由于农村人口的主体为老人、妇女和留守儿童，因此，农村人口参与农村公共事务的意愿有所降温，部分乡村的社会治理呈现低水平循环态势。与此同时，农村社会活力日渐丧失，一些公共基础设施和公共服务难以有效供给，城乡之间的差距没有明显缩小，反而在某些地区有持续拉大的趋势。这些均成为中国推进农村基层协商民主所面临的不可忽视的现实问题。在农村基层民主运行过程中，村民通过民主投票选出村干部，委托村干部管理村内事务，村干部的行为受到村民的广泛监督，因此，村民是基层民主政治的参与主体，而农村精英分子的大量流失，也在一定程度上助长农村家族和宗族势力介入和参与基层社会治理的情况，使得农村阶层分化更加严重，村民的合法权益受到一定程度的侵害。目前，农村的"空心化"现状严重影响农村基层协商民主要素的完整性和农村社会治理的整体水平。

### （二）对乡镇管理的"指导""指示"把握不清

推进农村基层民主政治建设，切实保障村民行使民主权利，迫切需要理顺乡镇和农村之间的行政关系。《中华人民共和国村民委员会组织法》第五条明确规定：乡镇政府"对村民委员会的工作给予指导、支持和帮助"，同时，禁止乡镇人民政府干预依法属于村民自治范

围内的各类事项。与此同时，规定村委会必须协助乡、镇的人民政府开展工作。这就从法律上明确规定乡镇政府和村委会之间的关系是指导与被指导的关系，而非领导与被领导的关系。而在实践层面，乡镇政府往往超越自身权限，在乡村治理中对村委会进行过度干涉，主要表现为：干涉村委会选举甚至直接任命；插手村务管理、村内公共事务、村级财政等，限制村委会和村民民主选举、民主决策、民主管理和民主监督的权利。除此之外，有些乡镇政府还要求村级建立与其相对应的组织机构，把许多行政事务交付村级组织，甚至直接干预。这些做法严重影响村民对民主权利的行使和自身合法权益的维护，使农村基层民主政治建设难以得到真正落实和有效推进。

### （三）村支部与村委会的关系存在极端倾向

村党支部和村委会是农村基层社会治理的两大主体，在农村基层民主建设中发挥关键作用。《中华人民共和国村民委员会组织法》第四条规定："中国共产党在农村的基层组织，按照中国共产党章程进行工作，发挥领导核心作用……依照宪法和法律，支持和保障村民开展自治活动、直接行使民主权利。"这就从法律上界定了村党支部的核心地位，同时，也明确指出村委会在村民自治中不可替代的重要作用。然而，一些农村基层组织过度夸大村党支部的领导核心作用，村党支部"一言堂"现象在一定范围长期存在，形成村党支部和村委会之间"我定你听、我说你做"的非正常工作模式。除此之外，有些村委会认为自己是民主选举产生的，便不愿接受村党支部的领导，导致"两委"关系不融洽，良好的工作沟通机制尚未建构。长此以往，势必影响农村基层民主建设的进程,使农村基层协商民主流于形式,村民民主权利被架空。

## 四、新时代实践基层协商民主的路径

基层协商民主就是要将协商置于决策之前和决策之中,根据群众的意见和建议来落实各项工作。鉴于此,新时代进一步推进农村基层协商民主,充分发挥协商民主在基层社会治理中的作用,必须做到"三个结合",即培育农村民主政治文化与发展农村经济相结合、营造良好的政策环境和实现制度具体化相结合、加强干部的群众观点教育与提高农民主体意识维权能力相结合。

### (一) 培育农村民主政治文化与发展农村经济相结合

任何一项政治制度的良性运行都离不开相应政治文化的支撑,落实农村基层协商民主亦需要建设具有协商精神的农村民主政治文化,只有这样,才能充分发挥协商民主的价值和作用。

优先改良农村政治文化是夯实农村基层协商民主的重要保障。在传统的政治格局中,干部官僚作风盛行,这种现象往往会使一些领导干部不愿放下姿态与村民进行真正意义上的平等协商。与此同时,基层社会民主文化建构的不足导致农民缺乏主体平等意识。这些均与协商民主精神相背离。发展农村基层协商民主就必须调适当前的政治文化氛围,比如,将民生问题纳入基层干部考核体系,建立

“敢说话”“敢说真话”的对话机制,从而培育民主、和谐、平等的协商文化。除此之外,农村经济的发展是推动农村基层政治协商的前提和动力,只有让广大农民获得经济自由,才能把农民从单纯的物质追求中解放出来,通过互联网和新媒体了解政治新动向,表达自己的政治意愿,在更大的范围内参与政治。同时,加强农村的医疗卫生、就业渠道、文化教育等民生工程建设,缩小城乡差距,提高农民对党和国家的认同感,激发农民当家做主的优越感和自豪感,从而进一步提高他们参政议政、民主协商的积极性和主动性。

### (二)营造良好的政策环境和实现制度具体化相结合

现代法治是农村推行基层民主的根本保障,《中华人民共和国村民委员会组织法》明确规定村级事务民主管理和民主监督的机制与原则,如少数服从多数的公开透明的工作原则,实行村务公开,健全各项具体制度等,并无条件接受村民的监督与民主评议。彭真曾指出,“一个社会主义国家,实行社会主义民主,如果群众不掌握法律,不能严肃依法办事,不能监督法律的实施,怎么也不行”①。但是,在实践层面,部分群众法制观念淡薄,对民主政治的认识不到位,而且法治缺位的历史传统所衍生的历史惯性,导致对领导干部的监督乏力,这均对社会主义民主政治建设带来不利影响。因此,营造良好的法治与政策环境对推进农村基层协商民主、实现民主的长效发展具有重要意义。事实上,在实践层面还应该出台具有可操作性的实施

① 中共中央文献研究室:《十三大以来重要文献选编(上)》,中央文献出版社 1991 年版,第 73 页。

细则，否则，基层民主将会面临被“架空”的危险。比如，在民主实施过程中，哪些事务和环节涉及村民的权益，是领导干部所不能干预的，如果权益和依法自治事务受到干预乃至侵犯，村民应如何向上级政府反馈，由上级政府责令其整改，并由村民对整改的情况加以监督，协商处理各项事务，保障村民的自治权利。在这种情况下，制度约束成为防止权力越界的根本保障，相关制度细则的出台，能够进一步加强对权力的有效制约，防止权力滥用，由此，从根本上维护农民的权益。

### （三）加强干部的群众观点教育与提高农民主体意识维权能力相结合

众所周知，在推进农村基层民主建设的过程中，一个良好的制度环境和政治文化固然重要，但是，如果缺乏一个心系群众的领导干部队伍，那么政策的落实也往往成为空谈。2015 年 7 月，中共中央办公厅、国务院办公厅印发《关于加强城乡社区协商的意见》，要求各地“按照协商于民、协商为民的要求，以健全基层党组织领导的充满活力的基层群众自治机制为目标，以扩大有序参与、推进信息公开、加强议事协商、强化权力监督为重点，拓宽协商范围和渠道，丰富协商内容和形式，保障人民群众享有更多更切实的民主权利”①。因此，加强基层干部的素质和能力教育，尤其是群众路线、群众观点教育，使基层干部能够想人民所想、急人民所急，处处站在人民的立场来处理

① 中共中央办公厅、国务院办公厅：《关于加强城乡社区协商的意见》，《人民日报》2015 年 7 月 23 日。

和解决问题。只有尊重群众、相信群众、依靠群众的基层干部，才能真正践行党的群众路线，全心全意为人民谋利益。在广泛听取群众意见的同时，只有尊重群众的主体地位，才能最大化地调动其参与政治的积极性，由此，进一步提高其主体意识和维权能力。要引导农民摆脱传统的草根思想和臣民意识的束缚，牢固树立公民意识和维权意识，让群众通过合法的方式来争取和维护自身利益。

通过农村基层协商民主的实践，不难看出，中国农村基层协商民主已经具备一定的组织基础和制度保障。随着经济社会的发展，中国特色民主政治建设作为中国特色社会主义现代化建设的重要组成部分，尤其在实现中华民族伟大复兴中国梦的关键时期，进一步推进农村基层协商民主，不仅是夯实中国共产党执政根基的内在要求，亦是实现社会主义现代化的必然追求。在全面深化改革的历史新阶段，广大人民群众的民主意识不断增强，参与政治的热情日益高涨，农村基层民主建设出现一些新情况新问题新倾向。在这种严峻的态势下，更应在尊重农民主体地位和创造精神的同时，加强和改善党的领导，进行科学规划和引导，实现国家关于基层协商民主政策和基层社会实践的双向互动，普遍建立主体广泛、形式多样、内容丰富、环节完整、规范有序、行之有效的“参与型”基层协商体系，推动基层协商的制度化、规范化和程序化，使之在基层社会治理中发挥更多的有益作用。

**说明**：本文系天津市教委科研计划项目“新时期中国共产党关于农村基层民主建设思想的演进”(20142806)、2017 年度全国党校系统重点调研课题“人类对更好社会制度探索的中国方案研究”的阶段性成果。

**论文出处:**《学习论坛》2018 年第 2 期。

**作者简介:**闫夏,天津公安警官职业学院副教授。

刘晖,上海市社会主义学院教研部主任,教授,新型政党制度研究中心主任。

# 第二十一章　宗教信仰自由与坚持宗教中国化方向

程洪猛

## 一、宗教信仰自由

从宏观角度看，宗教信仰自由是一种社会现象，是对一定范围内的人与他者之宗教关系的一种描述；从微观上来讲，宗教信仰自由是个人拥有的一项基本权利。基本上国际法和大多数国家的宪法都对宗教信仰自由进行了规定，不过至今也没有统一的定义，我国学者就此也有不同意见。不同的定义，往往导致其内涵和外延会有重大区别，进而造成相关制度设计上的悬殊，因此研究宗教信仰自由的定义问题往往是深入研究宗教信仰自由的重要一步，也是在宗教信仰自由权利的保护方面形成共识的基础。本章尝试给宗教信仰自由下一个定义。

下定义需要依据现有的相关法律条文和相关研究成果对宗教信仰自由的内在逻辑结构进行分析，定义则是对它们的高度概括。宗教信仰自由作为一项权利，从内在逻辑结构上看，包括权利主体、权利客体和权利内容三要素。三种要素都具有一定的模糊性和多样性。

## （一）宗教信仰自由的主体

我们可以依据现有的法律条文总结宗教信仰自由的主体，各国宪法和国际法对宗教信仰自由主体的表述常见的词语如表1、表2所示：

**表1　各国宪法采用不同主体表述的数量情况①**

| 宗教信仰自由主体表述方式 | 各国宪法采用此种表述的国家数量(个) |
| --- | --- |
| 所有人(每个人) | 52 |
| 公民(国民、人民) | 25 |
| 无主体表述 | 14 |
| 居民 | 4 |
| 双重主体(个人和集体) | 4 |
| 主体受限制的表述 | 伊朗宪法第十三条：信奉袄教、犹太教和基督教的伊朗人；<br>阿根廷宪法第二十条：外籍居民；<br>瓦努阿图宪法第五条：除法定不具有公民身份的人之外，每个人…… |
| 其他表述 | 宪法采用“除非经本人同意的”表述方式的国家有2个(圣克里斯托弗和尼维斯联邦、所罗门群岛) |

注：在归纳中将“……人”视作为公民、国民；将“……的人”视作比公民、国民更广义的人。另外少数国家在归类上重复，如伊朗既归属于居民类，也归属于主体受限制类。

① 参见闫莉：《宗教信仰：自由与限制》，社会科学文献出版社2012年版，第35页。

从表1可以看出，绝大多数国家采用了泛指的“人人”“每个人”“所有人”“任何人”这样的表述。虽然这种泛指性主体在实际享受权利的时候仍会受到来自国家疆域的约束，但是至少在理念上表达了对一切人的人权的肯定。人权是比公民权更为基础的一类权利，人权是人仅仅因为作为人就应当拥有的权利，而公民权则与特定的国籍相联系。居民包括居民自然人和居民法人。居民和公民相对于“人人”“所有人”都具有一定的狭隘性、地方性。少数国家对宗教信仰自由的主体有所限制，其理由有：非本国公民不享有宗教信仰自由（如瓦努阿图）；外籍居民（如阿根廷）；少数不信仰官方宗教的人（如伊朗）。

**表2　国际法关于宗教信仰自由的主体表述情况**①

| 文件名称 | 表述内容 |
| --- | --- |
| 1948年《世界人权宣言》 | 第十八条：人人皆有……权利 |
| 1950年《欧洲人权公约》 | 第九条：人人有权享受…… |
| 1966年《公民权利和政治权利国际公约》 | 第十八条：一、人人皆有权享受……自由。二、任何人…… |
| 1969年《美洲人权公约》 | 第十二条：良心和宗教自由；人人有权享有…… |
| 1981年《非洲人权和民族权宪章》 | 第八条：任何人…… |

国际法由于超越了地域和国家的限制，一般采用的是更为宽泛的表述，如“人人”“任何人”等，也体现了宗教信仰自由是一项基本的人权。

从各国宪法和国际法的规定来看，宗教信仰自由的主体应该是

① 参见闫莉：《宗教信仰：自由与限制》，社会科学文献出版社2012年版，第37页。

一切人。从宗教信仰自由的本质来看，它是一种思想自由，而健康的人都拥有理性和思想，因此它应该属于一切自然人。有学者认为，除了个人以外，集体或团体也是宗教信仰自由的主体。[①]本文认为，持共同信仰的集体或团体不是宗教信仰自由的直接主体，因为宗教信仰自由是宪法权利，而宪法权利不可能赋予特殊的团体只能赋予个人。[②]团体自由是个人自由在社会上和法律上的延伸，要受到比个人更多的法律约束。

思考宗教信仰自由的主体问题，对于当下中国有特别的意义。

第一，中国《宪法》第三十六条规定："中华人民共和国公民有宗教信仰自由。任何国家机关、社会团体和个人不得强制公民信仰宗教或者不信仰宗教，不得歧视信仰宗教的公民和不信仰宗教的公民。"可见，宪法把宗教信仰自由的主体限制在"中国公民"上，宗教信仰自由相应地被理解为一种公民权而不是人权。不过，我国政府还颁布了《中华人民共和国境内外国人宗教活动管理规定》，尊重在中国境内的外国人的宗教信仰自由，保护外国人在宗教方面同中国宗教界进行的友好往来和文化学术交流活动，拓宽了宗教信仰自由的主体范围。不过，在中国国土上，除了公民和境内外国人外，还有被剥夺了公民权的居民——这些人也应该是宗教信仰自由的主体。因此，是否有必要在宪法上明确规定"一切人"都拥有宗教信仰自由的权利，是一个在理论上和实践上都需要深入探讨的问题。

第二，中国共产党党员是不是宗教信仰自由的主体？中国共产党历来反对党员信仰宗教。如 1940 年，毛泽东在《新民主主义论》中

---

① 参见杨合理：《论宗教自由的内在逻辑结构》，《甘肃政法学院学报》2012 年第 7 期。

② 参见谢文郁：《宗教自由是一个假命题》，《中国民族报》2013 年 3 月 5 日。

指出:“共产党员可以和某些唯心论者甚至宗教徒建立在政治行动上的反帝反封建的统一战线,但是决不能赞同他们的唯心论或宗教教义。”1982 年,《关于我国社会主义时期宗教问题的基本观点和基本政策》指出:“我们党宣布和实行宗教信仰自由的政策,这当然不是说共产党员可以自由信奉宗教。党的宗教信仰自由的政策,是对我国公民来说的,并不适用于共产党员。”2002 年,《中共中央、国务院关于加强宗教工作的决定》指出:“共产党员不得信仰宗教,要教育党员、干部坚定共产主义信念,防止宗教的侵蚀。”2011 年,时任中共中央统战部常务副部长的朱维群在《求是》上发表了《共产党员不能信仰宗教》的文章,重申共产党员不得信仰宗教。

鉴于宗教信仰自由包含信仰宗教的自由和不信仰宗教的自由两个方面,因而中国共产党党员是宗教信仰自由的主体,而且是已经享有宗教信仰自由权利并做出了信仰选择的主体。首先,宗教信仰自由是准共产党员能够选择不信仰宗教、选择信仰马克思主义的逻辑前提。只有使用不信仰宗教的自由,准共产党员才能选择成为无神论者。这一点与宗教信仰自由是人权不矛盾。其次,已经成为共产党员的人,都在入党申请书里向党表白过要做坚定的马克思主义者即唯物主义者,因此必须遵守承诺和党的纪律,不再信仰宗教。若要重新选择信仰宗教,就必须选择退出党组织。打个比方说,在主张婚姻自由的国家,“单身俱乐部”的会员是不是婚姻自由的主体呢?能不能结婚呢?答案是,他们享有结婚的自由也享有不结婚的自由,且他们已经选择了不结婚,若要结婚就要退出“单身俱乐部”。看来,共产党员确实不应该信仰宗教。

### (二) 宗教信仰自由的客体

宗教信仰自由的权利客体是信仰,包括宗教信仰和非宗教信仰。

信仰的定义众说纷纭。“信仰是同人类的社会、精神生活一同发展起来的精神现象,表现为社会成员对一定的宇宙观、社会观、价值观、人生观等观念体系的信奉和遵行。”①《大英百科全书》认为信仰是指在无充分的理智认识以保证一个命题为真实的情况下,就对它接受或同意的一种心理状态。我国《辞海》对信仰的定义是“对某种宗教或主义极度信服和尊重,并以之为行动的准则”。笔者认为,信仰不仅是多义词,而且是多词性词。信仰可作名词(英文为 faith 或 belief),如“我的信仰是马克思主义”(英文是 my faith is Marxism);也可作动词(英文为 believe in),如“我信仰佛教”(英文是 I believe in Buddhism)。我们认为,名词性的信仰略有褒义,是指这样一种思想体系或价值观念:它虽然不能被证明为正确或合理,却被人接受作为思维的导向和行动的指南。如基督教上帝的存在不能被理性证明为真实,自由主义不能被证明为完全合理,但是它们都拥有众多的信徒。动词性的信仰是中性词,它是这样一种持续的心理倾向:表现为主体(个人或群体)积极地接受那些虽然不能证明其为正确或合理的思想体系或价值观念并将之作为思维的导向和行动的指南。信仰可以分为很多种,如哲学信仰、科学信仰、政治信仰、宗教信仰等。

宗教信仰是信仰中的特殊门类,其最本质的特点是宗教信仰的对象与核心法则往往是超自然或超人间的,无论是基督教的上帝、救

① 冯天策:《信仰导论》,广西人民出版社 1992 年版,第 1 页。

赎,伊斯兰教的安拉、前定,佛教的佛陀、轮回,道教的神仙、得道,都具有一定的超越性,在马克思主义看来本质上都是一种有神论的思想体系和价值观念。宗教不同于一般信仰的地方还在于它是一种社会实体,且拥有相对稳定的个性化的宗教行为,如基督教定期聚会和乐于传教,佛教的参禅打坐,道教的武术和辟谷等。我国学者吕大吉的宗教"四要素"说,较全面地概括了宗教的各个方面,他认为宗教是关于超人间、超自然力量(实质上是人间的自然力量——引者注)的一种社会意识,以及因此而对之表示信仰和崇拜的行为,是综合这种意识和行为并使之规范化、体制化的社会文化体系。①据《大英百科全书》(2010 年版)统计,2009 年,世界人口约 68.28 亿,信教人数达 60.49 亿,占世界人口的 89%,其中基督徒 22.65 亿人,约占世界人口的 1/3;穆斯林约 15.23 亿人,约占世界人口的 1/5;佛教徒 4.6 亿多人,其影响亦日益扩大。宗教依然是人类最重要的信仰形式。

非宗教信仰,是除宗教信仰以外的信仰形式,如影响较大的自由主义、马克思主义等。科学、哲学、艺术、道德都可以成为信仰,甚至享乐主义也是某些人的信仰。当今世界,信仰极为多元化、个人化,要想用语言去穷尽它恐怕是不可能的。非宗教信仰也在宗教信仰自由的保护之下,这种界定对于中国的现实意义十分重大。一般认为,中国的合法宗教是五大宗教:天主教、基督教、佛教、道教和伊斯兰教。②这给人造成一种错觉,即除了做马克思主义者和无神论者外,只有信仰这五种宗教才能得到承认和保护,因此就有人论证

① 吕大吉:《宗教学通论新编》,中国社会科学出版社 2010 年版,第 63 页。

② "我们尊重历史上形成的我国五大宗教的格局。"参见江泽民:《论宗教问题》,引自《宗教政策法规文件选编》,宗教文化出版社 2012 年版,第 51 页。

“儒家是不是宗教”“民间宗教、民间信仰和民俗是不是宗教”“关公信仰、妈祖信仰是不是宗教信仰”诸如此类的问题，以期得到宪法和法律的保护。其实，这种提出和研究问题的方式可以商榷和反思。一种信仰，要么是宗教信仰，要么是非宗教信仰，信仰本身都是自由的。而一种信仰是不是信仰，一般情况下由信仰者自己说了算。只要其信仰的外在表达如言论、行为和组织活动不触犯法律，那就是合法的、受到保护的。中国宪法对宗教信仰自由的规定实质上十分宽容，为信仰的多元化提供了广阔的空间，关键要正面、正确地理解。

虽然宗教信仰自由的客体是信仰，但它不完全等同于“信仰自由”，区别在于“宗教信仰自由”已经隐晦地把信仰分为“宗教信仰”和“非宗教信仰”两大类(信仰作为名词的情况)，把信仰自由分为“信仰宗教的自由”和“不信仰宗教的自由”两大类(信仰作为动词的情况)。“信仰自由”则体现不出这种分类。在人类很长的历史时期特别是西方历史的语境下，信仰往往就是指宗教信仰，而且宗教上的不自由给人类带来了重大的灾难。因此，“宗教信仰自由”既可以表达人类追求信仰自由的初衷，又可以突出对宗教的强调。所以，认为信仰是宗教信仰自由的客体是比较准确的。

### (三) 宗教信仰自由的内容

“我们常听得人家说，思想是自由的。原来一个人无论思想什么，只要想在肚里秘而不宣，总没人能禁止他的。限制他内心的活动者，只有他的经验和他的想象力。但这种私自思想的天赋自由是无甚价值的。一个人既有所思，若不许他传之他人，那么，他就要觉得不满足，甚至感到痛苦，而对于他人也无价值可言了。并且思想既在心底上活跃，是极难隐藏的。……所以思想自由，从它的任何价值的意义看来，是包含着言论自由的。”①思想自由极其珍贵，但仅仅停留在大脑里的思想自由是没有太大价值的，思想需要表达，只有通过表达才能达到交流的目的，才能产生效用。言论自由的重要性就凸显了。

信仰本质上是思想，信仰自由是思想自由的一部分，信仰也有外在的表达形式。其表达形式至少可以分为两种：即有时是隐秘的，有时是直白的。举例而言，一个信仰加尔文主义的基督徒，每天勤勉地工作，努力地赚钱，努力地捐钱。别人只认他是个好员工、好老板、好公民，未见得知道他是加尔文主义的信徒。这就是信仰隐秘的表达，它与主体的日常生活水乳交融在一起，信仰在他身上自然而然地流露出来。倘若到了周末，这个基督徒走到教堂里去做礼拜、行忏悔、唱赞美诗，甚至走到大街上去传教，别人一下子就知道原来他是个基督徒。这就是信仰直白的表达。再如，若一个人是共产主义者，他脚踏实地为老百姓服务，修桥铺路，带领老百姓致富奔小康，“为人民服务”的精神就从他的行为中流露出来了——这是隐秘的表达。而当他向党旗宣誓或参加党支部小组讨论的时候，人们就直接知晓他的共产主义信仰了，这就是直白的表达。

人的信仰往往是逐渐形成的，形成以后也未必一成不变。所以，在持有一种信仰之前，人们需要对多个信仰进行选择——尽管这种

① ［英］J.B.伯里：《思想自由史》，宋桂煌译，吉林人民出版社1999年版，第1页。

选择未必是自觉的。例如，在宗教信仰自由的自然状态期①，普通民众的信仰往往是其所属的部落、民族决定的。即使在今天，一个人的出生地往往决定了他的信仰。如阿拉伯人往往信仰伊斯兰教，美国人则很可能成为基督徒，出生在中国则很可能没有宗教信仰。人往往是有限理性者，其理性受到周边环境的影响是极大的。一个人对信仰选择的自由度，取决于他对信仰的多样性了解的程度。尽管人不总是对信仰做出完全自由的选择，但是这种自由在逻辑上和法律上是正当的。

因此，宗教信仰自由包括信仰的选择自由和信仰的表达自由这两个方面。②

信仰的选择自由属于个人，一个人不管信仰宗教还是不信仰宗教都是他自己的私事。一旦被监护人有独立的理性选择能力，监护人应当充分尊重其选择自由。不强迫不等于置之不理，不等于不负责任。如一个人信仰某种哲学或宗教甚至达到迷信且伤害身心的程

---

① 笔者在另外一篇文章中提出，西方宗教信仰自由观念的历史演进经历了四个阶段：自然状态期（392 年之前）、埋没期（392—1517 年）、形成期（1517—1848 年）和成熟期（1848 年至今）。公元 392 年基督教成为罗马帝国国教、1517 年欧洲宗教改革和 1848 年《共产党宣言》的发表是宗教信仰自由史上最重要的时间点和历史事件：基督教成为罗马帝国国教结束了古希腊罗马奴隶社会及其之前的宗教多元状态，为欧洲进入中世纪封建社会预备了大一统的一神教意识形态；以宗教改革为开端的资产阶级革命结束了中世纪教阶制天主教会一统天下的局面，开启了资本主义社会里基督教各教派乃至不同宗教自由竞争的时代；以《共产党宣言》的发表为标志的无产阶级革命，让科学信仰走上历史舞台，强调人们不仅拥有信仰宗教的自由，还拥有不信仰宗教即选择科学世界观的自由，充实了宗教信仰自由的内涵，为人类的精神解放创造了社会条件和观念上的准备。参见程洪猛：《西方宗教信仰自由观念的历史演进》，转引自《宗教与美国社会》第 12 辑，时事出版社 2016 年版。

② 从发生学角度看，宗教信仰自由除信仰的选择自由和信仰的表达自由外，还有居于两者之间的信仰的思想自由，如冥想、默祷、念经、祝福等，这些心理活动并不具有法律和宗教学的意义。不过历史上也有例外，如思想罪和文字狱，就是对人的思想进行惩罚的案例。

度,那么善意的劝说和适当的教育就是正当的。判断一种行为是否违反了选择自由,关键是看动机、态度和方法是否得当——时时刻刻都要把人的尊严放在第一位。信仰的选择自由对于中国人有特殊意义。首先,党和政府不应强迫群众接受马克思主义和无神论,不能强迫信教的群众不信教,不能歧视信教的群众。其次,在多数人信教的地方不应歧视不信教的群众,多数人不信教的地方不应歧视信教的群众。第三,富有传教精神的宗教组织和个人、特别是来自国外的宗教团体应该尊重中国人多数不信教(特别是不信仰基督宗教)的事实,不能以传教的自由侵犯他人信仰选择的自由。第四,劝说、教育他人改变信仰,应该以他人的精神需要和利益为出发点,而不是以自己的精神需要和利益为出发点。①信仰的选择自由是极度私人化的,不涉及对他人、集体和公共利益的影响,即使有也是非常间接的。所以它是宗教信仰自由中第一位的自由,是只受法律保护、不受法律约束的绝对自由。

表达由言论和行为组成,信仰的表达自由包括:言论上的自由(表明宗教信仰、祷告、念经或向党旗宣誓等);行为上的自由(如参加宗教活动、传播宗教信仰、宣传无神论②等);结社的自由(组成宗教团体、信仰团体、马克思主义研究小组、国学社等)。列宁说:"这些团体应当是完全自由的、与政权无关的志同道合的公民联合体。"③这里的

① 程洪猛:《试析传教活动主体的伦理正当性》,《中央社会主义学院学报》2013 年第 1 期。

② 宗教信仰者有传播宗教信仰的权利,非宗教信仰者也自然拥有宣传无神论的权利,只要不是依靠强力、不具有强迫性,都应当是允许的。

③ 参见列宁:《社会主义和宗教》,转引自唐晓峰摘编:《马克思恩格斯列宁论宗教》,人民出版社 2010 年版,第 774 页。

“完全自由”是从政府不干涉宗教团体内部事务的角度来说的。马克思说:“自由是什么呢? ……自由是可以做和可以从事任何不损害他人的事情的权利。每个人能够不损害他人而进行活动的界限是由法律规定的,正像两块田地之间的界限是由界桩确定的一样。”[①]信仰的表达能够对他人、集体和公共利益带来直接的实质性的影响。因此,相对于信仰的选择自由,信仰的表达自由是次一级的自由,是法律范围内的相对自由。所以,我国宪法对宗教信仰的表达做了明确规定:“国家保护正常的宗教活动。任何人不得利用宗教进行破坏社会秩序、损害公民身体健康、妨碍国家教育制度的活动。宗教团体和宗教事务不受外国势力的支配。”[②]这个规定的主要精神对于非宗教信仰的表达方面也是适用的。

综上所述,信仰的选择自由是宗教信仰自由的内在方面,是绝对自由;信仰的表达自由是宗教信仰自由的外在方面,是相对自由。只要法律是公平正义的,那么这两种自由就会真正属于每一个人,因此也意味着人与人之间的平等。自由是天然蕴含着平等的价值的。

### (四) 宗教信仰自由的定义

通过以上对宗教信仰自由内在逻辑结构的分析,我们认为:宗教信仰自由的主体是一切人、自然人或者每个人,客体是宗教信仰和非宗教信仰,内容是信仰的选择自由和法律范围内表达其信仰的自由。

---

① 参见马克思:《论犹太人问题》,转引自唐晓峰摘编:《马克思恩格斯列宁论宗教》,第648页。

② 《中华人民共和国宪法》,第36条。

在实际生活中，由于宗教信仰常常是某个人社会身份的一个重要组成部分，或者是他者看待个人的一个重要标签，在涉及除宗教信仰自由之外的权利时，各国宪法、法律和国际法常常规定了非歧视原则。如中国《宪法》第三十四条规定：中华人民共和国年满18周岁的公民，不分民族、种族、性别、职业、家庭出身、宗教信仰、教育程度、财产状况、居住期限，都有选举权和被选举权；但是依照法律被剥夺政治权利的人除外。因此，宗教信仰自由本身就包含着平等的原则，即宗教信仰不能作为其他权利克减的唯一原因。

一个人信仰什么宗教，或者不信仰宗教，我们认为不是完全由理性决定的。由于宗教的非理性因素和文化性因素，一个人的信仰状态，维持原本的信仰或者改变信仰，常常是由其心理感受决定的，具体到中国人，其信仰状态又常常是不自知的潜意识形态。因此，我们把信仰的选择同时归于人的理性和感受两个方面。

综上所述，我们似乎可以给宗教信仰自由作出如下定义：每个人都拥有依据自己的理性判断和心理感受选择信仰宗教或者不信仰宗教并在法律范围内表达其信仰的自由权利，其他权利不单单因为信仰之差别而产生差别。

## 二、"坚持我国宗教中国化方向"的科学内涵

在2021年12月3日至4日召开的全国宗教工作会议上，习近平总书记明确提出"九个必须"：必须深刻认识做好宗教工作在党和国家工作全局中的重要性，必须建立健全强有力的领导机制，必须坚持

和发展中国特色社会主义宗教理论，必须坚持党的宗教工作基本方针，必须坚持我国宗教中国化方向，必须坚持把广大信教群众团结在党和政府周围，必须构建积极健康的宗教关系，必须支持宗教团体加强自身建设，必须提高宗教工作法治化水平。“九个必须”为做好新时代宗教工作指明了前进方向，提供了根本遵循。其中，“坚持我国宗教中国化方向”值得我们认真学习，深刻领会。

在习近平总书记关于宗教工作的重要论述中，“坚持我国宗教中国化方向”被反复提及。从2015年的中央统战工作会议，到2016年的全国宗教工作会议，再到党的十九大报告和新修订的《中国共产党统一战线工作条例》，这一“方向”的坚持和推进，为宗教与社会主义社会相适应不断锚定航向，标定路标。“坚持我国宗教中国化方向”，本身还有一个特别“中国化”的表述。2021年7月，习近平总书记在西藏拉萨西郊的哲蚌寺考察时强调，宗教的发展规律在于“和”，任何宗教的生存发展，都必须同所在社会相适应，这是世界宗教发展传播的普遍规律。坚持我国宗教中国化方向，就是尊重宗教“和”之规律的具体体现和明确要求。

“中国”，既是地域概念，又具时代内涵。深刻领会“坚持我国宗教中国化方向”，至少要基于地域性和时代性两个维度。

从地域性维度看，坚持我国宗教中国化方向，主要处理的是外来宗教与中国社会的关系问题，也包括本土宗教与所在地域的关系问题。外来宗教要与中国社会具体实际相适应，实现政治上自觉认同、社会上自觉适应、文化上自觉融合。当前，各外来宗教既要以社会主义核心价值观为引领，又要自觉接受中华优秀传统文化浸润；宗教界人士和信教群众要不断增进对伟大祖国、中华民族、中华文化、中国共产党、中国特色社会主义的认同。本土宗教则要与所在地域构建积极健康和谐的宗教关系，不断强化与主流社会及其核心价值观的认同。总而言之，坚持我国宗教中国化方向，目的是要实现从“宗教在中国”向“中国宗教”的深度转变，不断增强我国境内各宗教的中国特色、中国风格和中国气派。

从时代性维度看，坚持我国宗教中国化方向，处理的是我国宗教与中国共产党的初心使命以及中华民族前途命运的关系问题。要在中国近现代史和百年党史视域下考察“坚持我国宗教中国化方向”命题。1840年鸦片战争以后，中国逐步成为半殖民地半封建社会，国家蒙辱、人民蒙难、文明蒙尘，中华民族遭受了前所未有的劫难。从那时起，实现中华民族伟大复兴，就成为中国人民和中华民族最伟大的梦想。中国共产党自1921年成立以来，始终把为中国人民谋幸福、为中华民族谋复兴作为自己的初心使命，中国共产党团结带领中国人民进行的一切奋斗、一切牺牲、一切创造，归结起来就是一个主题：实现中华民族伟大复兴。实现中华民族伟大复兴要团结一切可以团结的力量，调动一切可以调动的积极因素，最大限度凝聚起共同奋斗的力量。能不能够最大限度发挥宗教的积极作用，是具有重大时代意义的战略考量。在新时代“坚持我国宗教中国化方向”，可以理解为党和政府与宗教界总结、继承历史上我国宗教与中国社会相适应的优良传统，在新时代新的历史条件下，按照新的时代要求和宗教发展的客观规律，实现我国宗教与中国共产党领导、团结、带领中国人民实现中华民族伟大复兴的历史实践相适应的理论和实践的总和。

深入推进我国宗教中国化，需要党和政府发挥正面引导作用。要培养一支精通马克思主义宗教观、熟悉宗教工作、善于做信教群众工作的党政干部队伍，通过深入学习马克思主义宗教观、党的宗教工作理论和方针政策、宗教知识，不断提升引导的能力。

深入推进我国宗教中国化，需要宗教界发挥主体作用。要支持引导宗教界加强自我教育、自我管理、自我约束，全面从严治教，带头守法遵规、提升宗教修为。要加强宗教团体自身建设，完善领导班子成员的民主监督制度。要培养一支政治上靠得住、宗教上有造诣、品德上能服众、关键时起作用的宗教界代表人士队伍。

深入推进我国宗教中国化，需要宗教学界发挥科学研究、建言献策作用。宗教学界是助力深入推进“坚持我国宗教中国化方向”的一支重要力量。要培养一支思想政治坚定、坚持马克思主义宗教观、学风优良、善于创新的宗教学研究队伍，加强马克思主义宗教学学科建设。要建设高水平宗教智库，整合宗教研究力量，多出管长远的战略性研究成果。

宗教工作在党和国家工作全局中具有特殊重要性。坚持我国宗教中国化方向是合目的性、合规律性和现实针对性的有机统一，是新时代宗教工作的重要遵循。我们要学深、悟透、践行习近平总书记关于坚持我国宗教中国化方向的重要论述，让我国宗教和宗教工作在中华民族伟大复兴的历史进程中发挥更大的积极作用。

## 三、坚持宗教中国化方向需导之有方有力有效

实现中华民族伟大复兴，需要团结一切可以团结的力量、调动一切可以调动的积极因素，最大限度凝聚起共同奋斗的力量。其中，宗

教的积极作用能不能够被发挥,或者说消极作用能不能得到有效抑制,是一个重要的变量。

党的十八大以来,党中央高度重视宗教工作,党的宗教工作创新推进,取得积极成效。宗教界弘扬爱国精神,讲大局、讲法治、讲科学、讲爱心,不断增进对伟大祖国、中华民族、中华文化、中国共产党、中国特色社会主义的认同。但也要看到,宗教领域依然存在一些问题,如商业化迹象、地下教会势力以及“去中国化”倾向、极端化现象等。

新时代,全面贯彻党的宗教工作基本方针,必须坚持我国宗教中国化方向,积极引导宗教与社会主义社会相适应,即实现“宗教在中国”向“中国宗教”的转变,进一步推动政治上认同、社会上适应、文化上融合。其中,尤为需要党和政府进一步发挥正面引导作用,想得深、看得透、把得准,做到导之有方、导之有力、导之有效。

方,既是方向,又是方略。共产党员不能信仰宗教,这是一个底线问题。同时,加强党对宗教工作的集中统一领导,重点处理好两对关系:一是“党—群”关系,二是“国—民”关系。

在“党—群”关系上,要发挥统一战线重要法宝作用,坚持信仰上相互尊重、政治上团结合作,巩固和发展党同宗教界的爱国统一战线;在“国—民”关系上,要尊重群众宗教信仰,依法管理宗教事务,实事求是,不搞一刀切。

力从何来?可结合四个关键词来发挥法治的力量。一是“提高”,提高宗教工作法治化水平,善于用法律法规规范宗教事务管理,调节涉及宗教的各种社会关系;二是“到位”,基本原则是保护合法、制止非法、遏制极端、抵御渗透、打击犯罪;三是“完善”,如继续完善配套规章制度；四是“人员”，要培养一支精通马克思主义宗教观、熟悉宗教工作、善于做信教群众工作的党政干部队伍，支持宗教团体加强自身建设和人才培养。

所谓效，就是效果。宗教关系，包括党和政府与宗教、社会与宗教、国内不同宗教、我国宗教与外国宗教、信教群众与不信教群众之间的关系。这五对关系的和谐，不能只停留在理念层面，而要有评价体系、反馈机制和法治保障，把工作往精细化、科学化方向去发展、去引导。

总之，坚持我国宗教中国化方向是合目的性、合规律性与现实针对性的有机统一，是新时代宗教工作的重要原则。要学深悟透、砥砺践行习近平总书记有关重要论述，让我国宗教和宗教工作在中华民族伟大复兴的历史进程中发挥更大的积极作用。

**论文出处：**《基督教学术》2016 年第 1 辑；《人民政协报》2021 年 12 月 14 日；《解放日报》2021 年 12 月 14 日。

**作者简介：**程洪猛，上海市习近平新时代中国特色社会主义思想研究中心研究员，上海市社会主义学院城市民族和宗教研究中心副主任。

# 第二十二章　新生代非公有制经济企业家思想动态调查与分析

——以上海市S区为例

王俊华　郑佐华　狄正华

## 一、何谓新生代非公有制经济企业家

改革开放40年来，非公有制经济从无到有，从小到大，并成为社会主义市场经济的重要组成部分。党的十九大报告指出，毫不动摇巩固和发展公有制经济，毫不动摇鼓励、支持、引导非公有制经济发展。伴随着非公有制经济的发展，非公有制经济人士队伍也不断成长壮大。习近平总书记多次在谈到促进非公有制经济人士健康成长时，强调“要关注他们的思想”，“同他们交思想上的朋友”。[①]加强研究

① 《习近平在中央统战工作会议上强调：巩固发展最广泛的爱国统一战线　为实现中国梦提供广泛力量支持》，《人民日报》2015年5月21日。

新生代非公有制经济企业家思想动态，不仅是贯彻落实党中央对非公有制经济领域意识形态工作要求的重要途径，也是促进非公有制经济健康发展和非公有制经济人士健康成长的重要举措。

何谓新生代非公有制经济企业家？早在2007年，辜胜阻教授根据企业家成长和发展的时间为标准，以代表性人物为标志，对国内企业家进行代际划分。辜胜阻教授认为，改革开放以来，中国企业家可以划分为三代：第一代企业家是改革开放之后，1992年之前创业的企业家，标志性人物有柳传志、鲁冠球、年广久等，他们大都属于被迫创业，所设立的企业也大多戴着“红帽子”。第二代企业家是1992年邓小平南方谈话之后诞生的企业家，标志性人物有陈东升、毛振华、田源、冯仑等，他们具有较强的资源调动能力，企业的产权制度比较清晰。第三代企业家则是诞生在2000年前后，伴随新经济的兴起，依靠风险投资，互联网经济迅速发展的企业家，标志性人物有马云、张朝阳、李彦宏等，他们的典型特征是高学历、高技术、年轻化，具有国际视野，熟悉国际规则。[①]在辜胜阻教授研究基础上，我们将新生代非公有制经济企业家界定为：出生在改革开放前后，伴随着改革开放进程而成长壮大起来的新一代非公有制经济人士。

为了解新生代非公有制经济企业家思想动态，课题组向注册地在上海市S区的新生代非公有制经济企业家发放了300份调查问卷，回收300份，有效问卷回收率100%；举行两次座谈会；对本区域25位新生代非公有制经济企业家进行深度访谈，收集一手定性资料。问卷调查样本中，性别比例方面，男性占总样本的80.7%，女性占比

① 辜胜阻：《只有企业家阶层壮大才会有国家的崛起》，http://finance.sina.con.en/g/20071130/00174233378.shtml，2007年11月30日。

相对较低,只有 19.3%。反映出男性在创业和领导非公有制经济企业中扮演着更为重要的角色。年龄结构方面,新生代非公有制经济企业家年纪轻,毕业后直接创业的人数有所增加。其中,年龄最大的46 岁,最小的 19 岁,平均年龄 33.3 岁。政治面貌方面,中共党员占20.0%,民主党派成员占 2.67%,共青团员占 23.0%,群众占 54.3%。文化程度方面,本科及以上占 89.7%,其中研究生比例为 32.0%。户籍方面,外籍人士占 1.7%,上海户籍人士占 47.3%,外地户籍人士占51.0%。在所有调查样本中,有过海外留学或工作经历的占 14.0%。从企业基本情况来看,企业性质以民营企业为主,民营企业占 93.0%,外资企业和中外合资企业占比分别为 3.0%和 4.0%;行业分布以 IT 业和现代服务业为主要行业,其中,IT 与互联网业占 39.3%,服务业占17.3%,新农业、新材料、新能源占 9.0%。企业规模以小微企业为主,其中,企业规模最大的有 500 人,规模最小的有 2 人,从业人数 20 人以内的企业有 179 家,占 59.7%;企业类型以自主创业型企业为主,自主创业型企业有 286 家,占 95.3%,家族式企业 14 家,占 4.7%。

## 二、新生代非公有制经济企业家思想特征分析

人的思想是一个不断发展变化的复杂系统。了解和把握新生代非公有制经济企业家的思想动态,需要从政治认同、价值取向、政治参与、利益诉求和社会责任等维度进行考察。总体来看,当前新生代非公有制经济企业家具有积极、健康、向上的主流进步意识,但同时也存在着一定程度的缺范,具有明显的双重性。

### （一）政治认同上，高度认同与旁观心态并存

由于新生代非公有制经济企业家既是党和国家改革开放政策的受益者，又是中国特色社会主义事业的建设者，他们具有强烈的爱党爱国，坚定不移走中国特色社会主义道路的政治价值观。数据显示，98.7%和90.0%的受访者认为“没有共产党就没有新中国”“推进改革开放必须坚持中国共产党的领导”，96.7%的受访者认为，“我国人民代表大会制度优于西方三权分立”，95.7%的受访者认为，“我国多党合作制度优于西方多党竞争制度”。在对中国未来发展的展望上，约九成的受访者对“在党成立一百年时全面建成小康社会、在新中国成立一百年时建成富强民主文明和谐的社会主义现代化国家”充满信心，并且98.0%的受访者认为只有坚定不移地走中国特色社会主义道路才能实现“两个一百年”奋斗目标，才能实现中华民族伟大复兴的中国梦。但在深度访谈中发现，新生代非公有制经济企业家虽对中国特色社会主义道路高度认同，但有一部分人是抱着旁观者而非主人翁的心态作出好评的。虽然“旁观者清”，但旁观者的心态容易影响政治认同的稳定性。数据显示，64.0%的受访者把“党的改革开放和富民政策”看作企业发展与事业成功的依靠力量。针对企业家移民现象，73.3%的受访者认为，企业家移民的主要原因是移民国的教育理念、模式和环境好。旁观者心态产生的主要原因是自认为与政权比较疏离。

### （二）价值取向上，主流价值与西方思潮交互

党的十九大报告明确提出，“社会主义核心价值观是当代中国精

神的集中体现,凝结着全体人民共同的价值追求。”S区新生代非公有制经济企业家非常认同社会主义核心价值观所倡导的价值理念,并对“富强”有着强烈的渴望。当问及“您认为当前中国社会最应该提倡的价值是什么?”,排在前三位的分别是富强(84.3%)、平等(74.0%)、诚信(64.0%)。当问及“如果您不得不在民主与经济发展之间作出选择,在您看来哪个更重要?”,45.0%的受访者认为“经济更重要”,26.0%的受访者认为“民主更重要”,还有29.0%的受访者表示“说不清”。新生代非公有制经济企业家为什么对“富强”情有独钟?深度访谈中,大家反映,“中国近现代史反复证明:落后就要挨打!只有国家强大了,新生代非公有制经济企业家才有更多发展壮大的机会,走出去时才有尊严,才有保障”。此外,新生代非公有制经济企业家还主动将社会主义核心价值观所体现的精神追求融汇于企业家精神,认为企业家精神应包括:诚信(86.3%)、守法(75.7%)、创新(69.3%)、爱国(66.7%)、敬业(63.7%)和贡献(61.0%)。新生代非公有制经济企业家在认同社会主义核心价值观的同时,又夹杂着对西方价值观的偏好。当问及“您更倾向于认同社会主义核心价值观还是西方价值观?”时,16.7%的受访者表示更倾向于认同西方价值观,还有超过三成(33.7%)的受访者表示“说不清”,约一半(49.6%)的受访者更倾向于社会主义核心价值观。深度访谈中,谈到民主与富强的关系时,大部分认为只有民主才能使富强走得更远,个别人把民主理解为选举民主。

### (三)政治参与上,参与使命与参与动机背离

政治参与是新生代非公有制经济企业家按照一定程序代表和反

映部分群体利益的直接或间接影响政府决策或政治生活的政治行为。从政治参与使命和动机的关系来看，逾五成新生代非公有制经济企业家更多是从企业发展和个人成长角度来看待政治参与，把反映企业发展诉求作为参政的主要目的。在“您对企业家担任党代表、人大代表、政协委员等怎么看？”一题中，回答“能拓宽反映愿望和要求的渠道，更好地得到政府部门的帮助”占77.7%，回答“提高企业和个人名望，有利于企业发展”的占58.7%，回答“有助于接触高层领导，建立更多人脉关系”的占50.1%，只有46.0%的受访者回答“实现政治理想，为社会做更多有益的事情”，还有40.3%的受访者认为“在商言商，企业家不宜过多地参政议政”。从政治参与意愿和现实状况的对比来看，新生代非公有制经济企业家政治参与的态度是积极的，但现实中通过制度化渠道参政议政的比例又比较低。在“如果邀请您代表您所在阶层参政议政，您愿意吗？”一题中，回答“非常愿意”的占23.7%，“比较愿意”的占46.0%，“说不清”的占17.0%，“不愿意”的只占5.3%。当问及“您目前担任各级党代表、人大代表、政协委员或参加其他社会组织工作吗？”，90.7%的受访者回答“没有”，只有2.3%的受访者回答“有”，还有7.0%的受访者拒绝回答。从深度访谈情况来看，企业发展阶段不同、企业规模大小不同，企业家的政治参与愿望也不同。一般来讲，处于初创阶段的小微企业的企业家，政治参与愿望较弱。与老一辈非公有制经济人士在自身经济地位提升后才有较强的政治诉求不同，新生代非公有制经济企业家对政治有天然的亲近感，有较强的权利意识、平等意识和问题意识。这一不同与我国政治体制改革不断深化以及公民政治参与不断有序拓展的时代背景是分不开的。虽然新生代非公有制经济企业家对国家事务保持着较高的关注度，但对身边的社区事务关注度却比较低，政治冷漠现象也在一定程度存在。①

### （四）利益诉求上，企业发展与自我实现兼具

马斯洛提出，人有一系列复杂的需求，并以人的最基本需求——生理需求为起点，对人的各种需求进行递进分层。从问卷调查和深度访谈情况，我们发现，与老一代非公有制经济人士相比，新生代非公有制经济企业家的创业动机已经发生了变化，如果说老一代企业家更多是生存驱动的“被动创业者”，那么新生代非公有制经济企业家则更多是机会驱动的“主动创业者”。创业动机的变化，使得新生代非公有制经济企业家的核心需求也发生了变化。新生代非公有制经济企业家希望自己的理想和兴趣能够与赚钱结合起来，他们不仅关注企业发展，而且关注自我实现；不仅关注财务回报，而且关注财务回报实现的条件和过程。深度访谈中，当问及“您为何创业？”这一问题时，大部分受访者提到“理想”“自我实现”“兴趣”等。数据显示，42.7％的受访者认为自己当前处于“自我实现的需求”。18.7％和17.7％的受访者分别认为自己处于“尊重的需求”与“情感和归属的需求”。需求层次的不同也决定了思想引导方式方法的不同。在“当前和今后一段时间内，您最为关注的事项有哪些？”一题中，前三位的回答分别是“企业的健康发展”（74.3％）、“产权保护制度”（66.3％）、“全家身体健康”（47.7％）。因为新生代非公有制经济企业家在创办企业

① 王俊华：《年轻一代非公有制经济人士的思想动态与统战工作》，《湖南省社会主义学院学报》2015 年第 4 期。

时寄托着自己的理想和追求,因此他们更加注重树立良好的社会形象,实现社会认可,对政府环境的要求较高。在影响核心利益实现的外部环境方面,受访者认为主要因素有:政策不稳定、法治不健全、成本居高不下等。他们非常关注全面依法治国,79.7%的受访者认为全面推进依法治国对非公有制经济健康发展有着重大影响和较大影响,只有4.3%的受访者认为没有影响,还有16.0%的受访者表示说不清。72.7%的受访者认为,建立"亲""清"新兴政商关系需要全面推进依法治国。为规避政策带来的不确定风险以及政府环境的影响,约五成的受访者愿意选择从事"竞争性行业",还有29.0%的受访者愿意选择从事"垄断性行业中的竞争性业务",只有24.7%的受访者愿意从事"垄断性行业"。

### (五) 社会责任上,主观认知与实际行动不符

上海市S区新生代非公有制经济企业家绝大多数都有较强的社会责任感,对企业家承担社会责任的认识与党和国家对企业家的要求基本吻合。数据显示,当问及"企业履行社会责任对企业的影响"时,81.3%的受访者认为"履行社会责任是企业应尽的义务",76.7%的受访者认为"有助于提高企业的知名度和美誉度",28.7%的受访者认为"会增加企业生产经营成本、影响企业发展"。虽然新生代非公有制经济企业家对一般的慈善捐助有较高的认同度,但对将财富全部捐献的裸捐却非常不认可。关于对"裸捐"行为的看法,53.3%的受访者认为"可以讨论但不宜提倡",19.7%和16.3%的受访者认为这是"个别企业家的作秀和一种舆论炒作",还有10.7%的受访者认为"根

本不可能真正实现”。当问及“您对炫富行为的看法”时，18.6%的受访者认为“可以理解”，57.1%的受访者认为“太高调”，24.4%的受访者认为“无所谓”。在实际行动上，上海市S区新生代非公有制经济企业家基本能够做到“致富思源，富而思进”，积极开展捐资助学、结对共建、扶贫济困、扶助社会弱势群体以及兴办公益事业等活动。但在深度访谈中，当问及企业是否参加过公益慈善方面的活动时，绝大部分表示参加过，但经常参与的则比较少。此外，上海市S区新生代非公有制经济企业家对光彩事业等专项活动的了解和投入还不够。这说明，新生代非公有制经济企业家在思想认识上能够摆正国家、社会、企业与个人之间的关系，但要将这种认识外化为自觉、主动的行为还有一个过程。从制约认识转化为行为的因素来看，受访者普遍提及的是慈善文化和慈善制度。

## 三、研判新生代非公有制经济企业家思想动态值得注意的几个现象

在调查问卷分析和深度访谈过程中，我们发现户籍、留学、宗教信仰等因素与新生代非公有制经济企业家思想动态有明显的相关性，故通过交叉数据专门分析了无上海户籍、有海外学习工作和有宗教信仰的新生代非公有制经济企业家的思想动态。

### (一)非上海户籍新生代非公有制经济企业家政治认同、城市认同相对偏低

受访者中，上海户籍人士占46.3%，非上海户籍人士占53.7%。长期以来，户籍制度除了发挥其本位职能外，还承担着政治、社会、经济等其他功能。本次调查发现，户籍不同的新生代非公有制经济企业家对当前党和国家重大方针政策、上海这座城市的认同也不同。

第一，非上海户籍新生代非公有制经济企业家对未来发展比较迷茫、信心不足。当问及“您对‘两个一百年’奋斗目标的信心”这一问题时，68.4%和28.1%的上海户籍新生代非公有制经济企业家回答“充满信心”和“信心一般”，而非上海户籍新生代非公有制经济企业家持同一观点的则分别为59.0%和19.9%；3.6%的上海户籍新生代非公有制经济企业家回答“说不清”，而回答“说不清”的非上海户籍新生代非公有制经济企业家则占17.3%。在“推进改革开放必须坚持中国共产党的领导”一题中，73.4%和25.2%的上海户籍新生代非公有制经济企业家回答“十分认同”和“比较认同”，而非上海户籍新生代非公有制经济企业家持此观点的则分别为55.8%和27.6%；0.7%的上海新生代非公有制经济企业家回答“说不清”，而回答“说不清”的非上海户籍新生代非公有制经济企业家则占14.7%。对“人民利益高于一切”等问题，非上海户籍的新生代非公有制经济企业家也有较高比例回答“说不清”，反映了其迷茫的心境。

第二，非上海户籍新生代非公有制经济企业家对上海的城市认同有待提高。不管是上海户籍还是非上海户籍新生代非公有制经

济企业家，均认为地方政府对其企业发展和日常生活有较大影响，但上海对非上海户籍新生代非公有制经济企业家的向心力有待提高。在非上海户籍新生代非公有制经济企业家看来，认为地方政府对其日常生活有“很大影响”和“较大影响”的分别占16.7%和69.9%，上海户籍新生代非公有制经济企业家持相同观点的比例为32.4%和48.9%。关于在上海发展的决心，78.4%的上海户籍新生代非公有制经济企业家选择“坚决在上海发展”，非上海户籍新生代非公有制经济企业家持此观点的只有39.7%，2.3%和10.9%的非上海户籍新生代非公有制经济企业家选择“看情况”和“会离开上海到别的地方发展”。

第三，非上海户籍新生代非公有制经济企业家更愿意参政议政。当问及“如果邀请您代表您所在的阶层参政议政，您愿意吗？”，26.9%和47.4%的非上海户籍新生代非公有制经济企业家表示“非常愿意”和“比较愿意”，而持同一观点的上海户籍新生代非公有制经济企业家的比例为20.1%和44.6%；12.2%的非上海户籍新生代非公有制经济企业家回答“说不清”，而上海户籍新生代非公有制经济企业家回答“说不清”的比例为23.0%。在“您目前担任各级党代表、人大代表、政协委员或其他社会组织工作吗？”一题中，2.9%上海户籍新生代非公有制经济企业家和1.3%非上海户籍新生代非公有制经济企业家回答“是”。但10.3%的非上海户籍新生代非公有制经济企业家“拒答”本题，而“拒答”本题的上海户籍新生代非公有制经济企业家则为3.6%。深度访谈中，部分非上海户籍新生代非公有制经济企业家认为，政治参与是改变其企业和个人境遇的有效途径之一。

## (二) 有海外学习工作背景的新生代非公有制经济企业家更注重安全感、价值取向更多样

本次调查样本中,有海外学习工作背景的占 14.3%,无海外学习工作背景的占 85.7%。不管是否有海外学习工作背景,受访者对自身在整个社会中的经济地位认知差异并不大。在有海外学习工作背景和无海外学习工作背景的新生代非公有制经济企业家中,均有将近五成的受访者认为自己的经济政治地位处于中等层次(分别是 44.2%和 45.8%),逾二成的受访者认为自己的经济政治地位处于较高和很高层次(分别是 20.9%和 23.4%)。有海外学习工作背景的受访者中,中共党员占 25.6%,民主党派成员占 11.6%,共青团员占 23.3%,群众占 39.5%;无海外学习工作背景的受访者中,中共党员占 18.5%,民主党派成员占 1.2%,共青团员占 23.5%,群众占 56.5%,0.3%空缺。虽然受访者对自身经济政治地位的认知相似,且有海外背景的新生代非公有制经济企业家群众比例较低,但由于学习背景、工作背景不同,他们对同一问题的认识和看法也存在较大差异。

第一,有海外学习工作背景的新生代非公有制经济企业家在需求层次上更注重安全感。在“根据马斯洛需求层次理论,您觉得您目前处于哪种需求层次?”一题中,30.2%有海外学习工作背景的新生代非公有制经济企业家认为自己处于“安全上的需求”,而无海外学习工作背景的新生代非公有制经济企业家只有 15.0%认为自己处于“安全上的需求”。此外,有海外学习工作背景的新生代非公有制经济企业家还比较注重“自我实现的需求”(39.5%)与“尊重的需求”

(27.9%),而无海外学习工作背景的新生代非公有制经济企业家还比较注重“自我实现的需求”(48.8%)与“情感和归属的需求”(22.7%)。

第二,有海外学习工作背景的新生代非公有制经济企业家在价值观上易受西方价值观影响。有海外学习工作背景的新生代非公有制经济企业家整体上都高度认可党的领导和中国政治发展道路,但与无海外学习工作背景的新生代非公有制经济企业家相比,其坚定性偏低,更倾向西方价值观。当问及“在社会主义核心价值观和西方价值观的认同上,您觉得自己更倾向于认同哪种价值观?”时,37.2%的有海外学习工作背景的新生代非公有制经济企业家“更倾向于认同西方价值观”,而持同样观点的无海外学习工作背景的新生代非公有制经济企业家比例为 23.1%。关于政治制度,分别有 66.5%和 67.7%的无海外背景新生代非公有制经济企业家“十分认同”我国人民代表大会制度优于西方三权分立和我国多党合作制度优于西方多党竞争制度,持同一观点的有海外学习工作背景的新生代非公有制经济企业家则有 48.8%和 55.8%。

第三,有海外学习工作背景的新生代非公有制经济企业家政治参与意愿相对较低。在“如果您不得不在民主与经济发展之间作出选择”一题中,37.2%有海外学习工作背景的新生代非公有制经济企业家认为“民主更重要”,而无海外学习工作背景的新生代非公有制经济企业家认为“民主更重要”的则占 23.1%。虽然有海外学习工作背景的新生代非公有制经济企业家认为民主很重要,但在一定程度上存在政治冷漠,当问及“如果邀请您代表您所在阶层参政议政,您愿意吗?”时,“非常愿意”的比例明显低于无海外学习工作背景的新生代非公有制经济企业家,“不太愿意”和“不愿意”的比例明显高于无海外学习工作背景的新生代非公有制经济企业家。

## （三）新生代非公有制经济企业家普遍对宗教持宽容态度，有宗教信仰的新生代非公有制经济企业家更加关注国家的宗教方针政策但理解有偏差

有宗教信仰的新生代非公有制经济企业家占15.3%，无宗教信仰的新生代非公有制经济企业家占75.3%，而拒答是否有宗教信仰的比例为9.3%。宗教信仰自由是我国宪法赋予公民的一项基本权利。从调查问卷和深度访谈来看，大多数新生代非公有制经济企业家都能认识到，宗教信仰自由是有限的，任何人不得利用宗教进行破坏社会秩序、损害公民身体健康、妨碍国家教育制度的活动。宗教团体和宗教事务不受国外势力的支配，并积极响应中央统战工作会议有关宗教的精神。[①]但通过对比分析有宗教信仰的新生代非公有制经济企业家和无宗教信仰的新生代非公有制经济企业家，我们发现，不管是否有宗教信仰，新生代非公有制经济企业家普遍对宗教持宽容态度，但有宗教信仰的新生代非公有制经济企业家更加关注国家的宗教方针政策但理解有偏差，在看到宗教积极作用的同时容易忽视宗教的消极作用。

第一，有宗教信仰的新生代非公有制经济企业家更加关注国家宗教方针政策，但理解有偏差。在"您是否关注全国宗教工作会议"一题中，47.8%有宗教信仰的新生代非公有制经济企业家回答"十分关注，全面了解会议精神和内容"，而无宗教信仰的新生代非公有制

① 王俊华：《年轻一代非公有制经济人士的思想动态与统战工作》，《湖南省社会主义学院学报》2015年第4期。

经济企业家只有3.5%回答“十分关注，全面了解会议精神和内容”。还有32.6%有宗教信仰的新生代非公有制经济企业家回答“比较关注，了解部分精神和内容”。当问及“宗教信仰自由不等于宗教活动可以不受任何约束是否正确”时，只有10.9%有宗教信仰新生代非公有制经济企业家认为正确，而持同一观点的无宗教信仰新生代非公有制经济企业家为39.8%。当问及“您对有人信仰五大教之外的新兴宗教如何看待”时，47.8%有宗教信仰的新生代非公有制经济企业家认为这是“个人自由，信什么教都行”，而无宗教信仰新生代非公有制经济企业家只有26.1%持同一观点。

第二，有宗教信仰的新生代非公有制经济企业家更容易忽视宗教的消极作用。关于宗教的积极作用，82.6%有宗教信仰的新生代非公有制经济企业家和57.5%无宗教信仰的新生代非公有制经济企业家认为“宗教有心理慰藉、道德教化、文化传承、群体凝聚等功能”“能使精神生活更加充实”。但关于宗教的消极作用，89.1%有宗教信仰的新生代非公有制经济企业家不能正确认识宗教的消极作用，看不到“宗教也有可能成为分离族群、愚化民智、妨碍革新的消极力量”，甚至17.4%有宗教信仰的新生代非公有制经济企业家认为“宗教能消灾免祸，保平安”。在深度访谈中，我们也发现个别新生代非公有制经济企业家有迷信思想。

第三，有无宗教信仰对新生代非公有制经济企业家自我认知的影响。数据显示，不管是否有宗教信仰，新生代非公有制经济企业家的政治认同差异并不大。60.9%有宗教信仰的新生代非公有制经济企业家和63.3%无宗教信仰的新生代非公有制经济企业家“十分认同”推进改革开放必须坚持中国共产党的领导，71.7%有宗教信仰的新生代非公有制经济企业家和74.3%无宗教信仰的新生代非公有制经济企业家“十分认同”只有坚定不移地走中国特色社会主义道路才能实现中国梦。但是,有无宗教信仰的差异会影响新生代非公有制经济企业家自我认知。当问及“您认为今天取得的成就主要源于什么?”时,被有宗教信仰的新生代非公有制经济企业家列为前三的因素分别为:靠自己的智慧和勤奋(78.3%),靠自己良好的人脉资源(60.9%)和靠党的改革开放、富民政策(56.5%);被无宗教信仰的新生代非公有制经济企业家列为前三的因素则分别为:靠党的改革开放、富民政策(66.8%),靠自己的智慧和勤奋(61.1%)和靠对市场的敏锐认知(53.1%)。

## 四、加强新生代非公有制经济企业家思想引领的对策建议

习近平总书记强调,党的群众基础和执政基础包括物质和精神两方面。思想防线攻破了,其他防线就很难守住。做好新生代非公有制经济企业家教育引导,以思想引领筑牢政治认同,是促进非公有制经济健康发展和非公有制经济人士健康成长的时代课题。

### (一)建立工作机制,思想动态研判与响应长期化、制度化

随着我国经济体制深刻变革,社会结构深刻变动,利益格局深刻调整,人们的思想观念发生了深刻变化。从新生代非公有制经济企业家思想动态来看,呈现出显著的多变性、多元性和多层性等特征。

思想引领是一个动态的系统过程，不是一次调研一次访谈所能解决的。我们建议建立一套能够及时、长期跟踪新生代非公有制经济企业家思想动态的研判与响应机制。所谓研判，即研究判断，是根据事物过去和现在的发展和状态，探求事物的性质及其发展所遵循的规律性，并借此预先判断事物未来发展和状态的一种科学认识活动。响应是指响应主体对发生的事件作出反应，并根据事件的特征及时采取相应措施，有效控制事态向正常状态转化。①新生代非公有制经济企业家思想动态研判与响应机制是指在认识新生态企业家思想动态规律性的基础上，揭示其发展方向和趋势，并行之有效地应对与引领的机制。第一，制定新生代非公有制经济企业家思想动态研判与响应战略。战略中主要包含新生代非公有制经济企业家思想建设的核心要素，思想动态管理计划，思想危机处理预案，思想建设状况评判等，并将思想动态研判工作以制度形式固定下来。第二，成立思想动态研判与响应小组。目前，没有专门机构对新生代非公有制经济企业家思想进行引领，宣传文化部门、组织部门、统战部门、工商和劳动部门等分别在其职责范围内对其进行指导、管理、服务和监督。多头管理的弊端在于缺乏协同性，容易造成遇事互相推诿。要准确把握新生代非公有制经济企业家思想动态，在组织保障上需要专门建立由各职能部门协同配合的工作小组，并将其作为新生代非公有制经济企业家思想引领的核心机构。第三，给予充分的资源保障。一是信息资源。真实客观的信息是进行思想研判与响应的基本前提。在能够多渠道真实有效地收集信息数据的基础上，进行信息筛选、分类与归因等处理。二是物质资源。新生代非公有制经济企业家思想

---

① 娄钰华、杜坤林：《大学生思想动态研判机制研究》，《中国青年研究》2010年第10期。

动态研判与响应小组不一定是专门的实体机构，但它必须有开展工作所必须的物质保障，有一定财务预算和设备条件。此外还需要人力资源等。

### （二）关注企业家需求，政治引导寓于助推企业发展、自我实现之中

非公有制企业的市场化取向，决定了企业家以自我利益为中心的思想和行为模式。在新生代非公有制经济企业家的众多利益诉求中，企业发展是其核心利益。马克思说："'思想'一旦离开'利益'，就一定会使自己出丑。"①因此，对新生代非公有制经济企业家的政治引导，首先应立足于企业发展和自我实现，关注其新常态下的实际需求，把组织优势与政治优势转化为企业发展的经济优势，鼓励新生代非公有制经济企业家将个人梦、企业梦与中国梦结合起来。在共同奋斗中政治引导，在被引导中熟悉和掌握引导身边新生代非公有制经济企业家的方式方法。实践中，有的地方政府单纯以施惠政策或政治安排等措施争取新生代非公有制经济企业家对党和政府的认同与信任，结果投资者变成投机者，政治安排变成政治保护。

我们要清醒地认识到，服务凝聚是政治引导新生代非公有制经济企业家的切入点，价值凝聚才是落脚点，后者比前者更能够激发"忠诚与团结"的社会资本。调研发现，大多数新生代非公有制经济企业家更多是将企业发展、财产安全、自我实现等要素作为认同与信任的重要变量。因此，我们建议关注企业家困难，寓政治引导于助推企业发展和企业家自我实现之中。问卷调查中，当问及"您最希望工

① 《马克思恩格斯全集》第2卷，人民出版社1957年版，第103页。

商联做什么?”时,排在前三位的分别是:提供政策信息服务,搭建沟通平台(72.3%);加强行业指导与服务(64.7%);协调企业与党政部门的联系(56.7%)。在处理好组织与自律、规范与自主、服务与引导三重关系的基础上,逐步形成“重发现、助发展、促履职”的新生代非公有制经济企业家成长机制。

### (三)优化教育培训,分层分级分类开展新生代非公有制经济企业家理想信念教育活动

按照中央要求,上海市 S 区以助推非公有制企业加快转型升级为主线,以增强非公有制经济人士对中国特色社会主义的信念、对党和政府的信任、对企业发展的信心、对社会的信誉为主要内容,着力对新生代非公有制经济企业家开展“四信”教育,引导他们积极投身经济、政治、文化、社会和生态文明建设。增强教育有效性和针对性的前提是教育对象的分层分级分类。根据教育对象的不同培训需求,确定教育目标,调整教育内容,创新教育方法,构建科学教育培训体系。由于企业发展、年龄阶段、教育背景、工作环境、个人理想等不同,新生代非公有制经济企业家的教育着重点也应不同。

第一,针对非上海户籍新生代非公有制经济企业家,增加其对上海的认同。当问及“您认为自己融入上海的程度是怎样的?”只有23.7%非上海户籍新生代非公有制经济企业家认为自己“完全融入”,约六成认为自己只是“有所融入”,12.8%的受访者认为自己“没有融入”,还有3.2%的受访者表示“说不清”。深度访谈中,绝大部分非上海户籍的新生代非公有制经济企业家反映,因为户籍的不同,导致在

购房、医疗、养老、教育等方面存在差别待遇。这些差异在一定程度上影响了其对上海的认同感和归属感，并且城市认同度的高低还会影响其对整个国家的政治认同度。因此我们建议，做好非上海户籍新生代非公有制经济企业家思想引领，亟须从权利公平角度探讨非户籍人口获得公共服务的制度问题，适当剥离粘附在户籍上面的福利功能。

第二，针对有海外学习工作背景的新生代非公有制经济企业家，增进其对国情的认识。不同国家由于国情不同，政治发展道路也不同。正如习近平总书记所言："独特的文化传统，独特的历史命运，独特的基本国情，注定了我们必然要走适合自己特点的发展道路。"科学认识我国国情，不仅要认清我国还处于社会主义初级阶段，而且还要认识我国的文化传统、历史使命等。思想引领有海外学习工作背景的新生代非公有制经济企业家，需要更多地让其了解中国的政治发展道路以及决定这条道路的国情。

第三，针对有宗教信仰的新生代非公有制经济企业家，增强其对宗教的认识。从法律法规来看，新生代非公有制经济企业家信教并参与宗教活动是合法的。但是，历史和现实反复证明，宗教的社会作用具有两重性。对有宗教信仰的新生代非公有制经济企业家，特别是那些只看到宗教积极作用而忽视其消极作用，甚至误解我国宗教政策的新生代非公有制经济企业家，要广泛深入地开展宗教信仰自由政策的宣传教育，更为重要的是要依法加强宗教事务的管理，消除新生代非公有制经济企业家参与宗教活动的消极影响，防范非法宗教的传播渗透。

**（四）加强非公有制企业党建，创新新生代非公有制经济企业家统战工作方式方法**

第一，融入“大党建”，形成党建与统战协同运作机制。随着非公有制企业党建工作的深入开展，党组织在非公有制企业特别是在规模以上非公有制企业中的覆盖率日益提高。个别非公有制企业，还成立了党委统战部。基本上党组织建到哪里，统战工作就可以开展到哪里。将统战工作主动融入“大党建”格局，“以党建带统战，以统战促发展”是我们熟悉的统战工作方式。但整体来看，非公有制企业的党建和统战工作之间还没有形成科学有效的协同运作机制。制约二者协同运作的主要障碍是个别领导干部不能摆正党的建设与统一战线的关系。党的建设和统一战线是中国革命、建设和改革事业的两大法宝，二者具有天然的一致性，“正确认识和把握统一战线与党的建设之间的关系，切实做好统一战线工作，对于促进党的建设，改进党的领导方式和执政方式，具有特殊重要的意义”。①正如习近平总书记所言，“统战工作是全党的工作，必须全党重视，大家共同来做。”

第二，适应新形势，探索新生代非公有制经济企业家统战工作模式。因为此次调研中小微企业占绝大部分，个别企业党建工作还比较薄弱。数据显示，参加此次调研的新生代非公有制经济企业家中，中共党员的比例为20%，企业已经建立独立党组织的比例为5.7%，由于本次调查样本中小微企业居多，大部分不具备

① 刘延东：《统一战线与党的建设》，《求是》2001年第13期。

建立独立党组织的条件，故建立独立党组织的比例偏低。逾六成企业没有建立党组织的打算。可以说，小微非公有制企业党组织覆盖率低不仅是当前的现状也是未来较长一段时期的走势，这迫切需要我们探索无党建依托下的新生代非公有制经济企业家统战工作方式方法。

第三，把握规律性，构建新媒体统战模式。在新媒体成为人们生活形态、经济形态和社会形态的大趋势下，不管有无党建依托，运用新媒体开展新生代非公有制经济企业家思想建设都是“互联网+”时代赋予统战工作的重要使命。德国政治学家托马斯·迈尔这样评价新媒体对政治的影响，他说：新媒体实际上已经成为政党的最大竞争对手，它们和政党争夺受众，争夺对社会主流意见的主宰权。①从新生代非公有制经济企业家利用新媒体情况来看，他们有极大的热情和足够的能力驾驭这些新媒体，并习惯在网络上各抒己见，表达对经济、政治、文化、社会等方面的见解，可以说，新媒体是新生代非公有制经济企业家喜闻乐见的工作和生活方式。运用新媒体开展新生代非公有制经济企业家思想建设，一方面，将新媒体看作一种技术工具开展线下新生代非公有制经济企业家的统战工作。另一方面，将新媒体视为统一战线的新领域开展线上新生代非公有制经济企业家的统战工作。通过线下人与线上人并重的双向互动，建立以爱国主义和社会主义为核心的网络政治价值。

**论文出处：**《江苏省社会主义学院学报》2018 年第 1 期。

---

①　王俊华、蒋连华、许家鹏：《上海新的社会阶层功能作用发挥研究》，《上海市社会主义学院学报》2013 年第 5 期。

**作者简介：**王俊华，上海市社会主义学院副教授，统战基础理论上海研究基地兼职研究员。

郑佐华，中共上海市杨浦区委统战部副部长、区工商联党组书记。

狄正华，中共上海市杨浦区委统战部副调研员。

# 第二十三章　群团组织与新的社会阶层人士组织化

张　星

改革开放以来，随着中国社会各领域变革的不断深化，民营企业和外商投资企业管理技术人员、中介组织和社会组织从业人员、自由职业人员与新媒体从业人员等新的社会阶层人士不断涌现，群体规模逐渐扩大，社会影响不断增强。据中央统战部的统计，当前新的社会阶层人士的规模达到 7 200 万。①新的社会阶层人士成为新时期党的群众工作和统一战线工作新的、重要的着力点。基于新的社会阶层人士群体自身存在职业流动性强、组织化程度不高、大多处于“原子化”状态的情况，要做好新的社会阶层人士的工作，如何有效地实现其再组织化，是一个重要的问题。②历史经验证明，群团组织是党密

① 中共中央统战部：中国新的社会阶层人士约 7 200 万人，http://www.chinanews.com/gn/2017/01-04/8113847.shtml。

② 张海东、杜平：《新阶层的生成机制及其再组织化问题》，《中央社会主义学院学报》2017 年第 4 期。

切联系群众,实现分散的社会成员组织化的有效形式。习近平总书记在出席中央群团工作会议上的讲话中强调,“群众流动频繁、分布不断变化,群团组织设置必须及时调整。要巩固已有的组织基础,加快新领域新阶层组织建设,形成完善的组织体系,实现有效覆盖”①。今后一段时间,学习贯彻落实习近平新时代中国特色社会主义思想、中央统战工作会议和中央群团工作会议精神等是群团组织的重大政治任务。因此,结合中央要求和现实需要,如何在深化群团组织改革、走好中国特色社会主义群团发展道路的历史征程中,有效发挥群团组织在新阶层组织化过程中的作用,将群团组织各自所联系的群体中的新的社会阶层人士广泛联系起来、有效组织起来、充分发挥作用,是新时代党的群众工作、统战工作和群团工作的重要课题。本章即从群团组织的概念内涵出发,在探讨群团组织的主要特性、功能的基础上,深入分析发挥群团组织在新阶层组织化过程中的作用的必要性与可能性,进而结合新时代要求和相关实践探索,提出群团组织实现新阶层组织化的现实路径。

## 一、群团组织的概念、主要特性及功能

群团组织是在中国独特的历史、政治、社会、文化条件下形成的一种组织形态。虽然当下人们对“群团组织”的概念已经耳熟能详,但不少人尚不清楚群团组织具体是指哪些组织、群团组织与人民团

① 习近平谈新时代党的群团工作,http://news.cnr.cn/native/gd/20180619/t20180619_524274965.shtml。

体等有什么联系和区别。因此,有必要对群团组织的概念内涵和外延作进一步的清晰梳理,以进一步深化对群团组织的认识和理解。

## (一) 群团组织的概念

### 1. 群团组织的内涵和外延

群团组织全称是群众性团体组织。①学术界对这一表述争议不大。但对于群团组织具体包括哪些组织,也就是群团组织的概念外延,则有多种不同的说法。其中四种观点具有代表性:

(1) 有观点认为,凡是在大陆地区按照规定不需要在民政部门登记,但可以合法、公开活动的社会团体都属于群团组织的范畴。但这样的界定并不严谨。按照《社会团体登记条例》的规定,有三类团体不属于该条例规定登记的范围:"(一)参加中国人民政治协商会议的人民团体;(二)由国务院机构编制管理机关核定,并经国务院批准免于登记的团体;(三)机关、团体、企业事业单位内部经本单位批准成立、在本单位内部活动的团体。"②其中机关、团体、企事业单位自己批准成立、在单位内部活动的组织,虽然免于到民政部门登记,但不属于一般意义上理解的群团组织。

(2) 有观点认为,群团组织一共有 21 个。2006 年 8 月 22 日中共中央组织部、人事部联合印发的《工会、共青团、妇联等人民团体和群

① 七常委全部出席的会议,意味着群团组织"升格",你读懂了么?,http://politics.people.com.cn/n/2015/0815/c1001-27466868.html。

② 《社会团体登记条例》(1998 年 10 月 25 日中华人民共和国国务院令第 250 号发布根据 2016 年 2 月 6 日《国务院关于修改部分行政法规的决定》修订),http://www.gov.cn/gongbao/content/2016/content_5139379.htm。

众团体机关参〈中华人民共和国公务员法〉管理的意见》(组通字〔2006〕28号)中列举了21个中央层面的人民团体和群众团体。[①]这21个组织分别是:中华全国总工会、中国共产主义青年团中央委员会、中华全国妇女联合会、中国文学艺术界联合会、中国作家协会、中国科学技术协会、中华全国归国华侨联合会、中国法学会、中国人民对外友好协会、中华全国新闻工作者协会、中华全国台湾同胞联谊会、中国国际贸易促进委员会、中国残疾人联合会、中国红十字会总会、中国人民外交学会、中国宋庆龄基金会、黄埔军校同学会、欧美同学会、中国思想政治工作研究会、中华职业教育社和中国计划生育协会。

(3) 有观点认为群团组织数量应该是22个,这是当前比较流行的一种观点。其依据是,中央机构编制委员会办公室的中国机构编制网显示群众团体机关有22个,除了上述21个外,还包括中华全国工商业联合会(简称“全国工商联”)。[②]全国工商联机关“适用”公务员法管理。

(4) 还有一种观点认为,群团组织的数量应该是23个。[③]即除了以上提及的22个外,还应加上中华全国青年联合会(简称“全国青联”)。根据《中华全国青年联合会章程》和有关规定,“中华全国青年联合会是中国共产党领导下的我国基本的人民团体之一,是以中国

---

① 工会、共青团、妇联等人民团体和群众团体机关参《中华人民共和国公务员法》管理的意见,https://www.chinalaw.org.cn/Column/Column_View.aspx?ColumnID=1042&InfoID=19829。

② 中央首次召开青团组织工作会议 群团组织到底是啥组织?,https://www.guancha.cn/politics/2015_07_08_326055.shtml。

③ 康晓强:《群众团体与人民团体、社会团体》,《社会主义研究》2016年第1期。

共产主义青年团为核心力量的各青年团体的联合组织，是我国各族各界青年广泛的爱国统一战线组织”[①]。因此，很显然，全国青联是群团组织之一。只不过与其他22个群团组织相比，全国青联比较独特，全国青联没有实体组织机构，而是依托共青团中央开展工作的。

综合上述，严谨地说，当前我国共有23个全国性的群团组织。

2. 群团组织与有关概念的辨析

“群团组织”与“人民团体”“群众团体”“群众组织”“社会团体”“社会组织”等概念既有联系，又有区别。

“人民”“群众”的概念建构于革命战争年代，具有较强的政治性。“人民”这一词汇，用以区分敌我；“群众”用来表示“人民”中除中国共产党党员干部以外的积极的、可利用的社会力量。中国共产党作为一个先锋队，要完成自身艰巨的历史使命和任务，就需要团结、教育、引导、组织、动员广大“人民群众”朝着党确定的目标共同努力。因此，这几个概念相比较而言，“社会组织”“社会团体”是法律概念，国家层面相关的法律法规中的使用相对比较多；“人民团体”“群团组织”“群众团体”“群众组织”更多地体现为政治概念，在党内的法规和相关文件中的使用相对比较多。

一般来说，人民团体是特指工、青、妇等8个参加中国人民政治协商会议的组织。[②]有学者梳理1949年以来党和政府数百份重要文献、法律法规以及相关章程后指出，当专指参加中国人民政治协商会议的工、青、妇等组织时，这些文件中多使用的是“人民团体”一词，当提

---

①　什么是中华全国青联联合会?，http://guoqing.china.com.cn/zhuanti/2015-03/04/content_34950796.htm。

②　中央首次召开青团组织工作会议　群团组织到底是啥组织?，https://www.guancha.cn/politics/2015_07_08_326055.shtml。

普遍要求或泛指所有免于登记的社会团体时,使用较多的则是“群众团体”“群团组织”“群众组织”等词汇。①

就“群众组织”和“人民团体”的相互关系而言,《中共中央关于加强和改进党的群团工作的意见》中强调:“群团组织特别是人民团体是广大群众依法、有序、广泛参与管理国家事务和社会事务、管理经济和文化事业的重要渠道。”②从这一表述可以看出,“群团组织”应该包含“人民团体”。

另外,就“群团组织”“人民团体”“群众团体”之间的关系来说,根据《工会、共青团、妇联等人民团体和群众团体机关参照〈中华人民共和国公务员法〉管理的意见》,可以看出“人民团体”和“群众团体”都属于“群团组织”。③

总的来说,人民团体、群众团体、群团组织、群众组织等相关概念相互之间有一定的区分,但区分并不十分严格,在一些文件中会交替使用,只是在不同语境中有所选择而已。④

就“群团组织”“人民团体”“群众团体”“群众组织”“社会团体”“社会组织”之间的关系而言,虽然并非所有免于登记的社会团体都属于群团组织,但群团组织都属于免于登记的社会团体的范畴。基于此,从某种意义上来说,所有的人民团体、群众团体、群团组织和群众组织都是社会团体。而一般来说,当下中国的社会组织主要包括社会团体、基金会和民办非企业单位三类。因此,从理论上说,人民

①④ 胡献忠:《改革开放以来群团组织研究述评》,《中共云南省委党校学报》2015 年第 5 期。

② 中共中央关于加强和改进党的群团工作的意见,http://www.xinhuanet.com//politics/2015-07/09/c_1115875561_3.htm。

③ 康晓强:《群众团体与人民团体、社会团体》,《社会主义研究》2016 年第 1 期。

团体属于群团组织，群团组织属于社会团体，社会团体属于社会组织。

### （二）群团组织的特性

群团组织作为中国共产党直接领导的群众性团体组织，是党和政府密切联系群众的桥梁纽带，具有鲜明的政治性、先进性和群众性等特性。

1. 政治性

政治性是群团组织最重要的属性。正如习近平总书记所指出的，“政治性是群团组织的灵魂，是第一位的。群团组织要始终把自己置于党的领导之下，在思想上政治上行动上始终同党中央保持高度一致，自觉维护党中央权威，坚决贯彻党的意志和主张，严守政治纪律和政治规矩，经得住各种风浪考验，承担起引导群众听党话、跟党走的政治任务，把自己联系的群众最广泛最紧密地团结在党的周围”[①]。群团组织的政治性集中体现在群团组织的政治属性、政治要求、政治任务、政治地位、政治功能等方面。

第一，从政治属性来说，群团组织属于中国共产党建立并领导的“外围组织”。[②]

基于这种政治属性的要求，群团组织要自觉接受中国共产党的领导，在组织的目标、宗旨、章程、路线、方针、政策等方面要与中国共

① 习近平：《切实保持和增强政治性先进性群众性　开创新形势下党的群团工作新局面》，http://cpc.people.com.cn/n/2015/0708/c64094-27269059.html。

② 林尚立：《轴心与外围：共产党的组织网络与中国社会整合》，《复旦政治学评论》2008年第11期。

产党保持高度一致;群团组织要在实践中贯彻落实中国共产党的主张和意志,组织、团结、引导所联系的广大人民群众围绕中国共产党所确立的中心任务努力奋斗。

第二,从政治要求来看,中国共产党始终将群团组织视为密切党和群众联系,组织动员群众的重要法宝,对群团组织提出了明确的政治要求。

中国共产党对群团组织的政治要求在党代会报告等重要文件中得到充分体现。如1982年的十二大报告明确要求,工会"成为连接党和工人群众的强大纽带",共青团"充分发挥党的助手、后备军作用,真正成为广大青年在实践中学习共产主义的学校",妇联"成为代表妇女利益,保护和教育妇女,保护和教育儿童的有权威的群众团体"。[①]2017年的十九大报告强调:"增强群众工作本领,创新群众工作体制机制和方式方法,推动工会、共青团、妇联等群团组织增强政治性、先进性、群众性,发挥联系群众的桥梁纽带作用,组织动员广大人民群众坚定不移跟党走。"[②]因此,可以说,中国共产党围绕中心任务,始终对群团组织有着一脉相承又与时俱进的政治要求。

第三,从政治任务来看,群团组织承担着团结、引导、组织所联系的广大人民群众听党话、跟党走,围绕党的中心任务努力奋斗的政治任务。

群团组织的重大政治任务和政治使命就是尽可能广泛而紧密地将所联系的人民群众团结、凝聚在中国共产党周围,将党的主张化为

---

① 胡耀邦在中国共产党第十二次全国代表大会上的报告,http://cpc.people.com.cn/GB/64162/64168/64565/65448/4526430.html。

② 习近平在中国共产党第十九次全国代表大会上的报告,http://cpc.people.com.cn/n1/2017/1028/c64094-29613660-15.html。

人民群众的自觉行动，为完成中国共产党的中心任务、巩固和扩展中国共产党执政的阶级基础和群众基础发挥应有作用。这些政治属性、政治要求、政治任务将群团组织与一般的社会组织鲜明地区分开来。

第四，从政治功能来看，群团组织是密切党和群众联系的重要法宝，在组织动员群众、教育引导群众、联系服务群众、维护群众权益等方面发挥着重要的政治功能。

群团组织有着与相关界别群众之间的亲密联系，在发挥政党和群众之间的桥梁和纽带作用的过程中，一方面向自己所联系的群众传达中国共产党中央的路线、方针、政策，使群众了解党的主张并自觉在行动中践行党的要求，起到教育引导、组织动员的作用；另一方面群团组织也广泛听取自己所联系的群众的意愿和诉求，将群众的意愿和诉求通过自己加以集合，向中国共产党的各级组织和有关部门反映，起到利益表达、维护权益、社会整合等作用。在这种上情下达、下情上达的过程中，群团组织通过各类政治功能的发挥，能够不断提高自身的影响力、群众的认可度，把各阶层群众更加紧密地团结在中国共产党的周围，共同推动中国特色社会主义事业不断发展。

第五，就政治地位而言，无论从历史还是现实来看，群团组织不同于一般的社会组织，在中国政治社会生活中有着独特的政治地位。

中国共产党是执政党，是中国特色社会主义事业的领导核心，群团组织与中国共产党的密切关系是其独特政治地位的体现。

历史上，群团组织的建立和发展离不开中国共产党的重视和领导。早在中国共产党成立初期，为了革命战争的需要，先后成立了全国性的青年、工人、妇女组织。到了新中国成立前后，中国共产党又领导建立了中国科协、全国青联等参加第一届中国人民政治协商会议的人民团体。工、青、妇等群团组织参与了协商建国的过程,是中国共产党建立新中国的重要支柱。

从现实的政治安排来看,工、青、妇等8个人民团体是中国人民政治协商会议的组成单位。工、青、妇等组织,“历史上一贯是党在一个方面的助手,因而把它们的中央领导机构,当作相当于党和政府的部一级单位对待”①。中华全国台湾同胞联谊会、中国宋庆龄基金会、黄埔军校同学会、欧美同学会·中国留学人员联谊会、中华职业教育社等群团组织由中共中央书记处领导、中央统战部代管。国家层面的23个群团组织,除了没有实体机构的全国青联,其他22个群团组织都是参照或适用公务员法管理,日常经费由财政支付,领导班子由党委组织部门统一安排,各个群团组织机关的干部是我国干部队伍的重要组成部分。

综上所述,群团组织的政治性突出地体现在群团组织与中国共产党的关系上,具体体现在群团组织的政治属性、政治要求、政治任务、政治功能、政治地位等方面。政治性是群团组织最重要的特性,是群团组织与一般社会组织之间最重要的区别。

2. 先进性

群团组织作为中国共产党直接领导的群众性团体组织,先进性是其重要特性。群团组织的先进性集中体现在目标追求、价值取向和组成人员的先进性等方面。

---

① 中共中央办公厅转发中央组织部、劳动人事部党组《关于人民团体级别问题的几点意见》中办发1983(23)号文,转引自韩晋芳、董亚峥:《“人民团体”的历史演变》,《学会》2012年第12期。

第一，群团组织目标追求的先进性。

群团组织目标追求的先进性突出体现在追随中国共产党的自觉性、坚定性和在党的领导下为中心和大局服务的主动性、积极性。群团组织的先进性在实践中的具体体现是通过自己的努力将广大群众紧密团结在中国共产党周围，组织动员、团结引导广大群众围绕中国共产党确定的中心任务共同奋斗。

如果背离党的领导，没能有效地组织、动员、团结自己所联系的成员为党的中心任务服务，群团组织也就丧失了它的先进性。正是在目标追求上志存高远，使得群团组织与一般的社会组织有着明显的不同。当前，各个群团组织在中国共产党的领导下，广泛动员所联系的群众，紧紧围绕实现中华民族伟大复兴的宏伟目标而不懈奋斗，而不是像一些社会组织专注于短期的、小切口的主题或社会需求。

第二，自身的价值取向的先进性。

群团组织在价值取向方面以自身章程为依归，引导组织成员和所联系的群体，注重文明风尚、弘扬先进文化，贯彻落实社会主义核心价值观，在价值取向方面体现其先进性。如《中国科协章程》规定中国科协要“弘扬尊重劳动、尊重知识、尊重人才、尊重创造的风尚，倡导创新、求实、协作、奉献的精神”。“弘扬科学精神，普及科学知识，推广先进技术……培育科学文化，践行社会主义核心价值观。”①同时，群团组织秉持自身进步理念，广泛开展科普活动、扶贫帮困等公益活动，将自身价值追求落实在实际行动中。

① 中国科学技术协会章程，http://before.cast.org.cn/n200595/n201291/c362483/content.html。

第三，群团组织成员的进步性。

群团组织成员，特别是骨干分子的进步性，是组织进步性的具体体现。群团组织作为群众性团体组织，一方面会尽可能地广泛联系普罗大众，另一方面群团组织吸纳成员都有着一定的准入条件的要求，并不是什么人都可以随意加入的。以共青团为例，《中国共产主义青年团章程》总则中就旗帜鲜明地规定中国共产主义青年团“是中国共产党的助手和后备军”①。中国共产主义青年团吸收团员的基本要求是：“年龄在十四周岁以上，二十八周岁以下的中国青年，承认团的章程，愿意参加团的一个组织并在其中积极工作、执行团的决议和按期交纳团费的，可以申请加入中国共产主义青年团。”②但在实际操作中，符合上述条件只是加入共青团，成为共青团员的必要条件而非充分条件。只有符合以上条件的青年中的优秀分子才有可能正式加入共青团。如根据 2016 年 11 月共青团中央和教育部联合印发的《中学共青团改革实施方案》要求，“用 3 年左右时间将初中、高中阶段毕业班团学比例分别控制在 30%、60%以内”③。因此，正是有效控制了所吸纳的成员的质量，各个群团组织人才济济。一些群众认可度高、社会影响力大、本领高强、作风优良的领导干部、企业家、专家学者等，都是群团组织的成员，这也是群团组织先进性的生动体现。

---

① 《中国共产主义青年团章程》总则，http://www.ccyl.org.cn/ccylmaterial/regulation/200612/t20061224_12147.htm。

② 《中国共产主义青年团章程》第一章团员，http://www.ccyl.org.cn/ccylmaterial/regulation/200612/t20061224_12146.htm。

③ 团中央和教育部联合印发《中学共青团改革实施方案》，http://cpc.people.com.cn/gqt/n1/2016/1114/c363174-28859644.html。

3. 群众性

“群众性是群团组织的根本特点。”①群团组织的群众性集中体现在联系群众的广泛性、利益代表的群众性、工作方式的群众性等方面。

第一，联系群众的广泛性。

以工、青、妇为代表的群团组织的成员数以亿计，量大面广，涉及工人、青年、妇女、科技工作者、工商业者、华侨、文艺工作者等，可以说广泛地联系着中国各个层面、各个领域、各个阶层、各条战线的群众。如其中工会会员超过3亿；妇联广泛联系着中国的半数人口。因此，群团组织的联系群众的广泛性不言而喻。

第二，利益代表的群众性。

群团组织以代表和反映自己所联系的群众的利益为基本职责从而不断吸引群众、凝聚群众、引导群众。利益代表的群众性，是群团组织赖以生存的基本条件。如果群团组织不能代表所联系的群众的利益，不能有效维护所联系的群众的利益，就会失去群众的认可和支持，就会丧失群团组织赖以生存的社会根基。正如江泽民曾指出的：“工会要真正代表工人群众的利益，依法维护工人群众的合法权益。如果工会不能代表工人群众的利益，工人群众还要工会干什么。”②因此，充分代表和维护所联系的群体的合法权益，是每一个群团组织的基本职责。

第三，工作方式方法的群众化。

群团组织主要通过宣传示范、教育引导、提供服务、反映诉求等

---

① 习近平谈新时代党的群团工作，http://news.cnr.cn/native/gd/20180619/t20180619_524274965.shtml。

② 正确认识工会的作用，http://cpc.people.com.cn/GB/64184/64185/180137/10818678.html。

方式方法开展群众工作，实践组织宗旨，履行组织职能，发挥组织作用。这有别于政府组织等采取的行政手段、法律手段等工作方式。群团组织的工作内容也注重贴近群众的需要，开展群众广泛参与的经常性、社会性服务和公益活动是群团组织常见的工作方法。

总之，当代中国，群团组织具有政治性、先进性和群众性等多重属性。群团组织自觉接受中国共产党的领导，为中国共产党确定的中心工作服务，具有鲜明的政治性和先进性。同时，群团组织又广泛联系群众、组织群众、服务群众，具有突出的群众性。没有政治性，群团组织会迷失方向；没有先进行，群团组织就失去力量；没有群众性，群团组织会失去依托。因此，对于群团组织来说，保持和增强政治性、先进性和群众性是推动自身发展的基本方向。

### （三）群团组织的功能

群团组织是党联系群众的桥梁纽带，有着强大的组织动员、教育引导、联系服务、利益代表、维护权益、政治参与和社会整合等功能。

1. 组织动员功能

任何一个政党要实现自己的政治目标，都离不开民众的理解、支持、拥护和追随。“坚持一切为了群众，一切依靠群众，从群众中来，到群众中去，把党的正确主张变为群众的自觉行动”是中国共产党取得成功的一条基本经验。为了保持与群众的密切联系，尽可能多地争取民众的理解、支持、拥护和追随，动员群众共同为党的中心任务不懈奋斗，在中国共产党成立的初期，中国共产党就有意识地一方面利用自身的渠道联系、组织和动员群众，另一方面通过建立工会等外围组织以更广泛地联系、组织和动员群众。如中国共产党一大就提出“本党的基本任务是成立产业工会”①。在中国共产党的领导和支持下,工会、青年团、妇联等各类群众组织逐步建立和发展,成为中国共产党组织动员广大人民群众完成革命、建设任务的重要帮手。正是基于对历史经验的总结和群团组织实际功能的认识,《中共中央关于加强和改进党的群团工作的意见》强调,“群团事业是党的事业的重要组成部分,党的群团工作是党治国理政的一项经常性、基础性工作,是党广泛组织和动员广大人民群众为完成中心任务而奋斗的重要法宝。”②因此,组织动员功能是群团组织的基本功能。

2. 教育引导功能

群团组织有着教育引导所联系的群众听党话、跟党走的功能,这个功能往往又被称作政治社会化的功能。具体体现在:一是群团组织对所联系的群众的教育引导。群团组织需要向自己所联系的群众宣传、解释中国共产党的政策主张,听取群众的反馈意见及相关诉求,积极向中国共产党组织反映人民群众正当合理的诉求和建议,也通过耐心细致的工作,对群众一些不正当、不合理的诉求进行适当疏导。通过群团组织所作的一些宣传、解释的工作,教育引导所联系的群众在党的领导下,围绕党的中心、大局工作,发挥自身优势,作出自身贡献。二是群团组织对自身成员的教育引导。群团组织注重对自身组织成员的思想政治教育,发挥群团组织优秀分子的模范带头作用,发挥他们对普通群众的示范引领效应。如共青团“是广大青年在

---

① 中共中央文献研究室、中央档案馆编:《建党以来重要文献选编(1921—1949)》第1册,中央文献出版社2011年版,第47—48页。

② 授权发布:中共中央关于加强和改进党的群团工作的意见,http://www.xinhuanet.com//politics/2015-07/09/c_1115875561_3.htm。

实践中学习中国特色社会主义和共产主义的学校"①。这就要求共青团通过相关实践活动,发挥共青团组织及其骨干分子的示范引领作用,教育引导包括共青团员在内的广大青年积极投身中国特色社会主义事业。

3. 联系服务功能

群团组织是党和政府联系群众的桥梁纽带,联系服务群众是群团组织的基本功能。群团组织要实现组织动员、教育引导等功能,首先需要做到联系上群众,得到群众的认可和支持。这就需要群团组织为所联系的群众提供服务,积极反映群众的意愿和诉求,多为群众办实事、办好事,维护群众合法权益。总之,群团组织通过自己的组织体系和成员,与广大民众建立广泛的联系,在联系群众的过程中,一方面向群众传达党的决策部署、任务要求、关心关怀,另一方面广泛听取群众的利益意愿和要求,为自己所联系的群体服务,为群众的个人发展提供帮助。在联系服务的过程中,发挥所联系的群众的作用,为群团组织所联系的群体乃至整个社会服务。

4. 利益代表和维护权益功能

群团组织是群众自己的组织,代表和维护组织成员以及所联系的广大人民群众的合法权益是群团组织的基本功能。如《中华人民共和国工会法》要求"工会在维护全国人民总体利益的同时,代表和维护职工的合法权益"②。《中国共产主义青年团章程》要求共青团

① 《中国共产主义青年团章程》总则,http://www.ccyl.org.cn/ccylmaterial/regulation/200612/t20061224_12147.htm。

② 《中华人民共和国工会法》,http://www.acftu.org/template/10041/file.jsp?cid=1241&aid=96764。

"在维护国家和人民利益的同时代表和维护青年的具体利益,围绕党的中心任务,开展适合青年特点的独立活动,关心青年的工作、学习和生活,切实为青年服务,向党和政府反映青年的意见和要求"①。群团组织这种建立在广泛的群众联系基础上的利益代表作用,是历史形成的一种制度安排,也是其他组织所无法替代的。群团组织只有真正代表并维护其成员的正当权益才能够有吸引力和凝聚力。因此,代表广大成员和人民群众的利益,为自己所联系的群体发声,维护广大成员和人民群众的合法权益是群团组织与生俱来的、义不容辞的责任。

5. 政治参与功能

政治参与是指"普通公民通过各种合法方式参加政治生活,并影响政治体系的构成、运行方式、运行规则和政策过程的行为"②。具体而言,在现行政治体制框架下,政治参与包括普通公民通过参加党代会、人大、政协等各种方式,参与公共决策和公共事务管理,表达政治意愿和诉求的行为。群团组织为所联系的广大群众提供了合法的、制度化的政治参与渠道。工、青、妇等 8 个人民团体是中国人民政治协商会议的组成单位,通过其推选的政协委员能够在政协舞台上政治协商、参政议政、民主监督。除了政协的平台和渠道,群团组织各级领导班子的成员也大都担任同级党委的委员、人大代表等,能够通过党代会、人民代表大会、群团工作会议等平台,参与公共决策和公共事务管理等。

---

① 《中国共产主义青年团章程》总则,http://www.ccyl.org.cn/ccylmaterial/regulation/200612/t20061224_12147.htm。

② 王浦劬:《政治学基础》,北京大学出版社 2018 年版。

6. 社会整合功能

在现代社会，通过政府、政党和社会组织进行社会整合是最基本、最常用的途径。尤其对当下的中国而言，群团组织具有战略意义的社会整合功能。中国特色社会主义现代化建设的任务十分艰巨，要求相关制度安排能够具备强大的社会整合功能，从而凝心聚力，引导和组织社会朝着现代化建设的目标前进。群团组织是一种能够将个体化公民聚合起来进行集体行动、开展资源动员的有机力量，"具有建构集体认同、集聚社会资源、约束社会失范、促进社会整合的内生性生长机制"①。工、青、妇等群团组织通过向社会传达党的意志和主张、赢取民众的支持和认同实现价值整合，通过向执政党进行利益表达、协调不同群体的利益关系、维护所联系的群体的合法权益实现利益整合；通过组织吸纳，提供合法的、制度化的利益表达和政治参与渠道实现制度整合。群团组织广泛涉及各领域、各阶层的人民群众，已成为中国共产党实现社会整合的基础性力量。正是通过群团组织，中国共产党建构起一个政党最广泛地联系社会、最大程度地整合社会的同心圆结构的社会整合体系，为中国共产党不断调整适应纷繁变化的社会情况，吸纳整合层出不穷的社会新力量，提供组织基础和保障。

综上所述，"在现代社会发展体系中，任何组织的生存与发展及其在社会体系建构中的作用地位都是由其所具有的功能决定的"②。群团组织以上这些功能的存在，即表明了人民群众需求的复杂性，也

① 康晓强：《国家治理视野下群团组织转型的困境与出路——以改革开放40年来的中国共青团为例》，《中共中央党校学报》2018年第3期。

② 吴兴智：《国家、组织化与社会秩序》，《上海行政学院学报》2014年第1期。

深刻反映出群团组织能够存在和发展的基本原因。

## 二、群团组织在新的社会阶层人士组织化中发挥作用的必要性与可能性

在市场化、全球化、信息化深入发展的不断推动下，现代社会的分工日益精细化，人们的思想观念日趋多元化、就业渠道和形式日益多样化、生活和人际交往的方式日益个性化，一大批新经济、新业态、新领域不断涌现，数量众多的新的社会阶层人士应运而生。新的社会阶层人士具有思想活跃、流动性大、分散性强、组织化程度不高等特点。当下，新的社会阶层人士群体的规模不断扩大，社会影响不断增强，如何有效地将其组织起来、发挥作用，使其成为中国特色社会主义事业合格的建设者，成为中国共产党可靠的阶级基础和群众基础，是新时期中国共产党推进中国特色社会主义事业发展进程中必须解决的重大问题。作为党和政府联系群众的桥梁纽带，群团组织自身的特性和功能，决定了其在新的社会阶层人士组织化中发挥作用既有回应时代挑战、落实中央要求、推动自身发展的必要性，也有政治上和技术上的可能性。

### （一）群团组织在新的社会阶层人士组织化中发挥作用的必要性

基于新的社会阶层人士具有流动性大、分散性强、组织化程度不高等显著特点。对于做好新的社会阶层人士工作来说，提高新的社

会阶层人士的组织化程度是一条重要途径。群团组织在新的社会阶层人士组织化中发挥作用的必要性，具体而言体现在回应时代挑战、落实中央要求、推动自身发展等三个方面：

1. 群团组织在新的社会阶层人士组织化中发挥作用是回应时代挑战的需要

第一，群团组织在新的社会阶层人士组织化中发挥作用是回应群众工作的挑战的需要。

改革开放以来，伴随着经济体制、经济结构和社会形态的变化，社会阶级阶层结构也变得越来越多样化、复杂化。[①]随着市场化、全球化、信息化等多重影响交织叠加，社会变革不断加速，社会群体的分层分化也更为迅速。宏观上来说，“群众”面貌和内在构成发生了极大变化；微观上来说，“群众”个体的分布日趋弥散化，思想观念和价值取向日趋多元化，利益意愿和要求逐渐多样化、复杂化等。在这种时代背景下，新的社会阶层人士从工人、农民、知识分子等群体中不断分化出来，逐渐成为“群众”中不容忽视的一股庞大力量。

社会阶级阶层结构的变化对新时代的群众工作提出了新的课题和挑战。新的社会阶层人士既大都属于群众中的一员，又有着不同于一般群众的特点。这就要求群团组织不断深化对所联系的群体中新的社会阶层人士的特点和发展规律的认识，及时了解并反映所联系的群体中新的社会阶层人士多样化的意愿和诉求，协调新的社会阶层人士与其他社会群体的利益关系，引导所联系的群体中新的社会阶层人士采取合法化、制度化的方式进行利益表达和政治参与，围

① 李培林：我国阶级阶层结构的深刻变化，http://ex.cssn.cn/dzyx/dzyx_llsj/201801/t20180129_3831603_2.shtml。

绕党和政府的中心工作不懈奋斗。

总之，对于群团组织来说，发挥党和政府联系群众的桥梁纽带作用，将自己联系的群体尽可能广泛地、紧密地团结在党的周围，是本职工作。因此，群团组织所联系的群众在哪里，群团工作就应该覆盖到哪里。新的社会阶层人士大都属于群众，如何在这类新兴群体中发挥群团组织的桥梁纽带作用，将他们紧密团结在中国共产党周围，是新时代群团组织开展好群众工作的新挑战。在这种情况下，如果群团组织能够做好新的社会阶层人士的工作，与新的社会阶层人士建立广泛而紧密的联系，有效发挥联系服务、教育引导、组织动员、利益代表、维护权益、政治参与等功能，团结广大新的社会阶层人士在中国共产党周围，那么就能够巩固和扩展中国共产党执政的群众基础。反之，如果群团组织不能有效发挥作用，不能紧密联系和团结新的社会阶层人士，则会削弱中国共产党执政的群众基础。群团组织在新的社会阶层人士组织化中发挥作用，是回应新时代社会阶层结构变化带来的群众工作的挑战的需要。

第二，群团组织在新的社会阶层人士组织化中发挥作用是回应社会整合的挑战的需要。

在改革开放以前，计划经济条件下，所有制的结构是单一的公有制，人民群众的就业渠道主要是“体制内”的各种单位。在单一经济结构的背景下，基于单位对个体的强大影响，较容易通过价值整合、利益整合、制度整合等方式实现社会整合。随着改革开放以来，所有制形式逐渐转变为公有制为主体，个体经济、私营经济、混合所有制经济等多种所有制形式共同发展，“单位制”逐渐式微，群众的就业渠道和方式逐步多样化，由大部分都是“体制内”，转变为绝大部分都是“体制外”。譬如当下，非公有制经济成为人民群众就业的主要领域，相关数据显示，在非公有制企业就业的人数达到3.4亿人，占全国城镇就业人数的80%。[①]据中央统战部的数据，7 200万新的社会阶层人士中95.5%为非中共党员。[②]因此，新的社会阶层人士以“体制外”的单位为主要就业渠道，以“党外”为主要政治身份特征。而且，新的社会阶层人士中以自由撰稿人等为代表的自由职业者群体仍在不断扩大，其中一些新的社会阶层人士根本就没有所谓的就业单位。

正是伴随着社会经济结构、阶级阶层结构和群众就业结构的变化，以往由单位制的逻辑主导的较为单一的社会群体分布结构，逐步向多元化、多层面、弥散化的社会群体分布结构转变。社会结构越复杂，社会异质性程度越高，在这种背景下，实现社会统合和集聚愈发显得迫切。[③]如何依托体制内力量，有效实现对党外、“体制外”为主体的新的社会阶层人士的价值整合、利益整合、制度整合，是新时代的一个重大命题。而能够实现组织化整合的主要就是政党和代表性的社团。[④]要实现对不再依附于各类单位组织的分散的社会成员的整合，让他们集聚在中国共产党的周围，就需要有效发挥工、青、妇等组织的功能作用。[⑤]因此，群团组织如何有效回应社会整合的要求，通

---

① 全国工商联主席谈民营经济贡献：有个56789说法，http://news.163.com/18/0306/17/DC7TF38G00018AOR.html。

② 中共中央统战部：中国新的社会阶层人士约7 200万人，http://www.chinanews.com/gn/2017/01-04/8113847.shtml。

③ 渠敬东：《项目制：一种新的国家治理体制》，《中国社会科学》2012年第5期。

④ 姚俭建：《新社会阶层代表性组织的培育与和谐社会的构建》，《上海市社会主义学院学报》2006年第1期。

⑤ 林尚立：《轴心与外围：共产党的组织网络与中国社会整合》，《复旦政治学评论》2008年第11期。

过深化自身的改革,积极发挥功能作用,有效承担起社会整合的重要职责,不断巩固和扩展中国共产党的阶级基础和群众基础,是新时代群团组织重要的使命和责任。

第三,群团组织在新的社会阶层人士组织化中发挥作用是回应群团组织发展的挑战的需要。

改革开放以来,各类社会组织发展迅速,涉及社会生活的方方面面,填补着国家与社会、国家与市场之间的"空白"地带。据民政部的数据,截至 2017 年底注册登记的社会组织有 76.2 万个,其中社会团体 35.5 万个。[①]而一些学者预计未登记却在活动的各类民间组织有数百万之多。大量不同类型的社会组织的存在,为民众表达意愿和诉求、参与社会政治生活提供了多样化的平台,也部分地替代了工、青、妇等群团组织的利益表达、维护权益等功能。

在这种背景下,包括新的社会阶层在内的社会成员,对于是否加入社会组织,以及加入什么样的社会组织有着选择的自由,他们会对工、青、妇等群团组织有更多的期待和要求。而属于群团组织各自联系范围的新的社会阶层人士,群团组织不去联系,不去组织,不去引导,就可能被别的组织争取过去。因此,在新的历史时期,群团组织的发展环境发生了极大的变化,面临着前所未有的志趣竞争与发展挑战。[②]

同时,伴随着互联网的发展和广泛普及,人们的生产、生活、交往等方式也受到深刻影响乃至改变。目前,全国有 8 亿多网民,他们在

① 2017 年社会服务发展统计公报,http://www.mca.gov.cn/article/sj/tjgb/2017/201708021607.pdf。

② 葛道顺:《关于群团组织治理和发展的思考——学习习近平系列重要讲话的体会》,《社会发展研究》2016 年第 4 期。

网络空间联谊交友、结圈互动，网络化生活成为一种新常态。这也深刻地影响着人们的利益表达、政治参与的渠道和平台，改变了交流交往、组织动员的方式和途径。包括新媒体代表人士在内的新的社会阶层人士，往往会自发地加入基于业缘、趣缘、地缘形成网络空间的社会组织。这些虚拟社会组织往往线上互动非常活跃，线下活动非常精彩。在这种背景下，群团组织的传统的思想观念、组织体系、工作方法、活动形式等，已经不能完全适应互联网时代以新的社会阶层为代表的新兴群体的需要。倘若群团组织的思想观念、组织体系、工作方法、活动形式等不能及时跟上时代发展的步伐，那么群团组织将不仅很难起到应有的桥梁纽带作用，还会有被边缘化的危险。如何适应互联网时代的挑战，创新群团组织的思想观念、组织体系、工作方法、活动形式等，把新的社会阶层人士联系上、吸引住、组织起、引导好，发挥应有作用，是新形势下群团组织面临的紧迫任务。

因此，群团组织在深受市场化、全球化、信息化影响的社会环境中发展，面临着不同程度的挑战。对群团组织来说，一些变化前所未有，一些挑战也是前所未有。如何将深受市场化、全球化、信息化等因素影响的大变革时代的社会成员有效组织起来，如何有效回应和整合社会成员多样化的意愿和要求，如何在以新的社会阶层人士为代表的新兴群体组织起来的过程中不被边缘化，这都是新时代对群团组织提出的挑战。

*2. 群团组织在新的社会阶层人士组织化中发挥作用是落实中央要求的需要*

群团组织在新的社会阶层人士组织化中发挥作用，既是落实中央群团工作会议等会议精神的要求，走好中国特色社会主义群团组织发展道路，做好新形势下的党的群众工作的需要；也是落实中央统战工作会议、全国新的社会阶层人士统战工作会议等会议精神的要求，做好新的社会阶层人士统战工作的需要。

第一，群团组织在新的社会阶层人士组织化中发挥作用是落实中央要求，坚持党的领导，发挥自身桥梁纽带作用的需要。

群团组织是党和政府联系广大人民群众重要的桥梁纽带。新的社会阶层人士群体规模庞大，社会影响显著，已成为人民群众中不容忽视的一股力量。但值得注意的是，群团组织在新的社会阶层人士为代表的各类新兴社会群体中仍存在覆盖面不够广、影响力不够大等问题。中央群团工作会议清楚地指出，“群团组织基层基础薄弱、有效覆盖面不足、吸引力凝聚力不够问题突出，特别是在非公有制经济组织、社会组织和各类新兴群体中的影响力亟待增强”①。

因此，早在 2013 年，习近平总书记就要求共青团做到“青年在哪里，团组织就建在哪里”②。在 2015 年中央群团工作会议上，习近平总书记进一步要求群团组织，“要巩固已有的组织基础，加快新领域新阶层组织建设，形成完善的组织体系，实现有效覆盖”③。《中共中央关于加强和改进党的群团工作的意见》明确要求，“工会、共青团、妇联等群团组织要以提高吸引力、凝聚力、战斗力和扩大有效覆盖面为目标……立体化、多层面扩大组织覆盖，重点向非公有制经济组

① 授权发布：中共中央关于加强和改进党的群团工作的意见，http://www.xinhuanet.com//politics/2015-07/09/c_1115875561.htm。

② 习近平同团中央新一届领导班子成员集体谈话，http://www.gov.cn/ldhd/2013-06/20/content_2430671.htm。

③ 习近平谈新时代党的群团工作，http://news.cnr.cn/native/gd/20180619/t20180619_524274965.shtml。

织、社会组织、城乡社区等领域和农民工、自由职业者等群体延伸组织体系”[①]。其中，着重点出的“自由职业者”等群体属于新的社会阶层成员。党的十九大报告专门强调“做好新的社会阶层人士工作，发挥他们在中国特色社会主义事业中的重要作用”[②]。

因此，在中国特色社会主义新时代，中央的要求非常明确，群团组织要逐步扩大在新领域新阶层等中的组织覆盖，将新的社会阶层人士组织起来、发挥作用，这是落实中央对新时代群团组织的要求的需要。

第二，群团组织在新的社会阶层人士组织化中发挥作用，也是做好新的社会阶层人士统战工作的需要。

群团组织与统一战线工作有着紧密联系。1950 年 3 月新中国召开的第一次全国统战工作会议上，时任统战部部长李维汉就指出，工、青、妇等人民团体都负有统一战线工作的任务。[③]周恩来也在会上指出，工会、青联、学联、妇联和其他学术团体都带有统一战线性质。[④]因此，包括工、青、妇在内的群团组织也具有鲜明的统一战线性质。一些群团组织如全国台联、中国宋庆龄基金会、黄埔军校同学会、欧美同学会、中华职业教育社等在组织章程或相关定位中都被明确为统一战线组织。其他群团组织如全国工商联，也与统一战线密切相关。因此，这些组织也肩负有做好统一战线工作的任务。

---

① 授权发布：中共中央关于加强和改进党的群团工作的意见，http://www.xinhuanet.com//politics/2015-07/09/c_1115875561_3.htm。

② 习近平在中国共产党第十九次全国代表大会上的报告，http://cpc.people.com.cn/n1/2017/1028/c64094-29613660-15.html。

③ 中共中央统战部：《中国共产党统一战线史》，华文出版社 2017 年版，第 186—187 页。

④ 中共中央统战部：《中国共产党统一战线史》，华文出版社 2017 年版，第 189 页。

习近平总书记在中央统战工作会议上强调，“统战工作是全党的工作”，“要坚持党委统一领导、统战部牵头协调、有关方面各负其责的大统战工作格局，形成工作合力”。[①]《中国共产党统一战线工作条例（试行）》将“新的社会阶层人士”单独列为统战工作对象，充分说明新的社会阶层人士统战工作已经成为新时代统战工作新的、重要的着力点。而实际上，大量的“两新”组织中的从业人员、自由职业者等尚没有被群团组织所覆盖。因此，中央统战工作会议后召开的首次全国新的社会阶层人士统战工作会议强调，“新的社会阶层人士是建设中国特色社会主义事业的重要力量”，“做好新的社会阶层人士的统战工作是全党的工作”，“工会、共青团、妇联、科协、文联、作协等群团组织要通过创新组织方式、运行方式、活动方式等增强对新的社会阶层人士的吸引力和影响力”。[②]

因此，群团组织在新的社会阶层人士组织化中发挥作用，是落实中央统战工作会议、全国新的社会阶层人士统战工作会议等会议精神的要求，是做好新时代统一战线工作的需要。

*3. 群团组织在新的社会阶层人士组织化中发挥作用是推动自身发展的需要*

推动群团组织自身发展就要深化群团组织改革，走好中国特色社会主义群团组织发展道路。群团组织改革的核心任务之一是增强群团组织的“政治性、先进性、群众性”，破除群团组织的“机关化、行政化、贵族化、官僚化”的倾向。群团组织在新的社会阶层人士组织

---

① 习近平：《巩固发展最广泛的统一战线》，http://www.xinhuanet.com//politics/2015-05/20/c_1115351358.htm。

② 同言：全国新的社会阶层人士统战工作会议定调，回答您最关心的两个问题！，http://tyzx.people.cn/n1/2017/0225/c396781-29107151.html。

化中发挥作用有利于增强“三性”，破除“四化”，扩展群团组织的社会基础，推动群团组织进一步深化自身改革，走好中国特色社会主义群团发展道路。

第一，群团组织在新的社会阶层人士组织化中发挥作用是增强“三性”的需要。

做好新的社会阶层人士工作是党中央的要求，群团组织在新的社会阶层人士组织化中发挥作用体现了政治性的要求。对于增强群团组织的先进性、群众性，群团组织在新的社会阶层人士组织化中发挥作用，更是有着独特的意义。群团组织要充分体现、持续保持组织的先进性和群众性，就需要广泛联系群众，不断将相关群众中涌现出的进步分子吸纳到自己的组织体系里面去，在群团组织的相关平台、相关活动中发挥他们的作用。“一般而言，任何组织想要保持自己的先进性，就必须把先进分子吸收进来。”[①]群团组织也不例外。吸收先进分子，以先进分子引导中间分子、落后分子，是群团工作的基本经验之一。因此，群团组织要广泛联系、不断吸纳与自己相关的社会新兴群体及其中的先进分子，从而不断保持和增强组织的先进性、群众性。

新的社会阶层人士是新时期社会结构变化的重要产物，新的社会阶层行业分布广泛，与群团组织有千丝万缕的联系，其中相当一部分人具有高学历、高层次、代表性强的特点，符合群团组织发展成员的要求。根据群团组织自身特点，广泛联系、适当吸纳新的社会阶层人士，可以扩大群团组织的社会基础，增强组织活力，有助于群团组

① 王虎学、万资姿：《群团组织比较视野中共青团的“三性”问题》，《科学社会主义》2017年第4期。

织保持先进性和群众性。

第二，群团组织在新的社会阶层人士组织化中发挥作用是破除“四化”的需要。

新的社会阶层人士是新兴社会力量的代表，是新时代“人民群众”的有机组成部分，也就是中国共产党长期执政必须紧紧依靠的阶级基础和群众基础的重要组成部分。因此，新的社会阶层人士应该成为各群团组织广泛联系、紧密团结、热情服务的群体。群团组织在发展过程中，部分存在“机关化、行政化、贵族化、官僚化”的倾向。要破除“机关化”倾向，群团组织就应该伏下身段，与新的社会阶层人士等群体建立广泛、密切的联系，与包括新的社会阶层人士在内的人民群众打成一片；要破除“行政化”倾向，群团组织就应该积极主动地与新的社会阶层人士等联谊交友，及时为新的社会阶层人士等提供服务和帮助；要破除“贵族化”倾向，群团组织就应该充分吸纳相关领域新的社会阶层人士等进入各级组织，凸显群团组织的群众性；要破除“娱乐化”倾向，群团组织就应该广泛听取并积极回应新的社会阶层人士等的利益意愿和诉求，以更加灵活多样的形式组织新的社会阶层人士等群体开展活动。

可以说，群团组织结合破除“四化”的要求，在新的社会阶层组织化中有效发挥功能作用，才能更好承担起巩固和扩展中国共产党执政的阶级基础和群众基础的政治使命和责任。

第三，群团组织在新的社会阶层人士组织化中发挥作用是体现群团组织功能的需要。

组织的功能作用是组织存在价值的体现。如果一个组织没能发挥应有的功能作用，该组织存在价值就大打折扣。群团组织是党和政府联系群众的桥梁纽带，具有鲜明的政治性、先进性和群众性，有着组织动员、教育引导、联系服务、利益表达、维护权益、政治参与和社会整合等重要的功能。新的社会阶层也有着广泛、多样的意愿和诉求。如前所述，如何使群团组织覆盖以新的社会阶层人士为代表的新兴群体，提升群团组织在以新的社会阶层人士为代表的新兴群体中的影响力、凝聚力，发挥群团组织的功能作用，成为群团组织面临的新挑战。群团组织能否成功转型，就在于能否通过发挥自身功能，增强与新的社会阶层等相关群体的利益联结度，巩固和拓展新的社会阶层等相关群体的政治认同。①因此，直面时代挑战，在新的社会阶层人士组织化中有效发挥作用，能够扩大群团组织在新的社会阶层为代表的社会新兴群体中的覆盖面，显著提升群团组织的影响力和战斗力，从而更好地履行群团组织的职责和使命。群团组织在新的社会阶层人士组织化中发挥作用是体现组织功能的需要。

综上所述，群团组织将新的社会阶层人士组织起来，发挥作用，使新的社会阶层人士意愿和诉求都得到表达、尊重和保障，有利于团结、教育、引导和服务新的社会阶层人士，增强这一群体的政治认同，不断巩固和扩展中国共产党执政的阶级基础和群众基础，为中华民族伟大复兴的中国梦的实现汇聚磅礴力量；有利于群团组织适应社会阶层结构变化的新情况，拓展群团组织的社会基础，优化群团组织的人才结构，凸显群团组织的政治性、先进性、群众性，发挥群团组织的功能作用，提升群团组织影响力、战斗力；有利于引导和规范新的社会阶层人士的利益表达、政治参与方式，将新兴社会力量的利益表

---

① 康晓强：《国家治理视野下群团组织转型的困境与出路——以改革开放 40 年来的中国共青团为例》，《中共中央党校学报》2018 年第 6 期。

达、政治参与纳入已有的、制度化的渠道，维护社会政治稳定和国家的长治久安。

### （二）群团组织在新的社会阶层人士组织化中发挥作用的可能性

新的阶层人士以“体制外”“党外”占大多数，分布面广、流动性大，如何有效组织起来是个难题。实现新的社会阶层人士组织化，除了新建新的社会阶层人士群体相关的社会组织之外，发挥现有的各类社会组织特别是群团组织的优势，将新阶层组织起来是一条可取的路径。要将新的社会阶层人士组织起来，需要相关组织有较广泛的组织覆盖面，能够对新的社会阶层人士及时联系、引导；需要相关组织对新的社会阶层人士有影响力、吸引力、凝聚力，让新的社会阶层人士乐于加入并积极参加活动；需要相关组织为新的社会阶层人士表达诉求、成长成才和发挥作用提供渠道和平台等。群团组织独特的政治地位、资源禀赋，使得群团组织在新的社会阶层人士组织化过程中发挥作用，在政治上和技术上都是具有可能性的。

*1. 群团组织在新的社会阶层人士组织化中发挥作用在政治上的可能性*

与其他一般的社会组织相比，群团组织是由中国共产党直接领导的，被赋予了党和政府联系人民群众的“桥梁纽带”的重要地位。在新的社会阶层人士组织化过程中，群团组织有着独特的政治地位、制度化的利益表达和政治参与的渠道以及较为丰富的政治资源等多方面的优势。

第一,独特的政治地位为群团组织在新的社会阶层人士组织化过程中发挥作用提供了基础支撑。群团组织是中国共产党直接领导的群众性社会团体,拥有公开的、合法的政治身份,可以公开吸纳包括新的社会阶层在内的社会成员并组织相关活动的。这就为群团组织在新的社会阶层人士组织化过程中发挥作用提供了政治基础。而且,群团组织相较于一般的社会组织,在国家政治生活中享有较高的政治地位,在社会上有着较好的公信力和影响力,对群众的吸引力比较强,使得人们认为加入群团组织、参加群团组织的活动,是一件合乎主流的事情。这些使得群团组织吸引、凝聚新的社会阶层人士有着良好的社会基础。

第二,制度化的利益表达和政治参与的渠道为群团组织在新的社会阶层人士组织化过程中发挥作用提供了独特优势。相关制度安排为群团组织搭建了制度化的利益表达、政治参与的渠道,使得群团组织能够通过合法的、制度化的形式进行政治参与和利益表达,影响公共政策、提供公共服务,这是其他社会组织难以媲美的、独特的政治优势。《中共中央关于加强和改进党的群团工作的意见》中明确:"党委常委会应该定期听取各群团组织工作汇报,每年都要专题研究群团工作……地方党委有关工作会议应该请工会、共青团、妇联等群团组织主要负责人参加或列席。县级以下共青团组织主要负责人按党章规定列席同级党组织有关会议。乡镇(街道)的工会、妇联组织主要负责人可列席同级党委有关会议。"①群团组织中,工、青、妇等8个组织是中国人民政治协商会议的组成界别,能够推选本界别的代

① 授权发布:中共中央关于加强和改进党的群团工作的意见,http://www.xinhuanet.com//politics/2015-07/09/c_1115875561_2.htm。

表参加政协会议。以工商联为例，作为政协中的一个单独界别，可以保证工商联通过自身渠道为会员以及会员单位在政协这个重要的平台上，就所关心的问题，合法地、公开地、制度化地进行政治协商、参政议政、民主监督。这是其他一般的社会组织所不可能实现的。这种独特的政治优势，使群团组织能够为新的社会阶层人士提供利益表达、政治参与的制度化渠道，有利于将群团组织所联系的新的社会阶层人士的利益表达、政治参与的意愿和诉求吸纳、整合进相关制度框架。同时，也有利于新的社会阶层人士通过群团组织的相关活动了解、学习和掌握符合现行制度规范的利益表达、政治参与方式，从而更加理性地认识自己的利益意愿和诉求，自觉规范和约束不合理的利益表达和政治参与方式，进而较为有效地实现社会整合。

第三，丰富的政治资源为群团组织在新的社会阶层人士组织化过程中发挥作用提供了便利条件。群团组织与各级党政部门之间有着较为紧密的联系。如前所述，群团组织机关一般都要参照或者适用《中华人民共和国公务员法》等管理。按照有关规定，全国总工会、共青团中央、全国妇联、中国科协、全国侨联、中国文联、中国作协等相当于部级单位。全国性群团组织大都有中共中央书记处领导或由国务院领导同志联系、相关党政部门代管。这些政治安排有利于群团组织与党政部门沟通情况、反映诉求、开展工作。在地方层面，群团组织与同级党委之间有着紧密的、制度化的联系，一些地方党委建立了群团工作专题会议等制度，常委会要专门研究群团工作、定期听取群团组织工作汇报；各级地方党委一般都有一位副书记分管群团工作，能够为群团组织在新的社会阶层人士组织化过程中发挥作用提供信息、资源支持等；群团组织的领导班子成员大都担任同级党委委员、人大代表、政协委员，参与着中央和地方政治经济文化和社会事务的决策和管理，能够及时将所代表的群众的意愿和要求反映给党和政府。由于群团组织与执政党和政府的紧密关系，使得群团组织除了自身的组织资源、政治资源等，还能大量利用地方上的各种资源、广泛参与地方上的活动，从而为有效地实现群团组织功能提供了便利条件。

2. 群团组织在新的社会阶层人士组织化中发挥作用有着技术上的可能性

群团组织自身的资源禀赋，尤其是群团组织较为完善的组织网络、庞大的工作队伍和丰富的组织工作经验，为群团组织将分散的、原子化的新阶层成员组织起来，提供了组织保障、人才保障、经验保障。也即为群团组织在新的社会阶层人士组织化中发挥作用提供了技术上的可能性。

第一，群团组织有着成熟的组织体系。群团组织有着数量巨大的成员队伍和专职干部队伍，有利于开展新的社会阶层人士组织化工作。

要想将新的社会阶层人士组织起来，首先需要将新的社会阶层人士识别出来、联系起来，如果连人都没联系上，就谈不上如何组织起来、发挥作用了。但随着改革开放以来社会变革的不断推进，很多人成为原子化的社会人，特别是在新兴业态新兴领域，如何联系上新的社会阶层人士，增进对这一群体的了解，就成为一大难题。虽然，当下全国各省市也建立了新的社会阶层人士联谊会等组织，这些组织在将新的社会阶层人士组织起来过程中起到很大的作用。但相比于庞大的新阶层群体，新联会等的组织规模、组织网络尚显薄弱。

群团组织有着数以百万计的基层组织，依托庞大数量的基层组织，形成对全国范围内城乡社区的广泛覆盖。以工、青、妇为例，截至2017年9月底，全国已建工会基层组织280.8万个。[①]共青团的基层组织数量达384.2万个；妇联的基层组织数量达93.3万个。而且，大部分群团组织形成了横向到底、纵向到边的组织结构，在群团组织的内部组织结构上，一些群团组织又有着纵向和横向结合的组织体系。

一方面，在纵向上，群团组织按照行政区划形成自上而下完整的组织体系。如工会、共青团、妇联等，有国家和省级层面的组织机构，也有市、县一级的地方组织，还有在各类机关、企事业单位等中建立的基层组织，形成从中央到基层的完整组织体系。另一方面，在横向上，群团组织也有着联合性的组织结构。如工会、工商联可以按照行业，形成相应的全国性或地区性的产业工会或行业商会组织等，妇联可以接纳各地区、各行业的妇女团体为妇联的团体会员。[②]

因此，经过数十年的不断发展完善，群团组织形成了覆盖广泛、较为严谨周密的组织体系。群团组织的基层组织遍布全国各类机关、企事业单位、社区等，使得通过群团组织广泛地、经常地团结联系、教育引导新的社会阶层人士成为可能。

第二，群团组织有着数量巨大的成员队伍和专职干部队伍，有利于开展新的社会阶层人士组织化工作。

群团组织成员及其所联系的群众涉及各条战线、各个领域、各个层面，与新的社会阶层人士有着广泛的交集，有利于及时联系、服务

① 2017年全国工会“热词榜”盘点，http://acftu.people.com.cn/n1/2018/0112/c67583-29761226.html。

② 韩晋芳：《人民团体之比较——以政协组成单位的人民团体为例》，《科协论坛》2015年第2期。

新阶层人士,创造性地开展工作。截至2017年9月底,全国工会会员人数3.03亿。[①]共青团员人数近9 000万。妇联更是联系着中国一半左右的人口。群团组织成员遍布城镇、村庄、社区等社会的各个角落,可以说,凡是新的社会阶层人士有分布的地域,基本上都有群团组织及其成员的分布。这是其他社会团体难以比拟的。

而且,群团组织有着丰富的人才储备,有着大量的相关人才。以工、青、妇为例,据统计,工会有专职干部107.9万人、兼职干部744.5万人;共青团专职干部有25万人,兼职干部近500万人;各级妇联干部数十万人等。同时,群团组织成员分布在各行各业,与不同行业的从业人员都有着广泛接触,具有联系广泛、人才荟萃的基本特点。群团组织的骨干成员往往也是各行业的优秀分子,政治素质高、业务能力强、有着一定的社会影响力和号召力,能够有力地团结、教育、引导、服务新的社会阶层人士。群团组织集聚的各类人才是吸引新的社会阶层人士加入的一个重要因素,也是群团组织做好新的社会阶层人士工作的突出优势。因此,对于开展新的社会阶层人士的组织化工作,群团组织有着自身的人才优势。

第三,群团组织有着良好的工作传统、工作经验、工作机制,有利于开展新的社会阶层组织化工作。

发挥党和政府联系群众的桥梁纽带作用是群团组织基本的政治要求。在中国共产党的领导下,基于党和政府联系群众的桥梁纽带的定位,群团组织积极发挥联系服务、教育引导、组织动员等方面的功能作用,在如何将群众组织起来、发挥作用方面进行大量的实践探索,形成丰富的工作经验和一系列较为成熟的工作方法。这些都对

① 2017年全国工会“热词榜”盘点。

如何将新的社会阶层人士组织起来，发挥作用，有着重要的参考价值。

另外，改革开放以来，各个群团组织不断适应时代变迁，不断探索开展工作的新方法、新机制，围绕中心、服务大局，形成一整套较为成熟的、能够有效运转的工作体系，产出一批有公信力、影响力的工作品牌，如五一劳动奖章、青年志愿者、巾帼建功等，在人民群众中有着较强的号召力。

总之，群团组织有着纵向到底、横向到边、数量巨大、严密健全的组织网络，有着巨大的成员数量和一支数量可观、相对稳定的专门人才队伍，有着将群众组织起来、发挥作用的大量实践探索和经验总结。因此，群团组织在将新的社会阶层人士组织起来的过程中有着组织、人才、经验等方面的优势，使得依托群团组织实现新的社会阶层人士组织化有着技术上的可能性。

## 三、依托群团组织实现新的社会阶层人士组织化的基本路径

实现原子化社会和个体化成员的组织化，是推动社会发展、完善社会治理的题中应有之义。中国共产党历来高度重视组织化的作用，中国共产党及其所领导的群团组织是实现社会组织化的主体力量。当下，群团组织应结合中央要求，回应时代需求，发挥功能作用，以提升思想认识为基础、扩展组织覆盖为重点、创新方式方法为抓手、完善体制机制为保障来实现新的社会阶层人士组织化。

## (一)提升思想认识——夯实群团组织实现新的社会阶层人士组织化的思想基础

思想是行动的先导。依托群团组织实现新的社会阶层人士组织化,一方面需要党政部门、群团组织主要负责人等对群团组织在新的社会阶层人士组织化中发挥作用的重要性、必要性等有着清醒的认识;另一方面也需要发挥群团组织对新的社会阶层人士的思想引领作用,让新的社会阶层人士自身认识到组织起来的必要性和重要性,从而更加主动地接触群团组织,积极配合群团组织开展相关活动。

1. 抓好"关键少数"的思想工作

各级领导干部,特别是党政一把手,要从巩固党的阶级基础、扩大党的群众基础高度上认识新阶层组织化问题。有关党政部门领导和群团组织主要负责人要清醒地认识到,开展新阶层工作是新时代群团组织极端重要的工作之一。新的社会阶层人士是新兴社会力量的代表之一,是中国特色社会主义新时代"人民群众"的重要组成部分,有着较为庞大的数量和巨大的社会影响力。人心向背、力量对比是最大的政治。如何有效地凝聚人心、汇聚力量,让以新的社会阶层人士为代表的新兴社会力量"听党话、跟党走",是中国共产党必须解决的重大时代课题。群团组织作为中国共产党直接领导的群众性社会团体组织,是党和政府联系人民群众的桥梁纽带,发挥着联系服务、组织动员、教育引导群众等重要功能,承担着巩固党的阶级基础、扩大党的群众基础的重要使命。新的社会阶层人士具有流动性大、分散性强等特点,因此,开展新的社会阶层人士工作一大难题就是如何有效地实现其组织化。组织化是做好新的社会阶层人士工作的重要方式。群团组织因其功能作用、资源禀赋等,理应在新的社会阶层人士组织化过程中更加积极作为。

要在全社会,特别是党的各级领导干部和群团组织负责人中,加强新的社会阶层人士工作的宣传力度,使各级领导干部,特别是党政“一把手”和群团组织的主要负责人,普遍具备统战意识和做好新的社会阶层工作的使命感和责任感,更加关注和支持群团组织开展新的社会阶层人士的组织化工作。在党委的领导下,党校、行政学院、社会主义学院等要把新阶层组织化理论纳入教学计划,并作为各级党政领导干部和群团组织负责人培训的重要课程。

2. 加强群团组织对新的社会阶层人士的思想引导

依托群团组织实现新阶层组织化必须坚持正确的政治方向,通过群团组织巩固中国共产党在新的社会阶层群体中的领导权,及时将党的重大方针政策传达给新的社会阶层人士,通过群团组织耐心细致的工作,使党的主张成为新的社会阶层人士的自觉行动。在贯彻党的领导,特别是对政治方向、政治原则的领导的过程中,注意寻求新的社会阶层人士与社会公共利益之间的最大公约数,尊重、保护新的社会阶层这一群体的根本利益,推动新的社会阶层人士的个人发展与中国特色社会主义事业发展同频共振、互利共赢,进而不断巩固和扩展中国共产党在这一群体中的群众基础和阶级基础。

依托群团组织实现新的社会阶层人士组织化,离不开新的社会阶层人士的理解、认同和支持。鉴于新的社会阶层人士以“党外”“体制外”的身份为主要特征,对其开展思想引导工作需要采取更为柔性的、亲和的方式进行。如通过联谊交友的方式增进群团组织与新的社会阶层人士的相互了解；通过引导新的社会阶层人士参与群团组织开展的扶贫济困、环境保护、健康普查等公益活动，进一步培育和激发新的社会阶层人士的家国情怀和奉献精神等；通过吸纳新的社会阶层人士参与群团组织的管理、相关公共政策的讨论和公共事务的管理等，进一步畅通新的社会阶层人士利益表达、政治参与的渠道，维护其合法权益，增进其对群团组织的了解和认同。

### （二）扩展组织覆盖——夯实群团组织在新的社会阶层人士组织化过程中发挥作用的组织基础

对照中央要求，群团组织在新的社会阶层人士组织化过程中发挥作用，首先需要有效扩大群团组织的覆盖面，实现更加广泛的实体覆盖、工作覆盖。从而构建条块结合、上下贯通、横向到边、纵向到底、线上线下相结合的组织网络，有效覆盖非公有制经济组织、社会组织、城乡社区等领域和自由职业者等群体，形成更加严密规整、科学高效的组织体系。

1. 扩展群团组织实体覆盖

所谓实体覆盖，就是进一步加强群团组织的基层组织建设，扩大群团组织的实体覆盖面。群团组织的基层组织是群团组织在新的社会阶层组织化过程中发挥作用的基础和关键。按照《中共中央关于加强和改进党的群团工作的意见》的要求，“工会、共青团、妇联等群团组织要以提高吸引力、凝聚力、战斗力和扩大有效覆盖面为目标，在巩固按行政区划、依托基层单位建立组织、开展工作的同时，创新基层组织设置、成员发展、联系群众、开展活动的方式。立体化、多层面扩大组织覆盖，重点向非公有制经济组织、社会组织、城乡社区等领域和农民工、自由职业者等群体延伸组织体系”①。通过扩大群团组织的实体覆盖，形成纵横交错、条块结合、结构合理、功能完备的组织体系，保障哪里有新的社会阶层人士，哪里就有群团组织，从而为联系服务、组织动员、教育引导新的社会阶层人士提供组织保障。

2. 扩展群团组织工作覆盖

所谓工作覆盖，就是将新的社会阶层人士工作作为群团组织日常工作的重要组成部分，围绕新的社会阶层人士的现实需求、做好新的社会阶层人士工作的中央要求，不断丰富工作内容，创新工作方式，完善工作机制，切实增强群团组织在新的社会阶层人士工作中的覆盖面和影响力。

要针对新的社会阶层人士的特点和需求，加强新阶层工作的供给侧结构性改革。特别是要着力加强工会的“职工之家”、共青团的“青年中心”、妇联的“妇女之家”等工作平台的建设，通过群团组织的各级组织、骨干成员以及新的社会阶层代表人士等的引领带动，实现对新的社会阶层人士的群团工作覆盖。

通过以上各种方式实现群团组织在全社会更加广泛、有效的组织覆盖和工作覆盖的基础上，通过各级各类群团组织深入的调研，摸清群团组织各自所联系的新的群体中新的社会阶层人士的底数，全面了解新的社会阶层人士的职业身份、分布状况等基本情况，研究分析新的社会阶层人士的群体特点和发展规律，为依托各级各类群团组织做好新阶层组织化工作打下坚实基础。

---

① 授权发布：中共中央关于加强和改进党的群团工作的意见，http://www.xinhuanet.com//politics/2015-07/09/c_1115875561_3.htm。

### (三)创新方式方法——丰富群团组织在新的社会阶层人士组织化过程中发挥作用的平台和资源

新的社会阶层人士是新兴社会群体的代表。在市场化、全球化、信息化交互作用的时代大背景下,依托群团组织开展新的社会阶层人士工作,实现将新的社会阶层人士组织起来、发挥作用的目标,迫切需要通过协同化、社会化、网络化等多种手段,整合工作资源,延伸工作手臂,拓展工作平台,提升工作效能。

1. 协同化运作,形成工作合力

党政部门协同,群团组织之间协同,通过联席会议等制度,形成包括党委统战部门、民政部门等党政部门和各类群团组织在内的推动新的社会阶层人士组织化的协同工作体系,整合不同单位的工作资源,形成推动新阶层组织化工作的合力。

加强群团组织之间的协同联动。群团组织之间要注重通过协同运作的方式实现资源共享、优势互补。符合条件的基层群团组织可联合起来,共同打造为新的社会阶层人士服务的平台载体,如新的社会阶层人士联络点、服务站等,共同为新的社会阶层人士提供服务。通过各级各类群团组织联手举办活动、联合培养人才等方式,整合不同群团组织的资源,加强相互间的协作,提升新阶层组织化工作的效能。

加强职能部门之间的协同联动。依托群团组织开展新的社会阶层人士组织化工作,离不开组织部门、宣传部门、统战部门、民政部门等党政有关部门的支持。相关职能部门要主动关心群团组织工作,积极支持群团组织在新的社会阶层组织化过程中发挥作用。群团组织也要积极与统战部、社团局等党政部门对接，参与相关联席会议，承接相关公共服务项目，为将新的社会阶层人士组织起来、凝聚起来、发挥作用提供更多的平台和资源。如天津市结合区域特点，协调整合党政部门、群团组织、社会组织等资源联合打造新阶层工作"三级示范基地"，依托示范基地发现、培养、锻炼新的社会阶层人士，并将其中的代表性人士吸纳进群团组织等发挥其积极作用，取得良好的成效。

2. 社会化运作，延伸工作手臂

新的社会阶层人士群体数量庞大、分布广泛，实现其组织化是一项艰巨任务。群团组织在新的社会阶层组织化过程中要增强开放性，运用社会化方式运作，盘活各类资源、吸收各种力量，从而延伸工作手臂，做好资源整合。只有这样才能在新领域、新阶层做到广泛联系、回应需求、周到服务，增强群团组织对新的社会阶层人士的吸引力。依托群团组织实现新的社会阶层人士组织化过程中，注重社会化方式运作，一种重要形式是发挥群团组织枢纽型社会组织的作用。

伴随着社会变革的深化，社会组织已成为广大人民群众基于兴趣、利益等自发组合的一种普遍化的组织形态。当下，社会组织面广量大、种类繁多，是中国共产党开展群众工作重要的资源，有效实现新的社会阶层组织化离不开发挥社会组织的作用。群团组织是社会组织的重要成员，也与相关社会组织有着千丝万缕的联系。由于群团组织直接受中国共产党的领导，具有先进性等特性，所以群团组织也负有"积极联系和引导相关社会组织"的重要使命。因此，对于群团组织来说，在实现新的社会阶层组织化过程中最重要的、可以依赖的社会力量就是与其密切相关的大量社会组织。充分发挥群团组织在新的社会阶层人士组织化过程中的作用，一方面需要依托群团组织联系、吸纳新的社会阶层人士加入群团组织，来实现新的社会阶层人士的组织化；另一方面，要发挥群团组织作为枢纽型社会组织的作用，做好对相关社会组织的联系、引导，通过其他相关社会组织实现新阶层组织化的目标。

群团组织要自觉成为相关社会组织相互联结的重要节点，自觉发挥自身枢纽型社会组织的功能，引导各类社会组织在新的社会阶层组织化方面发挥积极作用。具体而言，各个群团组织要将与自身联系紧密、新的社会阶层相对集中的社会组织作为战略重点，加强对其的联系与引导。①群团组织可以通过组织新建、组织整合、组织嵌入、组织协同等方式，积极探索在符合条件的新的社会阶层人士组建的社会组织中成立群团组织基层组织，加强群团组织对新的社会阶层人士相关联谊组织、自组织的联系和引导，将新的社会阶层人士相关社会组织吸引到群团组织周围，形成更为广泛的联系和服务的链条，扩大群团组织在新的社会阶层中的知名度、影响力，增强新的社会阶层人士与群团组织的粘连度。如上海市黄浦区共青团、妇联、侨联、欧美同学会等组织与“海燕博客”紧密合作，运用社会化、网络化的方式将新的社会阶层人士组织起来、发挥作用。迄今“海燕博客”孵化了 20 家子社团，一共联系了近 3 万名白领，每年举办活动 400 余场，成为上海市该群体中最有影响力的枢纽型社会组织之一。再如大连市沙河口区社会组织众多，有登记的社会组织 545 家，备案的社会组织 1 352 家。在这种情况下，沙河

① 黄天柱:《新的社会阶层人士统战工作的实践创新路径》,《江苏省社会主义学院学报》2018 年第 6 期。

口区以打造“社会组织服务园”为切入点，加强群团组织等与相关社会组织之间的联系和互动，依托社会组织团结凝聚了一大批新的社会阶层人士，并在加强新的社会阶层代表人士队伍建设、发挥新的社会阶层人士作用方面进行了一些积极的探索。

3. 网络化运作，提升工作效率

群团组织在互联网时代实现新的社会阶层人士的组织化，要充分利用信息化手段，推动“互联网＋”群团建设，提高群团组织通过互联网联系服务、组织动员、教育引导新的社会阶层人士的能力。

当下，网络已成为人们获取信息的主要渠道之一，微信、QQ 等即时聊天工具成为人们日常联系交流的基本方式之一。传统的那种蹲守家门的方式，未必能够联系上包括新的社会阶层人士在内的群众。因此，一方面群团组织要通过扩大实体覆盖、工作覆盖，建立与群众点对点、面对面的联系，另一方面，也要扩大网络覆盖，借助信息化手段建立与新的社会阶层人士“键对键”日常联系的渠道，“深入基层、深入群众要注意拓宽工作渠道、创新工作手段……网站、网页、博客、QQ、微博、微信等手段都应该用，只要能联系群众，就要八仙过海、各显神通”。[①]群团组织与新的社会阶层人士的广泛联系和交流，既要在“8 小时之内”，也要在“8 小时之外”；既要有“线下”的丰富活动，也要有“线上”的深入交流。

因此，群团组织需要进一步拓展网络空间的阵地，推进不同群团组织之间的互联互通以及与主流媒体、门户网站之间的合作，打造富有群团组织特色，更加具有吸引力、影响力的网络互动交流平台。通

① 习近平谈群团工作：坚持为党分忧、为民谋利，http://theory.cyol.com/content/2017-11/28/content_16728667.htm。

过网络平台，群团组织相互之间及时交流信息、协同合作，有效回应新的社会阶层人士的诉求和要求，从而建设新的社会阶层人士工作网络、联系网络、服务网络等多网联合的“网络群团”。如南京市栖霞区等运用互联网的思维和方式开展新时代的统战工作，打造智慧统战的新载体、整合统战信息大数据、开展网络调研和网络直播、制作发布统战短视频等，不断提升统战工作在新媒体时代的影响力、吸引力，相关探索值得群团组织借鉴。

### （四）完善体制机制，夯实群团组织在新的社会阶层人士组织化过程中发挥作用的制度保障

制度管长远、管根本。在中国特色社会主义新时代，要有效发挥群团组织在新的社会阶层组织化过程中的作用，需要完善相应的制度保障。

1. 完善群团组织发挥作用的领导机制

群团组织在新的社会阶层组织化过程中发挥作用具有战略性的政治意义。党委重视，是推进这项工作的基本保证。要完善党委统一领导、群团组织各负其责、有关部门和社会团体密切配合的工作机制。

各级党委要加强党对群团组织的领导，重视通过群团组织开展新的社会阶层人士的工作，加强对新的社会阶层组织化的指导，将依托群团组织实现新的社会阶层组织化工作纳入党委和统一战线工作领导小组议事日程，纳入党的群众工作、统战工作的总体框架进行规划和部署，定期召开常委会议等专题研究，解决重大问题。努力形成

群团组织开展新的社会阶层组织化有着政策完善、权责明晰、机制健全、程序规范、运行科学的工作格局。

党委要将群团组织在新的社会阶层组织化过程中发挥作用纳入群团组织工作目标责任考评体系，明确群团组织主要负责人为第一责任人，落实领导责任制。要加强对群团组织落实新的社会阶层组织化工作的督导考核力度。在党委的统一领导下，做好组织部门与统战部门、人事部门、群团组织等的沟通协调，形成分工合理、职责清晰、配合紧密的体制机制。健全组织部门、统战部门、民主党派、群团组织、知识分子联谊会、新的社会阶层联谊会等联席会议制度，形成新的社会阶层人士工作合力。

2. 优化新的社会阶层代表人士的培养机制

群团组织在新的社会阶层组织化过程中发挥作用，需要建立一支符合各自所联系群体特色的代表人士队伍，引导他们发挥自身作用，积极联系、团结、教育、服务自身所联系的包括新的社会阶层人士在内的基层群众，共同为党和国家的中心任务努力。组织部门、统战部门和群团组织领导班子要在党委领导下，从巩固党的群众基础和阶级基础的战略高度研究新的社会阶层代表人士队伍建设问题，逐步建立健全一套发现选拔、培养锻炼、管理考核、推荐使用新的社会阶层代表人士的良性机制。

一是建立和完善新的社会阶层代表人士选拔机制。在摸清底数的基础上，各群团组织进一步将组织发展与队伍建设相结合，在广泛吸纳新的社会阶层人士的基础上，有针对性地发展政治素质好、业务能力强、代表性突出的新的社会阶层人士加入群团组织及其各级领导机构。

二是建立和完善新的社会阶层人士“结对”联系制度。每年群团组织的班子成员结对联系数量不等的新的社会阶层代表人士，且每隔一两年重新安排具体的“结对”人员。群团组织领导成员要保持与“结对”的新阶层人士的沟通、交流，及时掌握新阶层人士的工作情况、思想动态，及时教育引导，增进相互了解。

三是建立和完善新的社会阶层代表人士培养机制。群团组织要研究和适应新的社会阶层人士成长成才规律，与组织部门、统战部门、民主党派等协同合作，对所联系的新的社会阶层人士分层分类，结合新阶层代表性人士的个人诉求等实际情况，进行系统、持续、有针对性地培养，建立健全源头培养、跟踪培养、全程培养的素质培养体系。

四是建立和完善新的社会阶层代表人士动态管理机制。

在党委领导下，群团组织要建立和完善新的社会阶层代表人士档案，及时掌握新的社会阶层代表人士的各类信息及其动态发展情况，形成动态管理体系，及时把群众认可度高、政治素质好、业务能力强的优秀人才纳入群团组织后备干部人才库。对因一些情况发生变化而不适合继续做后备干部人才的，应根据实际情况按程序适时予以调整。从而，形成“能进能出、能上能下、跟踪考核”的动态管理体系。

五是建立和完善新的社会阶层代表人士推荐使用机制。

在党委的领导下，组织部门、统战部门等要按照新阶层人士工作的要求，加大对新的社会阶层代表人士的选拔使用力度。积极推荐符合条件的新的社会阶层人士加入中国共产党、各民主党派等组织；有计划地适当增加群团组织各级领导班子中新的社会阶层代表性人士的比例；努力创造条件使优秀的新的社会阶层代表性人士走上人大、政协等舞台发挥作用。

3. 健全群团组织发挥作用的保障机制

群团组织在新的社会阶层组织化过程中发挥作用，要在党委领导下，加强群团组织自身建设，健全配套制度安排，为群团组织在新的社会阶层组织化过程中发挥作用提供更加坚实的制度保障。

一是适时修订群团组织章程，将联系、团结、教育引导新的社会阶层人士作为群团组织的重要工作之一予以明确。群团组织章程是群团组织思想主张的高度凝练，也是群团组织开展活动的基本依据。基于新的社会阶层人士工作的极端重要性，群团组织应适时将新的社会阶层人士工作在组织章程以及相关文件中予以体现。通过组织章程和相关文件进一步明确各级群团组织领导班子成员中新的社会阶层人士的数量或比例；明确作为政协界别的各人民团体推荐产生的政协委员中新的社会阶层人士所占的比例；明确在群团组织各级各类评选表彰中适当保留新的社会阶层人士的名额等。

二是深化群团组织改革，保障群团组织联系服务新的社会阶层人士，有专人负责，有编制和经费保障。改革群团组织领导机构，群团组织各级班子、代表大会、全委会、常委会等要吸纳一定比例的新的社会阶层人士参与；加强群团组织的专职、兼职干部队伍建设，对于开展新阶层工作得力的群团组织骨干要及时激励，重点培养。

三是充分发挥社会组织登记管理机关的作用，在政策制定、注册登记、年检年报、考核评估等方面推动新的社会阶层组织化工作的落实。在《社会团体章程示范文本》等文件中适时增加新的社会阶层人士统战工作的相关内容；在《社会组织评估办法》中明确相关社会组织开展新的社会阶层人士统战工作的考核标准和要求。在社会组织申报登记时，做好社会组织中新的社会阶层人士信息的采集登记；在社会组织的年检年报中将新的社会阶层人士统战工作情况单列；在社会组织的评估考核中明确新的社会人士统战工作所占的分值比重。

四是加大政策落实的监督问责力度。将群团组织在新的社会阶层组织化过程中发挥作用的情况作为各级党委班子和主要分管负责同志、组织部门、统战部门、群团组织领导班子、相关社会组织年度考核的重要内容。对违反规定未履行或未正确履行职责，给新的社会阶层组织化工作造成不利影响的，要严肃追究责任。通过严肃问责，推动各级党委、组织部门、统战部门、群团组织领导班子以及相关社会组织更加重视和支持群团组织在新的社会阶层组织化过程中发挥作用，层层落实主体责任，从而为依托群团组织实现新的社会阶层人士组织化工作的制度化、规范化提供有力保障。

**说明：**本文系2018年度江苏省社会主义学院委托课题“群团组织与新阶层组织化研究”的成果。

**论文出处：**该文收录于江苏省社会主义学院编：《新的社会阶层组织化研究》，河海大学出版社2019年版。

**作者简介：**张星，上海市社会主义学院教研部讲师、博士。

# 后 记

2022年是中国共产党明确提出统一战线政策100周年。在2022年7月29日召开的中央统战工作会议上,习近平总书记明确指出,统一战线是党的总路线总政策的重要组成部分,在我国革命、建设、改革不同历史时期发挥了重要作用。统一战线是党克敌制胜、执政兴国的重要法宝,是团结海内外全体中华儿女实现中华民族伟大复兴的重要法宝,必须长期坚持。

社会主义学院是中国共产党领导的统一战线性质的政治学院,是民主党派和无党派人士的联合党校,是统一战线人才教育培养的主阵地,是开展党的统一战线工作的重要部门,是党和国家干部教育培训体系的重要组成部分。开展党的统一战线理论和方针政策的研究与宣传,推进理论创新,是社会主义学院的基本任务之一。

上海是一座光荣的城市,是统一战线政策的提出地、统一战线历史的见证地、统一战线工作的实践地。为深入学习贯彻习近平总书记关于做好新时代党的统一战线工作的重要思想,研究统一战线政策演进的历史逻辑,梳理统一战线发展的历史进程,总结百年统战的历史经验,讲好中国统战故事,传递上海声音,上海市社会主义学院举办了一系列教学、科研和学术交流活动。《百年统一战线与现代中国》一书，作为上海市社会主义学院研究系列之一，被纳入学院重点工作，是纪念百年统一战线活动的重要组成部分。

本书按照统一战线理论研究、统一战线历史研究和统一战线实践研究三个板块进行编排，所收录论文多为上海市社会主义学院领导和教师近年公开发表的论文，还有一些是尚未发表的新作，在一定程度上呈现了上海市社会主义学院关于统一战线研究的阶段性整体水平。

中共上海市委统战部、上海市社会主义学院十分关心本书的编撰和出版工作。院长办公会多次研究并提出明确要求，扎实推进编撰工作。本书由上海市政协学习和文史委员会副主任、上海市社会主义学院原常务副院长毛大立担任主编，教研部主任刘晖教授参与统稿统编工作，程洪猛博士参与组稿工作。"上海党的统一战线研究丛书"对本书的出版给予大力支持。上海人民出版社的领导以及黄玉婷总监、编辑老师黄好彦付出很多努力和辛苦劳动。在此，向所有支持帮助本书编撰出版的单位和个人致以诚挚谢意！

因能力和时间所限，本书难免会有一些不太成熟或不当之处，欢迎广大读者提出宝贵意见和建议。

上海市社会主义学院

《百年统一战线与现代中国》编写组

2023 年 8 月

**图书在版编目(CIP)数据**

百年统一战线与现代中国 / 上海市社会主义学院编 ；
毛大立主编. -- 上海 : 上海人民出版社, 2025.
（上海党的统一战线研究丛书）. -- ISBN 978-7-208
-19668-1

Ⅰ. D613

中国国家版本馆 CIP 数据核字第 202577F1T8 号

**责任编辑** 黄好彦
**封面设计** 汪 昊

上海党的统一战线研究丛书
**百年统一战线与现代中国**
上海市社会主义学院 编
毛大立 主编

| | |
|---|---|
| **出　版** | 上海人民出版社（201101 上海市闵行区号景路159弄C座） |
| **发　行** | 上海人民出版社发行中心 |
| **印　刷** | 上海商务联西印刷有限公司 |
| **开　本** | 720×1000 1/16 |
| **印　张** | 34 |
| **插　页** | 2 |
| **字　数** | 371,000 |
| **版　次** | 2025年8月第1版 |
| **印　次** | 2025年11月第2次印刷 |

ISBN 978-7-208-19668-1/D·4555

**定　价** 148.00元